住房城乡建设部土建类学科专业"十三五"规划教材

"十二五"普通高等教育本科国家级规划教材

高校土木工程专业指导委员会规划推荐教材

（经典精品系列教材）

轨 道 工 程

（第二版）

中南大学　陈秀方　娄　平　主编

同济大学　王午生　　　　主审

中国建筑工业出版社

图书在版编目（CIP）数据

轨道工程/陈秀方等主编.—2版.—北京：中国建筑工业
出版社，2017.1（2024.6重印）
住房城乡建设部土建类学科专业"十三五"规划教材.
"十二五"普通高等教育本科国家级规划教材. 高校土木工
程专业指导委员会规划推荐教材
ISBN 978-7-112-20280-5

Ⅰ.①轨… Ⅱ.①陈… Ⅲ.①轨道（铁路）-高等学校-教
材 Ⅳ.①U213.2

中国版本图书馆 CIP 数据核字（2017）第 009924 号

本书属于高等学校土木工程专业指导委员会规划推荐教材（经典精品
系列教材），并于 2012 年入选第一批"十二五"普通高等教育本科国家级
规划教材。本书共分 9 章，包括绪论，轨道结构，轨道几何形位，道岔，
轨道力学分析，无缝线路轨道设计，线路维护与管理，轨道交通噪声与振
动及其控制，轨道结构可靠性设计。本书的附录还介绍车辆轮对的蛇行运
动，谐波激励下轮轨系统的动力响应，有砟轨道道床状态参数及检测方
法，无砟轨道可靠性设计参数估计，常用轨道工程汉英科技名词等。
本书采用了轨道工程最新规范体系，并介绍轨道工程技术的最新进
展，其中包括高速铁路钢轨，无砟轨道、城市轨道交通减震型轨道、高速
铁路道岔、以及轨道扣件等新型结构和部件；专门开辟章节介绍轨道结构
可靠性设计基本原理和方法，介绍道岔区和长大跨度桥梁无缝线路设计方
法。书中还介绍轨道不平顺谱密度的基本概念和计算方法。
本书适用于土木工程专业本科教学，可作为专业入门读物，并可供工
程技术人员参考。
为配合本课程教学，本书作者制作了教学课件，请需要的老师发送邮
件至 jiangongkejian@163.com. 免费索取。。

责任编辑：高延伟 吉万旺 王 跃
责任校对：李欣慰 党 蕾

住房城乡建设部土建类学科专业"十三五"规划教材
"十二五"普通高等教育本科国家级规划教材
高校土木工程专业指导委员会规划推荐教材
（经典精品系列教材）

轨 道 工 程
（第二版）

中南大学 陈秀方 娄 平 主编
同济大学 王午生 主审

中国建筑工业出版社出版、发行（北京海淀三里河路 9 号）
各地新华书店、建筑书店经销
北京红光制版公司制版
建工社（河北）印刷有限公司印刷

*

开本：787×960 毫米 1/16 印张：28¼ 字数：584 千字
2017 年 3 月第二版 2024 年 6 月第十次印刷
定价：53.00 元（赠课件）
ISBN 978-7-112-20280-5
（29713）

出 版 说 明

  为规范我国土木工程专业教学，指导各学校土木工程专业人才培养，高等学校土木工程学科专业指导委员会组织我国土木工程专业教育领域的优秀专家编写了《高校土木工程专业指导委员会规划推荐教材》。本系列教材自 2002 年起陆续出版，共 40 余册，十余年来多次修订，在土木工程专业教学中起到了积极的指导作用。

  本系列教材从宽口径、大土木的概念出发，根据教育部有关高等教育土木工程专业课程设置的教学要求编写，经过多年的建设和发展，逐步形成了自己的特色。本系列教材曾被教育部评为面向 21 世纪课程教材，其中大多数曾被评为普通高等教育"十一五"国家级规划教材和普通高等教育土建学科专业"十五"、"十一五"、"十二五"规划教材，并有 11 种入选教育部普通高等教育精品教材。2012 年，本系列教材全部入选第一批"十二五"普通高等教育本科国家级规划教材。

  2011 年，高等学校土木工程学科专业指导委员会根据国家教育行政主管部门的要求以及我国土木工程专业教学现状，编制了《高等学校土木工程本科指导性专业规范》。在此基础上，高等学校土木工程学科专业指导委员会及时规划出版了高等学校土木工程本科指导性专业规范配套教材。为区分两套教材，特在原系列教材丛书名《高校土木工程专业指导委员会规划推荐教材》后加上经典精品系列教材。2016 年，本套教材整体被评为《住房城乡建设部土建类学科专业"十三五"规划教材》，请各位主编及有关单位根据《住房城乡建设部关于印发高等教育 职业教育土建类学科专业"十三五"规划教材选题的通知》要求，高度重视土建类学科专业教材建设工作，做好规划教材的编写、出版和使用，为提高土建类高等教育教学质量和人才培养质量做出贡献。

高等学校土木工程学科专业指导委员会

中国建筑工业出版社

第 二 版 前 言

本书属于高等学校土木工程专业指导委员会规划推荐教材（经典精品系列教材），并于 2012 年入选第一批"十二五"普通高等教育本科国家级规划教材。根据教育部《关于印发第一批"十二五"普通高等教育本科国家级规划教材书目的通知》要求，本书按计划在原有基础上进行修订完善。

我国通过高速铁路、重载铁路和城市轨道交通的建设，全面推动了铁路工程技术的创新和发展，在世界铁路行业中具有重要地位。铁路轨道工程采用了新技术、新材料、新结构和新标准。在我国轨道工程技术领域里，制定了《铁路轨道极限状态法设计暂行规范》，《铁路无缝线路设计规范》，《轨道几何状态动态检测及评定》等一系列新规范和新标准；高速铁路广泛采用无砟轨道、无缝线路、高速道岔等新型轨道结构；高速铁路钢轨采用了新材料和新工艺；高速铁路的维护管理采用大型养路机械和现代轨道不平顺检测与控制方法。我国的轨道工程技术，以引进国外先进技术为切入口，伴随高速、重载铁路工程建设的进程，形成了我国铁路轨道工程的技术体系，在铁路轨道可靠性设计、无缝线路和无砟轨道等工程技术方面逐步突显出中国轨道工程的技术特征。为反映我国轨道工程技术的显著进步，本书开辟新的章节第 9 章《铁路轨道可靠性设计》，介绍结构可靠性设计基本原理和铁路轨道可靠性设计方法，在轨道工程教学中建立了新的知识点。重新编写第 1 章和第 2 章，介绍世界铁路轨道技术的发展和我国高速铁路钢轨、无砟轨道结构及新型轨道扣件。第 4 章在介绍国外高速道岔的同时，介绍我国高速道岔的结构和发展概况。第 6 章增设了道岔无缝线路和长大跨度桥梁无缝线路设计。第 7 章介绍了我国线路维护管理的新体制、轨道不平顺管理新标准、轨道不平顺谱密度基本知识及其应用。附录分列若干专题内容，可供拓展教学内容选用，并可供工程技术人员参考。

本书由陈秀方教授、娄平教授主编，参加编写的有陈秀方教授、娄平教授、向俊教授、曾志平教授和张向民博士等。主编人统筹全书内容，曾志平制作教学课件。

本书在编写过程中得到中南大学土木工程学院领导的支持，并得到业内同仁的热情帮助。中国铁路总公司吴细水教授级高级工程师，中国铁道建筑总公司金守华教授级高级工程师，中铁第四勘察设计院集团有限公司孙立教授级高级工程师、郜永杰高级工程师、陈潇工程师，中国铁道科学研究院刘秀波研究员、尤瑞琳助理研究员等领导和专家为本书提供了宝贵的技术文献资料。硕士研究生侯西蒙为本书的动力学例题计算做了细致的工作。硕士研究生林志华参加了教学课件文档的制作。中国建筑工业出版社吉万旺编辑为本书的编写提出宝贵的指导意见，使之顺利出版。在此向他们致以诚挚的谢意！

　　作者的学术水平有限，如有疏漏，恳请指正。

作者

2016 年 10 月

第 一 版 前 言

本书由高等学校土木工程专业指导委员会第三届五次会议确定为规划推荐教材，适用于土木工程专业道路与铁道工程及相关课群组《轨道工程》专业课教学，由中南大学主编，西南交通大学参加编写，同济大学主审。

我国铁路通过列车提速和客运专线铁路工程建设，全面推动了铁路工程技术创新。铁路轨道工程采用了新技术、新材料、新结构和新标准，原有的铁路轨道教材已不能适应时代要求，因而必须采用铁道工程最新规范体系，反映轨道工程技术最新发展水平，并以一主多辅的专业课教学思想为指导，重新组织教材内容，编写合乎现代教学要求的轨道工程教科书。本书引入了高速铁路钢轨、高速铁路道岔、新型无砟道床、新型养路机械等现代轨道工程新技术；引入了轨道不平顺谱密度管理方法与标准、无缝线路轨道新的设计方法和理论、以及车辆稳态通过曲线理论；还引入了轨道交通噪声与振动及其控制并定为专门章节。编者希望通过以上内容的引入使教材反映出现代铁路轨道工程技术及设计理论的发展水平，同时也希望能有助于推动轨道工程教学内容的创新，使之更具先进性、科学性和实用性。

全书共分8章，由陈秀方主编，王午生主审，参与编写的专家教授有：陈秀方（第1、6、7章）、刘学毅（第5章）、唐进锋和金守华（第2、8章）、江成（2.2.3无砟道床）、向俊（第3、4章）、顾经文（4.5.3国外高速道岔发展概况）、周小林（附录）。全书各章的书稿由主编人进行了内容调整和增删。

在本教材的编写过程中，得到中南大学和土木建筑学院领导的支持，并得到业内同仁的热情帮助。同济大学王午生教授，仔细审阅了书稿，并提出了许多宝贵意见。铁道部高速办赵国堂研究员，铁道部运输局吴细水高级工程师，铁道部工程技术研究所刘华高级工程师，中国铁道建筑总公司金守华高级工程师，中国铁路工程总公司高慧安高级工程师，西南交通大学王平教授，铁道科学研究院赵汝康研究员、江成研究员、顾经文研究员、王继军助理研究员等领导和专家为本书提供了宝贵的技术文献资料。博士研究生姚京成，硕士研究生张向民、唐乐、朱文珍、曾华亮、易锦、黄友剑等为本书的文献检索、书稿打印、校对及有关例题计算付出了极大艰辛。中国建筑工业出版社朱首明主任为本书的编写提出宝贵

　　的指导意见，使之顺利出版。在此向他们致以诚挚地谢意！

　　　作者学术水平有限，如有疏漏，敬希指正。

作者

2005 年 1 月

目　　录

第1章 绪 论

1.1 现代铁路发展概况

现代交通运输有铁路、公路、水路、航空及管道等五种主要方式。19世纪铁路和蒸汽机的出现，极大地推动了社会发展的进程。在第二次世界大战后，铁路运输受到高速公路和航空运输的严重挑战，其运输主导地位曾一度明显下降。进入20世纪70年代，由于能源危机、环境污染、交通安全等问题的困扰，人们重新审视了人类生存与发展的途径，世界普遍接受可持续发展的战略思想，将社会发展的概念从简单的经济增长拓展到经济、社会、资源环境协调发展的新高度。联合国2000年召开的"可持续发展世界首脑会议"，以及2015年近200个缔约方达成《联合国气候变化框架公约》的巴黎气候大会，充分体现了国际社会和各国政府对可持续发展的强烈关注。由于近代铁路运输具有速度高、运能大、能耗低、污染轻、占地少和安全性好等一系列突出优势（三种运输方式的比较见表1-1），人们重新认识了铁路运输的价值。

高速铁路、高速公路、航空三种运输方式比较表　　　　表1-1

项目	高速铁路	高速公路	航空	附 注
最高速度（km/h）	350	120	900	在1000km旅程范围内的单位行程耗时铁路优于航空
单向运输能力比数	10	2	1	
能耗比数	1	6	3	美国华盛顿艾兰公司统计每人·km所耗费的单位能源
CO_2排放量比数	1	3	4.6	
用于治理污染的外部成本比数*	1	4	5.2	
占地面积（亩/km）	35（双线铁路）	105（4车道）		其中占用大量可耕地
安全性（10亿人·km死亡人数）	1.971（既有铁路）0（高速铁路）	18.929	16.006	日本统计
运输成本比数	1/5	1/2	1	

* 外部成本是某项经济活动的生产或者消费者施予他人或社会的损失。

面对世界交通运输格局的变化，世界各国铁路系统进行了调整，确立了新的发展模式，形成了以日本铁路为代表的高速客运型模式，以美国、加拿大铁路为代表的重载货运型模式和以欧洲、俄罗斯、中国铁路为代表的客货运输并重的模式。铁路为在竞争中求发展，不断进行技术创新，积极采用现代先进技术装备，引入现代信息技术，改进经营管理方式，面貌焕然一新。1964 年，世界上第一条高速铁路——日本东海道新干线问世，列车最高速度达到 210km/h。法国 TGV 高速铁路系统，于 2007 年在巴黎—斯特拉斯堡东线铁路上，创造了轮轨运输系统最高运行速度 574.8km/h 的世界纪录。当今高速铁路运输系统正向世界范围推进，已有中国、西班牙、日本、德国、法国、瑞典、英国、意大利、土耳其、韩国、比利时、荷兰、瑞士等 16 个国家和地区拥有高速铁路运输系统。截至 2016 年底，中国高铁里程已超过 2 万 km，为世界高铁总里程数的 60％以上。世界在建的高铁总里程数约为 8800km，其中包括中国 6600km，土耳其 510km，德国 498km，日本 369km，法国 326km，西班牙 308km，意大利 146km，荷兰 68km。更多的高铁建造里程数正在积极筹划之中。

我国高铁线路遍及全国东西南北和沿海地区，图 1-1 是中国 CRH380 高铁列车。通过大规模的兴建高速铁路，不仅明显地改善了交通运输状况，加速了城镇化进程，全面积累了高铁建设与运营管理经验，而且有力地推动了我国工业化技术转型升级进程。

图 1-1　中国 CRH 380 高铁列车

世界铁路运输业在提高列车速度和发展高速铁路的同时，自 20 世纪 60 年代至今，重载铁路运输也获得长足的发展，成为铁路现代化的又一发展方向。铁路重载运输的主要特点，是充分利用铁路设施的综合能力，扩大列车编组长度，大幅提高列车牵引总重（5000t 以上），从而增强运输能力，提高运输效率，并降低运输成本。重载运输适宜于煤炭、矿石等大宗货物的长距离集中运输，诸如美国、加拿大、澳大利亚、南非、巴西、俄罗斯和中国等幅员辽阔的国家，其技术适应性尤为显著。为提高运输能力和盈利水平，有关各国进行了一系列的重载技术试验，并发展重载铁路。1967 年 10 月，美国诺克福西方铁路公司（N&W，现已归入诺克福南方铁路公司）在韦尔什—朴次茅斯间 250km 线路上，开行了列车全长 6500m、总重 44066t 的重载列车。该列车由 500 辆煤车编组而成，并由 6 台内燃机车分别位于列车头部和中部进行牵引。1996 年 5 月 28 日，澳大利亚在纽曼山—海德兰港铁路线上，试验开行了列车全长 5892m、总重 72191t（铁矿石净重为 57309t）的重载列车。该列车由 10 台 Dash－8 内燃机车牵引 540 辆货车（列车编组形式为：3 台机车＋135 辆货车＋2 台机车＋135 辆货车＋2 台机车＋135 辆货车＋2 台机车＋135 辆货车＋1 台机车），试验列车平均速度为 57.8km/h，最高速度达 75km/h，创造了重载列车的世界纪录。由于美国铁路充分发挥了重载运输的优势，使之成为盈利的运输产业，其货运市场的份额保持在 40% 的水平，并显现上升趋势。此外，还有加拿大、澳大利亚、巴西和南非等国的重载铁路都取得了良好的经济效益，并在交通运输业中占有重要地位。20 世纪 90 年代初，我国建成第一条重载铁路大同—秦皇岛运煤专线，年运量达 4.4 亿 t，是世界最繁忙的重载铁路。至今开行 10 000t 和 20 000t 重载列车。2014 年 4 月 2 日，在大秦线进行了 3 万 t 级重载列车试验。试验列车总重达 31500t，总长 3971m，由 4 台机车牵引 315 节货车组成，试验运行里程达 738.4km。图 1-2 是运行在我国大秦线的 3 万 t 重载试验列车。2014 年，我国又建成了设计轴重 30t 的重载铁路，西起山西吕梁市，东至山东日照港，横贯晋、豫、鲁三省，全

图 1-2 大秦线 3 万吨重载试验列车

长 1269km，称为山西中南部铁路通道。

由于城市轨道交通能充分利用地下空间，节约城市用地，环保效益良好，并具有较高的准时性、速达性、舒适性和安全性，一直处于世界发达国家主要城市公共交通系统的主导地位。表 1-2 列举了世界主要大城市轨道交通所占公共交通比重。截至 2014 年底，全世界城市轨道交通线路总里程已达 13000km。

世界主要大城市轨道交通所占公共交通比重　　　　　　　　表 1-2

城市	莫斯科	巴黎	伦敦	东京	纽约
轨道交通所占公共交通比重（%）	56	71	57	86（市中心地区）	70

我国城市轨道交通已进入快速发展时期。截至 2014 年，我国城市轨道交通运营里程已达 3155km，主要城市如北京、上海等地的地铁旅客运输量名列全球前两位（统计量见表 1-3）。图 1-3 是北京地铁列车。在这里顺便说明，本书对于"城市轨道交通"与"地铁"的称呼不再加以区分。

图 1-3　北京地铁列车

世界主要城市地铁全年客流量概况　　　　　　　　表 1-3

国家/地区	系统	全年人次（百万）	年份
中国	北京地铁	3250	2015
中国	上海地铁	3068	2015
韩国	首尔地铁	2559	2012
日本	东京地铁	2496.6	2014
俄罗斯	莫斯科地铁	2451	2014
中国	广州地铁（包括佛山地铁）	2280	2014
中国	香港铁路	1904.6	2014
美国	纽约地铁	1766.8	2014

另外，处于研发阶段的磁悬浮铁路，不属于轮轨技术系统，其功能指标及可靠性尚待深入验证，已超出本书范围，故此从略。

1.2 我国铁路运输模式

我国铁路运输系统有高速铁路、重载铁路和客货共线铁路三种运输模式。

凡设计和运营速度 250km/h 及以上，且初期运营速度不小于 200km/h 的新建客运专线归属于高速铁路。高速铁路列车追踪间隔时间最小按 3min 设计，轴重不大于 17t，编组不大于 16 辆。

重载铁路：凡满足下列三个条件之中的两项，即归属于重载铁路。

(1) 列车牵引重量 8 000t 及以上；

(2) 轴重 27t 及以上；

(3) 在线路长度 150km 及以上的区段内，年运量大于 4 000 万 t。

新建重载铁路设计速度不大于 100km/h，轴重不小于 30t，列车牵引重量万吨级及以上。

客货共线铁路是旅客列车与货物列车共线运营，设计速度 200km/h 及以下的铁路。新建客货共线铁路旅客列车最高运行速度 200km/h，快运货物列车最高运行速度 160km/h，普通货物列车最高运行速度 120km/h。双线铁路旅客列车追踪间隔时间最小按 6min 设计。旅客列车编组不大于 20 辆。160km/h 客车轴重不大于 16.5t，120km/h 客车轴重不大于 18t。普通客运机车轴重不大于 23t，货运机车轴重推广 25t。货车轴重研究推广 25t，研究发展 27t。

1.3 轨 道 的 组 成

轨道是铁路的主要技术装备之一。轨道引导列车运行，直接承受来自列车的荷载，并将其分布传至路基或桥隧结构物。轨道结构应具有足够的强度、稳定性和耐久性，并具有设计所规定的几何形位，保证列车安全、平稳、不间断地运行。

传统的轨道即有砟轨道，一般由钢轨、轨枕、连接零件、道床、防爬设备和道岔等组成，如图 1-4 所示。组成轨道的零部件采用不同力学性能的材料，有利于取得轨道结构的最佳技术经济性能。

钢轨直接和车轮接触，引导列车按规定的方向运行。钢轨将车轮荷载分布后传于轨枕。轨枕一般间隔布置，垂直于钢轨铺设，来自钢轨的压力经其分布后传于道床。

连接零件有两类：连接两根钢轨端部的零件称为接头连接零件；连接钢轨和轨枕的零件称为中间连接零件（亦称扣件）。接头连接零件使钢轨成为连续的轨

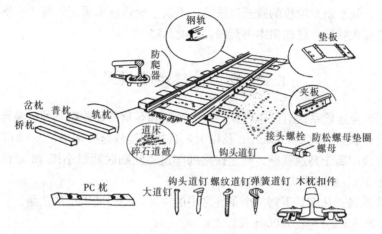

图 1-4   有砟轨道的组成

条，以便车轮能顺利滚动通过钢轨接头，并保持前后两根钢轨协调工作。扣件将钢轨和轨枕连为一体构成轨道框架，使两股钢轨保持正确的相对位置；扣件提供足够的扣压力，防止钢轨倾覆，阻止钢轨的纵向移动。

防爬设备将钢轨上的纵向力经由轨枕传递于道床，能有效地防止钢轨发生纵向位移，制止钢轨爬行。

道床将来自轨枕的压力进一步分布后传至路基或桥隧结构物。道床能产生阻止轨枕纵向或横向移动的阻力。道床具有减振降噪功能，并便于排水和调整轨道的几何形位。

道岔可实现轨道的分支和交叉，使列车从一股轨道转入或越过另一股轨道，如图 1-5 所示。

图 1-5   铁路道岔

随着高速重载运输的发展，轨道结构形式也随之发生变化，出现了诸如焊接长钢轨轨道（亦称无缝线路轨道）和无砟轨道等现代新型轨道结构形式。

　　无缝线路轨道是将钢轨接头施以焊接，并采用强力的扣件锁定长钢轨，使之成为连续焊接长钢轨轨道。无缝线路具有良好的运营功能，行车阻力小，噪声低，可显著提高列车运行的平稳性和舒适性，并降低轨道维修工作量。无缝线路已被世界各国铁路广泛采用，也是我国主要铁路干线的标准轨道结构形式。

　　无砟轨道结构是将支承钢轨的轨下基础部分固化成为混凝土（或钢筋混凝土）等材料组成的整体结构。无砟轨道结构的运营维护工作量小，并具有保持轨道几何形位平顺性和稳定性的优良功能，适用于高速铁路、隧道地段及城市轨道交通等铁路线路。图 1-6 是一种无砟轨道的结构。图 1-7 是我国建造的一种无砟轨道高速线路。图 1-8 是我国地铁线路应用的一种"梯子式无砟轨道"。

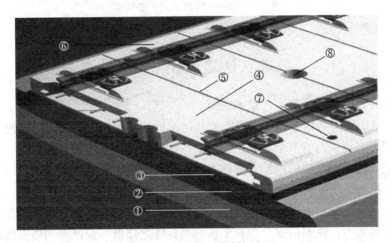

图 1-6　无砟轨道结构图
①路基基床表层（级配碎石）；②混凝土支承层；③灌浆层；④预制轨道板；⑤沟槽；
⑥承轨台；⑦调高装置；⑧灌浆孔；⑨螺纹钢筋

图 1-7　我国无砟轨道高速线路

图 1-8　地铁线路梯子式无砟轨道

1.4　轨道在铁路运营中的技术特征

轨道在铁路运营中有下列技术特征：

（1）轨道结构必须按标准所规定的几何形位与机车车辆的轮对相互配合，方能保障列车高速运行的安全性和平稳性；因此，轨道的几何形位成为轨道工程设计、制造、施工和维护管理的重要技术指标。

（2）在自然环境与列车动力重复荷载等多重因素的作用下，产生轨道部件的磨损和轨道永久变形逐渐积累，致使轨道的几何形位趋于劣化，逐步丧失其履行正常功能的能力，轨道的安全性和平稳性指标随之降低。为此必须以有效的方法及时恢复轨道几何形位的正常状态，以保障列车安全、平稳、不间断运行。因此，轨道在其运营过程中必须进行维护和修理。

（3）轨道的荷载变化非常复杂，存在诸多不确定因素，表现出很强的随机性。轨道的动荷载不仅与轨道不平顺及车轮不平顺有关，还与轮对的蛇行等因素有关，可见轨道结构设计的难度很高。

轨道结构与铁道车辆的轮对构成紧密而相互依存的轮轨系统。轮轨系统的几何形位必须密切配合，相互协调。在动力学分析中，应当考虑到轮轨系统两方面的问题。一方面，轨道不平顺是轮轨系统动力作用的激振源；另一方面，轮对的蛇行（如图 1-9 所示）、车轮的不平顺等因素也是轮轨系统动力作用的激振源。轮对的蛇行属于轮轨系统的自激振动。完全平直的轨道，由于轮对的轮缘存在锥形踏面，而形成轮对的蛇行；轮对的蛇行能量是由列车牵引力提供的。

车轮不平顺也是轮轨系统动力作用的重要激振源。研究表明，车轮的扁疤所引起的钢轨应力效应，为正常车轮作用的 2～2.5 倍。

为了获取轨道对于车轮荷载动态变化的响应，不仅需要借助动力学原理，还

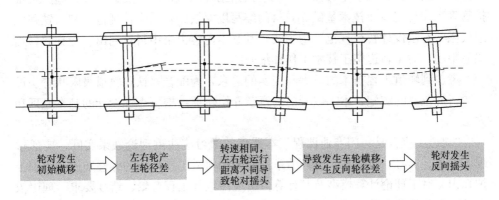

运行方向

| 轮对发生初始横移 | ⇨ | 左右轮产生轮径差 | ⇨ | 转速相同，左右轮运行距离不同导致轮对摇头 | ⇨ | 导致发生车轮横移，产生反向轮径差 | ⇨ | 轮对发生反向摇头 |

图 1-9　轮对蛇行运动

必须进行随机分析。至今，轮轨系统横向动力随机分析仍然是一个值得探索的广阔未知领域。该课题与车辆运行的安全性和平稳性密切相关，也是轨道不平顺管理和控制的专业理论基础。

（4）轨道功能的正常发挥还与诸多铁路专业有紧密的依存关系。

首先，轨道在铁路运输系统中，与路基及桥隧建筑物有密切关系。轨道构筑在路基之上，共同构成支承列车运行的基础，二者互为关联。工程经验表明，轨道功能的良好状态，极大地依赖于功能状态良好的路基，反之亦然。研究表明，路基和轨道共同形成线路结构的弹性。由轮重所引起的轨道下沉，在通常情况下大部分是因路基下沉所致，而因道床本身压缩而引起的轨道下沉是很微小的[①]构筑在桥梁上的轨道结构，其列车运行的平稳性极大地依赖于桥梁的弯曲挠度变形。在温度效应的作用下，桥上无缝线路轨道结构与桥梁结构形成复杂的相互作用关系。构筑在隧道内的无砟轨道结构，必须依赖良好而稳定的隧道基底方能发挥其正常功能。同时，为了保证高速列车的平稳运行，还必须在路基与桥梁、路基与隧道的衔接地段，设立特殊的路桥过渡段和路隧过渡段。因此，轨道设计应与路基、桥梁及隧道等相关专业设计相互协调。

1.5　本书的主要内容及学习方法

轨道工程技术在高速铁路、重载铁路和城市轨道交通工程中占有重要地位，并已成为铁路交通运输工程中的重要一环。轨道工程技术已成为铁道工程建设、设计、施工、规划及管理人员的必备知识。

---

① 佐藤裕. 轨道力学. 北京：中国铁道出版社，1984。

本书介绍铁路轨道结构构造、技术标准、设计原理以及维护管理等方面的基本知识、基本理论和基本方法，为从事铁路工程和城市轨道交通设计、施工及维护管理工作奠定专业技术基础。教材的编写以《铁路轨道设计规范》和《铁路轨道极限状态法设计暂行规范》为主线，其基本内容由书中目录列出。受到教材篇幅的限制，对于轨道施工技术不作详细介绍。

考虑到轨道工程技术的发展和现实的需求，为配合《铁路轨道极限状态法设计暂行规范》的实施，本书以专门的章节介绍轨道结构可靠性设计的基本原理和方法。

"轨道工程"是一门专业课程。本课程的学习应注重理论联系实际，应通过现场参观、实习、电化教学等环节掌握必要的轨道工程结构的感性知识和管理维护知识。对于理论计算模型及其计算分析应注意其工程背景、精度要求、理论依据及其获取计算参数的可行性和精确性，以培养解决工程实际问题的能力，并便于在工程中灵活应用。

轨道工程结构的理论分析，涉及较广泛的数学和力学知识，应结合课程的教学进程复习有关基础理论知识并加以深化和扩充。

复 习 思 考 题

1. 试述现代铁路发展概况。
2. 解释高速铁路、重载铁路及客货共线铁路的含义。
3. 试述传统的轨道组成形式以及无缝线路和无砟轨道的结构特征。
4. 试述轨道在铁路运营中的技术特征。

第2章 轨 道 结 构

2.1 概 述

2.1.1 轨道结构的标准类型

有砟轨道和无砟轨道是现代轨道结构的标准类型，本书以轨道标准结构类型为主线对轨道结构进行介绍。

2.1.2 本章的内容结构

本章以我国轨道设计规范为主线，介绍轨道结构形式及其标准。有砟轨道结构部件包括：钢轨、轨枕、有砟道床、扣件等；无砟轨道部件包括：钢轨、轨下基础、扣件等。考虑到这两种结构均包括钢轨和扣件，为了避免内容重复，特将本章内容作如下安排：钢轨、轨枕、有砟道床、有砟轨道设计标准、无砟轨道的结构形式及设计标准、扣件。

顺便指出，凡采用混凝土等整体结构为轨下基础的轨道结构在专业术语中称为无砟轨道。其中包含了钢轨、轨下基础、扣件等。不可将无砟轨道与无砟轨下基础相混淆，在技术服务、工程建设等商业合同的文件中尤其应当注意用词的准确性。

2.2 钢 轨

2.2.1 钢轨的功能及类型

钢轨是铁路轨道的重要组成部件。其功能在于以滚动阻力最小的轨面引导列车车轮运行，并将所承受的车轮荷载传于轨枕。在电气化铁路或自动闭塞区段，钢轨兼有轨道电路之功能。

为此，钢轨应具有足够的强度、耐磨性和稳定性。钢轨还应具有足够的刚度，使之在列车作用下不至于产生过大的变形，以保持轨面良好的平顺性，降低列车的动力冲击作用。

钢轨的类型，一般以每米质量千克数表示。我国铁路钢轨的主要类型有75kg/m、60kg/m、50kg/m 和 43kg/m。为满足高速、重载运输的需求，钢轨呈现重型化发展的趋势。在提速干线、高速铁路上广泛采用 60kg/m 钢轨，而

75kg/m 的钢轨多用于重载线路。

为满足特殊部位的需要，在标准钢轨断面上进行刨、削或特种工艺轧制形成特种断面钢轨。

新钢轨经使用后可按有关技术标准进行加工，降级成为"再用轨"使用。

2.2.2 钢 轨 断 面

作用于直线轨道钢轨上的荷载，其主要成分是竖直力。钢轨在列车荷载作用下的弯曲应力大多分布于轨头和轨底，中部轨腰部位应力接近零，其最佳断面形状为工字形，如图 2-1 所示。钢轨采用工字断面，由轨头、轨腰和轨底三部分组成，其轨头高度为 E，轨腰厚度为 b，轨底宽度为 B。钢轨断面设计应综合权衡下述要求并根据技术经济合理的原则，择优确定设计方案。

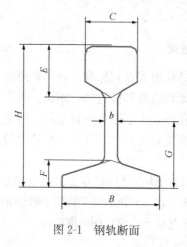

图 2-1   钢轨断面

钢轨头部是直接接触车轮的部分，应具有抵抗金属材料压溃和耐磨的能力，故轨头尺寸应大而厚，其外形应与车轮踏面相适应。钢轨头部顶面应有足够的宽度，以使车轮踏面和轨头顶面磨耗均匀。钢轨头部顶面应轧制成为隆起的圆弧形，使车轮传来的压力更集中于钢轨截面对称轴。工程经验表明，合理的轨顶圆弧形状有利于减少钢轨剥离损伤。较轻型钢轨的顶面，常轧制成一个半径为 300mm 的圆弧；而较重型钢轨的顶面，则分别采用半径为 80、300、80 或 80、500、80mm 的三个复合圆弧组成。

钢轨腰部必须有足够的厚度和高度，以满足刚度和强度条件。轨腰的两侧为曲线形。轨腰和钢轨头部及底部的连接，必须保证夹板有足够的支承面。足够的轨腰高度，使轨头和轨底面积分布在远离中性轴的部位，以增强钢轨的抗弯刚度；同时，钢轨高度应保证其稳定性要求。

钢轨底部直接支承在轨枕顶面上。为保持钢轨的抗倾覆稳定性，轨底应有足够的宽度和厚度，并具有必要的刚度和抵抗锈蚀能力。

为减少局部应力，保持整个钢轨断面的应力均匀变化，并顾及生产工艺的要求，轨腰和轨头、轨底之间的曲线连接以及断面上其他连接均用圆弧。

为使钢轨轧制后冷却均匀，并保证钢轨品质的稳定性，要求轨头、轨腰和轨底的面积分配有一个适当的比例。

按照上述要求，我国 60kg/m 和 75kg/m 钢轨标准尺寸如图 2-2、图 2-3 所示，各型钢轨的尺寸和断面特性如表 2-1。UIC60kg/m 钢轨断面见图 2-4。日本 60kg/m 钢轨断面见图 2-5。表 2-2 列举了一些国家钢轨尺寸及断面特性的对比。

钢轨断面尺寸及特性 表 2-1

项 目	单位	类 型			
		75	60	50	43
每米质量 M	kg	74.414	60.64	51.514	44.653
断面积 F	mm	95.04	77.45	65.8	57
重心至轨底面距离 y_1	cm⁴	88	81	71	69
对水平轴惯性矩 I_x	cm⁴	4489	3217	2037	1489
对竖直轴惯性矩 I_y	cm³	661	524	377	260
下部断面系数 w_1	cm³	509	396	287	217
上部断面系数 w_2	cm³	432	339	251	208
钢轨横向挠曲断面系数 w_y	cm³	89	70	57	46
轨头所占面积 A_h	%	37.42	37.47	38.68	42.83
轨腰所占面积 A_w	%	26.54	25.29	23.77	21.31
轨底所占面积 A_b	%	36.04	37.24	37.55	35.86
钢轨高度 H	mm	192	176	152	140
钢轨底宽 B	mm	150	150	132	114
轨头高度 E	mm	55.3	48.5	42	42
轨头宽度 t	mm	75	73	70	70
轨腰厚度 b	mm	20	16.5	15.5	14.5

60kg/m 钢轨比较表 表 2-2

型号		中国 60 轨	日本 60 轨	美国 CF&I119 轨	UIC 60 轨
轨重 (kg/m)		60.64	60.8	59.03	60.34
断面积 (mm²)		7745	7750	7516	7686
断面尺寸 (mm)	轨高	176	174	173	172
	底宽	150	145	140	150
	头宽	73	65	67	74.3
	腰厚	16.5	16.5	16	16.5
惯性矩 (mm⁴)	I_x	3217	3090	2972	3055
	I_y	524	512		513
断面系数 (cm³)	$W_上$	339			336
	$W_下$	396	397		377
轨高/底宽		1.17	1.20	1.24	1.15

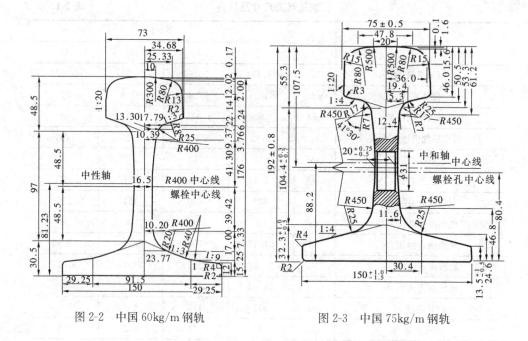

图 2-2　中国 60kg/m 钢轨

图 2-3　中国 75kg/m 钢轨

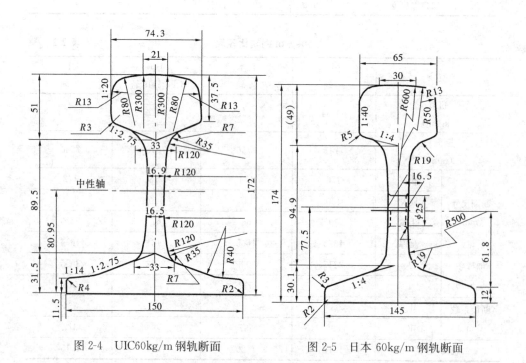

图 2-4　UIC60kg/m 钢轨断面

图 2-5　日本 60kg/m 钢轨断面

2.2.3　钢　轨　的　长　度

钢轨的长度是指在钢铁厂轧制出厂的标准长度，又称为定尺长度。我国的钢轨定尺长度按钢轨类型而定，见表2-3。标准曲线缩短轨和短尺轨长度见表2-4。

钢轨定尺长度　　　　　　　　　　　　　　　　　　　表2-3

钢轨类型（kg/m）	钢轨定尺长度（m）	钢轨类型（kg/m）	钢轨定尺长度（m）
43	12.5，25	60	12.5，25，100
50	12.5，25，100	75	25，75，100

标准曲线缩短轨和短尺轨长度（m）　　　　　　　　　　表2-4

钢轨定尺长度	曲　线　缩　短　轨			短　尺　轨				
12.5	12.46	12.42	12.38	9	9.5	11	11.5	12
25.0	24.96	24.92	24.84	21	22	23	24	24.5

2.2.4　钢轨的化学成分和力学性能

1. 钢轨的化学成分

钢轨的强度、耐磨性及抵抗冲击的性能，主要取决于钢轨的化学成分、金属组织及生产工艺过程和热处理工艺。

钢轨钢的化学成分除含铁（Fe）之外，还有碳（C）、锰（Mn）、硅（Si）、磷（P）和硫（S）等元素。

提高钢的含碳量，可提高其抗拉强度、耐磨性及硬度。但含碳量过高，将导致钢轨的伸长率、断面收缩率和冲击韧性显著下降，并降低钢轨的抗疲劳断裂性能。钢轨的含碳量一般不超过0.82%。

锰元素可以提高钢的强度和韧性，去除有害的氧化铁和硫夹杂物，其含量一般为0.6%～1.0%，含量超过1.2%者称中锰钢，其抗磨性能优越。

硅元素易与氧化合，故能去除钢中气泡，增加密度，使钢质密实细致。在碳素钢中，硅含量一般为0.15%～0.30%。提高钢的含硅量，也能提高钢轨的耐磨性能。

磷与硫在钢中均属于有害成分。磷过多（超过0.1%），则增加钢的冷脆性，在严寒冬季易于突然断裂。硫不溶于铁，不论含量多少，均生成硫化铁，在985℃时，呈晶态结晶析出。这种晶体性脆易溶，使其金属在800～1200℃时发脆，在钢轨轧制或热加工过程中容易出现废品，所以必须严格控制磷和硫的含量。

目前世界各国开发的钢轨钢主要有碳素钢、合金钢和热处理钢三种。按其金相组织又分为珠光体钢、贝氏体钢和马氏体钢三种。碳素钢生产成本最低，但其金相组织是较粗大的珠光体，因此其强度和韧性并非是最理想的；合金钢是通过增加铬（Cr）、镍（Ni）、钼（Mo）、铌（Ni）、钒（V）、钛（Ti）以及铜（Cu）等元素，获得细化珠光体组织，可提高钢轨的抗拉强度、耐磨性能和疲劳强度，但其焊接性能不如碳素体钢轨钢，生产成本也较高；热处理钢轨主要是通过热处理形成细微珠光体组织，获得高强度和高韧性，但其热处理设备投资较大。钢轨热处理是指对轨头进行淬火热处理。热处理钢轨依其工艺条件可分为离线热处理钢（钢轨轧制冷却后重新加热）和在线热处理钢轨（利用轧制余热对其进行热处理，不再二次加热）。目前，已出现取代离线热处理工艺的趋势。我国热轧钢轨化学成分如表2-5。

我国热轧钢轨化学成分   表2-5

牌号	化学成分（%）						
	C	Si	Mn	P	S	V	Cr
U71Mn	0.62～0.80	0.15～0.58	0.70～1.20	≤0.030	≤0.030		
U75V	0.71～0.80	0.50～0.80	0.70～1.05	≤0.030	≤0.030	0.04～0.12	
U76CrRE	0.71～0.81	0.50～0.80	0.80～1.10	≤0.025	≤0.025		0.25～0.35
U77MnCr	0.72～0.82	0.10～0.50	0.80～1.10	≤0.025	≤0.025		0.25～0.40
U78CrV	0.72～0.82	0.50～0.80	0.70～1.05	≤0.025	≤0.025	≤0.12	0.30～0.50
U71MnG	0.65～0.75	0.15～0.58	0.70～1.20	≤0.025	≤0.025		
U75VG	0.71～0.80	0.50～0.70	0.75～1.05	≤0.025	≤0.025	0.04～0.08	

近年来，随着高速、重载铁路技术的发展，对于钢轨的性能也提出了更高的要求。对于珠光体钢轨，沿用合金化和热处理方法以提升其力学性能和耐磨性的技术路线难于再见成效。由于贝氏体钢轨以其强韧性和耐磨性的优良表现受到重视，被誉为"21世纪的钢轨"。德、美、英、法各国分别在钢轨的耐磨性和抗疲劳性能方面进行研发，取得成效，贝氏体钢轨的韧性可达珠光体钢轨的2～3倍。高强韧性的中低碳贝氏体钢轨，焊接性能尚佳，并可与珠光体钢轨焊接。

中国学者在20世纪80年代，提出了准贝氏体的概念，开发了准贝氏体钢。准贝氏体钢可保持贝氏体钢工艺性能的优势，克服了韧度不足的缺点，开辟了发展低合金高强度结构钢的新途径。

2. 钢轨的力学性能

钢轨的物理力学性能指标或机械性能主要包括强度极限 R_m、伸长率 A、硬度指标等。这些指标对钢轨的承载能力、磨耗、压溃、断裂及其他伤损有显著的影响。随着我国钢轨制造技术的进步，钢轨材质也在不断提高，铁道部标准《43kg/m～75kg/m 热轧钢轨订货技术条件》TB/T 2344—2003（适用于160km/h 及以下铁路），将钢轨抗拉强度分为 880MPa、980MPa、1080MPa 三个等级，钢轨抗拉强度如表2-6。

钢轨抗拉强度 表 2-6

钢牌号	抗拉强度 R_m（MPa）	断后伸长率（%）	轨头顶面中心线硬度 HBW（HBW10/3000）
U71Mn	≥880	≥10	260～300
U75V	≥980	≥10	280～320
U77MnCr	≥980	≥9	290～330
U78CrV	≥1080	≥9	310～360
U76CrRE	≥1080	≥9	310～360

我国行业标准《高速铁路用钢轨》TB/T 3276—2011，钢轨的抗拉强度和伸长率如表 2-7。

抗拉强度、伸长率和轨头踏面硬度 表 2-7

钢 号	抗拉强度 R_m（MPa）	伸长率 A（%）	轨头顶面中心线硬度 HBW（HBW10/3000）
U71MnG	≥880	≥10	260～300
U75VG	≥980	≥10	280～320

铁路运营实践表明，抗拉强度低于 880MPa 的钢轨（如 U74）已不能满足我国铁路日益增长的客货运量、行车速度及轴重的需求，抗拉强度 980MPa 的 U75V 钢轨已成为客货共线铁路的主要钢种，抗拉强度 1080MPa 的高强耐磨钢轨 U78CrV、U76CrRE 也已推广采用。新建、改建铁路钢轨抗拉强度应不低于 880MPa。

《铁路轨道极限状态法设计暂行规范》规定：

（1）高速铁路应选用 U71MnG 钢轨。200～250km/h 客货共线铁路应选用 U75VG 钢轨，其半径较小的曲线应选用相应的热处理钢轨。

（2）设计速度 200km/h 及以下的客货共线铁路，应以其年通过总运量按表 2-8 选用钢轨的牌号。

200km/h 及以下客货混运铁路钢轨材质选择 表 2-8

年通过总运量 M（Mt）	M≥50			M＜50		
使用条件	R≤1200m 或 i_p≥12‰	R＞1200m 且 i_p＜12‰	磨耗严重的区段	山区铁路	R≤1200m	其他
钢轨材质	U75V 热处理钢轨	U75V 热轧钢轨	U78CrV、U77MnCr、U76CrRE 等热处理钢轨或贝氏体钢轨	U75V 钢轨	U71Mn 或 U75V 热处理钢轨	U71Mn 或 U75V 热轧钢轨

工程经验表明，重载铁路直线及曲线半径大于 1200m 的地段，应选用 U75V、U78CrV 或 U77MnCr 等热轧钢轨，钢轨的夹杂物（A、B、C、D 四类）控制在 1.5 级以内；曲线半径 ≤ 1200m 的地段，选用 U78CrV 或 U77MnCr 等热处理钢轨。不建议在直线地段铺设 U78CrV 或 U77MnCr 等耐磨热处理钢轨。

研究表明，含碳量较低的 U71Mn 钢轨，低温韧性较好。青藏铁路应选用含碳量为下限的 U71Mn 热轧钢轨，半径 ≤ 800m 的曲线选用 U71Mn 热处理钢轨。城市轨道交通线路，虽轴重较轻，但曲线轨道较多，钢轨的侧磨与波磨较为严重，故直线或大半径曲线地段选用 U75V 钢轨，半径 ≤ 800m 的曲线地段选用 U75V 热处理钢轨。其钢轨类型以 60kg/m 为宜，以减少养护维修工作量。

2.2.5 高速铁路钢轨的技术特征

1. 高速铁路钢轨的制造工艺特征

世界各国高速铁路均采用非淬火普通碳素钢轨。普通碳素钢轨有利于钢轨面打磨，保持轨道的高度平顺性。日本、德国和法国高速铁路的运营经验表明，普通碳素钢轨的强度和表面硬度与高速列车运营条件有良好的适应关系。在高速运营中，因其钢轨顶面维持一定的磨耗量，可防止钢轨顶面冷作硬化而产生的龟裂和剥离等钢轨伤损。

为保证高速铁路列车运行的平稳性和安全性，世界各国对钢轨的要求是：高强度、高韧性、高纯净度、几何尺寸的高精度以及良好的焊接性能。为达到上述要求，冶金工厂必须采取"三精"（即精炼、精轧和精整），"在线检测"和"长尺化"五大技术。

"精炼"技术主要包括：

（1）铁水预处理。其主要目的是在冶炼前进一步降低铁水中的有害杂质含量。通常的做法是在高炉出铁口进行脱磷、脱硫，然后在另一个炉子内进行冶炼。

（2）采用炉外精炼技术。其主要作用是进一步调整钢水成分和钢水温度，降低夹杂含量，控制钢水成分的纯净度。

（3）钢水进行真空脱气，使溶解于钢水中的氢、氧等气体含量进一步降低，以减少这些气体对钢轨钢性能的影响。通常采用 VD 法脱气，也有采用 RH 法脱气的。经过真空脱气后，钢中的氢含量（体积分数）可小于 $2.5 \times 10^{-4}\%$，氧含量（体积分数）可小于 $20 \times 10^{-4}\%$，钢的韧性得到进一步改善。

（4）连铸工艺。连铸工艺在近 20 年来已经逐步完善，在连铸时由于采用保护浇铸，能有效地防止浇铸中钢轨的二次氧化，大大减少钢中的杂质，同时还能显著改善钢坯表面质量。世界上主要的钢轨生产企业都采用了连铸工艺。

采用上述冶金措施，可使钢轨钢的冶炼水平达到很高的纯净度，如：碳的成分波动控制在 0.06%（质量分数）左右，$[H]<1.5\times10^{-4}\%$，$[O]<20\times10^{-4}\%$，$\omega(S)<0.015\%$，$\omega(P)<0.020\%$，硫化物夹杂长度小于 $13\mu m$，链状氧化物长度小于 $200\mu m$，球状氧化物直径小于 $13\mu m$。我国铁路部门对进口钢轨的检验表明，凡是采用铁水预处理、炉外精炼、真空脱气和连铸技术的厂商，其钢轨的实物质量属优，氢、氧、磷、硫含量都很低，夹杂物含量：A 类夹杂物小于 1.5 级，B、C、D 类夹杂物小于 1.0 级。

"精轧"技术包括：步进式加热炉加热，多道次高压水除磷，万能轧机轧制，热预弯等。

"精整"技术包括：平立复合矫直，四面液压补矫，联合锯钻机床定尺和钻孔等。

"在线检测"主要包括：超声波探伤，涡流探伤，激光辅助平直度自动检测，几何尺寸自动检测等。

"长尺化"采用"长尺矫直冷锯定尺"工艺，利用热轧头尾余量切除矫直盲区和过渡区，使整支钢轨尺寸高度一致，大大提高钢轨整体平顺性。

2. 高速铁路钢轨的化学成分

关于钢轨化学成分及残留元素（熔炼分析）的规定，表 2-9 及表 2-10 列出中国《高速铁路用钢轨》行业标准 TB/T 3276—2011 及欧盟 EN 钢轨标准的对比。EN 钢轨标准是欧盟 prEN13674—1(1999) 46kg/m 以上平底对称钢轨新标准的简称，该标准分为 A、B 两级，A 级为高速铁路用钢轨，B 级为普通铁路用钢轨。法、德、日等国高速铁路所采用的钢轨化学成分及性能见表 2-11。

钢轨钢化学成分（%） 表 2-9

钢号	C	Si	Mn	P	S	V	Al
En260*	0.65~0.75	0.10~0.50	0.80~1.30	≤0.025	0.008~0.025	≤0.03	≤0.004
U71MnG	0.65~0.75	0.15~0.58	0.70~1.20	≤0.025	≤0.025	≤0.03	≤0.004
U75VG	0.71~0.80	0.50~0.70	0.75~1.05	≤0.025	≤0.025	0.04~0.08	≤0.004

* 各钢号的成分含量限值范围稍有不同。

钢轨钢残留元素上限（%） 表 2-10

钢牌号	Cr	Mo	Ni	Cu	Sn	Sb	Ti	Nb	Cu+10Sn	Cr+Mo+Ni+Cu
En260*	0.15	0.02	0.10	0.15	0.04	0.02	0.025	0.01	0.35	0.35
U71MnG	0.15	0.02	0.10	0.15	0.03	0.02	0.025	0.01	0.35	0.35
U75VG										

国外高速铁路用钢轨化学成分及其性能   表 2-11

国别	钢牌号	化学成分/%					力学性能		
		C	Si	Mn	P	S	R_m (MPa)	A (%)	HB
法国	UIC900A	0.62~0.80	0.15~0.58	0.70~1.20	≤0.025	0.008~0.025	≥880	≥10	260~300
德国	UIC900A	0.62~0.80	0.15~0.58	0.70~1.20	≤0.025	0.008~0.025	≥880	≥10	260~300
日本	JISE1101	0.63~0.75	0.15~0.30	0.70~1.10	≤0.030	≤0.025	≥800	≥10	≥235
韩国	UIC900A	0.62~0.80	0.15~0.58	0.70~1.20	≤0.025	0.008~0.025	≥880	≥10	260~300
美国		0.72~0.82	0.10~0.60	0.80~1.10	≤0.035	≤0.037	≥965	≥9	≥300
俄罗斯		0.71~0.82	0.18~0.40	0.75~1.05	≤0.035	≤0.045	≥900	≥4	—

3. 高速铁路对钢轨制造品质的要求

高速铁路对钢轨制造品质的要求主要表现在钢轨的纯净度、钢轨的表面品质、内部品质、几何尺寸精度和钢轨外观平直度等几个方面。由于各国的设计参数和线路工作环境各不相同，钢轨品质的标准也有所区别，以下介绍有关国家和组织对于高速铁路钢轨品质的要求。

（1）钢轨表面质量的要求见表 2-12。

钢轨表面质量要求（mm）   表 2-12

缺陷名称	法国 TGV	日本 JIS1101	欧洲 UIC860	欧洲 EN	TB/T 3276
热伤	<0.35	<0.4	<0.35	<0.35	<0.35
冷伤	<0.3	<0.4	<0.3	<0.3	<0.3

（2）钢轨断面尺寸公差要求见表 2-13。

钢轨断面尺寸公差的要求（mm）   表 2-13

部 位	法国 TGV	日本 JIS1101	欧洲 UIC860	欧洲 EN	TB/T 3276
头 宽		+0.8~0.5	±0.5	±0.5	±0.5
底 宽	±1.0	±0.8	±1.0	±1.0	±1.0
轨 高	±0.5	+1~0.5	±0.6	±0.5	±0.6
底 凹	<0.3	<0.4		<0.3	+0.75，−0.5

（3）钢轨外观平直度的要求见表 2-14。

钢轨外观平直度的要求（mm）　　　　表 2-14

部位要求	法国 TGV	日本 JIS1101	欧洲 UIC860	欧洲 EN	TB/T 3276
轨端上翘 轨端下扎 轨端水平	<0.4/2m <0.2/2m <0.5/2m	<0.7/1.5m 0 <0.5/1m	<0.7/1.5m 0 <0.7/1.5m	<0.4/2m <0.3/1m <0.2 <0.6/2m <0.4/1m	≤0.4/2m ≤0.3/1m ≤0.2/2m ≤0.6/2m ≤0.4/1m
本体垂直弯 本体水平弯	<0.3/3m, <0.2/1m <0.45/1.5m			<0.3/2m <0.2/1m <0.45/1.5m	≤0.3/m ≤0.2/1m ≤0.5/2m
全长垂直弯 全长水平弯	<5 R>1000m	<10/10m <10/10m		<5 R>1500m	≤10mm R>1500m

（4）国外钢轨钢的纯净度要求见表 2-15。我国 TB/T 3276—2011 非金属夹杂物级别要求见表 2-16。

钢轨钢的钢质纯净度的要求　　　　表 2-15

项目	法国 TGV	日本 JIS1101	欧洲 UIC860	欧洲 EN
氧化铝 硅酸盐	<Bl <Cl			K3<20
ω (P)/%	<0.035	<0.030	<0.040	<0.030
ω (S)/%	<0.030	<0.025	<0.040	<0.030
ω (Al)/%	<0.04			<0.040
[H]/%	2.5×10^{-4}			2.5×10^{-4}
[O]/%	10×10^{-4}		10×10^{-4}	

非金属夹杂物级别要求　　　　表 2-16

夹杂物类型	非金属夹杂物级别（级）			
	A 级		B 级	
	粗系	细系	粗系	细系
A（硫化物类）	≤2	≤2	≤2.5	≤2.5
B（氧化物类）	≤1	≤1	≤1.5	≤1.5
C（硅酸盐类）	≤1	≤1	≤1.5	≤1.5
D（球状氧化物类）	≤1	≤1	≤1.5	≤1.5

2.2.6 钢 轨 接 头

轨道上钢轨与钢轨之间用夹板和螺栓连接，称为钢轨接头，如图 2-6 所示。钢轨接头处轮轨动力作用加剧，轨道几何形位极不稳定，钢轨及其配件易于伤损，轨道养护维修工作量大，是轨道结构的重大薄弱环节之一。

1. 钢轨接头形式及构造

(1) 钢轨接头形式

接头的连接形式按其相对于轨枕位置，可分为悬空式和承垫式两种，如图 2-7 所示。按两股钢轨接头相互位置，可分为相对式和相错式两种，如图 2-8 所示。我国一般采用相对悬空式，即左右两股钢轨接头应对齐，同时位于两接头轨枕中间。

钢轨接头按其用途及工作性能又可分为普通接头、导电接头、绝缘接头、焊接接头、异形接头、伸缩接头、冻结接头等。普通接头是线路上用得最多的接头，如图 2-6 所示。在自动闭塞区段及电力牵引地段，为传导轨道电路或牵引电流，钢轨间应设置左右两根 5mm 的镀锌钢丝作为传导装置，形成导电接头，如图 2-9 所示。绝缘接头用于自动闭塞分区两端的钢轨接头上，以隔断电流。普通的绝缘方法是在夹板与钢轨、螺栓之间、螺孔四周及两轨端之间用绝缘材料阻隔，绝缘材料常用高强度尼龙；在跨区间无缝线路上采用胶结绝缘接头，由胶接绝缘夹板、轨端绝缘板、绝缘套管、高强度螺栓（60kg/m 钢轨用 10.9 级、M27 螺栓；50kg/m 钢轨用 12.9 级、M24 螺栓）、10H 级防松螺母及高强度平垫圈组成。在现场安装接头时，需在胶接绝缘夹板与钢轨腹部之间涂抹高强度胶粘剂，或在胶接绝缘夹板与钢轨腹部之间嵌入尼龙条，待螺栓紧固后注入高强度胶粘剂，使之成为胶接绝缘接头，如图 2-10 所示。用焊接方式连接钢轨就形成焊接接头，它广泛用于无缝线路。异形接头用于连接两种不同断面（不同类型）的钢轨，但近年来已为异形钢轨所取代，特制的异形钢轨两端具有不同的钢轨断面，可连接不同型号的钢轨。伸缩接头又称温度调节器，是将接头以尖轨形式连接，用于轨端伸缩量相当大的处所或者桥梁结构物上的无缝线路，以减小桥梁结构物与无缝线路的相互作用，如图 2-11 所示。冻结接头是采取构造措施阻止钢轨的伸缩，用于不允许出现轨缝的处所。早期使用高强度螺栓，并在钢轨螺栓孔垫入月牙垫片，但常因螺栓折断而失效。目前我国无缝线路采用复合式钢轨粘结接头和胶粘冻结接头，取得了较好效果。

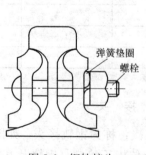

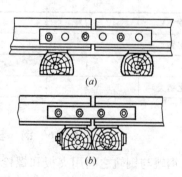

图 2-6 钢轨接头   图 2-7 钢轨接头形式

(a) 悬空式；(b) 双枕承垫式

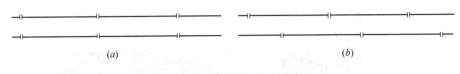

(a)   *(b)*

图 2-8 钢轨接头相互位置

（*a*）相互并齐；（*b*）相互错开

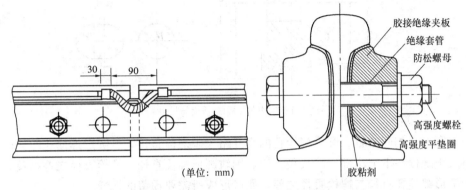

图 2-9 导电接头   图 2-10 钢轨胶结绝缘接头

图 2-11 钢轨温度调节器

（2）普通钢轨接头构造

钢轨接头由夹板、螺栓、螺母、弹簧垫圈等组成，如图 2-6 所示。

1）普通接头夹板

夹板的作用是夹紧钢轨。双头对称式（对称度在 10% 以内）为其常用形式。图 2-12 为我国目前标准钢轨用的斜坡支承型双头对称式夹板。其主要尺寸见表 2-17，在竖直荷载作用下，具有较大的抵抗弯曲和横向位移的能力。夹板上下两面的斜坡，能契入轨腰空间，但不贴住轨腰。当夹板稍有磨耗，以致连接松弛时，仍可重新旋紧螺栓，保持接头连接的牢固。每块夹板上有 6 个螺栓孔，圆形

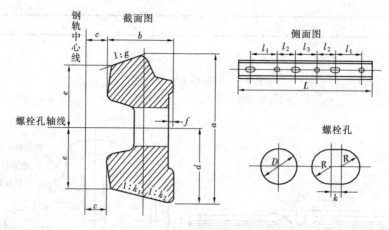

图 2-12 钢轨夹板的形状与尺寸

与长圆形孔相间布置，圆形螺栓孔的直径略大于螺栓直径，长圆形螺栓孔的长径略大于螺栓头下突出部分的长径。依靠钢轨圆形螺栓直径与螺栓直径之差以及夹板圆形螺栓孔直径与螺栓直径之差，便可形成所需要预留的轨缝。

接头夹板主要尺寸（mm）   表 2-17

规格	a	b	c	d	e	f	$1:g$	$1:k_1$ $1:k_2$	L	L_1	L_2	L_3	D	R	k
75kg/m	129.4	45.5	14.5	63.1	21.0	3.0	$1:4$	$1:4$	1000	130	220	202	26	13	8
60kg/m	125.5	45.0	14.0	64.3	20.0	11.0	$1:3$	$1:3$ $1:20$	820	140	140	160	26	13	8
50kg/m	106.8	46.0	13.0	56.2	19.0	6.0	$1:4$	$1:4$	820	140	140	140	26	13	8

2）接头螺栓、螺母、弹簧垫圈

接头螺栓和螺母用以紧固钢轨接头。图 2-13 是我国的钢轨接头螺栓。螺栓需要有一定的直径，以保证足够的强度。但过大的螺栓直径势必加大钢轨及夹板上的螺栓孔直径，从而削弱轨端横截面及夹板的强度。因此螺栓宜用高强度的碳

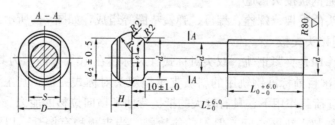

图 2-13 钢轨接头螺栓

素钢制成，并加以热处理，以提高螺栓的紧固力和耐磨、耐腐蚀性能。

接头螺栓按其机械性能划分等级。1985年以前，将螺栓分为一、二、三级，其抗拉强度分别为882MPa、686MPa、490MPa，一级螺栓用于无缝线路，二、三级用于普通线路。为接轨于国际标准，螺栓划分成10.9级和8.8级两种高强度螺栓，抗拉强度分别相当于1090和880MPa。一级螺栓相当于10.9级，二级螺栓相当于8.8级。

螺母由Q275钢材制成。螺母直径有22mm和24mm两种。螺母的容许拉伸应力为1060MPa。

为防止螺栓松动，需设置弹簧垫圈（单圈），有圆形和矩形两种。在无缝线路伸缩区的钢轨接头应采用高强度平垫圈。弹簧垫圈材料为$55Si_2Mn$、$60Si_2Mn$或$55SiMn$、$60SiMn$。表2-18列举了不同轨道类型所采用的接头螺栓、螺母及垫圈类型。

不同轨道类型所采用的联结零件　　　　　　　　　表2-18

轨道类型	特重型、重型	次重型		中型、轻型
		无缝线路	非无缝线路	
接头螺栓等级	10.9级	10.9级	10.9级或8.8级	8.8级
垫圈类型	高强度平垫圈	高强度平垫圈	单层弹簧垫圈	单层弹簧垫圈
螺母等级	10级高强度螺母			

2. 轨缝

为适应钢轨热胀冷缩的需要，在钢轨接头处应预留轨缝，并满足如下的条件：

（1）在轨温上升至当地最高轨温的条件下，轨缝应大于或等于零，使之轨端不受挤压，以防温度压力过大而胀轨跑道；

（2）在轨温降低至当地最低轨温的条件下，轨缝应小于或等于构造轨缝，使之接头螺栓不受剪力，以防止接头螺栓拉弯或剪断。构造轨缝是指受钢轨、接头夹板及螺栓尺寸限制，在构造上能实现的接头两轨端之间最大缝隙值。

为满足条件（1），换轨或调整轨缝时的预留轨缝a_0应满足下式：

$$a_0 \geqslant \alpha L(T_{max} - t_0) - c \tag{2-1}$$

为满足条件（2），a_g应满足下式：

$$a_g \geqslant \alpha L(t_0 - T_{max}) - c + a_0 \tag{2-2}$$

解式（2-1）、式（2-2），得到《铁路线路维修规则》所规定的普通线路预留轨缝计算式：

$$a_0 = \alpha L(t_z - t_0) + \frac{1}{2}a_g \tag{2-3}$$

式中　　a_0——换轨或调整轨缝时的预留轨缝（mm）；

α——钢轨钢线膨胀系数 $\alpha = 0.0118$ （mm/m℃）；

L——钢轨长度（m）；

t_z——当地中间轨温（℃），用下式计算；

$$t_z = \frac{1}{2}(T_{max} + T_{min})$$

T_{max}、T_{min}——当地最高、最低轨温（℃）（见附录 A）；

t_0——换轨或调整轨缝时的轨温（℃）；

c——接头阻力和道床阻力所限制的钢轨伸缩量（mm），其值与接头螺栓扭矩等参数有关，如表 2-19 所示。

a_g——构造轨缝，38kg/m、43kg/m、50kg/m、60kg/m、75kg/m 钢轨均采用 $a_g = 18$mm。

必须注意，式由（2-3）所确定的预留轨缝，其调整轨缝的轨温应满足下列条件：

$$t_0 \geqslant T_{max} - \frac{a_0 + c}{\alpha L} \tag{2-4}$$

$$t_0 \leqslant T_{min} + \frac{a_g + c - a_0}{\alpha L} \tag{2-5}$$

例如，最高轨温 $T_{max} = 60$℃，最低轨温 $T_{min} = -40$℃的地区，轨长 25m 的有缝线路，应在 -21.4℃$\leqslant t_0 \leqslant 41.4$℃的轨温范围内调整轨缝。轨缝设置后，必须及时进行接头螺栓涂油并保持螺栓的扭矩达到表 2-19 所规定的量值。

C 值 表   表 2-19

项目	单位	25m 钢轨						12.5m 钢轨	
		最高、最低轨温差>85℃			最高、最低轨温差≤85℃				
轨型	kg/m	60 及以上	50	43	60 及以上	50	43	50	43
螺栓等级	—	10.9	10.9	8.8	10.9	10.9	8.8	8.8	8.8
扭矩	N·m	700	600	600	500	400	400	400	400
c 值	mm	6			4			2	

3. 接头病害

钢轨接头的存在破坏了钢轨的连续性，产生较大的轮轨冲击动力，加速接头部分轨道的破坏。据不完全统计，钢轨在接头处的伤损约占其全部伤损的一半以上，接头下混凝土轨枕的失效相当于其他部分的 3～5 倍，接头下道床振动加速度比中间部分大 3～6 倍，致使道床变形发展迅速，为消除接头病害而进行的养路工作量占总数的 35%～50%。

列车通过接头产生冲击动力与三方面因素有关，即轨缝、台阶和折角。台阶是接头处两根钢轨的端部不在同一水平面上。折角是由于接头下沉形成的。

试验研究表明，车轮通过接头时，产生峰值很大的高频瞬时冲击力 P_1 以及低频的准静态荷载 P_2，P_1 约发生在车轮越过接头 $0.25\sim2\text{ms}$ 时刻，P_2 约发生在 7ms 后，如图 2-14 所示。P_1 的作用被钢轨和轨枕的惯性反作用力抵消，只对钢轨头部产生破坏作用，P_2 对轨道和路基的影响极其显著。

在上述 P_1 和 P_2 的作用下，接头区轨道的破坏主要表现为钢轨轨头打塌和剥离、鞍形磨耗、螺孔裂纹，夹板弯曲或断裂，混凝土枕损坏破裂，道床沉陷、坍塌和板结，路基翻浆冒泥等，从而加剧轮轨间的动力作用，形成恶性循环，有缝线路的弊端由此可见一斑。

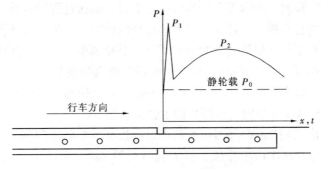

图 2-14　钢轨接头的动力响应

2.2.7 钢 轨 的 焊 接

1. 焊接方法

我国铁路系统共有 12 个焊轨厂，专门从事钢轨焊接作业，生产 $200\sim500\text{m}$ 长度的长钢轨供应全国铁路铺设无缝线路之用。我国铁路主要干线京广、津浦、京山、沈大等已全部实现无缝化，全国 86% 以上的线路均已铺设无缝线路。钢轨焊接方法采用接触焊（闪光焊）、铝热焊和气压焊。

（1）接触焊

接触焊是在两支钢轨不接触条件下，施加大电流，通过电场的作用，在两个焊接端断面之间产生放电作用，用以清除两个断面上有害于焊接的夹杂物，然后在焊接断面施加一定压力使之接触，通过电流的集肤和涡流作用，直至轨端部的钢轨全断面加热至接近熔化温度，在一定压力作用下使之两个端头互相熔合，然后用刀具清除溢出其断面的金属。接触焊是当今最为成熟可靠的钢轨焊接工艺，已获广泛应用。

我国于 20 世纪 60 年代开始采用接触焊工艺生产长轨，先前使用苏制 MOT Ⅱ-500 型焊机，功率大，生产率低，不适用于生产要求，很快被 K-355 型悬挂式接触焊机所取代。K-355 型焊机最大特点是可以在线路上直接进行各种钢轨的焊接作业，尽管其功率不大，但其热效率较高，可焊接较大断面钢轨，并可以进行无预热连续闪光焊接，接头加热均匀。该焊机体积小，自重轻，运输方便，既可用电网电源（其供电变压器容量为 320～560kV·A），也可采用三相发电列车供电。K-355 型焊机的主要性能如下：

可焊接 43～75kg/m 钢轨；

焊接时间：每焊一个接头约 3min；

焊机额定功率：150kV·A；

最大顶锻力：450kN。

1979 年我国开始从瑞士引进 Gass-80 型次级整流钢轨接触焊机，分别安装在北京、沈阳、郑州、上海等几个焊轨厂。其整个焊接过程的对轨、焊接、去除焊瘤等作业均可自动进行，还可以对焊轨过程的压力、电流、位移等参数进行记录和监控，有利于保证焊接过程的闪光平稳、晶粒细小均匀，并使热影响区平行于焊缝。该焊机可焊接断面面积 10000mm² 的钢轨（相当 75kg/m），在自动化焊接生产作业线上效率可达每小时 10～15 个接头，每班可生产 80～120 个接头，每月可生产 28～41km 长轨。该焊机的主要性能如下：

电源是采用三相 380V、50Hz 交流电，通过两组 6 个共 540kV·A 变压器及 6 只大功率二极管在次级上整流，整流后可获得 60000A、5.4V 直流电，在 1s 内过载电流可达 120000A，供焊轨使用。

（2）铝热焊

铝热焊是一种古老的焊接方法，早在 20 世纪初，美、英、法等国就采用铝热焊工艺焊接电车轨道。大约在 1930 年美国开始采用铝热焊焊接铁路钢轨，随之在英、德、日等国家得到广泛采用。铝热焊方法简单，适宜野外作业，生产效率高，一般焊一个接头约 10min。日本从东京到大阪新干线的接头，开始也是采用铝热焊焊接的。我国铁路部门从 1966 年开始自己生产铝热焊剂。

铝热焊原理如下：

铝热焊实际上是采用铝热法炼钢，其主要反应为：

$$3FeO + 2Al = 3Fe + Al_2O_3$$

$$3Fe_3O_4 + 8Al = 9Fe + 4Al_2O_3$$

$$Fe_2O_3 + 2Al = 2Fe + Al_2O_3$$

反应主要产物是纯铁。经调整成分后变成钢，即

$$3Fe + C = Fe_3C$$

为提高铝热焊的质量，可按需要在焊剂中加入适量合金元素，如锰、钛、钼、硅等，并加入石墨以调整含碳量。

铝热焊钢轨的组织可以分为四部分：焊缝、过热区、正火区、钢轨母材。焊缝基本是铸造组织，柱状晶；过热区的晶粒粗大；正火区的晶粒细小。铝热焊如

工艺控制不好，在钢水从高温向凝固转变过程中，会产生缩孔和疏松。焊接钢轨在夏季受热膨胀后产生附加压应力，在冬季收缩会产生附加拉应力。我国在无缝线路初期就曾因铝热焊工艺控制不当，加之冬季气温影响，发生铝热焊焊缝及热影响区钢轨脆断的事故。

（3）气压焊

气压焊是把钢轨固定在夹具上，用火焰加热预以施焊的两支轨端头，在其温度达到金属熔化状态时，用外力将两个轨端挤压，使之熔合。气压焊工艺参数如下：

氧气压力：0.45～0.50MPa

氧气流量：2.35～2.50m³/h

乙炔压力：0.08～0.13MPa

乙炔流量：2.65～2.70m³/h

焊接预热温度：1200～1300℃

正火温度：850～900℃

顶锻压力：38±2MPa

顶锻量：30±2mm

焊接操作过程为：将钢轨放置在压接机上，紧固钢轨，装上加热器和挡火板。对焊缝处均匀摆动加热，当焊缝处钢轨温度达到1200～1300℃时，开始加压至38～40MPa，进行顶锻，在顶锻量达到30mm时，立即停火。在焊缝温度自然冷却到450℃下时进行正火处理。

2. 钢轨焊接接头平直度标准

为保证铁路行车的平稳性，特别是高速行车的平稳性，必须控制钢轨焊接接头的平直度，各国规定的允许偏差标准见表2-20。

钢轨焊接接头平直度允许偏差标准（mm/m） 表2-20

部位	项目	客运专线	TGV	日本新干线	中国TB
顶面	接触焊	+0.3/-0	+0.2/-0	+0.3/-0	+0.3/-0
	铝热焊气压焊		+0.2/-0	+0.3/-0	+0.5/-0
内侧工作面	接触焊	+0.3/-0	+0.2/-0	+0.3/-0	+0.3/-0
	铝热焊气压焊		±0.3	±0.3	±0.5

2.2.8 钢 轨 标 记

1. 钢厂商标

钢厂商标如表2-21所示。

钢　厂　商　标				表 2-21
鞍　钢	包　钢	攀　钢	重　钢	武　钢

2. 钢轨标志

（1）在每根钢轨的轨腰轧制下列清晰、凸起的标志：

1）生产厂标志；

2）钢号；

3）型号；

4）制造年（月）号。

（2）在每根钢轨轨腰上（与上述标志同侧），距轨端不小于 2m 的 2～3 个地方打上炉罐号。同时，在相当于钢锭头部和尾部的钢轨上分别打上"A"或"I"字样。

钢轨精整后，在钢轨一个断面打上炉罐号，如图 2-15 所示。

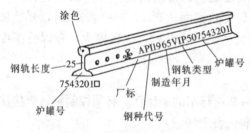

图 2-15　钢轨出厂标志

（3）钢轨钢炉罐号表示方法。

鞍钢：如炉罐号为 7543201□

"75"表示 1975 年炼的钢；

"4"表示第一炼钢厂 4 号平炉（第一炼钢厂为 1～9 号平炉，第二炼钢厂为 10～19 号平炉）；

"320"表示 320 炉钢：

"1"表示该熔炼号的盛钢桶（即浇铸罐号）的顺序号；

"□"表示轧制的班别：□—甲班；△—乙班；○—丙班。

武钢：如罐号为 453041□

"4"表示 4 号平炉；

"5"表示 1975 年；

"304"表示 304 号炉钢；

"1"表示该熔炼号的盛钢桶的顺序号；

"□"表示轧制的班别：□—甲班；△—乙班；○—丙班。

包钢：如炉罐号为 B7513252

"B"表示包钢的代号；

"75"表示 1975 年；

"1"表示 1 号平炉；

"325"表示第 325 炉钢；

"2"表示该熔炼号盛钢桶的顺序号。

攀钢：如炉罐号为 861143A

"86"表示 1986 年炼的钢；

"1134"表示炉罐号的顺序号；

"A"表示钢锭位置（A—钢锭头部；C—钢锭尾部）。

2.2.9　钢　轨　的　伤　损

钢轨的运用条件极其复杂，各种伤损难以避免。冶炼过程中的缺陷，以及运输、使用过程中的不良条件都可以导致钢轨的伤损。严重的钢轨伤损将危及运输安全，因而必须及时发现钢轨伤损，分析伤损钢轨形态，掌握钢轨伤损规律，积极采取应对措施并及时向冶金部门反馈信息，从而加强钢轨运用中的全过程管理，这是铁路工务部门的重要职责之一。

1. 钢轨伤损的定义

钢轨伤损是指钢轨在使用过程中发生钢轨折断、钢轨裂纹以及其他影响和限制钢轨使用性能的伤损。

钢轨折断是指发生下列情况之一者：

（1）钢轨全截面至少断成两部分；

（2）裂纹已经贯通整个轨头截面；

（3）裂纹已经贯通整个轨底截面；

（4）轨头顶面上有长于 50mm 并深于 10mm 的掉块。

钢轨裂纹是指除上述情况之外，钢轨部分材料发生分离形成的裂纹。

2. 轻伤与重伤钢轨标准

（1）轻伤钢轨标准

1）钢轨头部磨耗超过表 2-22 所列限度之一者；

钢轨头部磨耗轻伤标准（mm）　　　　　　　　　　表 2-22

钢轨 (kg/m)	总磨耗				垂直磨耗				侧面磨耗			
	$v>160$ 正线	$160 \geqslant v >120$ 正线	$v \leqslant 120$ 正线及到发线	其他站线	$v>160$ 正线	$160 \geqslant v >120$ 正线	$v \leqslant 120$ 正线及到发线	其他站线	$v>160$ 正线	$160 \geqslant v >120$ 正线	$v \leqslant 120$ 正线及到发线	其他站线
75	9	12	16	18	8	9	10	11	10	12	16	18
75 以下～60	9	12	14	16	8	9	9	10	10	12	14	16
60 以下～50			12	14			8	9			12	14

续表

钢轨 (kg/m)	总磨耗				垂直磨耗				侧面磨耗			
	$v>160$ 正线	$160\geqslant v$ >120 正线	$v\leqslant120$ 正线及 到发线	其他 站线	$v>160$ 正线	$160\geqslant v$ >120 正线	$v\leqslant120$ 正线及 到发线	其他 站线	$v>160$ 正线	$160\geqslant v$ >120 正线	$v\leqslant120$ 正线及 到发线	其他 站线
50 以下~43			10	12			7	8			10	12
43 以下			9	10			7	8			9	11

注：1. 总磨耗＝垂直磨耗＋1/2 侧面磨耗；

2. 垂直磨耗在钢轨顶面宽 1/3 处（距标准工作边）测量；

3. 侧面磨耗在钢轨踏面（按标准断面）下 16mm 处测量；

4. v—容许速度（km/h）。

2）钢轨下颚透锈长度超过 30mm；

3）钢轨低头（包括轨端踏面压伤磨耗在内），容许速度大于 120km/h 的线路超过 1.5mm，其他线路超过 3mm（用 1m 直尺测量最低处矢度）；

4）轨端或轨顶面剥落掉块，容许速度大于 120km/h 的线路，其长度超过 15mm，深度超过 3mm，其他线路深度超过 4mm；

5）钢轨顶面擦伤，容许速度大于 120km/h 的线路，深度达到 0.5～1.0mm，其他线路达到 1～2mm；容许速度大于 120km/h 的线路，波浪形磨耗超过 0.3mm，其他线路超过 0.5mm；

6）钢轨探伤人员或养路工长认为有伤损的钢轨。

（2）钢轨重伤标准

1）钢轨头部磨耗超过表 2-23 所列限度之一者；

钢轨头部磨耗重伤标准（mm）　　　表 2-23

钢 轨 (kg/m)	垂直磨耗			侧面磨耗		
	$v>160$ 正线	$160\geqslant v$ >120 正线	$v\leqslant120$ 正线、到 发线及其 他站线	$v>160$ 正线	$160\geqslant v$ >120 正线	$v\leqslant120$ 正线、到 发线及其 他站线
75	10	11	12	12	16	21
75 以下~60	10	11	11	12	16	19
60 以下~50			10			17
50 以下~43			9			15
43 以下			8			13

注：v—容许速度（km/h）。

2）钢轨在任何部位有裂纹；

3）轨头下颚透锈长度超过 30mm；

4）轨端或轨顶面剥落掉块，容许速度大于 120km/h 的线路，长度超过 25mm，深度超过 3mm；其他线路超过 30mm，深度超过 8mm；

5）钢轨在任何部位变形（轨头扩大，轨腰扭曲或鼓包等），经判断确认内部有暗裂；

6）钢轨锈蚀，经除锈后，容许速度大于 120mm/h 的线路，轨底边缘处厚度不足 8mm，其他线路不足 5mm；容许速度大于 120km/h 的线路，轨腰厚度不足 14mm，其他线路不足 8mm；

7）钢轨顶面擦伤，容许速度大于 120km/h 的线路，深度超过 1mm，其他线路超过 2mm；

8）钢轨探伤人员或养路工长认为有影响行车安全的其他缺陷（含黑核、白核）。

3. 常见的钢轨伤损成因分析

（1）轨腰螺栓孔裂纹

轨腰螺栓孔裂纹是指钢轨在列车冲击荷载作用下，其螺栓孔边角处，由于存在应力集中或其他缺陷而造成的裂纹。这种裂纹受荷载反复作用而扩展，甚至发生断裂。其形态如图 2-16 所示。

轨腰螺栓裂纹发生的主要原因有：钻孔时在螺栓孔周边产生有肉眼不能发现的发裂，在荷载的作用下加速裂纹发展；由于钢轨接头养护中存在的高低台阶、错牙、轨端低塌、鞍形磨耗及道床板结，列车通过时产生的高频力 P_1 和准静态力 P_2 对螺孔应力的影响极大。研究结果表明，P_1 和 P_2 的合力决定着轨端的第一螺孔的应力水平，因而也决定着螺孔四周疲劳裂纹的萌生和发展。而

图 2-16 孔裂

第二螺孔的应力水平几乎完全由 P_2 力决定。螺栓孔裂纹属冲击荷载作用下的疲劳伤损的性质，裂纹的方向与主拉应力方向垂直。

研究结果表明，螺栓孔裂纹的萌生期远大于扩展期，一般情况下，后者是前者的四分之一左右。所以控制萌生期是降低螺栓孔裂纹发展速度的关键。

防止螺栓孔裂纹的发生与发展，可以采取以下措施：

1）控制 P_1 和 P_2 的力的大小；如增加接头弹性，可以减少 P_1 和 P_2 力，螺栓孔应力可减少 30% 左右；

2）改善螺栓孔的制作工艺，钻孔后倒棱，可大幅度提高螺孔处的疲劳强度，是防止螺栓孔裂纹的行之有效措施；

3）螺栓孔表面加工硬化、热处理、防锈处理，以提高螺栓孔的强度和减小

表面粗糙度。

（2）轨头核伤

轨头核伤是最危险的钢轨伤损。在列车荷载重复作用下，钢轨走行面之下的轨头内部形成极为复杂的应力组合，使之细小的横向裂纹扩展而成核伤，直至核伤的四周钢材强度不足，毫无预兆的发生骤然折断，如图2-17所示。因此，核伤的内因是非金属夹杂物及白点的存在（在钢冷却过程中有害的氢气从钢体中逸出而形成），核伤的外因是列车荷载的重复作用。

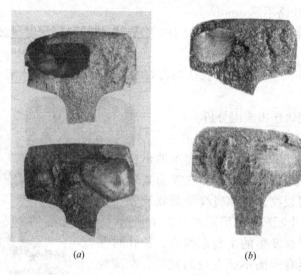

(a)   *(b)*

图 2-17　轨头核伤
(*a*) 黑核；(*b*) 白核

钢轨接头处的核伤（距轨端1~1.5m）发展速度较中部快1.8~2倍，表明接头上有较大的动力冲击作用，直接影响伤损的发展速度。

防止和减缓核伤发生和发展，主要措施有：

1）净化钢轨，控制夹杂物的直径。

2）提高钢轨的接触疲劳强度。

3）提高轨道的弹性，加强轨道的养护维修，特别是对钢轨接头养护维修，减少动力冲击作用。

（3）轨头剥离

轨头剥离是指发生在钢轨头踏面上一种呈薄片状金属剥离母体或呈掉块状剥离母体的伤损。剥离多发生在铁路曲线外轨上，钢轨接触应力大于钢轨屈服强度时是造成剥离的外因；钢轨轨头踏面存在夹杂物是造成剥离形成的内因。

（4）轨头磨耗

轨头磨耗通常表现为钢轨在轮轨摩擦力和接触应力的作用下，在钢轨头部发生沿全长的磨损。轨头磨耗分为垂直磨耗和侧面磨耗，它使钢轨强度下降，伤损增加，一般多出现于曲线外股钢轨的头部。总磨耗按垂直磨耗加侧面磨耗的半数计算。垂直磨耗在轨顶距标准断面作用边 1/3 处测量，侧磨在钢轨标准断面下16mm 处测量。其形貌见图 2-18。

侧面磨耗（简称侧磨），随着内燃和电力机车的采用以及运量的大幅度提高，钢轨侧磨的严重性已在我国铁路钢轨伤损中居突出位置。例如，铺设 60kg/m 钢轨，半径 450～700m 的曲线轨道，钢轨侧磨超限所对应的运量约为 1 亿 t，仅为其期望使用寿命的 1/7。在更小半径的曲线上，尤为恶劣。

（5）波形磨耗

钢轨波形磨耗（简称波磨）是指钢轨顶面或侧面上呈波浪形的不均匀磨损或塑性变形。波磨依据其形成的波长可分为两大类：波长 30～80mm、波深 0.1～0.5mm、光亮的波峰和黑暗的波谷规则地排列在轨面上的波磨称短波磨耗，又称波纹磨耗，常出现在行车速度较高的线路上，如图 2-19 所示；波长 150～600mm 及以上、波深 0.5～5mm，波浪界线分明但不规则、波峰和波谷有均匀光泽的波形磨耗为长波磨耗，常出现在车速较低的线路上。

图 2-18　轨头磨耗形貌　　　　图 2-19　钢轨波纹磨耗

波磨一般出现在曲线地段，半径 270～4500m 的曲线上都有发生。曲线半径越小，波磨形成和发展的速度越快。制动地段波磨严重。石质路基、混凝土轨枕线路及道床板结等轨道弹性较差的地段波磨较为严重。直线地段很少出现波磨。

波磨形成的原因十分复杂，至今尚无共识。波磨成因的理论大致可分为两类：第一类称为非动力成因理论，主要是从钢材性能、残余应力、不均匀磨损腐蚀、不均匀塑流、接触疲劳及轮轨几何形状匹配等方面去研究成因；第二类是动力类成因理论，主要从轮轨接触共振、轮轨垂向振动、轮对横向振动、扭振及弯曲振动等理论去研究成因。

图 2-20　轨头压溃

（6）轨头压溃

轨头压溃是指发生在轨头踏面处，出现压溃金属所形成的飞边。造成轨头压溃的原因是列车离心力所致钢轨偏载，因轮轨接触应力过大致使轨头金属产生塑性流变。发生轨头压溃处的金属常常存在有害夹杂物和元素偏析。其形貌见图 2-20。

（7）擦伤

擦伤是指发生在钢轨踏面的一种金属塑性变形和分离缺陷，当这种缺陷达到头部总面积的 10%～15% 以后将迅速发展成为掉块破损。形成擦伤的原因主要是随机车牵引力增大，在机车启动和制动过程中，伴随车轮打滑空转或滑动，使轮轨接触区应力急速增大，并产生高温，造成钢轨踏面局部过热和黏着，在列车驶过后，又急速冷却形成金属的塑性变形和分离。

2.3　轨　枕

2.3.1　轨枕的功能及类型

轨枕是轨下基础的部件之一。其功能是支承钢轨，保持轨距和线路方向，并将钢轨的荷载传递至道床。轨枕必须具有弹性和耐久性，并应具有足够的刚度、质量和承压面积以使其具有抵抗纵向、横向位移和承载的能力。

轨枕依其构造及铺设方法分为横向轨枕、纵向轨枕、短枕和宽轨枕等。横向轨枕垂直于钢轨间隔铺设，是最常用的轨枕。纵向轨枕沿钢轨方向铺设，虽可以连续方式支承钢轨，但由于铺设养护比较困难，已少有使用。短枕是在左右两股钢轨下分开铺设的轨枕，常用于混凝土整体道床上。宽轨枕常用于车站及隧道等维修困难的线路上。轨枕按其使用部位可分为用于区间线路的普通轨枕、用于道岔上的岔枕及用于桥梁上的桥枕。轨枕按其材料可分为木枕、混凝土轨枕及钢枕等。钢枕在我国很少采用。

2.3.2　木　枕

木枕又称枕木，其断面形状如图 2-21 所示，是铁路最早采用而且仍然在继续使用的一种轨枕。其主要优点是富有弹性，易于加工、运输、铺设、养护维修方便，并具有良好的绝缘性能；但木枕消耗大量优质木材，由于我国木材资源匮乏，木枕已成为珍稀轨枕品种。木枕易于腐朽和磨损，使用寿命短；其强度、弹性不完全一致，造成轨道动力不平顺。

木枕断面一般为矩形。普通木枕、道岔木枕及桥梁木枕的断面形状和尺寸如

图 2-21 和表 2-24、表 2-25 所示。普通木枕断面分为 Ⅰ、Ⅱ 两类。

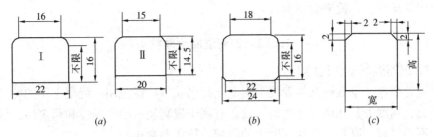

图 2-21 木枕的断面尺寸（cm）

（a）普通木枕；（b）岔枕；（c）桥枕

木枕的使用寿命短，其失效原因很多，主要是腐朽、机械磨损和开裂。木枕腐朽是生物作用的过程，而机械磨损和开裂则是列车反复作用和时干时湿的结果。这三者是互为因果的。木枕一旦腐朽，强度就要降低，同时又会促进机械磨损和开裂的加剧发展。相反，木枕一旦出现机械磨损和开裂，木质受到损伤，这就为加速腐朽提供了有利条件。为延长木枕使用寿命，应对这三者进行综合治理。

普通木枕、岔枕的尺寸（cm）　　　　表 2-24

类别	类型	长度	厚度	底宽	顶宽
普通木枕	Ⅰ	250	16	22	16
	Ⅱ	250	14.5	20	15
岔枕		260～485	16	24	16

桥梁木枕尺寸（cm）　　　　表 2-25

长	宽	高	长	宽	高
300	20	22	420	20	22
	20	24		20	24
	22	26		22	26
320	22	28	480	22	28
	24	30		24	30
340	24	30			

木枕必须加以防腐处理以延长其使用寿命。木枕常用的防腐剂有水溶性防腐剂和油类防腐剂两类，其中以油类防腐剂为主要类型。木枕防腐处理按规定的工艺流程，在一个密封蒸制罐中进行。

木枕除进行防腐处理外，还应采取措施防止机械磨损及裂缝的出现。为了减少机械磨损，木枕上必须铺设垫板，并要求预钻道钉孔。为防止木枕开裂，必须严格控制木枕的含水量，并改善其干燥工艺。一旦出现裂缝，应视其裂缝大小，分别采取修补措施，或用防腐浆膏掺以麻筋填塞，或加钉C形钉、S形钉、组钉板及用铁丝捆扎，使裂缝密合。

2.3.3　钢筋混凝土轨枕

1. 钢筋混凝土轨枕的类型

随着高速、重载铁路的发展，混凝土枕已获得广泛应用。混凝土枕的特点是自重大、刚度大、几何尺寸均匀一致，有利于提高轨道的平顺性和稳定性。混凝土枕不受气候、腐朽、虫蛀等因素的影响，使用寿命长。

混凝土轨枕的弹性低于木枕，其钢轨扣件需要使用弹性优良的轨下垫板。

钢筋混凝土轨枕按结构形式分为整体式、组合式和短枕式三种。整体式混凝土枕整体性强、稳定性好、制作简便，是目前各国使用最多的一种类型。组合式混凝土枕由两个钢筋混凝土块体用一根钢杆连接而成，其整体性不如整体式混凝土枕，但因其采用混凝土和钢材组合而成，能充分发挥各自的力学性能优势。图2-22为法国铁路上采用的双块式混凝土枕。短枕是采用两块普通钢筋混凝土块体分别支承左右两股钢轨，彼此间无直接联系，一般用于整体道床，图2-23是用于无砟轨道的弹性支承块。

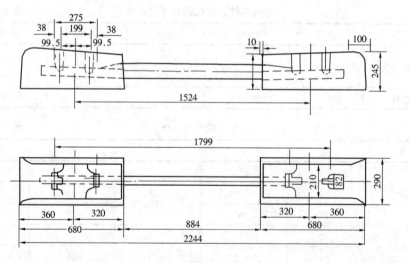

图2-22　法国双块式混凝土枕

按配筋方式分有普通钢筋混凝土枕和预应力混凝土枕两大类。普通钢筋混凝土枕易于开裂失效，现已淘汰。预应力混凝土枕，其混凝土施加有强大的预压应力，因而抗裂性能好，并节约用钢量。我国主要采用整体式、预应力混凝土枕，简称混凝土枕（PC枕）。

预应力混凝土枕按照制作工艺不同分为先张法和后张法预应力混凝土枕两类。配筋材料采用钢丝或钢筋。先张法混凝土枕预先张拉预应力钢丝或钢筋，然后灌注混凝土，待混凝土凝结硬化达到一定强度后，切断钢丝或钢筋，通过两者之间的粘结力，把钢丝或钢筋的预拉力传给混凝土，使之承受一股持久的压应力。后张法混凝土枕，系在灌注混凝土时，预留一些供钢筋或钢丝束通过的孔道，待混凝土凝结硬化达到一定强度后，在孔道内插入钢筋或钢丝

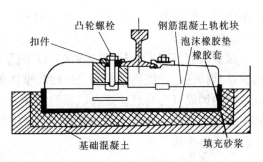

图 2-23　弹性承块式混凝土枕

束，进行张拉，并于轨枕两端用锚固螺栓锚固，以水泥砂浆封口，防止锈蚀。其钢筋或钢丝束的预拉力，通过轨枕两端锚固垫板传给混凝土，使之受到所需要的预压应力。我国主要采用先张法混凝土枕。使用钢丝配筋的称弦式混凝土枕，使用钢筋的称筋式混凝土枕。

混凝土枕按使用部位的不同，可分为普通混凝土枕、混凝土岔枕及混凝土桥枕三种。

2. 混凝土轨枕的截面形状与尺寸

(1) 混凝土枕的长度

轨枕受力与轨枕长度有关。混凝土枕的支承条件有中间不支承、中间部分支承和全支承三种情况，如图 2-24 所示。轨枕可视为支承在弹性基础上的短梁，使用时轨下截面下部受拉（弯矩为正），枕中截面上部也可能受拉（弯矩为负值）。轨枕中间部分不发生支承作用时，轨下截面产生最大正弯矩，而轨枕的全底部支承则产生枕中截面负弯矩的最大值。

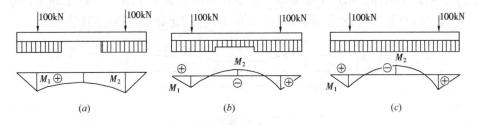

图 2-24　道床的支承图式

(a) 轨枕中段无支承；(b) 轨枕中段弱支承；(c) 轨枕全长均匀支承

图 2-24 表示轨枕三种不同支承情况，不同轨枕长度的计算表明，长轨枕可以减少中间截面负弯矩，但轨下截面正弯矩将增大。一般应以轨下截面正弯矩与枕中截面负弯矩保持一定比例来确定轨枕的合理长度，尽量避免中间截面出现过大的负弯矩以防止轨枕中部开裂。此外，选择较长的轨枕，可使钢筋具有足够的锚固长度，充分发挥其抗弯能力；并具有较大的支承在道床上的面积，以利于改

善道床的工作条件。混凝土枕长度一般在 2.3～2.7 m 之间，我国采用 2.5m 和 2.6m 两种长度。

试验研究表明，轨枕长度增加有以下优点：可减少中间截面外荷载弯矩，提高轨枕结构强度；提高纵横向稳定性和整体刚度，改善道床和路基的工况，对无缝线路的铺设极为有利；提高道床的纵横向阻力，可适当减少轨枕配置根数，有利于线路修理作业实施。国外铁路主要干线普遍采用长度 2.6m 的轨枕，仅有日本高速铁路采用 2.4m 长度轨枕。

(2) 轨枕的形状与尺寸

轨枕的主要尺寸与形状包括三个内容：截面形状，轨枕底面的支承面积及轨下、轨中截面的厚度。截面形状为梯形，上窄下宽，梯形面积可以节省混凝土用量，减少自重，也便于脱模。

轨枕顶面宽度应考虑轨下垫板宽度、轨枕承压面积、中间扣件尺寸及截面边坡等因素加以确定。轨枕支承钢轨的部位称为承轨台。承轨台根据所用扣件的类型不同，分为有挡肩和无挡肩两类。承轨台设置 1/40 轨底坡。

沿轨枕纵轴方向，轨枕底面的两端为梯形，中间为矩形。轨枕两端道床反力大于轨枕中部，所以加大两端的道床支承面积可使道床的反力均匀分布在轨枕上。轨枕底面的宽度应同时满足减少道床应力和便于捣固两方面的要求。底面上一般还做成各种花纹和凹槽，以增加轨枕与道床间的摩擦阻力，提高轨枕在道床上的纵、横向阻力。

PC 轨枕的厚度在轨枕长度方向是不一致的，轨下部分厚一些，中间部分薄一些，以适应轨下截面较大的正弯矩和中间截面较小的负弯矩。PC 轨枕采用直线配筋，且各截面上的配筋均相同，所以配筋的重心线在轨下部分位于截面形心之下，而在中间部分则位于截面形心之上，如图 2-25 所示。使混凝土施加的预压应力形成有利的偏心距，提高预应力的效果，防止裂缝的形成与扩展。

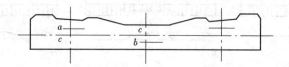

图 2-25　PC 枕配筋重心线示意图

a—轨下截面形心；b—中间截面形心；c—应力筋重心线

3. 我国 PC 枕基本类型

我国 PC 枕原有基本类型分为Ⅰ、Ⅱ、Ⅲ型，随着我国铁路客货运量及行车速度的提高，Ⅰ、Ⅱ型枕因不能满足运营需求，已不再使用。铁道部组织有关部门研制了新Ⅱ型钢筋混凝土轨枕（如图 2-26 所示），以取代前期各类Ⅱ型钢筋混凝土轨枕。

新Ⅱ型混凝土轨枕承载能力按韶山型机车、轴重 25t、最高速度 120km/h、铺设密度 1840 根/km 进行设计。

　　Ⅲ型钢筋混凝土轨枕：有Ⅲ_a（图 2-27）、Ⅲ_b（图 2-28）和Ⅲ_c（图 2-29）三种形式，其中Ⅲ_a、Ⅲ_c设有挡肩承轨槽，Ⅲ_b则是无挡肩的。

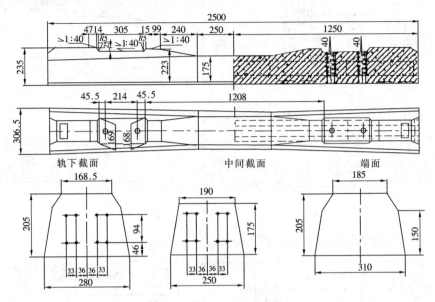

图 2-26　新Ⅱ型钢筋混凝土轨枕

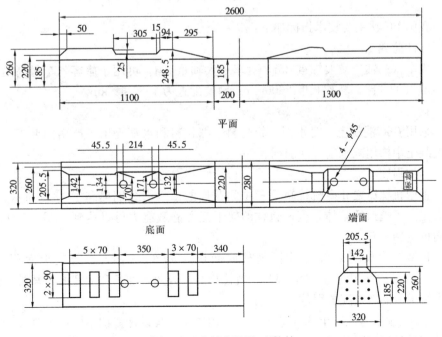

图 2-27　有挡肩的Ⅲ_a型轨枕

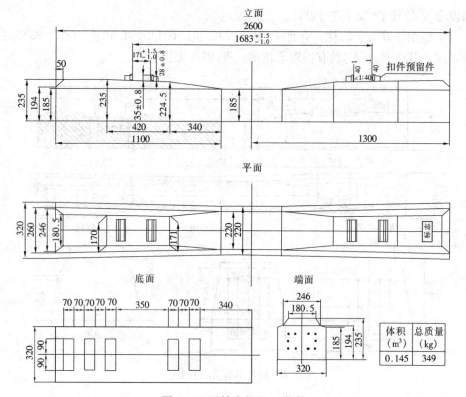

图 2-28 无挡肩的Ⅲ_b型轨枕

我国 PC 枕主要技术指标如下：

设计荷载：

机车（三轴）最大轴重 25t，货车最大轴重 23t。可用于旅客列车最高速度 200km/h 的线路。轨枕长度 2600mm，轨枕配置为 1667 根/km。

材料：

采用 C60 混凝土。对水泥、粗骨料、细骨料和水都提出了严格的要求，并在混凝土中掺用减水剂等外加剂。

结构强度：

Ⅲ型轨枕比之Ⅱ型轨枕轨下和中间截面的承载力分别提高了 43% 和 65%，大大提高了轨道的整体强度。轨枕的轨下截面静载能力可以达到 210kN，中间截面可达到 170kN。

Ⅲ型轨枕长度 2.6m，实际轨枕底面积为 7720cm²，若以等支承面积计，1600 根Ⅲ轨枕面积约与 1840 根Ⅱ型轨枕相当，因此，加长和加宽的Ⅲ轨枕可以减少每千米的轨枕配置根数。

Ⅲ_c型预应力混凝土枕（专线 3451）由中铁工程设计咨询集团有限公司和中国铁道科学研究院共同设计。适用于客运专线时速 250km（兼顾货运）有砟轨道

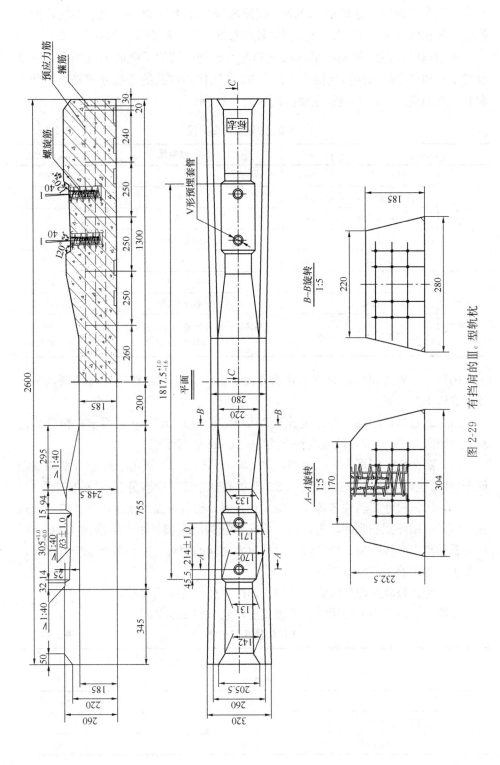

图 2-29　有挡肩的 III$_c$ 型轨枕

线路，机车车辆最大静轴重 250kN，线路曲线最小半径 300m。Ⅲ。型轨枕配套弹条Ⅴ形扣件（研线 1602）。Ⅲ。型轨枕的形式尺寸、断面及配筋如图 2-29。

Ⅲ。型轨枕与Ⅲ。型轨枕形式尺寸和配筋相同，结构承载能力也相同，主要改变了与扣件系统的接口连接方式，将Ⅲ。型轨枕预留孔的连接方式修改为预埋套管。总结Ⅲ。与Ⅲ。型轨枕主要异同如表 2-26 所示。

Ⅲ。与Ⅲ。型轨枕主要异同　　　　　　　表 2-26

项目		单位	Ⅲ。型轨枕	Ⅲ。型轨枕
主要相同项	轨枕长度	mm	2600	2600
	轨下截面高度	mm	230	230
	枕中截面高度	mm	185	185
	配筋		10Φ7mm	10Φ7mm
	轨枕重量	kg	360	360
主要不同项	图号		专线 3451	专线 3393
	与扣件连接方式		预埋套管	预留孔
	执行标准		《高速铁路有砟轨道预应力混凝土轨枕》TB/T 3300	《混凝土枕》TB/T 2190

另外，在制造和验收的技术要求方面，Ⅲ。与Ⅲ。型轨枕也有所不同，主要体现在以下几方面：

（1）原材料：增加了对水泥比表面积为 $300 \sim 350 m^2/kg$ 的要求；粗骨料的粒径由原来 5～25mm 连续级配修改为 5～20mm 连续级配。

（2）耐久性：混凝土抗冻等级由"不应低于 F250；使用于最冷月平均气温低于 $-3℃$ 区域的轨枕，不应低于 F300"提高到全部"应满足 F300 的要求"。

（3）形式尺寸：轨枕各部尺寸偏差和外观质量等方面的要求更加严格，表现在"两承轨槽外侧底脚间距离、同一承轨槽底脚间距离、距承轨槽面 120mm 深处套管偏离中心线距离、轨底坡、两承轨面之间的相对扭曲、端部预应力钢丝在混凝土内的露筋"等检查项目。

（4）型式检验及出厂检验：增加了扣件预埋件抗拔力检验。

目前，我国线路上使用的钢筋混凝土轨枕类型如表 2-27。

常用轨枕几何尺寸　　　　　　　表 2-27

型　号	长度（mm）	轨下高度（mm）	重量（kg）
新Ⅱ型钢筋混凝土轨枕	2500	205	280
Ⅲ。型钢筋混凝土轨枕	2500/2600	230	330
Ⅲ。型钢筋混凝土轨枕	2500/2600	230	330

续表

型 号	长度 (mm)	轨下高度 (mm)	重量 (kg)
Ⅲc型钢筋混凝土轨枕	2600	230	330
新Ⅲ型钢筋混凝土桥枕	2600	211	422
客运专线预应力混凝土桥枕	2600	211	422
Ⅲa、Ⅲb电容枕	2600	230	330
新Ⅱ型电容枕	2500	205	280

注：电容枕用于 ZPW2000A 自动闭塞区段，主要作用是补偿电信号传输的衰减，约每隔 100m 设置
一根。

2.3.4　钢筋混凝土宽轨枕

钢筋混凝土宽轨枕又称轨枕板，如图 2-30 所示。宽轨长度为 2.5m，而宽度
约为普通轨枕的两倍。其制造工艺与混凝土轨枕基本相同。但因其宽度较大，
并直接铺设在预先压实的道床面上，在制造中对厚度的控制要求较严格。我国
铁路目前使用的型号有弦 76、筋 76、弦 82、筋 82 四种。图 2-30 为筋 82 型宽
轨枕。

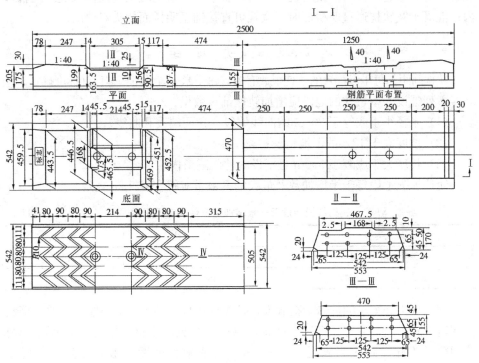

图 2-30　混凝土宽轨枕（尺寸单位：mm）

钢筋混凝土宽轨枕与普通 PC 轨枕比较有以下优点：

（1）宽轨枕宽 55cm，支承面积比之普通混凝土轨枕大一倍，使道床的应力大为减少。每块宽轨枕的质量约为 500kg，大大高于普通 PC 枕的单根质量，由于道床振动加速度与钢轨支承质量平方成反比，从而可以减小道床的振动加速度，延缓道床残余变形积累过程，有利于保持轨道几何形位。

（2）轨枕与道床接触面上的摩阻力增大，提高了轨道的横向稳定性，道床阻力增加约 80%，有利于铺设无缝线路。

（3）宽轨枕密排铺设，枕间空隙用沥青混凝土封塞，道床顶面全部覆盖起来，防止雨水及脏污渗入道床内部，从而有效地保持道床的整洁，延长道床的清筛周期。

（4）宽轨枕轨道外观整洁美观，适合于在车站上使用。

按照"宽枕铺设养护维修技术条件"，铺设混凝土宽轨枕要求路基坚实稳定，排水畅通，无翻浆冒泥等病害；采用碎石道床，由底、面两层组成，道砟材料要求坚硬耐磨，道床要分层夯实整平；混凝土宽枕端部埋入道床深度为 8～10cm。其中部 60cm 范围内，道床顶面应低于枕底 5～10cm。由于混凝土宽枕轨道的弹性、道床断面尺寸、排水方式等方面与其他轨枕结构形式的轨道不同，因此，与其他轨道连接时必须设置过渡段：与木枕轨道连接时，应用长度不短于 25m 的混凝土枕轨道过渡；与混凝土枕连接时，要求有 5 块混凝土宽枕伸入混凝土轨排内；混凝土宽轨枕通过明桥面时，宽枕可直接铺至明桥面桥头双枕前。

2.3.5 轨 枕 间 距

轨枕间距与每千米配置的轨枕根数有关，每千米配置数量根据设计标准确定。
下列铺设 Ⅱ 型轨枕的地段应增加轨枕铺设数量：

（1）半径小于或等于 800m 的曲线地段（含两端缓和曲线）；

（2）坡度大于 12‰ 的下坡地段；

（3）长度大于或等于 300m 且铺设木枕的隧道内。

轨枕加强地段每千米增加数及最大铺设数量应符合表 2-28 规定。

轨枕加强地段每千米增加数及最大铺设根数   表 2-28

轨枕类型	Ⅱ型混凝土轨枕	木枕
每千米增加数量	80	160
每千米最大铺设根数	1840	1920

钢轨接头处车轮的冲击动荷载大，接头处轨枕的间距应适当缩小，并从接头向钢轨中间过渡，应有一个过渡间距，以适应荷载的变化，如图 2-31 所示。每节钢轨下轨枕间距应当满足：$a > b > c$。接头轨枕间距一般是给定的：对于 50kg/m 及以上钢轨，木枕接头间距为 440mm，混凝土枕接头间距为 540mm。

由图 2-31 可知：

$$a = \frac{L - c - 2b}{n - 3} \tag{2-6}$$

设 $b = \frac{a+c}{2}$ 代入上式：

$$a = \frac{L - 2c}{n - 2} \tag{2-7}$$

式（2-7）代入式（2-6），得到：

$$b = \frac{L - c - (n-3)a}{2} \tag{2-8}$$

式中　L——标准轨长，（含一个轨缝宽度，一般取 8mm）；

　　　n——一节钢轨下轨枕的根数；

　　　a——中间轨枕间距；

　　　c——接头轨枕间距；

　　　b——过渡轨枕间距。

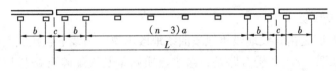

图 2-31　轨枕间距计算图

根据式（2-7）算出的轨枕间距 a 取整，然后代入式（2-8）求得 b 应有的值。

对于无缝线路，轨枕间距应均匀布置。轨枕间距尺寸按"铁路线路维修规则"有关规定设置。

2.4　有　砟　道　床

2.4.1　道床的功能及构造

1. 道床的功能

道床的功能主要有以下几点：

（1）承受来自轨枕的压应力并均匀地散布到路基面上，降低路基面的应力集度；

（2）提供轨道的纵、横向阻力，保持轨道几何形位的稳定；

（3）提供良好的排水性能，避免雨水直接冲刷路基面，提高路基的承载能力并减少基床病害；

（4）便于校正线路的平纵断面；

（5）增加轨道弹性，消散并吸收轮轨的冲击振动。

道床的功能优劣应以道床颗粒组成的整体结构来判定。评判的指标系列为：

强度、刚度、重复荷载作用下抵抗轨道位移的阻力，抵挡水流冲走的能力以及捣固作业后恢复弹性的能力等。

2. 道床的构造

道床的构造可以其横断面来表示，并以道床厚度、顶面宽度及边坡坡度三个主要特征来描述。图 2-32 为直线地段道床断面。

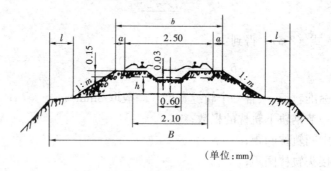

（单位：mm）

图 2-32 直线地段道床断面

（1）道床厚度

道床的厚度是指直线地段钢轨或曲线地段内轨中轴线下轨枕底面至路基顶面的距离 h（如图 2-32）。岩石路基、渗水土质路基及级配碎石路基基床，均铺设单层碎石道床。

非渗水路基应设置双层道床，其中上层采用碎石道砟，又称为面砟；下层为垫层，又称为底砟。道床垫层是重要的道床支承结构，具有隔断碎石道砟与路基面直接接触的作用，形成碎石道砟与路基面之间的结构过渡层。底砟可防止路基面因道砟颗粒的挤入所致的破损；阻止路基的细微颗粒直接渗入上层道砟；降低雨水的下渗速度，缓解雨水对路基面的浸蚀，并兼有截断底层下毛细水作用的功能。

道床总厚度应能防止路基土的挤起，以限制其诱发道砟袋的变形。工程经验及试验研究表明，对于面砟厚度：为抵抗轨道作用力需要 30cm；恢复道床变形需要 15cm；保证所侵入的脏污异物有足够填充空间，应有 30~45cm；为适应捣固作业，需要 23cm；为减小垫层的应力需要 30~45mm。对于垫层，为正常履行垫层的功能需要 15mm 以上的厚度。对于单层道床则需要 30~45cm 厚度。

综上所述，在正常情况下，道床需要 30~45cm 厚度。最小厚度应不小于 15~30cm。重载及高速铁路线路轨道的道床厚度应适当增加。

我国正线轨道的道床厚度由设计标准规定（参见下一节）。

高速铁路铺设 2.6m 混凝土轨枕地段的道床顶面应低于轨枕承轨面 4cm，且不应高于轨枕中部顶面。铺设新Ⅱ型混凝土轨枕、Ⅲ型混凝土轨枕地段的道床顶面应与轨枕中部顶面平齐。铺设岔枕、桥枕等地段的道床顶面应低于承轨面 3cm。

　　桥梁上道床的砟肩至挡砟墙间应以道砟填平，与两端线路轨道的道床厚度应在桥台外 30m 范围内顺坡。

　　隧道内道床砟肩至边墙（或高侧水沟、电栏槽壁）间应以道砟填平。与两端线路轨道的道床厚度应在洞口外 30m 范围内顺坡。

　　（2）道床顶面宽度

　　道床顶面宽度 b（如图 2-32）与轨枕长度及道床肩宽有关。轨枕长度基本上是固定的，因此道床顶面宽度主要决定于道床肩宽。道床宽出轨枕两端的部分称为道床肩宽，如图 2-32 所示，以 a 表示。道床肩宽应保证足够的道床横向阻力，以保持道床的稳定。一般情况下肩宽在 40～50cm 已能满足要求。单线铁路轨道的道床顶面宽度应符合表 2-29 的规定。双线轨道顶面宽度应分别按单线设计。无缝线路轨道半径小于 800m、有缝线路轨道半径小于 600m 的曲线地段，曲线外侧道床顶面宽度尚应增加 0.10m。

单线碎石道床顶面宽度　　　　　　　　　　表 2-29

铁路等级	旅客列车设计速度（km/h）	道床顶面宽度（m）	
		无缝线路轨道	有缝线路轨道
Ⅰ级	$200<V$	Ⅲ型混凝土枕：3.60	—
	$160<V\leqslant200$	Ⅲ型混凝土枕：3.50	—
	$V\leqslant160$	Ⅲ型混凝土枕：3.40	
Ⅱ级	$100<V\leqslant120$	Ⅲ型混凝土枕：3.40 Ⅱ型混凝土枕：3.30	3.10
	$V\leqslant100$	Ⅲ型混凝土枕：3.40 Ⅱ型混凝土枕：3.30	3.00

注：表中Ⅲ型混凝土枕长度为 2.60m。当采用 2.50m 长的Ⅲ型混凝土轨枕时，道床肩宽不应小于 2.60m 长Ⅲ型混凝土枕的道床肩宽。

　　（3）道床边坡

　　道床坡度大小对保证道床的坚固稳定，有十分重要的意义。道床边坡的稳定取决于道砟材料的内摩擦角与黏聚力，也与道床肩宽有一定的联系。计算分析及工程经验表明，道砟材料的内摩擦角愈大，黏聚力愈高，边坡的稳定性就愈好。同样地，增大肩宽可以容许采用较陡的边坡，而减小肩宽则必须采用较缓的边坡。例如，肩宽 20cm，边坡坡度 1∶2 的道床，在保证边坡稳定性方面，与肩宽 35cm，坡度 1∶1.75 和肩宽 45cm，坡度 1∶1.5 具有相同的效果。

　　正线道床边坡坡度应采用 1∶1.75。无缝线路轨道砟肩应使用碎石堆高 15cm，堆高道砟的边坡坡度应采用 1∶1.75。

2.4.2　道砟材料及技术标准

1. 道砟材料

工程经验表明，功能优良的道砟材料要求质地致密坚韧，耐久性好，吸水率低，表面粗糙，呈棱角外形（不呈片状或长条形），并具有合理的级配。

用作道砟的材料有：碎石、天然级配卵石、筛选卵石、粗砂、中砂及熔炉矿渣等。道砟材料的选用，应根据铁路运量、机车车辆轴重、行车速度，并结合成本和就地取材等条件来决定。

材料科学工程的分析研究表明，石棉纤维粉尘对人体健康有严重危害。因此，以石棉尾矿构筑的碎石道床不宜推荐使用。

2. 道砟技术标准

《铁路轨道极限状态法设计暂行规范》Q/CR 9130—2015 规定，设计速度200km/h 及以上铁路应采用特级道砟，其他铁路有砟道床宜采用一级道砟，特殊条件下及经技术经济比较可选用特级道砟，道砟材料应符合《铁路碎石道砟》TB/T 2140 和《铁路碎石道床底砟》TB/T 2897 的规定。

《铁路碎石道砟》TB/T 2140 对于特级道砟和一级道砟分别在道砟的材质、粒径级配、颗粒形状以及清洁度等方面制定了相应的技术指标。

（1）道砟材质分级及其技术指标

碎石道砟按表 2-30 所示五项性能及其相应的参数指标，划分为特级道砟和一级道砟。其五项性能指标包括：抗磨耗性能、抗冲击性能、抗压碎性能、渗水性、抗大气腐蚀性等反映材料品质的指标参数。

道砟材质分级指标　　　　　　　　　　　　　　　表 2-30

性能	项目号	参数	特级道砟	一级道砟	评定方法	
					单项评定	综合评定
抗磨耗、抗冲击性能	1	洛杉矶磨耗率 LLA（%）	$\leqslant 18$	$18 < LLA < 27$	若两项指标不在同一个等级，以高等级为准	道砟的最终等级以项目号 1、2、3、4 中的最低等级为准。特级、一级道砟均应满足 5、6、7、8 项目号的要求
	2	标准集料冲击韧度 IP	$\geqslant 110$	$95 < IP < 110$		
		石料耐磨硬度系数 $K_{干磨}$	> 18.3	$18 < K_{干磨}$ $\leqslant 18.3$		
抗压碎性能	3	标准集料压碎率 CA（%）	< 8	$8 \leqslant CA < 9$	—	
	4	道砟集料压碎率 CB（%）	< 19	$19 \leqslant CB < 22$	—	
渗水性	5	渗透系数 Pm（10^{-6}cm/s）	> 4.5		至少有两项满足要求	
		石粉试模件抗压强度 σ（MPa）	< 0.4			
		石粉液限 LL（%）	> 2.050			
		石粉塑液限 PL（%）	> 11			
抗大气腐蚀性	6	硫酸钠溶液浸泡损失率 L（%）	< 10			
稳定性能	7	密度 ρ（g/cm³）	> 2.55			
	8	重度 R（g/cm³）	> 2.50			

（2）道砟级配

碎石道床属于散粒体，道砟粒径的级配对于道床的物理力学性能及轨道养护维修工作量有重要影响。客货共线重载运输铁路，在小型机具捣固作业条件下，宽级配道砟由于道砟平均粒径的减小，大、小颗粒的相互配合以及道砟颗粒之间的填充，使得道砟有更好的强度和稳定性。新建铁路用一级道砟的粒径、级配应符合表 2-31 的规定。既有线大修、维修用一级道砟的粒径、级配应符合表 2-32 的规定

国内外高速铁路的工程经验表明，高速铁路有砟轨道应采用"窄级配"标准道砟，其粒径级配见表 2-33。其优点主要表现在以下几个方面：

1）与"宽级配"相比，"窄级配"道砟具有更大的内摩擦力和抗剪强度，从而提高道床稳定性，特别是列车动载作用下的道床稳定性。

2）高速铁路道床的失效主要起源于振动所致的道砟磨损粉化，由荷载压应力所致的破碎相对处于次要地位，减少道砟中的小粒成分，有利于延缓道砟粉末积聚，延长道床使用寿命。

3）小颗粒道砟在高速列车运行条件下易于飞溅，特别是对于 350km/h 速度，采用"窄级配"道砟是防止飞溅的重要措施。

4）粒径级配较窄的道床，有利于大型机械捣固作业。

EN13450:2002《铁路道砟集料》欧洲标准所规定的道砟级配等级见表 2-34。

新建铁路用一级碎石道砟粒径、级配　　　　表 2-31

方孔筛孔边长（mm）	16	25	35.5	45	56	63
过筛质量百分数（%）	0～5	5～15	25～40	55～75	92～97	100

注：检验用方孔筛系指金属丝编制的标准方孔筛。

既有线一级碎石道砟粒径、级配　　　　表 2-32

方孔筛孔边长（mm）	25	35.5	45	56	63
过筛质量百分数（%）	0～5	25～40	55～75	92～97	100

注：检验用方孔筛系指金属丝编制的标准方孔筛。

特级碎石道砟粒径级配　　　　表 2-33

粒径	［筛分孔底筛和面筛筛孔边长（mm）］31.5～50				
级配	方孔筛孔边长（mm）	22.4	31.5	40	50	63
	过筛质量百分率（%）	0～3	1～25	30～65	70～99	100
颗粒分布	方孔筛孔边长（mm）	31.5～50				
	颗粒质量百分率（%）	≥50				

注：检验用方孔筛系指金属丝编制的标准方孔筛。

EN13450 欧洲标准级配等级　　　　表 2-34

筛孔边长	粒径 31.5 到 50mm 的道砟		粒径 31.5～63mm 的道砟			
	过筛质量百分率					
	级配等级					
	A	B	C	D	E	F
80	100	100	100	100	100	100
63	100	97～100	95～100	97～99	95～99	93～99
50	70～99	70～99	70～99	65～99	55～99	45～70
40	30～65	30～70	25～75	30～65	25～75	15～40
31.5	1～25	1～25	1～25	1～25	1～25	0～7
22.4	0～3	0～3	0～3	0～3	0～3	0～7
31.5～50	≥50	≥50	—	—	—	—
31.5～63	—	—	≥50	≥50	≥50	≥85

注：1. 厂采样的道砟需要采用 22.4mm 的筛子；

　　2. 在某些情况下，当下层筛的过筛公差量采用 0～5%（F 级为 0～7%）时，需要采用筛孔边长 25mm 的筛子代替筛孔边长为 22.4mm 的筛子。

（3）道砟颗粒形状

道砟的形状及表面状态对道床的性能有重要影响。一般而言，棱角分明、表面粗糙的集料具有较高的强度和稳定性。近似于立方体的颗粒比之扁平或长条形颗粒有较高的抵抗变形与破碎的能力。一般用针状指数和片状指数来控制长条形和扁平颗粒的含量。我国道砟标准中的针状颗粒（颗粒的长度大于该颗粒平均粒径的 1.8 倍）指数小于 20%，片状颗粒（厚度小于平均粒径的 0.6 倍）指数小于 20%。

（4）道砟的清洁度

道砟中的土团、粉末或其他杂质对道床的承载能力有不利影响，须控制其含量。土团是指那些泡水后出现软化，丧失其强度的颗粒。粉末致使道床脏污，加速道床的板结，显著降低道床的排水功能。标准规定，特级道砟之风化颗粒及其他杂石含量不应大于 2%；一级道砟之风化颗粒及其他杂石含量不应大于 5%。道砟产品须经水洗，其颗粒表面脏污度不应大于 0.17%。未经水洗的一级道砟，其粒径 0.1mm 以下的粉末含量不应大于 1%。

3. 底砟

（1）底砟可由开山块石或天然卵石、砾石、砂石经破碎筛选而成。

（2）底砟的粒径级配见表 2-35。

（3）底砟的材料性能要求如下：材料中粒径大于 2.0mm 粗集料的洛杉矶磨耗率小于或等于 50%；材料中粒径大于 2.0mm 粗集料的硫酸钠溶液浸泡损失率小于或等于 10%；材料中粒径小于 0.425mm 的集料的液限小于等 25，塑性指数小于或等于 6。

底砟粒径、级配　　　　　　　　　　　　　　　　　　　表 2-35

方孔筛孔边长 （mm）	0.075	0.1	0.5	1.7	7.1	16	25	45
过筛质量百分数 （%）	0～7	0～11	14～32	23～46	41～75	67～91	88～100	100

（4）材料中，黏土团及其他杂质含量的质量分数小于或等于 0.5%。

2.4.3　有砟道床的变形

道床作为散粒体结构，在外荷作用下将产生弹塑性变形。荷载消失后，弹性变形部分得以恢复，而塑性变形部分则成为永久变形也称残余变形。道床残余变形的不均匀性，导致轨道几何形位的变化，由此所引起的轨道维修作业量占维修工作总量的 70% 以上。因此，必须研究道床变形的规律，以实现轨道几何形位的控制，保证列车运行的平稳性和安全性，并降低轨道维修工作量。

道床的残余变形主要有两方面的原因，一是在荷载作用下道砟颗粒的相互错位和重新排列所引起的结构变形；二是由于颗粒破碎、粉化所致道床内摩擦角降低而形成的道床变形。在列车重复荷载作用下，每次荷载作用所产生的微小残余变形逐渐积累，最终导致整个轨道的不均匀下沉。研究和工程经验表明，在路基稳定的情况下，轨面的残余下沉和不均匀下沉主要源于道床，由此说明道床变形是轨道变形的主要来源。

美国、日本、苏联等各国铁路研究资料显示，轨道下沉量与线路通过总重存在一定的关系，如图 2-33 所示。

道床的下沉大体可分为初期急剧下沉和后期缓慢下沉两个阶段。初期急剧下沉阶段是道床密实阶段，道床在列车荷载的作用下，道砟逐渐压实。道床碎石大小颗粒相互交错，重新排列其位置，孔隙率减小。也有一些道砟棱角磨碎，使道床纵、横断面发生变化。这个阶段道床下沉量的大小和持续时间与道砟材质、粒径、级配、捣固的密实状

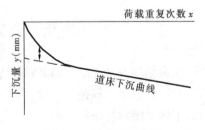

图 2-33　道床沉降曲线

况以及轴重等有关，一般在数百万吨通过总重之内即可完成。后期缓慢下沉阶段是道床正常工作阶段，这时道床仍有少量下沉，主要是由于枕底道砟挤入轨枕盒和轨枕头、道砟磨损与破碎、边坡溜塌，从而破坏了道床极限平衡状态，这个阶段下沉量与运量之间有线性近似关系。这一阶段时间的长短是衡量道床稳定性高低的指标，也是确定道床养护维修工作量的重要依据。

道床下沉量与各种影响因素之间的关系可以用道床下沉曲线来表示。日本铁

路根据试验提出的道床下沉曲线数学表达式为式（2-9），它表示了道床下沉量与荷载循环作用次数之间的关系，即

$$y = \gamma(1 - e^{-\alpha x}) + \beta x \tag{2-9}$$

式中　y——道床下沉量（mm）；

　　　x——荷载重复作用次数；

α、β、γ——系数。

　　式（2-9）中，右端第一项表示道床初期急剧下沉阶段，即压实过程，其中 γ 表示初期下沉当量，也就是初始密实状态。γ 值愈小，表示道床捣固和质量愈好，对控制线路下沉显然是有利的。α 表示道床的压实性能，α 值愈大，表示完成第一阶段的过程愈短。

　　公式右端第二项表示道床后期缓慢下沉阶段，即道床压实终结后道床的稳固性。β 表示压实终结之后的道床稳定性能的下沉系数。在运营过程中，道床残余变形的积累主要取决于 β 值的大小；β 值愈小，道床愈稳定，沉陷愈慢。β 值的大小与道床压力、道床振动加速度和道床脏污程度有关。

　　苏联提出了道床下沉量与运量的经验关系式为：

$$y = \frac{T}{a + bT} \tag{2-10}$$

式中　T——累计通过总质量（Mt）；

　　a、b——系数，与道砟的物理机械性能、原始孔隙比、钢轨类型、轨下基础
　　　　　　类型及机车车辆轴重有关。

2.5　有砟轨道设计标准

　　轨道结构设计标准应与其铁路等级和运营条件相适应。在长期的铁路运输工程发展中，铁路工程技术与社会经济发展相互作用，其效应逐渐地沉淀与积累，形成了轨道结构与铁路运输条件的匹配关系，这样一种关系将随着铁路运输和社会经济的发展不断地得到调整和完善。设计规范规定，轨道设计标准按照铁路等级和运营条件进行划分，这样的规定是在长期的铁路工程实践中形成的。铁路等级根据其在铁路网中的作用、性质、旅客列车设计速度和近期客货运量确定，分为 I 级铁路和 II 级铁路。运营条件根据年通过总质量、轴重、速度等进行划分。年通过总质量 M 分级为 $M \geqslant 50\text{Mt}$、$20\text{Mt} \leqslant M < 50\text{Mt}$、$10\text{Mt} \leqslant M < 20\text{Mt}$；旅客列车设计速度 V 分级为 $V > 200\text{km/h}$、$120\text{km/h} \leqslant V \leqslant 200\text{km/}$、$V < 120\text{km/h}$，货物列车设计速度分级为 $80\text{km/h} \leqslant V \leqslant 120\text{km/h}$、$V < 80\text{km/h}$；列车轴重 P 分级为 $23\text{t} < P \leqslant 25\text{t}$、$P \leqslant 23\text{t}$。我国正线有砟轨道设计标准如表 2-36。

正线有砟轨道设计标准　　　　　　　　　　　　　　　　表 2-36

	项　目		单位	高速铁路或客运专线	Ⅰ级铁路				Ⅱ级铁路
运营条件	年通过总质量 M		Mt	—	≥50		20～50		10～20
	列车轴重 P		t	≤20	≤25	23～25	≤23		≤23
	旅客列车设计行车速度 V_k		km/h	＞200	≤200	≤200	120～200	≤120	≤120
	货物列车设计行车速度 V_h		km/h	≤120	≤120	≤120	≤120	≤80	≤80
轨道结构	钢轨		kg/m	60	60 或 75	60 或 75	60	60	60
	扣件		—	弹条Ⅳ或Ⅴ型	弹条Ⅱ或Ⅲ型				弹条Ⅱ型
	混凝土枕	型号	—	Ⅲ	Ⅲ	Ⅲ	Ⅲ	Ⅲ或Ⅱ	Ⅱ
		间距	mm	600	600	600	600	600 或 570	570
	碎石道床厚度	土质路基双层道床 面砟	cm	—	30	30	30	30	25
		土质路基双层道床 底砟	cm	—	20	20	20	20	20
		土质路基单层道床 道砟	cm	35	30	30	30	30	30
		硬质岩石路基、桥梁、隧道 道砟	cm	35	35	35	35	35	30

注：1. 年通过总质量包括净载、机车和车辆的质量，单线按往复总质量计算，双线按每一条线的通过总质量计算；

　　2. 改建铁路明桥面采用木枕时，铺设根数应符合《铁路桥涵设计基本规范》的规定；

　　3. 站线有砟轨道标准应符合相关规范要求。

2.6　无砟轨道的结构形式

2.6.1　无砟轨道的发展概况

传统的有砟轨道具有结构简单、维修方便、造价低廉等特点。随着重载、高速铁路运输的发展，道床累积变形的速率随之增长，为保障轨道平顺性要求，传统的轨道维修趋于频繁，作业量增大，运营成本不断上升。自 20 世纪 60 年代开始，世界各国铁路相继开展了以整体式或固化道床取代散粒体道砟的各类无砟轨道的试验研究。

日本的无砟道床是一种轨道板结构，由此组成的轨道称为板式轨道。日本的板式轨道已在新干线大量铺设，总长度达 2700km。德国铁路 Rheda 系、Züblin（旭普林）系等五种无砟轨道已批准正式使用，并在新建的高速线路上全面推广，铺设总长度达 660km（含 80 组道岔区）。

无砟轨道最初一般都铺设在隧道内（或地下铁道），随之逐渐扩大到桥梁和路基上，如日本的板式轨道铺设在山阳（冈山—博多段）、东北、上越、北陆等新干线的桥隧地段。德国铁路的无砟轨道首先解决了在土质路基上铺设的技术问题。因此，除了桥隧地段之外，土质路基上也已铺设一定数量的无砟轨道。以下是国外无砟轨道的主要结构形式。

1. PACT 型（Paved Concrete Track）

PACT 型无砟轨道是现场灌筑的钢筋混凝土道床（图 2-34），钢轨直接与道床相连接，轨底与混凝土道床之间设连续带状橡胶垫板，钢轨为连续支承。英国自 1969 年开始研究和试铺，于 1973 年正式推广，并应用于西班牙、南非、加拿大及荷兰等国重载和高速铁路，铺设总长度约 80km。

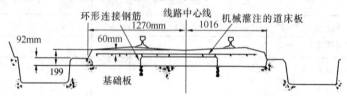

图 2-34 PACT 型无砟轨道

2. LVT 型（Low Vibration Track）

LVT 型无砟轨道是在双块式轨枕（或两个独立支承块）的下部及周围设置橡胶套靴，在块底与套靴间设橡胶弹性垫层，并以混凝土浇筑成为无砟道床，称为减振型轨道。其最初由 Roger Sonneville 提出并开发。瑞士国铁于 1966 年在隧道内首次试铺。法国开发的 VSB-STEDET 系轨道也属此类，在地下铁道内使用居多。1993 年开通运营的英吉利海峡两单线隧道内全部铺设独立支承块式 LVT 型轨道（图 2-35）。目前，LVT 轨道的铺设总长度约 360km。

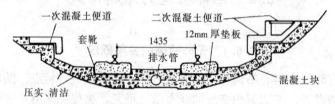

图 2-35 英吉利海峡隧道内的 LVT 型轨道结构

3. Rheda 型

德国铁路于 20 世纪 60 年代开始无砟轨道的研究。1972 年在比勒费尔德-哈

姆之间的 Rheda 车站土路基上，铺设了整体式轨枕的现浇钢筋混凝土道床无砟
轨道试验段。其后，在桥隧和路基地段相继试验铺设了多种水泥混凝土和沥青混
凝土道床无砟轨道，历经工程应用和试验研究的优化，形成了德国普遍使用的无
砟轨道系列，并于 1989 年定型为 Rheda 型轨道。其轨道板由轨枕及其周围灌筑
的钢筋混凝土导槽（BTS）组成（图 2-36），并支承在混凝土基座（HGT）上。
德国铁路铺设的 660km 无砟轨道中，Rheda 型约占一半以上。

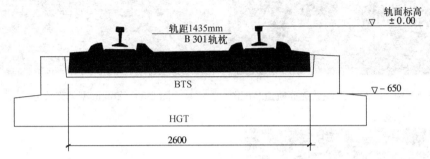

图 2-36 普通 Rheda 型无砟轨道结构

图 2-37、图 2-38 是最新开发的 Rheda-2000 双块式无砟轨道结构，应用于
1998 年开通的柏林-汉诺威、科隆-法兰克福及纽伦堡-英格尔等高速铁路线路，
并应用于荷兰阿姆斯特丹-比利时布鲁塞尔高速铁路线路。

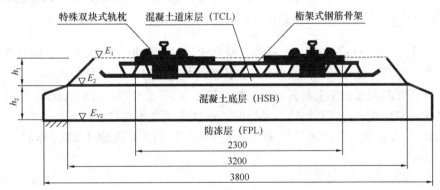

图 2-37 Rheda-2000 双块式无砟轨道结构

与 Rheda 型结构类似的还有 Züblin（旭普林）型轨道，如图 2-39 所示。其
特点是采用特殊施工机械施加振动，使之双块式轨枕贯入所浇筑的新鲜混凝土
中，如图 2-40 所示。为满足轨道板的施工需求，其轨道板的钢筋需布设于轨道
板的下部，致使其表面抗裂性降低。

4. ATD 型

图 2-41 为德国铁路土路基上双块式轨枕沥青混凝土无砟轨道，简称 ATD 型
轨道。轨枕与底座之间设有一层无纺布用以填平表面的凹凸，不需另外加设填充

图 2-38   Rheda-2000 双块式无砟轨道装配图   图 2-39   Züblin 型无砟轨道

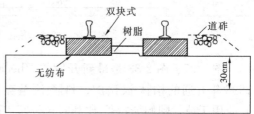

图 2-40   Züblin 型无砟轨道施工图   图 2-41   ATD 型轨道结构

层；在底座上设有凸台，用以承受纵、横向水平力的作用。1993 年首先铺设在法兰克福和汉诺威-威尔茨堡的联合新线南特伯斯曲线区间，随后铺设在隧道区间。

在沥青混凝土底座上的其他结构如 BTD、Walter 型等，是用轨枕取代 ATD 型结构的双块式轨枕，且轨枕与底座间的连接方式各不相同，以满足必要的纵、横向阻力为前提。至 1997 年末，铺设在沥青混凝土底座上的无砟轨道约有 66km。

5. 博格板式无砟轨道

博格板式无砟轨道系统前身是 1979 年铺设在德国卡尔斯费尔德-达豪试验段的一种预制板式轨道，由钢轨、弹性扣件、预制轨道板、沥青水泥砂浆调整层及水硬性支承层/底座等部分组成，路基、桥梁及隧道地段均可应用。

博格无砟轨道系统由以下主要部分组成：最底层是防止毛细孔作用的防冻层。其上为水硬性混凝土支承层，最上层的预制博格轨道板通过沥青水泥砂浆与支撑层连接在一起。

该轨道系统结构组成类似于日本新干线板式轨道，吸收了轨枕埋入式无砟轨道整体性和板式轨道制作的特点，对达豪试验段预制板式轨道进行了包括预应力、结构尺寸、纵向连接等方面的优化改进，采用先进的数控磨床加工预制轨道板上的承轨槽，采用高性能沥青水泥砂浆提供适当的弹性和粘结，并使用高精度、快速便捷的测量系统，施工机械化程度很高。

1999年马克斯·博格公司分别在罗特马耳西车站、哈特斯德特试验线铺设了735m（直线）和285m（曲线）博格轨道，试验结果良好；2000年德国联邦铁路管理局（EBA）颁发了"博格系统"无砟轨道的普通许可证；2006年6月投入运营的纽伦堡-英格施塔特线（设计速度330km/h）铺设了35双线公里博格轨道，将近10600块轨道板（标准板、特殊板和补偿板）分别铺设在路基、框架桥、隧道等地段。2006年9月2日，Taurus型西门子机车在博格轨道上创造了344km/h和357km/h运行速度纪录，轨道状况良好。

6. 板式轨道

日本于1965年开始开发用于桥梁和隧道的板式轨道（图2-42），是由预制的轨道板、混凝土底座以及介于两者之间的乳化沥青砂浆（CA砂浆）填充层组成。在两块轨道板之间设凸形挡台以承受纵、横向水平力。板式轨道不仅大量应用于新干线，也用于窄轨既有线上。

为适应新干线沿线的环境，开发

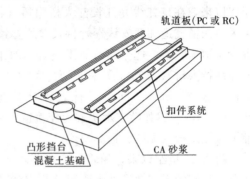

图 2-42 板式轨道结构

了防振型板式轨道，其中，防振G型在东北新干线已推广应用。此外，为减少材料用量并降低造价，所开发的框架型板式轨道也得到应用。

日本对土质路基上板式轨道的研究是与桥隧地段的板式轨道同时起步的。曾在14处铺设试验段总长约2.4km，但在个别试验段上发生了基础下沉、轨道板陷入沥青铺装底座内等问题，为此开展了长期深入的研究。直至1993年，改进后的板式轨道结构得以在北陆新干线正式应用，铺设长度约10.8km，占北陆新干线（高崎—长野段）总长的4%，为土质路基上轨道的25%。迄今为止，以新干线为主的板式轨道铺设长度超过2700km。意大利于1983年开始铺设IPA型无砟轨道，其设计参考了日本的板式轨道。铺设长度约92km，其中，罗马—佛罗伦萨高速线上铺设了25.4km。

近年来，日本研究了一种"梯子形"轨道（图2-43），在德国试验线路上也有类似形式，属于早期纵向轨枕轨道结构的变异

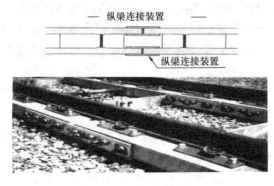

图 2-43 梯子形轨道

形式。"梯子形"轨道由两根纵向轨枕支承钢轨，横向每隔3m用钢管将两根纵向轨枕连接成梯子形轨道；在桥上纵向轨枕与轨道基础（梁面）之间每隔1.5m设减振支承装置组成"浮置式梯子形轨道"。路基上的梯子形轨道，其纵向轨枕下仍然铺设有道砟，属于有砟道床与整体轨下基础的混合式结构，该结构对于高速列车运行的适应性尚待进一步验证。

我国铁路曾于20世纪50年代在沈吉线水帘洞隧道铺设了预埋长木枕混凝土道床轨道。20世纪60年代以后，随着山区铁路的修建，先后在成昆线、京原线、京通线、南疆线等隧道内铺设了刚性支承块式混凝土整体道床轨道，总延长约300km，并于1984年编制了适用于各类围岩铺设的通用设计图。20世纪90年代以来，在京九线九江长江大桥引桥（长7km）上铺设了无砟无枕轨道。在宝天线白清隧道和西安线秦岭特长双线隧道（长18.4km）铺设了弹性支承块式混凝土道床轨道，迄今运营效果良好。21世纪初以来，相继在秦沈客运专线双河曲线特大桥（长740m）和狗河特大桥（长741m）上铺设了板式轨道，沙河特大桥（长692m）上铺设了枕式无砟轨道。在兰武线乌鞘岭特长隧道（长20.5km）内修建弹性支承块式无砟轨道。在赣龙线枫树排隧道（长790m）内试铺了减振型板式无砟轨道。

跨入21世纪以来，随着京广、郑西、石太、京津、京沪等客运专线的建成通车，我国的无砟轨道技术取得显著成就，拥有世界最长的无砟轨道高速线路，无砟轨道工程技术日臻成熟，并研发了CRTSⅢ型板式无砟轨道。

2.6.2   我国无砟轨道结构形式

我国典型的无砟轨道结构形式有：CRTSI型双块式无砟轨道结构，CRTSⅠ型板式轨道结构，CRTSⅡ型板式轨道结构，CRTSⅢ型板式轨道结构，弹性支承块式无砟轨道结构，道岔区轨枕埋入式无砟轨道结构，以及道岔区板式轨道结构等。在城市轨道交通的建设中，我国开发了一系列地铁无砟轨道减震结构。

工程经验表明，无砟轨道的结构形式应视工程环境条件及线下工程类型等因素综合权衡确定，设计时速300km及以上的线路或长度超过1km的隧道及隧道群地段，宜于采用无砟轨道；但活动断裂带、地面严重沉降区、冻结深度较大且地下水位较高的季节冻土区以及深厚层软土等区域变形不易控制的特殊地质条件地段，不应采用无砟轨道。

1. CRTSⅠ型双块式无砟轨道结构

路基地段CRTSⅠ型双块式无砟轨道结构由钢轨、弹性扣件、双块式轨枕（图2-44）、道床板、支承层等组成，如图2-45、图2-46所示。

图2-44 双块式轨枕

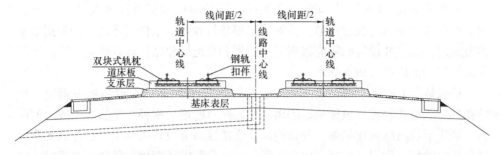

图 2-45 路基地段 CRTS I 型双块式无砟轨道标准横断面示意图

　　该结构系统在路基基床表层上设置支承层，在支承层上构筑道床板。道床板由双块式轨枕连同钢筋网在现场精确定位后浇筑成为钢筋混凝土板，如图 2-47 所示。道床板可设置为分块式或纵向连续的钢筋混凝土结构。支承层连续施工，每隔一定的距离设置深度为 1/3 厚度的假缝。无砟轨道轨道板或道床板内钢筋网应进行绝缘处理（纵向与横向钢筋交叉处设置绝缘卡，如图 2-48），并应设置接地钢筋和接地端子（如图 2-49），道床漏泄电阻不应小于 3.0Ω·km。

图 2-46 CRTS I 型双块式无砟轨道结构图

图 2-47 已定位的双块式轨枕及钢筋网

图 2-48 钢筋网绝缘卡

图 2-49 路基地段无砟轨道板综合接地

在路基地段，CRTSⅠ型双块式无砟轨道的曲线超高在路基基床表层上设置。线间排水应结合线路纵坡、桥涵等工程条件和环境条件具体设计。采用集水井方式时，集水井设置间隔应根据汇水面积和当地气象条件计算确定。线路两侧及线间路基面应进行防水处理。

桥梁地段CRTSⅠ型双块式无砟轨道如图2-50所示。轨道结构由钢轨、弹性扣件、双块式轨枕、道床板、隔离层、底座及凹槽周围弹性垫层等组成。道床板、底座沿线路纵向在梁面上分块构筑。底座顶面应设置隔离层，以降低无砟轨道与桥梁的相互作用。对应每块道床板，底座设置限位凹槽，凹槽的形式尺寸应根据设计荷载计算确定，凹槽侧面设弹性垫层。底座通过梁体预埋套筒植筋或预埋钢筋方式与桥梁连接。曲线超高在底座上设置。

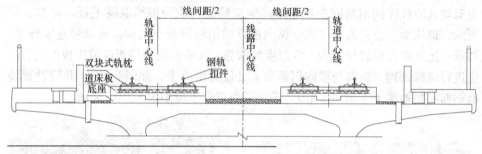

图2-50　桥梁地段CRTSⅠ型双块式无砟轨道标准横断面示意图

2. CRTSⅠ型板式轨道结构

CRTSⅠ型板式轨道结构由钢轨、弹性扣件、轨道板、水泥乳化沥青砂浆（CA砂浆）充填层、底座、凸形挡台及其周围填充树脂等组成，如图2-51、图2-52所示。图2-53是轨道板凸台结构。图2-54是一种框架式轨道板线路。

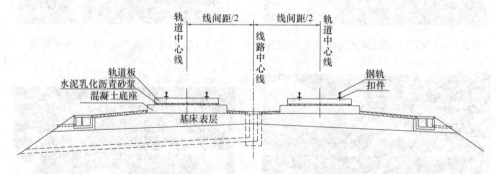

图2-51　路基地段CRTSⅠ型板式无砟轨道标准横断面示意图

轨道板是钢筋混凝土预制构件，底座与凸台在现场浇筑，待轨道板精确定位后，借助专业的施工机具灌注热塑状态的水泥乳化沥青砂浆充填层，冷却凝固后成为CRTSⅠ型板式轨道结构。

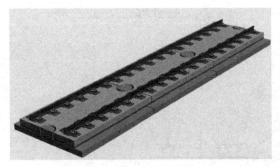

图 2-52　CRTS I 型轨道板结构

图 2-53　轨道板凸台

图 2-54　路基上框架板式轨道

路基地段底座在路基基床表层上设置；桥梁地段底座在梁面上设置，通过梁体预埋套筒植筋或预埋钢筋方式与桥梁连接；有仰拱隧道内，底座在仰拱回填层上设置；无仰拱隧道内，底座与隧道底板宜合并设置。曲线超高在底座上设置，无仰拱隧道内超高可在隧道底板上设置。路基地段线间排水应结合线路纵坡、桥涵等工程条件和环境条件具体设计。采用集水井方式时，集水井设置间隔应根据汇水面积和当地气象条件计算确定；线路两侧及线间路基面应进行防水处理。桥梁地段桥面宜采用三列排水方式。

水泥乳化沥青砂浆充填层具有某种程度的可修复性，此类板式轨道结构是地震多发区宜于采用的无砟轨道结构形式，也是日本高速铁路无砟轨道的基本结构形式。

图 2-55　CRTS II 型板式轨道结构图

3. CRTS II 型板式轨道结构

路基地段 CRTS II 型板式轨道结构由钢轨、弹性扣件、轨道板（图 2-55）、水泥乳化沥青砂浆（CA 砂浆）充填层、支承层等组成，如图 2-56、图 2-57 所示。其支承层是现场浇筑的素混凝土，每隔一定距离设置深度为 1/3 厚度的假缝。预制轨道板顶面设置有规律的假缝（间距 65cm，深度 4cm），现场安装定位后利用纵向连接器（图 2-58）串联起来，借助专业施工机械灌注水泥乳化沥青砂浆充填层，固化后形成 CRTS II 型板式轨道结构。

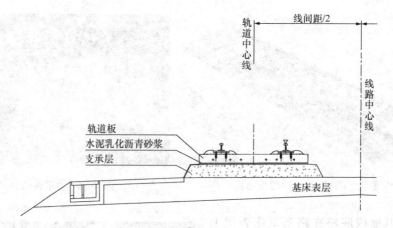

图 2-56   路基地段 CRTS II 型板式轨道半横断面图

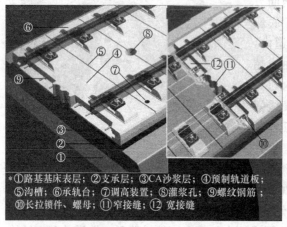

*①路基基床表层；②支承层；③CA沙浆层；④预制轨道板；
⑤沟槽；⑥承轨台；⑦调高装置；⑧灌浆孔；⑨螺纹钢筋；
⑩长拉锁件、螺母；⑪窄接缝；⑫宽接缝

图 2-57   支承层

图 2-58   纵向连接器

CRTS II 型板式轨道支承层在路基基床表层上设置，曲线超高在路基基床表层上设置。线间排水应结合线路纵坡、桥涵等工程条件和环境条件具体设计。采用集水井方式时，集水井设置间隔应根据汇水面积和当地气象条件计算确定。线路两侧及线间路基面应进行防水处理。

桥梁地段 CRTS II 型板式无砟轨道如图 2-59、图 2-60 所示。轨道结构由钢轨、弹性扣件、轨道板、水泥乳化沥青砂浆充填层、底座板、滑动层、高强度挤塑板、侧向挡块及台后锚固结构等组成。

底座板为纵向连续的钢筋混凝土结构。底座板与梁面之间设置的滑动层由两层土工布中间夹带一层塑料薄膜组成（简称两布一膜滑动层），其功能是弱化梁轨之间的相互作用。梁端设置的高强度挤塑板是一种硬质泡沫塑料板，其功能是防止梁端转动对轨道板的损伤。在桥梁固定支座上方，梁体设置底座限位结构，

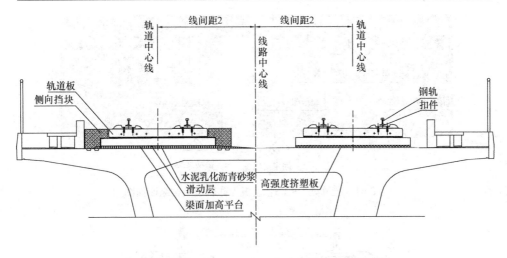

图 2-59 桥梁地段 CRTS Ⅱ 型板式无砟轨道横断面图

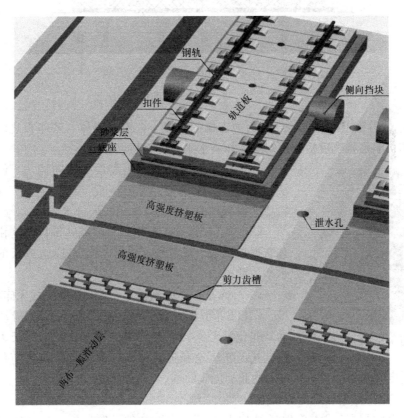

图 2-60 桥梁地段 CRTS Ⅱ 型板式无砟轨道

其结构由一组剪力销钉组成，如图 2-61、图 2-62。剪力钉预先植入梁体顶部，浇筑无砟轨道底座板时按构造要求空留出剪力销钉部分，称为剪力齿槽（如图

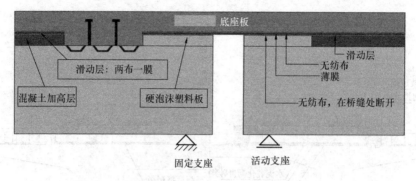

图 2-61   梁缝处 CRTSⅡ型板无砟轨道结构纵断面图

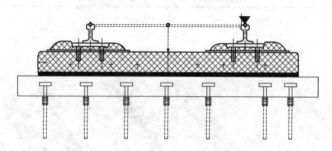

图 2-62   剪力钉布置横断面图

2-63），最后锁定底座板并浇筑剪力齿槽的混凝土，形成梁体与底座板之间的连接，其功能是将轨道板分段约束，并将水平力传至桥梁墩台。

图 2-63   剪力齿槽

底座板两侧每隔一定距离设置侧向挡块，侧向挡块与底座板间应设置弹性限位板，其功能是实现无砟轨道的横向约束。桥面应采用三列排水方式。

CRTSⅡ型板式无砟轨道台后路基锚固结构由端刺和摩擦板组成，其功能是约束桥梁地段轨道板的纵向水平位移，如图 2-64 所示。

图 2-65 是沪昆高铁桥上 CRTSⅡ型板式无砟轨道。

CRTSⅡ型板式无砟轨道在桥上采用了滑动层结构，弱化了无砟轨道与桥梁的相互作用，为长大桥梁连续式无砟轨道和道岔区无砟轨道提供良好范例。沪昆客运专线金华江大桥所采用的此类无砟轨道，其温度跨度达 378m。

4. CRTSⅢ型板式无砟轨道

CRTSⅢ型板式无砟轨道结构由钢轨、弹性扣件、轨道板、自密实混凝土层、隔离层、底座及凹槽周围弹性垫层等组成，如图 2-66 所示。

轨道板是预制钢筋混凝土构件，应根据列车荷载、温度作用以及制造、运输和施工阶段的受力条件，并结合配套扣件、轨道电路、综合接地和耐久性等技术

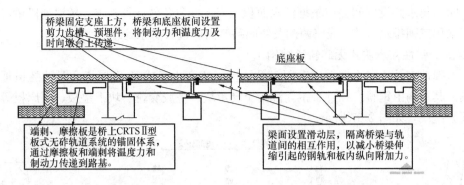

桥梁固定支座上方，桥梁和底座板间设置
剪力齿槽、预埋件，将制动力和温度力及
时向墩台上传递。

底座板

端刺、摩擦板是桥上CRTSⅡ型
板式无砟轨道系统的锚固体系，
通过摩擦板和端刺将温度力和
制动力传递到路基。

梁面设置滑动层，隔离桥梁与轨
道间的相互作用，以减小桥梁伸
缩引起的钢轨和板内纵向附加力。

图 2-64 CRTSⅡ型板式无砟轨道台后路基锚固结构

要求进行结构设计。

底座在现场浇筑，其结构设计应
根据列车荷载、温度作用及混凝土收
缩等的共同作用组合，并考虑下部基
础变形的影响，进行承载能力、裂缝
宽度等检算。

轨道板与底座间充填自密实混凝
土。底座顶面应设置隔离层。对应每块
轨道板，底座设置限位凹槽，凹槽的
形式尺寸应根据设计荷载计算确定，凹槽侧面设置弹性垫层。

图 2-65 沪昆高铁桥上 CRTSⅡ型
板式无砟轨道

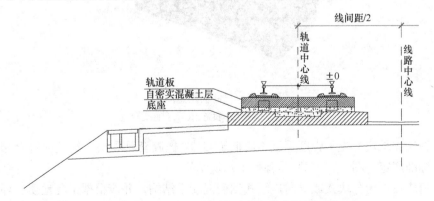

图 2-66 CRTSⅢ型板式无砟轨道半横断面图

路基地段底座在路基基床表层上设置；桥梁地段底座在梁面上设置，通过梁
体预埋套筒植筋或预埋钢筋方式与桥梁连接；有仰拱隧道内，底座在仰拱回填层
上设置，无仰拱隧道内，底座与隧道底板宜合并设置。

曲线超高在底座上设置，无仰拱隧道内超高可在隧道底板上设置。路基地段
线间排水应结合线路纵坡、桥涵等工程条件和环境条件具体设计。采用集水井方

式时，集水井设置间隔应根据汇水面积和当地气象条件计算确定；桥梁地段桥面宜采用三列排水方式。线路两侧及线间路基面应进行防水处理。

5. 弹性支承块式无砟轨道结构

弹性支承块式无砟轨道适用于设计行车速度小于或等于160km/h的隧道地段。其结构由钢轨、扣件、钢筋混凝土支承块、橡胶套靴、块下垫板、道床板等部分组成，如图2-67所示。

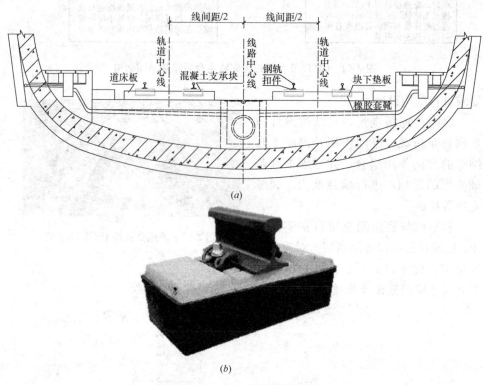

图 2-67 横断面示意图
(a) 弹性支承块式无砟轨道；(b) 弹性支承块

弹性支承块混凝土强度等级不应低于C50。橡胶套靴和块下垫板应符合相关技术标准规定。图2-67 (b) 是弹性支承块结构。

道床板可为分块式或纵向连续式钢筋混凝土结构，并应根据工程地质、环境条件等具体情况，经技术经济比较后合理确定。道床板直接在隧道仰拱回填层（有仰拱隧道）或底板（无仰拱隧道）上构筑，并应在隧道施工缝、变形缝处断开。曲线超高宜在道床板上设置。

6. 道岔区轨枕埋入式无砟轨道结构

轨道结构由道岔钢轨件、弹性扣件、岔枕、道床板及底座等组成，如图2-68所示。

　　道床板、底座沿线路纵向在线下基础上构筑，其结构设计应根据列车荷载、温度作用及混凝土收缩等作用的组合，并考虑下部基础变形的影响，进行承载能力、裂缝宽度等检算。

　　桥梁地段道床板与底座间应设置隔离层。底座设置限位凹槽，凹槽的形式尺寸应根据设计荷载计算确定，凹槽侧面设弹性垫层。无砟轨道结构设计应符合道岔设备的安装要求。

图 2-68　道岔区长枕埋入式无砟轨道

7. 道岔区板式轨道结构

　　轨道结构由道岔钢轨件、弹性扣件、道岔板及底座等组成，如图 2-69 所示。道岔板应根据列车荷载、温度作用以及制造、运输和施工阶段的受力条件，并结合配套扣件、轨道电路、综合接地和耐久性等技术要求进行结构设计。底座结构设计应根据列车荷载、温度作用及混凝土收缩等作用的组合，并考虑下部基础变形的影响，

图 2-69　道岔区板式无砟轨道

进行承载能力、裂缝宽度等检算。无砟轨道结构设计应符合道岔设备的安装要求。

2.6.3　我国地铁线路的减振型无砟轨道

　　地铁的快速发展在解决人口密集城区交通拥挤问题的同时，也对沿线周边环境造成了振动影响，地铁线路采用减振型无砟轨道结构是城市环境保护的重要一环。减振型无砟轨道主要有以下几种结构类型：

1. 梯形轨枕轨道

　　弹性支承的梯形轨枕轨道由预应力纵梁、钢轨和钢管（横向支承）组成的"梯子式"混合结构（图 2-70），梯形轨枕的底部与侧面分别安装聚氨酯减振垫、侧面缓冲垫，其底部的弹性垫层有板形、球形、角形等多种形式。北京、上海、广州、南京地铁均采用了梯形轨枕轨道。

2. 橡胶复合弹簧浮置板道床

　　橡胶复合弹簧浮置板道床的隔振元

图 2-70　梯形轨枕轨道

件由橡胶和钢弹簧复合而成,其橡胶弹簧的阻尼值较高,钢弹簧承载能力强,而且吸收高频振动效果好。橡胶复合弹簧浮置板轨道具有良好的可维修性,在一个天窗时段内可方便地对复合弹簧进行更换。落轴试验表明,橡胶复合浮置板轨道的隔振效果与固体阻尼钢弹簧浮置板轨道基本相当。橡胶复合弹簧浮置板轨道已用于上海轨道交通 1 号线北延伸线和 9 号线一、二期工程。

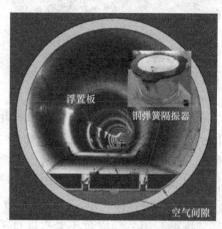

浮置板

钢弹簧隔振器

空气间隙

图 2-71   液体阻尼钢弹簧浮置板道床

3. 液体阻尼钢弹簧浮置板道床

液体阻尼钢弹簧浮置板道床是指将具有一定质量和刚度的混凝土道床板置于钢弹簧隔振器之上,构成质量—弹簧隔振系统,如图 2-71 所示。隔振器内放置有螺旋钢弹簧和液体阻尼,螺旋钢弹簧主要为受力元件,具备三维弹性支承刚度;阻尼为隔振元件,其功能是使系统受到干扰后快速趋于稳定。

液体阻尼钢弹簧浮置板可以提供足够的惯性质量来抵消车辆产生的动荷载,只有静荷载和少量残余动荷载会通过弹性元件传到基础结构上。由于液体阻尼钢弹簧浮置板轨道的固有振动频率很低,一般为 8Hz 左右,故而减振效果尚佳。其结构较为简单,无橡胶垫老化问题,弹簧使用寿命可达 50 年以上,并具有良好的可维修性。

4. 固体阻尼钢弹簧浮置板道床

固体阻尼钢弹簧浮置板道床的基本构造与国内地铁大量采用的液体阻尼钢弹簧浮置板道床基本相同。区别仅在于液体阻尼浮置板的隔振器采用液体阻尼,而固体阻尼钢弹簧浮置板的隔振器采用的是固体阻尼,相对于液体阻尼钢弹簧浮置板道床可节约成本 1/3;同时,采用固体阻尼技术,克服了液体阻尼怕水的难题,阻尼设计寿命达 30 年,并可更换。但其减振效果次于液体阻尼钢弹簧浮置板。此种道床结构在北京、上海等城市地铁已有应用。

5. 弹性道床垫减振道床

弹性道床垫减振道床是在混凝土整体道床下敷设橡胶或聚氨酯等高分子材料制成的弹性阻尼层,将大部分轮轨振动加以隔离和吸收,如图 2-72 所示。弹性道床垫敷设方式有点支撑、条状

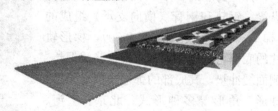

图 2-72   弹性道床垫减振道床

或者全支撑,如图 2-73 所示。该减振道床施工方便、简单、快捷,道岔区设置

图 2-73 不同铺设方式的弹性道床垫减振道床

方便,对施工进度和管线的过轨穿越影响较小,减振效果略逊于钢弹簧浮置板道床。道床四周基本上由绝缘的橡胶或高分子材料垫层与混凝土基底隔离,同时兼具减振与绝缘功能,其缺点是维修更换困难,减振效果及结构耐久性对道床垫的产品质量依赖性较大。

弹性道床垫减振道床 2010 年试铺于深圳地铁 2 号线,随之在杭州、北京、西安、郑州、长沙等城市地铁工程中广泛采用。此外,在广深高速铁路和成灌铁路上也得到采用。

6. 橡胶浮置板道床

橡胶浮置板道床就是将预制的钢筋混凝土浮置板置于天然橡胶支座上,如图 2-74 所示。橡胶浮置板道床建立质量-弹簧体系,通过橡胶支座的弹性变形来隔离和缓冲列车运行带来的振动。国内广州地铁 1、2 号线铺设了这种橡胶浮置板道床,浮置板侧向及纵向也分别设置了绝缘的橡胶支座与混凝土底座隔离,可以有效防止轨道迷流的发生,具有很好的绝缘性能。由于道床板侧边四周均设置了橡胶支座,因此道床的施工工艺水平要求较高,橡胶支座的检修更换也相对困难。

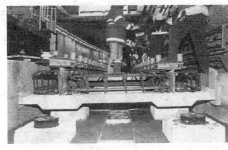

图 2-74 橡胶浮置板道床

2.6.4 轨道结构过渡段

不同轨道结构类型和不同无砟轨道结构间的轨道结构应设置过渡段。

1. 不同无砟轨道结构间的过渡段设计应符合下列规定:

(1) 不同轨道结构应在相同下部基础上进行过渡。

（2）不同轨道结构间的过渡段区域不应设置工地焊接接头和绝缘接头。

2. 无砟轨道与有砟轨道结构间的过渡应符合下列规定：

（1）无砟轨道结构的底座或支承层应从过渡点开始向有砟轨道延伸一定长度，同时应符合有砟轨道区段最小道床厚度的要求。

（2）邻近过渡点的无砟轨道一侧，应保证轨道板或道床板在一定范围内与其下部基础间的可靠连接。

（3）过渡段应设置辅助轨及配套部件，辅助轨的设置不应影响大型养路机械维修作业。

（4）过渡段范围的轨道刚度宜按分级过渡设计。

2.7　扣　　件

2.7.1　概　　述

扣件的作用是将钢轨与轨枕（或无砟轨道）连接为一个整体结构，防止钢轨倾覆，保持轨距并阻止钢轨相对于轨枕的纵、横向移动。在这里，主要介绍钢筋混凝土轨枕及无砟轨道的扣件系统。为满足轨道系统正常运营的需求，扣件应具有合理的弹性、足够的强度和扣压力，具有良好的绝缘性能，以及调整钢轨高低、左右位置的能力。

图 2-75 是一种不分开式弹性扣件（德国 Vossloh 300 型钢轨扣件），其结构特征是，解除钢轨与轨枕之间的约束后所有组成扣件的零部件均脱离轨枕。图 2-76 是一种分开式扣件（我国 Wj-2 弹性分开式扣件），其结构特征是，扣着钢轨的螺栓与扣着轨枕的螺栓是分开的，解除钢轨与轨枕之间的约束后仍然有铁垫板与轨枕保持约束。同时还可注意到，图 2-75 的扣件结构形式适用于有挡肩的轨枕，而图 2-76 的扣件形式则适用于无挡肩的轨枕。

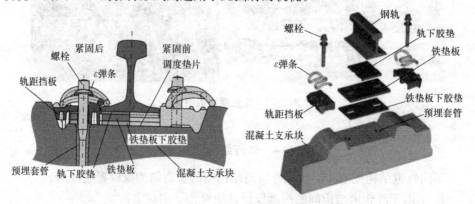

图 2-75　Vossloh 300 型钢轨扣件

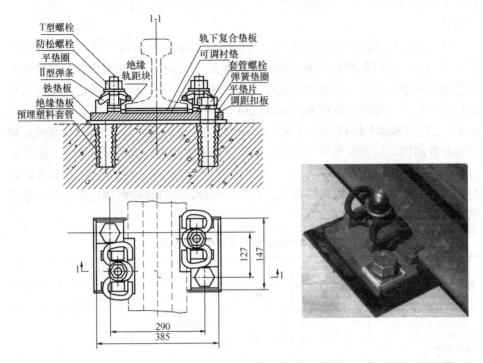

图 2-76　Wj-2 弹性分开式扣件

　　为实现扣压钢轨的基本功能，必须在支承体的内部设置预埋件，借以形成扣压件的支点。然而预埋件难以更换，因此必须确保预埋件具有足够强度和优良的疲劳性能。目前有预埋塑料套管式、预埋金属套管式、预埋铁座式三种锚固方式，如图 2-77 所示。

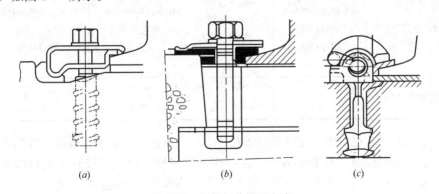

图 2-77　扣件扣着锚固方式
(a) 预埋塑料套管式；(b) 预埋金属套管式；(c) 预埋铁座式

　　为满足列车运行的舒适性，特别是高速列车运行的舒适性，扣件必须具有良好的弹性，但过高的弹性又将引起列车运行之中产生过大的钢轨扭转变形，致使轨距扩大而影响列车运行的平稳性，从而必须确定扣件的合理弹性，这是扣件的关键技术。

从工程实用的角度出发，在列车运行条件下规定一个钢轨垂直位移的允许值，并通过试验研究的方法来分析确定钢轨支点的刚度，进而确定扣件弹性垫层的静刚度取值。我国采用钢轨垂直位移的允许值1～1.5mm，所确定的高速铁路扣件弹性垫层的静刚度取值为：有砟轨道50～70kN/mm；无砟轨道20～30kN/mm（无货运客运专线），30～40kN/mm（兼顾少量货运的客运专线）。我国高速铁路扣件结构，轨下设置弹性垫层，铁垫板下设置刚度较大的缓冲垫层。国外扣件系统弹性垫层刚度值如表2-37（有砟轨道）、表2-38（无砟轨道）。为获取均匀一致的轨道支点刚度以保障列车运行的平稳性，弹性垫层的刚度值变异系数必须控制在规定的范围内。

国外有砟轨道扣件弹性垫层刚度值   表2-37

扣件类型	日本	Vossloh	法国	Pandrol	
	102型	W14型	Nabla	e系列	FC型
垫层设置	轨下单弹性垫层				
垫层静刚度（kN/mm）	60	50～70	70	50～70	

国外无砟轨道扣件弹性垫层刚度值   表2-38

扣件类型	日本 直结8K型	德国 RST	Vossloh 300型	Pandrol SFC型
弹性垫层设置	轨下设置弹性垫层 铁垫板下设 缓冲垫层	轨下设置 缓冲垫层 铁垫板下设 弹性垫层	轨下设置缓冲垫层 铁垫板下设 弹性垫层	轨下设置弹性垫层 铁垫板下设 缓冲垫层
弹性垫层静刚度	60kN/mm 30kN/mm	20～50 kN/mm	20～25 kN/mm	30～50 kN/mm

在铁路运营过程中，为降低弹条扣压力的衰减速率，必须对弹条部件的性能指标进行有效控制，其中包括严格控制弹条钢材硫、磷元素及有关夹杂物的含量，提高钢材的断面收缩率及其冲击韧度等。为保证轨道电路的正常运作，扣件应满足轨道电路对其绝缘电阻的要求，保证两轨间绝缘电阻大于 $3\Omega \cdot km$。试验研究表明，扣压件的振动频率应不同于基板，以避免扣压件振动所致的松动或脱落。

我国高速铁路扣件弹条原材料选用 $60Si_2MnA$ 牌号热轧弹簧钢。按 EN

13146-4 标准进行疲劳试验，经 300 万次荷载循环后各部件不得伤损，扣压力和节点静刚度应满足以下要求：

扣压力变化：≤20%

钢轨纵向阻力变化：≤20%

节点静刚度变化：≤25%

2.7.2 我国扣件的主要类型

我国新建和改建铁路常用的轨道扣件类型主要有：弹条Ⅰ型、弹条Ⅱ型、弹条Ⅲ型、弹条Ⅳ型、弹条Ⅴ型、WJ-7 型、WJ-8 型等。我国长期使用弹条Ⅰ型、弹条Ⅱ型、弹条Ⅲ型扣件，为适应我国高速铁路发展的需求，研发了适用于有砟轨道的弹条Ⅳ型、弹条Ⅴ型扣件，以及适用于无砟轨道的 WJ-7 型、WJ-8 型扣件。常用扣件类型适用范围如表 2-39，主要技术性能如表 2-40。

常用扣件适用范围 表 2-39

扣件类型	运营条件	轨道类型
弹条Ⅰ型	客车速度≤120km/h 货车速度≤80km/h 轴重≤25t	有砟轨道
弹条Ⅱ型	客车速度≤200km/h 货车速度≤120km/h 轴重≤25t	有砟轨道 弹性支承块式无砟轨道
弹条Ⅲ型	客车速度≤200km/h 货车速度≤120km/h 轴重≤25t	有砟轨道
弹条Ⅳ型	1) 客车速度≤350km/h，轴重≤17t 2) 客车速度≤250km/h，轴重≤23t 货车速度≤120km/h，轴重≤25t	有砟轨道
弹条Ⅴ型	1) 客车速度≤350km/h，轴重≤17t 2) 客车速度≤250km/h，轴重≤23t 货车速度≤120km/h，轴重≤25t	有砟轨道
WJ-7A 型 WJ-7B 型	客车速度≤250km/h，轴重≤23t 客车速度≤350km/h，轴重≤17t	无砟轨道
WJ-8A 型 WJ-8B 型	客车速度≤250km/h，轴重≤23t 客车速度≤350km/h，轴重≤17t	无砟轨道

常用扣件主要技术性能　　　　　　　　　　表 2-40

扣件类型	单个弹条初始扣压力（kN）		弹程（mm）	弹性垫层静刚度（kN/mm）	轨距调整量（mm）	高低调整量（mm）
弹条 I 型扣件	A 型弹条：8	A 型弹条：9		90~120	−8~+12	10
	B 型弹条：9	B 型弹条：8				
弹条 I 型调高扣件	≥8		9	90~120	−8~+12	20
弹条 II 型扣件	10		10	55~80	−12~+8	10
弹条 III 型扣件	≥11		13	55~80	−8~+4	0
弹条 IV 型扣件	≥11		13	55~75	−8~+4	0
弹条 V 型扣件	≥10		12	55~75	−8~+4	10
WJ-7A 型扣件	W1：9	W1：14		30~40	−12~+12	−4~+26
WJ-8A 型扣件	X2：6	X2：12		30~40	−10~+10	−4~+26

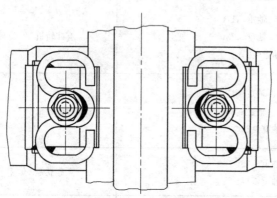

绝缘防锈涂料

硫磺锚固剂　　　轨枕

图 2-78　弹条 I、II 型扣件组装图
1—螺纹道钉；2—螺母；3—平垫圈；4—弹条；
5—轨距挡板；6—挡板座；7—橡胶垫板

1. 弹条 I 型扣件

弹条 I 型扣件也称"ω"扣件，由弹条、螺纹道钉、轨距挡板、挡板座及弹性橡胶垫板等组成，如图 2-78 所示。

（1）弹条

弹条由直径为 13mm 的 $60Si_2Mn$ 或 $55Si_2Mn$ 热轧弹簧圆钢制成，用以弹性扣压钢轨。弹条有 A、B 两种，其中 A 型弹条较长。对于 50kg/m 钢轨除 14 号接头轨距挡板安装 B 型弹条扣件外，其余一律安装 A 型弹条。对于 60kg/m 钢轨，一律安装 B 型弹条。

（2）轨距挡板

轨距挡板用以传递钢轨承受的横向水平力并具有调整轨距功能。轨距挡板中间有长圆孔。对应于 60kg/m 钢轨有 10 和 6 两个号码的轨距挡板，可调整轨距 4mm。

挡板座用以支撑轨距挡板，保持轨距，并将轨距挡板的横向水平力传至轨枕的挡肩，亦具有一定的绝缘性能。

（3）螺纹道钉锚固

螺纹道钉采用硫磺锚固方法，属于我国独创的一种工艺流程。螺纹道钉的抗拔力可达 588kN 以上，耐久性也很好。在使用过程中，螺纹道钉如有损坏，即可旋出更换，日久若有硫磺水泥浆胶体（锚固剂）碎落，也可重新灌注。但其缺点是绝缘性能不足并在施工过程中产生有毒的气体，在我国主要干线上正逐步放弃使用，并变换为塑料螺纹套管固定的结构形式，其绝缘电阻可提高 2～3 倍。

（4）橡胶垫板

橡胶垫板具有弹性，可缓和轮轨间的振动冲击作用，并兼有绝缘性能。用于 60kg/m 钢轨的橡胶垫板宽度、长度和厚度分别为 148、185、10mm，用于 50kg/m 钢轨的橡胶垫板则为 130、185、10mm。垫板的弹性依靠压缩变形而获得。为了增加压缩变形量，通常在垫板的正反面开设凹槽，凹槽底部两端采用圆弧连接，以避免应力集中，并延长使用寿命。橡胶的材质可为丁苯橡胶、顺丁橡胶或天然橡胶，不应采用塑料或其他材料。混凝土枕弹性垫层铺设数量大，价格较高，弹性是否合理对轨道工作状态影响极大。因此，必须加强产品的质量控制，确保其耐久性并控制其刚度值的变异性。橡胶垫层技术条件见表 2-41。

橡胶垫层技术条件 表 2-41

顺　序	项　目	单　位	技术指标
1	硬度	HS	75～85
2	扯断强度	MPa	≥13
3	200％定伸强度	MPa	≥10
4	阿克隆磨耗	$cm^3/1.61km$	≤0.6
5	永久变形	％	≤25
6	电阻	Ω	$\geq 10^6$
7	老化试验扯断强度（100℃，72h）	MPa	≥10

（5）垫片

各类型垫片以塑料制品为主，橡胶制品为辅。

2. 弹条Ⅱ型扣件

弹条Ⅱ型扣件除采用Ⅱ型弹条外，其余部件可与弹条Ⅰ型扣件通用，仍为带挡肩、有螺栓扣件。在原使用弹条Ⅰ型扣件地段，可用弹条Ⅱ型扣件弹条更换原Ⅰ型扣件弹条。

设计参数：单个弹条扣压力不小于 10kN，弹程（即弹性变形量）不小于 10mm，分别比Ⅰ型扣件提高约 30％；组装扣件设计承受横向疲劳荷载 7t，在荷载循环 200 万次后，各部件不得损坏。

为了提高弹条的强度和扣压力，选用了优质弹簧钢 $60Si_2CrA$ 作为Ⅱ型弹条的材料，屈服强度和抗拉强度分别提高了 42％ 和 36％。在弹条优化设计的基础上，最后确定弹条的直径不变，与Ⅰ型扣件相同，仍为13mm。图2-79是弹条Ⅱ型扣件的原貌图。

3. 弹条Ⅲ型扣件

弹条Ⅲ型扣件是无螺栓无挡肩弹性扣件，由弹条、预埋铁座，绝缘轨距块和橡胶垫板组成，如图2-80和图2-81所示。预埋在PC轨枕中的铸铁挡肩可承受横向水平力，并保持轨距；弹条作为钢轨的扣压件，采用60Si$_2$Mn钢材制造；绝缘轨距块固定钢轨保持轨距，兼有绝缘的作用。使用不同号码的绝缘轨距块可调整轨距。

图2-79　弹条Ⅱ型扣件原貌图

图2-80　弹条Ⅲ型扣件

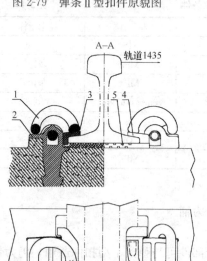

图2-81　弹条Ⅲ型扣件组装图

1—弹条；2—预埋铁座；3、4—绝缘轨
距块；5—橡胶垫板

弹条Ⅲ型扣件的抗横向水平力的能力静态为100kN，动态70kN（荷载循环200×10^{6}次）；预埋铁座抗拔力不小于60kN。垫板静刚度55～80kN/mm。

弹条Ⅲ型扣件具有结构简单、扣压力大（不小于11kN）、弹性好（弹性变形不小于12mm）等优点；特别是取消了混凝土挡肩，从而消除了轨底在横向力作用下发生横移导致轨距扩大的可能性，因此保持轨距的能力很强；又由于取消了螺栓连接的方式，扣压力易于保持，显著减小了扣件养护工作量，适用于重载大运量、高密度的运输条件。

无螺栓、无挡肩的Ⅲ型弹条扣件是目前国际上比较先进的一种扣件，但是Ⅲ型扣件的使用效果又涉及设计、标准、工装、工艺、安装、养护等诸多因素，是一项系统工程，任何一个部件公差超标都可能形成不良的安装状态。经过多年的实践，Ⅲ型扣件基于英国潘德罗尔（Pondrol）扣件的标准，并对轨枕、扣件（弹条、预埋件）、预埋件固定方式等进行调整，取得良好效果。

4. 弹条Ⅳ型扣件

弹条Ⅳ型扣件是基于弹条Ⅲ型扣件优化而成（如图 2-82），适用于高速铁路无挡肩混凝土轨枕线路。虽然其结构外貌与弹条Ⅲ型扣件相仿，但配置了新设计的 C4 弹条（接头处采用 JA、JB 弹条），并采用 60Si2MnA 钢材制造，其材料的疲劳性能、断面收缩率以及冲击韧性等指标均有提高。同时，采用国际先进技术，研发了热塑性弹性体弹性垫板，对于客运专线有良好的适应性；橡胶垫板静刚度 60kN/mm，扣件节点静刚度 75kN/mm（±30%），动静刚度比不大于 2.0。扣件的轨距调整量：−8～+4mm；钢轨左右调整量：−4～+2mm。

5. 弹条Ⅴ型扣件

弹条Ⅴ型扣件适用于高速铁路有挡肩混凝土轨枕线路。其结构具有调整钢轨高低、左右位置的功能，并可调整钢轨纵向阻力。

扣件系统由弹条、螺旋道钉、平垫圈、轨距挡板、轨下垫板和定位于预应力钢筋混凝土有肩轨枕的预埋套管组成，如图 2-83 所示。借助调高垫板可调节钢轨高低，借助安装不同的弹条并配合不同摩擦系数的轨下垫板（橡胶垫板或复合垫板），可满足不同线路阻力的需求。利用工程塑料制成的轨距挡板调整轨距并具绝缘作用。

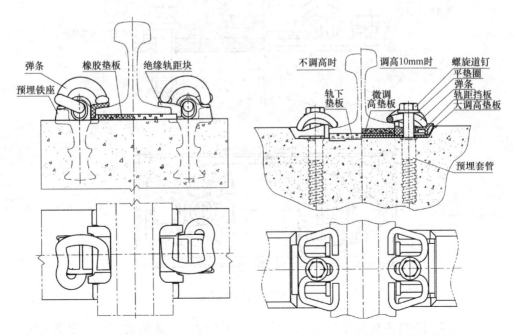

图 2-82　弹条Ⅳ型扣件组装图　　　　图 2-83　弹条Ⅴ型扣件组装图

扣件的主要技术参数如下：

（1）每组扣件（采用 W2 型弹条）钢轨纵向阻力应大于 9kN，小阻力扣件（采用 X3 型弹条）钢轨纵向阻力约为 4kN。

（2）节点刚度：橡胶垫板静刚度为 60kN/mm（±10%），扣件系统节点刚度为 75kN/mm（±30%），动静刚度比不大于 2.0。

（3）钢轨位置调整量：单股钢轨左右位置调整量：$-4\sim+2$mm；轨距调整量：$-8\sim+4$mm。钢轨高低位置调整量：$0\sim+10$mm。

（4）预埋套管抗拔力应不小于 60kN。

6. WJ-7 型扣件

WJ-7 型扣件系统乃是基于我国 WJ-2 扣件系统的工程经验研发而成。扣件系统由 T 形螺栓、螺母、平垫圈、弹条、绝缘块、铁垫板、绝缘缓冲垫板、轨下垫板、锚固螺栓、重型弹簧垫圈、平垫块和定位于混凝土轨枕或轨道板的预埋套管组成，如图 2-84、图 2-85 所示。其结构与日本 8K 和 PANDROL 公司新近研发的 SFC 型扣件基本类似，适用于客运专线轨道。

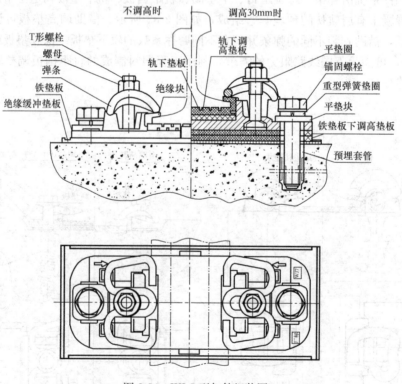

图 2-84 WJ-7 型扣件组装图

WJ-7 型扣件系统属于带铁垫板的无挡肩弹性分开式结构，具有以下结构特征：

（1）混凝土轨枕或轨道板承轨槽不设挡肩，铁垫板上设置 1：40 轨底坡。

（2）借助更换不同刚度的轨下垫板形成不同的节点刚度，可分别适应 350km/h 和 250km/h 的客运专线。

（3）同一铁垫板可安装多种弹条（常规压力弹条和小压力弹条），配合使用不同摩擦系数的轨下垫板（橡胶垫板或复合垫板）可获得不同的线路阻力，满足各种线路条件下铺设无缝线路的需求。

图 2-85　WJ-7 型扣件原貌图

（4）借助移动带有长圆孔的铁垫板，可实现轨向与轨距的无级调整，作业简便。

（5）钢轨高低位置调整量大，如在轨下垫入充填式垫板可实现高低的无级调整。

WJ-7 型扣件系统主要技术参数：

钢轨纵向阻力：每组扣件（采用 W1 型弹条）钢轨纵向阻力应大于 9kN。小阻力扣件（采用 X2 弹条和轨下复合垫板）钢轨纵向阻力约为 4kN。

节点刚度：采用 A 类铁垫板下弹性垫板，垫板静刚度为 30～40kN/mm；扣件系统节点静刚度 50kN/mm（±20%）。

采用 B 类铁垫板下弹性垫板，垫板静刚度为 20～30kN/mm；扣件系统节点静刚度 35kN/mm（±20%）。

垫板动静刚度比不大于 1.5。

钢轨左右位置调整量：单股钢轨左右位置调整量，−5～+5mm；轨距调整量，−10～+10mm。

钢轨高低调整量：−4～+26mm。

预埋套管抗拔力应不小于 100kN。

7. WJ-8 型扣件

WJ-8 型扣件联结组装如图 2-86 所示，扣件系统由螺旋道钉、平垫圈、弹条（分 W1 和 X2 型）、绝缘块（分Ⅰ型和Ⅱ型）、轨距挡板、轨下垫板（分橡胶垫板和复合垫板）、铁垫板、铁垫板下弹性垫板和定位于混凝土轨枕或轨道板的预埋套管组成。采用调高垫板调整钢轨高低（分轨下调高垫板和铁垫板下调高垫板）。图 2-87 是 WJ-8 型扣件的原貌图。

WJ-8 型扣件是带铁垫板不分开式扣件，其主要结构特征如下：

（1）混凝土轨枕或轨道板承轨槽设混凝土挡肩，使之承受横向水平力，降低了水平荷载的作用位置，使结构更加稳定。

（2）铁垫板上设置挡肩，挡板与钢轨之间设置工程塑料绝缘块，兼具缓冲和

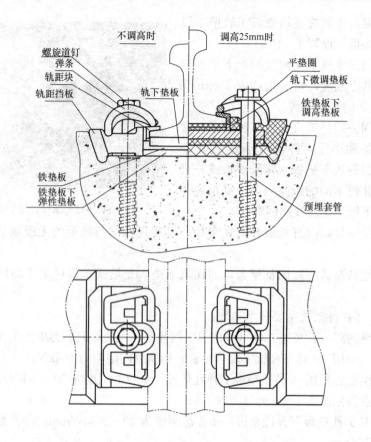

不调高时　　　调高25mm时

螺旋道钉
弹条
轨距块
轨距挡板
轨下垫板
平垫圈
轨下微调垫板
铁垫板下调高垫板
铁垫板
铁垫板下弹性垫板
预埋套管

图 2-86　WJ-8 型扣件组装图

图 2-87　WJ-8 型扣件原貌图

绝缘功能。

（3）铁垫板与混凝土挡肩之间设置工程塑料轨距挡板，用以保持并调整轨距，且兼有二次绝缘作用。

（4）同一铁垫板可安装多种弹条（常规扣压力弹条和小扣压力弹条），配合使用不同摩擦系数的轨下垫板（橡胶垫板或复合垫板）可获得不同的线路阻力，满足各种线路条件下铺设无缝线路的需求。

WJ-8 型扣件系统主要技术参数：

钢轨纵向阻力：每组扣件（采用 W1 型弹条）钢轨纵向阻力应大于 9kN。小阻力扣件（采用 X2 弹条和轨下复合垫板）钢轨纵向阻力约为 4kN。

节点刚度：采用 A 类铁垫板下弹性垫板，垫板静刚度为 30～40kN/mm；扣件系统节点静刚度 50kN/mm（±20%）。

采用 B 类铁垫板下弹性垫板，垫板静刚度为 20～26kN/mm；扣件系统节点静刚度 35kN/mm（±20%）。

弹性垫板动静刚度比不大于 1.35。

钢轨位置调整量：单股钢轨左右位置调整量，−5～+5mm；轨距调整量，−10～+10mm。

钢轨高低调整量：−4～+26mm。

8. 城市地铁减振扣件

我国从 1965 年开始研制地铁专用扣件，50 余年来，审视国内外的轨道技术发展趋势，结合地铁的工程特点，不断创新和发展，先后研制了 DTⅠ、DTⅡ、DTⅢ、DTⅣ、DTⅤ、DTⅥ、DTⅦ、DJK 等 8 个系列共 16 种地铁专用扣件以及Ⅰ、Ⅱ、Ⅲ、Ⅳ、Ⅴ型等 5 种轨道减振器扣件，并应用于北京、上海、天津、武汉、南京、深圳、长沙等城市的地铁工程。

国内研制的第一代地铁专用 DTⅠ型扣件采用了有螺栓弹性扣板，应用于天津、深圳及北京地铁一、二期工程。

目前上海地铁使用的定型产品：DTⅢ2 型扣件，扣压件为国铁Ⅰ型（B 型）弹条。作为有螺栓弹条扣件的典型代表，DTⅢ2 型扣件目前被广泛铺设于地质条件相对较差的城市地铁轨道中。

地铁轨道中大量铺设了弹条Ⅱ型分开式扣件，扣压件采用国铁Ⅱ型弹条，如图 2-88 所示，其结构形式与 DTⅢ2 型扣件相仿。

正线高架桥则采用 DTⅦ系列小阻力扣件、WJ-2A 型小阻力扣件，如图 2-89 所示。车辆基地所采用的 DTⅣ系列扣件及 DJK5-1 型扣件，也选用了有螺栓 ω 形小阻力弹条。

图 2-88　弹条Ⅱ型分开式扣件

图 2-89　WJ-2A 型小阻力扣件

当前，城市地铁工程扣件呈现少维修或基本"零"维修的趋势，特别强调扣件结构的简单可靠、管理维护的低成本。无螺栓弹条扣件以其具有的扣压力均匀、零部件少、简单可靠,基本"零"维护量等特点而被广泛采用,有些国家在新建地铁工程中明确规定必须采用免维护("Fit and Forget")的无螺栓弹条扣件。

图 2-90 DTⅥ2 型扣件

根据国内外轨道扣件技术的发展趋势,1993 年我国研制了 DTⅥ型扣件,该扣件采用无螺栓 e 形弹条,用于北京地铁复八线。后来又对其进行了优化,取消了混凝土挡肩,形成 DTⅥ2 型扣件。该扣件零部件少、简单可靠,扣压件与国铁Ⅲ型弹条类似,采用直径 18mm 的 e 形弹条(如图 2-90),在北京、南京、天津等城市的地铁地下线路大量铺设使用,效果良好。

此外,国内部分城市地铁还用到了 PR 弹条(例如单趾弹条扣件,如图 2-91 所示)和国铁Ⅲ型弹条。香港地铁很早就采用了 PR 弹条,PR 型弹条横向疲劳寿命较长,可减轻钢轨使用中的波浪形磨耗。该扣件扣压力适宜,有利于发挥扣件的弹性和减振性能,对于弹性较差的整体道床基础具有良好的适应性。武汉、广州、长沙、昆明、郑州等城市地铁线路大量铺设了 PR 弹条,运营反馈均达到了预期效果。Ⅲ型弹条主要用于小半径曲线和大坡道地段。

城市地铁线路还常用减振型扣件(图 2-92),其基本原理是将扣件的铁垫板与弹性材料硫化成一整体结构,借助弹性体的剪切变形实现竖向弹性,从而获得较低的扣件整体刚度。

图 2-91 单趾弹条扣件

图 2-92 减振器扣件

国内以轨道减振器扣件(科隆蛋)为蓝本,开发有Ⅰ、Ⅱ、Ⅲ、Ⅳ、Ⅴ型减振器扣件,其中Ⅲ型减振器扣件的静刚度为 12～18kN/mm,与 DTⅥ扣件相当。

2.7.3　国外铁路的扣件

1. 英国 Pandrol 型钢轨扣件

英国铁路于 1946 年开始大量铺设混凝土轨枕，主要采用 Pandrol 弹条扣件。1963 年英国铁路总局决定 Pandrol 扣件为新建线路的唯一标准扣件，1972 年起成为木枕、PC 枕、钢枕、道岔的标准扣件，近年来经过改进又使用在 PACT 无砟轨道上。Pandrol 扣件的设计思想主要是"扣件的装卸不费工夫"。

图 2-93 和图 2-94 是应用于 PC 枕的 Pandrol 扣件，属于无螺栓、无挡肩的弹条扣件系统。其零部件少，操作简便。弹条形状主要有 σ 形弹条（图 2-93），扣件系统主要是用预埋铁座挡肩承受横向推力，并保持轨距，用弹条扣压钢轨，并用尼龙块作绝缘部件。其轨距有级调整－8～＋4mm；扣压力 11kN；弹程 13mm；静刚度：80～100kN/mm。此外尚有 Pandrol FAST CLIP 系列，采用 ω 形弹条（图 2-94）。轨距有级调整－8～＋4mm；扣压力 10kN；弹程 12mm；静刚度：80～100kN/mm。

图 2-93　Pandrol σ 形弹条

图 2-94　Pandrol ω 形弹条

图 2-95　Pandrol SFC 型扣件

应用于无砟轨道的系统有 Pandrol SFC 和 Pandrol FAST 弹性分开式扣件。其中 Pandrol SFC 弹性分开式，属于无挡肩、带铁垫板、无螺栓扣压，其钢轨高低调整量 30mm，轨距调整量 ±12mm；扣压力 10kN；静刚度 30～50kN/mm。Pandrol FAST 无挡肩带铁垫板，无螺栓扣压，钢轨高低不调整。

图 2-96　Pandrol FAST 型扣件

2. 德国 VOSSLOH 扣件系统

（1）VOSSLOH W14 型扣件

VOSSLOH W14 型弹性不分开式扣件（图 2-97），适用于有挡肩 PC 轨枕有砟轨道线路。钢轨高低调整 10mm；轨距有级调整 −8～+4mm；扣压力 10kN；弹程 13mm；静刚度 50～70kN/mm。

（2）VOSSLOH 300 型扣件

VOSSLOH 300 型扣件（图 2-75）是弹性分开式扣件，其构造特点是有挡肩，带铁垫板，有螺栓扣压（扣压力 9kN）。钢轨高低调整量 −4～+26mm；轨距 ±16mm；橡胶垫板静刚度 22.5kN/mm。

（3）VOSSLOH 336 型扣件

VOSSLOH 336 型扣件（图 2-98）是弹性分开式扣件，带铁垫板，适用于有挡肩无砟轨道，扣压力 12kN。

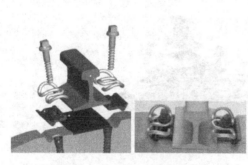

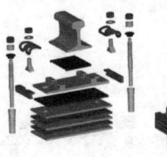

图 2-97　VOSSLOH W14 型扣件　　　图 2-98　VOSSLOH 336 型扣件

（4）VOSSLOH DFF300，DFF14

VOSSLOH DFF300（图 2-99）、DFF14（图 2-100）对于钢轨高低和轨距有很大的调整量，分别适用于有挡肩和无挡肩的无砟轨道。其高低调整量 60mm，轨距调整量 46mm。扣压力 9kN，静刚度 22.5kN/mm。

图 2-99　VOSSLOH DFF300

图 2-100　VOSSLOH DFF14

（5）RST 型扣件

RST 扣件（图 2-101）是大调高量扣件，适用于有挡肩无砟轨道。钢轨高低调整量−6mm～+52mm；轨距±10mm，扣压力 9kN。

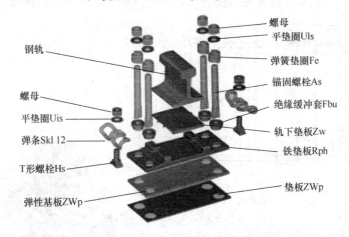

图 2-101　RST 型

3. 法国 NABLA 扣件

Nabla 型扣件（图 2-102）是一种有螺栓不分开式弹片扣件，适用于有挡肩结构，广泛用于既有线主要干线和 TGV 高速铁路无砟轨道。该扣件用 T 形螺栓固定，并用小螺距螺母紧固弹片以扣压钢轨。根据 TGV 系统多年运营经验，未发现扣件螺栓松弛现象，节省了大量扣件螺栓的复拧作业。该扣件采用静刚度 100MN/m 的轨下胶垫，并以尼龙垫块作为绝缘部件。扣件的装配，借助固定中间凸起的弹片与尼龙垫块的两点接触，实现双重扣压方式，增大弹性，以追随钢

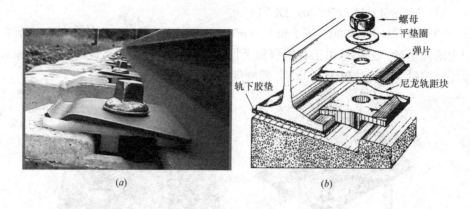

图 2-102   NABLA 扣件

轨下沉，并抵抗横向推力。扣压力 11kN；弹程 9mm；节点静刚度 70kN/mm；钢轨高低调节量 10mm；轨距有级调节量－8～＋4mm。

4. 日本直接型板式轨道扣件

直结 8 型扣件（图 2-103）适用于日本板式轨道，是在直结 5 型扣件的基础上优化而成，不增加扣件零部件的数量，通用性更强，易于养护管理。

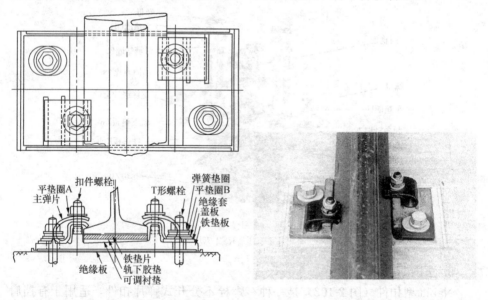

图 2-103   日本直结 8 型扣件

直结 7 型扣件（图 2-104）适用于软土地基的高架桥上或者土质路基上有可能发生沉降的板式轨道，由钢轨扣件吸收一部分沉降，调整富裕量较大。

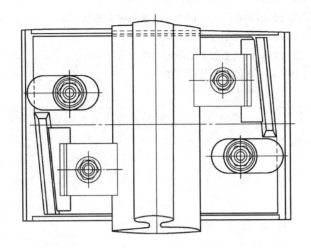

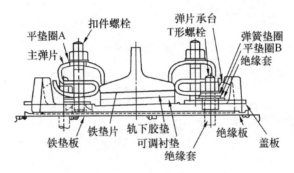

图 2-104　日本直结 7 型扣件

复 习 思 考 题

1. 试述现代轨道结构的标准类型。

2. 试述钢轨的功能及类型（按每米质量千克数划分）。

3. 钢轨的定尺长度有几种？

4. 钢轨钢的 C、Mn、P、S 元素含量对于钢轨的性能有何影响？

5. 什么是淬火钢轨？淬火钢轨与非淬火钢轨各适用于什么线路条件？

6. 试述钢轨温度调节器的功能。

7. 试述接头螺栓扭矩对于保持轨缝的作用。

8. 试述钢轨焊接的三种主要方法。

9. 试述钢轨的轨头垂直磨耗、侧面磨耗及波浪形磨耗。

10. 试述轨枕的功能及类型。

11. 试述我国钢筋混凝土轨枕的类型及适用条件。

12. 试述道床的功能。

13. 绘制道床横断面图，标明道床厚度、顶面宽度、肩宽及边坡。

14. 试述道床随线路运量增长的变形过程。

15. 试述无砟轨道的结构特点、适用条件以及我国无砟轨道结构的主要形式。

16. 试述分开式与不分开式扣件的构造特点。

17. 我国扣件设计如何采用工程方法确定扣件的合理弹性？

18. 试述我国扣件的主要类型及其适用条件。

第3章 轨道几何形位

3.1 概　　述

　　轨道几何形位是指轨道各部分的几何形状、相对位置和基本尺寸。轨道几何形位按照静态与动态两种状况进行管理。静态几何形位是轨道不行车时的状态，可采用道尺及小型轨道检查车等工具测量。动态几何形位是行车条件下的轨道状态，可采用轨道检查车测量。我国铁路轨道几何形位的管理，实行静态管理与动态管理相结合的模式。

　　本章主要讨论直线和曲线轨道的几何形位及其容许偏差管理标准。由于机车车辆、特别是其走行部分的基本尺寸与轨道几何形位密切相关，因此还介绍机车车辆构造方面的有关知识。

3.1.1　控制轨道几何形位的重要性

　　铁路轨道直接承载车轮并引导列车运行，轨道的几何形位与机车车辆轮对的几何尺寸必须密切配合，因而轨道几何形位的控制对于保证列车运行安全是非常重要的。另外，随着铁路列车提速及高速铁路技术的应用，为了保持高速列车运行的平稳性和舒适性，也必须对轨道的几何形位实行严格控制。

　　国内外的理论计算和试验研究表明，轨道不平顺是引起机车车辆在线路上产生振动的重要原因。被认为是微小的不平顺，在 300km/h 高速运行条件下所激发的车体振动便可能超过允许限度。例如，幅值 10mm、波长 10m 接连不断的高低不平顺，在常速下所引起的车体和轮轨动力作用都很小，但当速度达到 300km/h 时，就可使车体产生垂向加速度为 $1.76m/s^2$，频率为 2Hz 的持续振动；又如，幅值仅为 5mm、波长 10m 的轨向不平顺，在常速下所引起的振动更小，而在 300km/h 时，却可能使车体产生横向加速度为 $0.65m/s^2$，频率为 2Hz 的振动。而根据国际振动环境标准 ISO2631 的规定，对于振动频率为 1～2Hz，累计持续时间为 4 小时的车体振动环境，保持舒适感不减退的允许加速度限值规定为：横向 $0.17m/s^2$，垂向 $0.34～0.49m/s^2$。可见以上数据已远远超过所规定的允许限值。

　　另外，轨道不平顺又是加剧轮轨作用力的主要根源。焊缝不平顺、轨面剥离、擦伤、波形磨耗等短波不平顺幅值虽然很小，但在高速行车条件下也可能引起很大的轮轨作用力和冲击振动。例如，一个 0.2mm 的迎轮台阶形微小焊缝不平顺，300km/h 时所引起的轮轨高频冲击作用动力可达 722kN，低频轮轨力达321kN，从而加速道砟破碎和道床路基不均匀沉陷，形成中长波不平顺，并引起较大的噪声。另一方面，轨面短波不平顺所引起的剧烈轮轨相互作用，还可能引发钢轨及轮轴断裂，导致恶性脱轨事故发生。

由此可见，严格控制铁路轨道几何形位对于保证列车运行的安全性、平稳性和舒适性都具有十分重要的意义，也是铁路轨道结构有别于其他工程结构的显著特征。

3.1.2 轨道几何形位的基本要素

轨道有直线轨道和曲线轨道两种平面几何形式。除此之外，还有轨道的分支与交叉（即道岔），将在道岔章节介绍。在轨道的直线部分，两股钢轨之间应保持一定的距离，称之为轨距；两股钢轨的顶面应位于同一水平或保持一定的相对高差，称之为水平；轨道中线位置应与它的设计位置一致，称之为轨向；两股钢轨轨顶所在平面（即轨面）在线路纵向应保持平顺，称之为前后高低（或轨面平顺性）；为使钢轨顶面与锥形踏面的车轮相配合，两股钢轨均应向内倾斜铺设，称之为轨底坡。在轨道的曲线部分，除应满足上述要求外，还应根据机车车辆顺利通过曲线的要求，将小半径曲线的轨距略以加宽；为抵消机车车辆通过曲线时出现的离心力，应使外轨顶面略高于内轨顶面，形成适当的外轨超高；为使机车车辆平稳地自直线进入圆曲线（或由圆曲线进入直线），并为外轨逐渐升高、轨距逐渐加宽创造必要的条件，在直线与圆曲线之间，应设置一条曲率渐变的缓和曲线。

综上所述，直线轨道几何形位的基本要素包括：轨距、水平、轨向、前后高低和轨底坡；曲线轨道几何形位的基本要素除以上五项规定之外，还有以下三个特殊构造，即曲线轨距加宽、曲线外轨超高及缓和曲线。

3.2 机车车辆走行部分构造简介

机车车辆由车体与走行等部分组成。车体用以载人、载货或安置动力设备，走行部分将车体荷载传递至轨道。现代机车车辆的走行部分多采用转向架结构。转向架的主要功能是：将车体荷载均匀分配于轮对，保证机车车辆顺利通过曲线，并降低轮对振动对车体的影响。

3.2.1 转向架的构造和类型

（1）转向架的构造

转向架一般可分为以下几个组成部分（参见图 3-1～图 3-3）。

1）轮对轴箱装置：轮对沿着钢轨滚动，除传递车辆重力外，还传递轮轨之

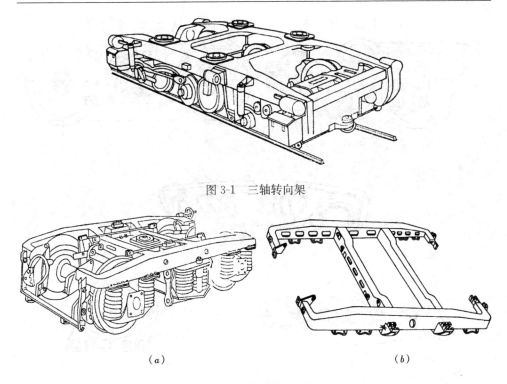

图 3-1 三轴转向架

(a) (b)

图 3-2 二轴客车转向架

(a) 转向架；(b) 构架

间的各种作用力，其中包括牵引力和制动力。轴箱与轴承装置是联系构架（或侧架）和轮对的活动关节，使轮对的滚动转化为车体沿钢轨的平动。

2）弹性悬挂装置：为减少线路不平顺和轮对运动对车体的各种动态影响（如垂向振动、横向振动等），转向架在轮对与构架（侧架）之间或构架（侧架）与车体（摇枕）之间，设有弹性悬挂装置。前者称为轴箱悬挂装置（又称第一系悬挂），后者称为摇枕（中央）悬挂装置（又称第二系悬挂）。目前，我国大多数货车转向架只设有摇枕悬挂装置，客车转向架既设有摇枕悬挂装置，又设有轴箱悬挂装置。

弹性悬挂装置包括弹簧装置、减振装置和定位装置等。

3）构架或侧架：构架（侧架）将转向架各零部件组成一个整体，是转向架的基础。因此它不仅仅承受、传递各作用力及荷载，而且它的结构、形状和尺寸大小都应满足各零部件的结构、形状及组装的要求（如应满足制动装置、弹簧减振装置、轴箱定位装置等安装的要求）。

4）基础制动装置：为使运行中的车辆能在规定的距离范围内停车，必须安装制动装置，其作用是传递和放大制动缸的制动力，使闸瓦与轮对之间产生的转向架的内摩擦力转换为轮轨之间的外摩擦力（即制动力），从而使机车车辆承受

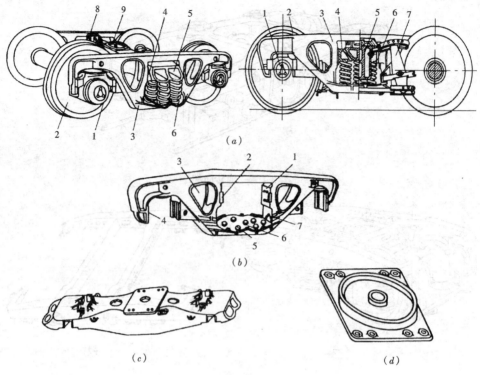

图 3-3   二轴货车转向架

(*a*) 转向架

1—轴承；2—轮对；3—侧架；4—楔块；5—摇枕；6—弹簧；7—制动装置；8—旁承；9—下心盘

(*b*) 侧架

1—磨耗板；2—楔块挡；3—检查孔；4—轴箱导框；5—圆肌子；6—弹簧承台；7—制动梁滑槽

(*c*) 摇枕；(*d*) 下心盘

前进方向的阻力，产生制动效果。

5) 转向架支承车体的装置：转向架支承车体的方式（又可称为转向架的承载方式）不同，使得转向架与车体相连接部分的结构及形式也各有所异，但都应满足两个基本要求：安全可靠地支承车体，承载并传递各作用力（如垂向力、振动力等）；为使车辆顺利通过曲线，车体与转向架之间应能绕不变的旋转中心相对转动。

转向架的承载方式可以分为心盘集中承载、非心盘承载和心盘部分承载三种。

(2) 转向架的分类

1) 按轴数分类：机车有二轴、三轴和四轴转向架。车辆有二轴、三轴和多轴转向架。车轴在转向架上的排列形式称轴列式或轴式。我国东风型内燃机车和韶山 I 型电力机车为三轴转向架，其轴式为 $3_0—3_0$（或 $C_0—C_0$），其中，C 表示 3，脚注 0 表示有牵引电动机驱动的动轮轴；北京型内燃机车为二轴转向架，其

轴式为 2_0—2_0（或 B_0—B_0），其中，B 表示 2，我国客货车辆多为二轴转向架。为了适应我国重载运输发展的要求，正在研制单节大功率八轴内燃机车，即两台四轴转向架。比较理想的轴式为 $B_0+B_0-B_0+B_0$，即由两台二轴转向架组合而成一台四轴转向架，车辆则采用多转向架或转向架群。

为防止车轮由于轮对歪斜而陷落于轨道中间，安装在同一个转向架上的车轴，必须保持相互之间的平行位置，但近代车辆也出现有径向转向架。同一机车车辆最前位和最后位车轴中心间水平距离，称为全轴距。同一转向架上始终保持平行的最前位和最后位车轴中心间水平距离，称为固定轴距。车辆前后两转向架上车体支承间的距离称为车辆定距，如图 3-4 所示。

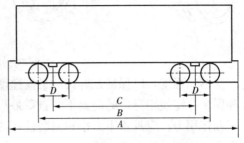

图 3-4　二轴车辆纵向主要尺寸参数
A—车辆全长；B—全轴距；
C—车辆定距；D—固定轴距

2）按弹簧装置形式分类：机车和车辆可分为一系和二系弹簧悬挂装置。一系悬挂转向架适用于低速机车和货车车辆，二系悬挂转向架适用于中高速机车和客车车辆。图 3-5 为车辆的弹簧悬挂装置。

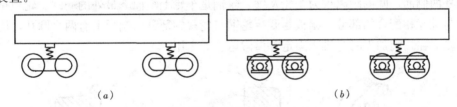

(a)　　　　　　　　　　　　　(b)

图 3-5　车辆的弹簧悬挂装置
(a) 一系弹簧悬挂；(b) 二系弹簧悬挂

3）按行车速度分类：有高速转向架，速度在 200km/h 以上；普通转向架，速度在 120km/h 以下。

此外，转向架还有按轴箱定位形式和按车体与转向架连接装置形式分类等。

3.2.2　轮　对

轮对是由一根车轴和两个相同的车轮组成，如图 3-6 所示。在轮轴结合部位采用过盈配合，使两者牢固地结合在一起，绝不允许有任何松动现象发生，以保证行车安全。

轮对承担车辆全部重力，且在轨道上高速运行，同时还承受着从车体、钢轨两方面传递来的其他各种静、动作用力，受力很复杂。因此，对轮对的要求是：

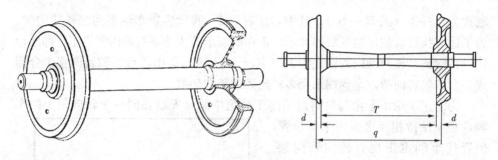

图 3-6　轮对

应有足够的强度，以保证在容许的最高速度和最大载荷下安全运行；应在强度足够和保证一定使用寿命的前提下，自重最小，并具有一定弹性，以减小轮轨之间的相互作用力；应具备阻力小和耐磨性好的优点，以降低牵引动力损耗并提高使用寿命；应能适应车辆直线运行，同时又能顺利通过曲线，还应具备必要的抵抗脱轨的安全性。

目前，我国铁路车辆上使用的车轮绝大多数是整体辗钢轮，它包括踏面、轮缘、轮辋、幅板和轮毂等部分，如图 3-7 所示。车轮与钢轨的接触面称为踏面。一个突出的圆弧部分称为轮缘，是保持车辆沿钢轨运行，防止脱轨的重要部分。轮缘内侧面的竖直面称为车轮内侧面，与之相对的竖直面称为车轮外侧面。车轮内外两侧面之间的距离称为车轮宽度。轮辋是车轮上踏面下最外的一圈。轮毂是轮与轴互相配合的部分，幅板是联接轮辋与轮毂的部分，幅板上有两个圆孔，便于轮对在切削加工时与机床固定并供搬运轮对之用。

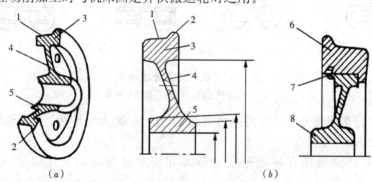

(a)　　　　　　　　　　(b)

图 3-7　车轮
(a) 整体轮；(b) 轮箍轮
1—踏面；2—轮缘；3—轮辋；4—幅板；5—轮毂；6—轮箍；7—扣环；8—轮心

车轮踏面需要制成一定的斜度（图 3-8），其作用是：

（1）便于轮对通过曲线。车辆在曲线上运行，由于离心力的作用，轮对偏向外轨。在外轨上滚动的车轮与钢轨接触的部分直径较大，而沿内轨滚动的车轮与钢轨接触部分直径较小，其大直径的车轮沿外轨行走的路程长，小直径的车轮沿

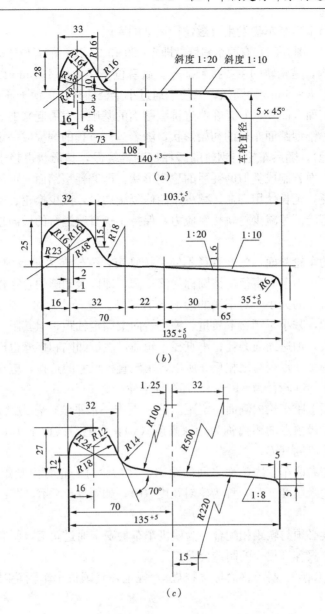

图 3-8 车轮轮缘踏面外形

(a) 机车锥型踏面；(b) 车辆锥型踏面；(c) 车辆 LM 磨耗型踏面

内轨行走的路程短，正好与曲线区段线路的外轨长内轨短的情况相适应，便于轮对顺利通过曲线，减少车轮在钢轨上的滑行。

（2）便于轮对自动调中。在直线线路上运行的车辆，其中心线与轨道中心线如不一致，则轮对在滚动过程中能自动纠正其偏离位置。

（3）保持踏面磨耗沿宽度方向的均匀性。

从上述分析可知，车轮必须制成有斜度的锥形踏面，但其自动调中的功能，又成为轮对乃至整个车辆发生自激蛇行运动的原因。

锥型踏面（图 3-8a）有两个斜度，即 1：20 和 1：10，前者位于轮缘内侧48～100mm 范围内，是轮轨的主要接触部分，后者位于距内侧 100mm 以外部分。踏面的最外侧有 $R=6$mm 的圆弧，以便于通过小半径曲线，也便于通过辙叉。

磨耗型踏面（图 3-8b）是在改进锥型踏面的基础上发展起来的。各国车辆运行情况证明，锥型踏面车轮的初始形状，随着运行过程的磨损成一定形状（与钢轨断面相匹配），随后车轮与钢轨的磨耗都变得缓慢，其形状也趋于稳定。实践证明，车轮踏面若制成类似磨耗后的稳定形状，即磨耗型踏面，可明显减少车轮与钢轨的磨耗，延长使用寿命，减少车轮修复旋切量，减少换轮、旋轮的检修工作量。磨耗型踏面可减少轮轨接触应力，保持车辆直线运行的横向稳定，有利于曲线通过。

有斜度的车轮踏面，各处直径不同。按规定，钢轮在离轮缘内侧 70 mm 处测量所得的直径为名义直径，该圆称为滚动圆，即以滚动圆的直径作为车轮名义直径。车轮直径的大小，对车辆的影响各有利弊。轮径小，可以降低车辆重心，增大车体容积，减小车辆簧下质量，缩小转向架固定轴距，但其阻力增加，轮轨接触应力增大，加速踏面磨耗；小直径车轮通过轨道凹陷和接缝也产生较大的振动。轮径大的优缺点则与之相反。所以，车轮直径尺寸的选择，应视具体情况而定。我国货车标准轮径为 840mm，客车标准轮径为 915mm。

通过踏面上距车轮内侧面一定距离的一点作一水平线，称为踏面的测量线。由此线量至轮缘顶点的距离称为轮缘高度（f），由测量线向下 10mm 处量得的厚度称为轮缘厚度（d）。

轮对上左右两车轮内侧面之间的距离，称为轮对的轮背内侧距离（T）。其值加上两个轮缘厚度（$2d$）称为轮对宽度（q），如图 3-6 所示，即：

$$q = T + 2d \tag{3-1}$$

轮对宽度必须与轨距相配合。为使机车车辆安全通过轨道，所有轮对都应有标准的宽度，只容许很少的制造公差。

《铁路技术管理规程》（简称《技规》）规定，我国机车车辆轮对的主要尺寸见表 3-1。

轮对主要尺寸表（mm）　　　　　　　　　　表 3-1

名称	轮缘高度 f	轮缘厚度 d		轮背内侧距离 T			轮对宽度 q		
		正常	最小	最大	正常	最小	最大	正常	最小
车辆轮	25	34	22	1356	1353	1350	1424	1421	1394
机车轮	28	33	23	1356	1353	1350	1422	1419	1396

为了便于以后各章的应用，现将我国主型机车车辆的构造性能列于表

3-2中。

主型机车车辆构造性能　　　　　　　　　　　　　表 3-2

机车种类	机车型号	轮轴名称		平均轮重(kN)	轮距(cm)	轮径(cm)	构造速度(km/h)	固定轴距(cm)
内燃机车	东风$_4$(DF$_4$)	第一转向架	I	112.8		105	客 120 货 100	360
			II		180			
			III		180			
		第二转向架	I		840			
			II		180			
			III		180			
	ND$_5$	第一转向架	I	106		105	118	435
			II		255			
			III		180			
		第二转向架	I		820			
			II		180			
			III		255			
	东风$_{11}$(DF$_{11}$)	第一转向架	I	112.8		105	160	400
			II		200			
			III		200			
		第二转向架	I		790			
			II		200			
			III		200			
电力机车	韶山$_1$(SS$_1$)	第一转向架	I	112.8		125	95	460
			II		230			
			III		230			
		第二转向架	I		580			
			II		230			
			III		230			
	韶山$_4$(SS$_4$)	前第一转向架	I	112.8		125	100	300
			II		300			
		前第二转向架	I					
			II		300			
		后第一转向架	I					
			II		300			
		后第二转向架	I					
			II		300			

续表

机车种类	机车型号	轮轴名称		平均轮重 (kN)	轮距 (cm)	轮径 (cm)	构造速度 (km/h)	固定轴距 (cm)
电力机车	韶山8（SS8）	第一转向架	I	110	290	125	100	290
			II		610			
		第二转向架	I		290			
			II					
车辆	新转8（货）	2轴		105	175	84	120	175
	202（客）	2轴		75.5	240	91.5	120	240
	209（客）	2轴		87.5	120	91.5	160	240

3.3　直线轨道几何形位

3.3.1　轨　距

轨距是钢轨顶面下16mm处两股钢轨作用边之间的距离。

因为钢轨头部外形由不同半径的复曲线所组成，钢轨底面设有轨底坡，钢轨向内倾斜，车轮轮缘与钢轨侧面接触点发生在钢轨顶面下10～16mm之间。所以，我国《技规》规定轨距测量部位在钢轨顶面下16mm处，如图3-9所示。在此处，轨距一般不受钢轨磨耗和肥边的影响，便于轨道维修工作的实施。

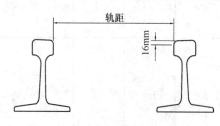

图3-9　测量轨距示意图

目前世界上的铁路轨距，分为标准轨距、宽轨距和窄轨距三种。标准轨距尺寸为1435mm。大于标准轨距的称为宽轨距，如1452mm、1600mm、1670mm等，用于俄罗斯、印度及澳大利亚、蒙古等国。小于标准轨距的称为窄轨距，如1000mm、1067mm、762mm、610mm等，日本既有线（非高速铁路）采用1067mm轨距。南非铁路有2/5线路采用1067mm窄轨距，也有部分线路采用1600mm宽轨距。

我国铁路轨距绝大多数为标准轨距，仅有少数地方铁路和工矿企业铁路采用窄轨距。

轨距容许偏差值见表3-3及表3-4。轨距变化应和缓平顺，其静态变化率：高速铁路不超过1/1500；速度低于250km/h铁路正线、到发线不应超过2‰（规定递减部分除外），站线和专用线不得超过3‰，即在1m长度内的轨距变化值，正线、到发线不得超过2mm，站线和专用线不得超过3mm。动态变化率验收管理值见表 3-4。

有砟轨道静态平顺度（mm） 表 3-3（a）

项 目 设计速度(km/h)	高低	轨向	水平	轨距	扭曲 （基线长 3m）
$V \geqslant 250$	2 2mm/5m① 10mm/150m②	2 2mm/5m① 10mm/150m②	2	±2 变化率 1/1500	2
200<V<250	2	2	2	±2	2
160<V≤200	3	3	3	±2	2
120<V≤160	4	4	4	＋4～－2	3
V≤120	4	4	4	＋6～－2	3
测量弦长	10m			—	

①基线长 30m；
②基线长 300m。

无砟轨道静态平顺度（mm） 表 3-3（b）

项 目 设计速度(km/h)	高低	轨向	水平	轨距	扭曲 （基线长 3m）
V>200	2 2mm/5m① 10mm/150m②	2 2mm/5m① 10mm/150m②	2	±1 变化率 1/1500	2
120<V≤200	2	2	2	±2	2
V≤120	4	4	4	＋3～－2	3
测量弦长	10m			—	

①基线长 30m；
②基线长 300m。

表 3-3（a）、（b）中轨距偏差不含曲线上按规定设置的轨距加宽值，但最大轨距（含加宽值和偏差）不得超过 1456mm；扭曲偏差不含曲线超高顺坡造成的扭曲量；轨向偏差不含曲线。

客运专线铁路轨道几何状态局部峰值动态验收管理值 表 3-4（a）

线路设计速度等级		V=160km/h		160km/h<V≤250km/h		250km/h<V≤350km/h	
级别		验收Ⅰ级	验收Ⅱ级	验收Ⅰ级	验收Ⅱ级	验收Ⅰ级	验收Ⅱ级
高低 （mm）	1.5～42m	4	6	4	5	3	5
	1.5～70m	—	—	5	6	—	—
	1.5～120m	—	—	—	—	5	7

线路设计速度等级		$V=160$km/h		160km/h$<V\leqslant$250km/h		250km/h$<V\leqslant$350km/h	
级别		验收 I 级	验收 II 级	验收 I 级	验收 II 级	验收 I 级	验收 II 级
轨向 (mm)	1.5～42m	4	5	4	5	3	4
	1.5～70m	—	—	5	6	—	—
	1.5～120m	—	—	—	—	5	6
轨距 (mm)		+4 −2	+6 −4	+4 −2	+4 −3	+3 −2	+4 −3
轨距变化率 (基长 3m)		1.0‰	1.2‰	0.8‰	1.0‰	0.8‰	1.0‰
水平 (mm)		4	6	4	5	3	5
三角坑 (基长 3m) (mm)		4	5	4	5	3	4
车体垂向加速度 (m/s²)		—	1.0		1.0		1.0
车体横向加速度 (m/s²)		—	0.6		0.6		0.6

客货共线铁路轨道几何状态局部峰值动态验收管理值　　表 3-4 (b)

线路设计速度等级		$V\leqslant$120km/h	120km/h$<V\leqslant$160km/h	160km/h$<V\leqslant$200km/h
高低 (mm)	1.5～42m	8	6	5
	1.5～70m	—	—	6
轨向 (mm)	1.5～42m	8	5	5
	1.5～70m	—	—	6
轨距 (mm)		+8 −6	+6 −4	+4 −3
轨距变化率 (基长 3m)		2.0‰	1.5‰	1.2‰
水平 (mm)		8	6	5
三角坑 (基长 3m) (mm)		8	5	4
车体垂向加速度 (m/s²)		1.0	1.0	1.0
车体横向加速度 (m/s²)		0.6	0.6	0.6

为使机车车辆在线路上两股钢轨间正常运行，机车车辆的轮对宽度应适当小于轨距。当轮对的一个车轮轮缘紧贴一股钢轨的作用边时，另一个车轮轮缘与另一股钢轨作用边之间便形成一定的间隙，这个间隙称为游间，如图 3-10 所示。

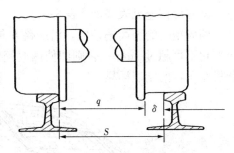

图 3-10　游间示意图

S—轨距，q—轮对宽度，δ—游间

图 3-10 中，$\delta = S - q$，轨距和轮对宽度都规定有容许的最大值和最小值。若轨距最大值为 S_{max}，最小值为 S_{min}，轮对宽度最大值为 q_{max}，最小值为 q_{min}，则

$$游间最大值\ \delta_{max} = S_{max} - q_{min}$$
$$游间最小值\ \delta_{min} = S_{min} - q_{max}$$

我国机车车辆的轮对宽度 q 值见表 3-1，轮轨游间见表 3-5。

轮轨游间 δ 的大小，对列车运行的平稳性和轨道的稳定性有重要的影响。如 δ 增大，则列车运行的蛇行幅度加大，作用于钢轨上的横向力增长，动能损失加大，从而加剧轮轨磨耗和轨道变形，严重时将引起撑道脱线，危及行车安全。如 δ 太小，将增加行车阻力和轮轨磨耗，严重时还可能契住轮对、挤翻钢轨或导致爬轨事件，危及行车安全。

为了提高列车运行的平稳性和线路的稳定性，减少轮轨磨耗和动能损失，确保行车安全，游间 δ 值需限制在一个合理的范围内。根据我国现场测试和养护维修经验，认为减小直线轨距有利。轨距按 1434mm 或 1433mm 控制，尽管轨头有少量侧磨发生，但可延缓达到轨距超限的时间，有利于提高行车平稳性，延长维修周期。随着行车速度的日益提高，目前世界上一些国家正致力于通过试验研究的方法寻求游间 δ 的合理取值。

轮 轨 游 间 表　　　　　　　　　表 3-5

车 轮 名 称	轮轨游间 δ 值（mm）		
	最　大	正　常	最　小
机车轮	45	16	11
车辆轮	47	14	9

3.3.2　水　平

水平是指线路左右两股钢轨顶面的相对高差。在直线地段，两股钢轨顶面应置于同一水平面上，以使两股钢轨受载均匀，保持列车平稳运行。线路静态水平检查用道尺或轨道检查仪测量。线路动态检查轨道"水平"采用轨道检查车测量，其容许偏差见表 3-3 及表 3-4。

两股钢轨的顶面偏差值，沿线路方向的变化率不可太大。在 1m 距离内，这个变化不可超过 1mm，否则即使两股钢轨的水平偏差不超过容许范围，也会引起机车车辆的剧烈摇晃。

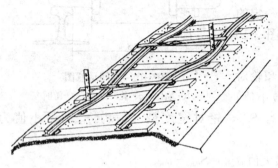

图 3-11   三角坑示意图

实践中有两种性质不同的钢轨水平偏差，对行车的危害程度也不相同。一种偏差称为水平差，这就是在一段规定的距离内，一股钢轨的顶面始终比另一股高，高差值超过容许偏差值。另一种称为三角坑，又称为"扭曲"，如图 3-11 所示，其容许偏差值见表 3-3，其含义是在一段规定的距离内，先是左股钢轨高于右股，后是右股高于左股，高差值超过容许偏差值，而且两个最大水平误差点之间的距离，不足 18m。我国铁路检测三角坑的基准线长（基长）为 3.0m。

在一般情况下，超过容许限值的水平差，只是引起车辆摇晃和两股钢轨的不均匀受力，并导致钢轨不均匀磨耗。但如果在延长不足 18m 的距离内出现水平差超过 4mm 的三角坑，将使同一转向架的四个车轮，只有三个正常压紧钢轨，还有一个形成减载或悬空。如果恰好在这个车轮上出现较大的横向力，就可能使浮起的车轮只能以它的轮缘贴紧钢轨，在最不利的情况下甚至可能爬上钢轨，引起脱轨事故。三角坑对于行车的平稳性和安全性有显著的影响，是轨道几何形位重点控制的指标之一。

3.3.3   轨   向

轨向是指轨道中心线在水平面上的平顺性。经过运营的直线轨道并非直线，而是由许多波长为 10~20m 的曲线所组成，因其曲度很小，故通常不易察觉。若直线轨道不顺直则必然引起列车的横向振动。在行驶快速列车的线路上，轨道方向对行车的平稳性具有特别重要的影响。

在无缝线路地段，若轨向不良，还可能在高温季节引发胀轨跑道事故（轨道发生明显的不规则横向位移），严重威胁行车安全。轨向的容许偏差见表 3-3 及表 3-4。

3.3.4   前 后 高 低

轨道沿线路方向的竖向平顺性称为前后高低。新建或经过大修的轨道，即使其轨面是平顺的，但经过一段时间列车运行后，由于路基状态、道床捣固坚实程度、以及钢轨磨耗的不一致性，将产生不均匀下沉，致使轨面前后高低不平，即在有些地段（往往在钢轨接头附近）下沉较多，出现坑洼，这种不平顺，称为静态不平顺；有些地段，从表面上看，轨面是平顺的，但实际上轨底与铁垫板或轨枕之间存在间隙（间隙超过 2mm 时称为吊板），或轨枕底与道砟之间存在间隙（间隙超过 2mm 时称为空板或暗坑），或轨道基础弹性的不均匀（路基填筑的不均匀、道床弹性的不均匀等），当列车通过时，这些地段的轨道下沉不一致，也会产生不平顺，这种不平顺称为动态不平顺。随着高速铁路的发展，动态不平顺已受到广泛关注。

当车轮通过轨道不平顺地段时，动力效应增加。根据运营经验，连续三个空吊板可以使钢轨受力增加一倍以上。一般说来，长度在 4m 以下的不平顺，将引起机车车辆对轨道产生较大的破坏作用，明显加速道床变形，是养路工作的重点控制对象。

长度在 $100\sim300$mm 范围内的不平顺，主要起因于钢轨波浪形磨耗、焊接接头低塌或轨面擦伤。通过该处的车轮，对轨道形成冲击作用，行车速度愈高，冲击愈大。例如，根据沪宁线混凝土轨枕道床板结地段的一个试验，将钢轨人为地打磨成如图 3-12 所示的不平顺（模拟焊接接头打塌后的形状），列车以 90km/h 的速度通过时，一个动轮产生的冲击力达到 300kN 左右，接近于 3 倍静轮重。因轨道检查车对其难以检测，养路工作中应加强管理。

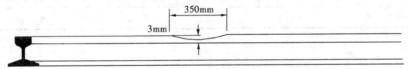

图 3-12　钢轨不平顺

轨道前后高低的容许偏差见表 3-3 及表 3-4。

3.3.5　轨　底　坡

由于车轮踏面与钢轨顶面主要接触部分是 1：20 的斜坡，为与之配合，钢轨应有一个向轨道中心的倾斜度，因此轨底与轨道平面之间应形成一个横向坡度，称之为轨底坡。

钢轨设置轨底坡，可使其轮轨接触集中于轨顶中部，提高钢轨的横向稳定性，减轻轨头不均匀磨耗。分析研究指出，轨头中部塑性变形的积累比之两侧较为缓慢，故设置轨底坡也有利于减小轨头塑性变形，延长使用寿命。

我国铁路轨道采用 1：40 的轨底坡。我国铁路在 1965 年以前，轨底坡曾定为 1：20，但在机车车辆的动力作用下，轨道发生弹性挤开，轨枕产生挠曲和弹性压缩，加之垫板与轨枕不密贴以及道钉扣压力不足等因素，实际轨底坡与原设计轨底坡有较大的出入。运营经验表明，车轮踏面经过一段时间的磨耗后，原有

1∶20的斜面也趋近于1∶40的坡度。故1965年以后，我国铁路轨道的轨底坡确定为1∶40。

曲线地段的外轨设有超高，轨枕处于倾斜状态。当其倾斜到一定程度时，内股钢轨中心线将偏离垂直线而外倾，在车轮荷载作用下有可能推翻钢轨。因此，在曲线地段应视其外轨超高值的不同而加大内轨的轨底坡。调整的范围见表3-6。

应当说明，以上所述轨底坡的大小是钢轨在不受列车荷载作用情况下的理论值。在复杂的列车动荷载作用下，轨道各部件将产生不同程度的弹性和塑性变形，静态条件下设置的1∶40轨底坡在列车动荷载作用下不一定保持1∶40。轨底坡设置是否正确，可根据钢轨顶面上由车轮碾磨形成的光带位置来判定。如光带偏离轨顶中心向内，说明轨底坡不足；如光带偏离轨顶中心向外，说明轨底坡过大；如光带居中，说明轨底坡合适。轨道养护工作中，可根据光带位置调整轨底坡的大小。

内股钢轨轨底坡调整范围   表 3-6

外轨超高 (mm)	轨枕面最大斜度	铁垫板或承轨槽面倾斜度		
		0	1∶20	1∶40
		楔形垫板或枕木砍削的坡度		
0～75	1∶20	1∶20	1∶20	1∶40
80～125	1∶12	1∶12	1∶30	1∶17

3.4　曲线轨道几何形位

3.4.1　曲线轨距加宽

机车车辆进入曲线轨道时，仍然存在保持其原有行驶方向的惯性，只有受到外轨的引导作用方才沿着曲线轨道行驶。在小半径曲线，为使机车车辆顺利通过曲线而不致被楔住或挤开轨道，以减小轮轨间的横向作用力，并减少轮轨磨耗，轨距要适当加宽。轨距加宽的设置方法是将曲线轨道内轨向曲线中心方向移动，曲线外轨的位置则保持与轨道中心半个轨距的距离不变。曲线轨距的加宽值与机车车辆的车架或转向架在曲线上的几何位置有关。

（1）转向架的内接形式

由于轮轨游间的存在，机车车辆的车架或转向架通过曲线轨道时，可以占有不同的几何位置，称为内接形式。随着轨距大小的不同，机车车辆在曲线上可呈现以下四种内接形式：

1）斜接。机车车辆车架或转向架的外侧最前位车轮轮缘与外轨作用边接触，内侧最后位车轮轮缘与内轨作用边接触，如图 3-13（a）所示。

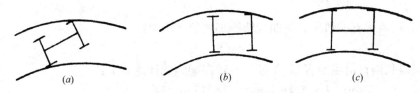

图 3-13　机车车辆通过曲线的内接形式
（a）斜接；（b）自由内接；（c）楔形内接

2）自由内接。机车车辆车架或转向架的外侧最前位车轮轮缘与外轨作用边接触，其他各轮轮缘无接触地在轨道上自由行驶，如图 3-13（b）所示。

3）楔形内接。机车车辆车架或转向架的最前位和最后位外侧车轮轮缘同时与外轨作用边接触，内侧中间车轮的轮缘与内轨作用边接触，如图 3-13（c）所示。

4）正常强制内接。为避免机车车辆以楔形内接形式通过曲线，对楔形内接所需轨距增加 $\delta_{min}/2$，其转向架在曲线上所处位置称为正常强制内接。

（2）曲线轨距加宽的确定原则

如上所述，机车车辆通过曲线的内接形式，随着轮轨游间大小而定。根据运营经验，以自由内接最为有利，但机车车辆的固定轴距长短不一，不能全部满足自由内接通过。为此，确定轨距加宽必须满足如下原则：

1）保证占列车大多数的车辆能以自由内接形式通过曲线；

2）保证固定轴距较长的机车通过曲线时，不出现楔形内接，但允许以正常强制内接形式通过；

3）保证车轮不掉道，即最大轨距不超过容许限度。

（3）根据车辆条件确定轨距加宽

我国绝大部分的车辆转向架是两轴转向架。当两轴转向架以自由内接形式通过曲线时，前轴外轮轮缘与外轨的作用边接触，后轴占据曲线垂直半径的位置，如图 3-14 所示。自由内接形式所需最小轨距为：

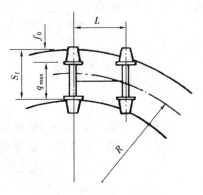

图 3-14　转向架自由内接

$$S_f = q_{max} + f_0 \qquad (3-2)$$

式中　S_f——自由内接所需轨距；

　　　q_{max}——最大轮对宽度；

　　　f_0——外矢距，其值近似计为 $f_0 = \dfrac{L^2}{2R}$；

L——转向架固定轴距；

R——曲线半径。

以 S_0 表示直线轨距，则曲线轨距加宽值 e 应为：

$$e = S_f - S_0$$

现以我国目前主型客车"202"型转向架为例计算如下：

设 $R = 350\text{m}$，$L = 2.4\text{m}$，$q_{max} = 1424\text{mm}$，则

$$f_0 = \frac{L^2}{2R} = \frac{(2.4 \times 1000)^2}{2 \times 350 \times 1000} = 8.2\text{mm}$$

$$S_f = q_{max} + f_0 = 1424 + 8 = 1432\text{mm}$$

由以上计算可见，曲线半径 350m 及以上的曲线，轨距无需加宽。

（4）根据机车条件检算轨距加宽

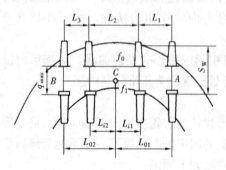

图 3-15 曲线轨距加宽计算图

在行驶的列车中，机车数量比车辆少得多，因此允许机车按较自由内接所需轨距为小的"正常强制内接"通过曲线。

图 3-15 所示为车轴没有横动量的四轴机车车架在轨道中处于楔形内接状态。

车架处于楔形内接时的轨距 S_w 应为：

$$S_w = q_{max} + f_0 - f_i \tag{3-3}$$

式中 q_{max}——最大轮对宽度；

f_0——前后两端车轴的外轮在外轨处所形成的矢距，其值为：

$$f_0 = \frac{L_{01}^2}{2R}$$

$$L_{01} = \frac{L_1 + L_2 + L_3}{2}$$

L_1——第一轴至第二轴距离，

L_2——第二轴至第三轴距离，

L_3——第三轴至第四轴距离，

f_1——中间两个车轴的内轮在内轨处形成的矢距，其值为：

$$f_1 = \frac{L_{i1}^2}{2R}$$

L_{i1}——第二轴至与车架纵轴垂直的曲线半径之间的距离，可由下式计算：

$$L_{i1} = L_{01} - L_1$$

当机车处于正常强制内接时，正常强制内接轨距 S'_w 为：

$$S'_w = S_w + \frac{1}{2}\delta_{min} = q_{max} + f_0 - f_i + \frac{1}{2}\delta_{min} \tag{3-4}$$

式中　δ_{min}——直线轨道的最小游间。

（5）曲线轨道的最大允许轨距

曲线轨道的最大轨距，应切实保障行车安全，不使其掉道。计算曲线轨道最大允许轨距的极限状态是，当轮对的一个车轮轮缘紧贴一股钢轨时，另一个车轮的踏面的变坡点与钢轨顶部的小圆弧（半径 r）接触，如图 3-16 所示，图中诸符号说明如下：

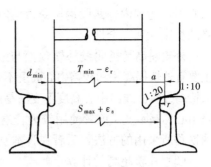

图 3-16　曲线轨道最大允许轨距

d_{min}——车辆车轮最小轮缘厚度，其值为 22mm；

T_{min}——车轮最小轮背内侧距离，其值为 1350mm；

ε_r——车辆车轴弯曲时轮背内侧距离缩小量，其值为 2mm；

a——轮背至轮踏面斜度变坡点的距离，取 100mm；

r——钢轨顶面圆角宽度，取 12mm；

ε_s——钢轨弹性挤开量，取 2mm。

曲线轨道容许最大轨距 S_{max} 由下式计算：

$$S_{max}=d_{min}+T_{min}-\varepsilon_r+a-r-\varepsilon_s \tag{3-5}$$

将上述采用的数值代入得：

$$S_{max}=22+1350-2+100-12-2=1456mm$$

因轨距的容许偏差不得超过 6mm，所以曲线轨道最大容许轨距应为 1450mm，即最大允许加宽 15mm。

我国《铁路技术管理规程》规定的曲线轨距加宽见表 3-7。曲线轨距加宽递减率一般不得大于 1‰，特殊条件下不得大于 2‰。

曲线地段轨距加宽值（mm）　　　　　　　　　　　　表 3-7

曲线半径（m）	轨距加宽值	轨距
$R\geqslant295$	0	1435
$295>R\geqslant245$	5	1440
$245>R\geqslant195$	10	1445
$R<195$	15	1450

3.4.2　曲线轨道外轨超高

（1）外轨超高的作用及其设置方法

机车车辆在曲线上行驶时，由于惯性离心力作用，将机车车辆推向外股钢轨，一方面加大了对外股钢轨的压力，另一方面使旅客感觉不适。因此需要把曲线外轨适当抬高，使机车车辆的自身重力产生一个向心的水平分力，以抵消惯性离心力，达到内外两股钢轨受力均匀和垂直磨耗均等，满足旅客舒适感，提高线路的稳定性和安全性。

外轨超高是指曲线外轨顶面与内轨顶面水平高度之差。在设置外轨超高时，主要有外轨提高法和线路中心高度不变法两种。外轨提高法是保持内轨标高不变而只抬高外轨。线路中心高度不变法是内外轨分别各降低和抬高超高值一半而保证线路中心标高不变。前者使用较为普遍，也是我国铁路所采用的方法，后者在日本铁路采用。

（2）外轨超高的计算

当抬高外轨使车体倾斜时，轨道对车辆的反力和车体重力形成向心力，如图 3-17 所示。为简化计算，将车体视为一个平面，其重心位于 O 点。

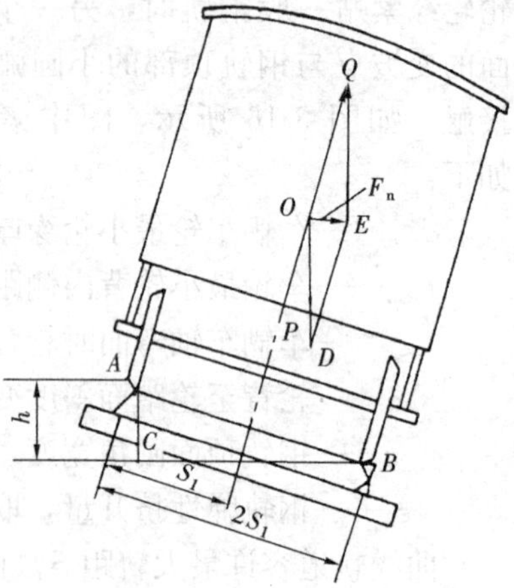

由图 3-17 可见，有 $\triangle ABC \sim \triangle EDO$，则

$$\frac{OE}{OD} = \frac{AC}{CB}$$

由于超高很小，从工程实用的角度出发，可取 $CB \approx AB = S_1$，则

$$\frac{F_n}{P} = \frac{h}{S_1} \tag{3-6}$$

而车体作曲线运动产生的离心力为：

$$J = \frac{Pv^2}{gR} \tag{3-7}$$

图 3-17 曲线外轨超高计算图
P—车体的重力；Q—轨道反力；F_n—向心力；S_1—两轨头中心线距离；h—所需的外轨超高

式中　g——重力加速度（m/s²）；

v——行车速度，单位取为"m/s"时用 v，取为"km/h"时用 V；

R——曲线半径（m）。

为使外轨超高与行车速度相适应，保证内外两股钢轨受力相等，必须使 $F_n = J$，于是由式（3-6）和式（3-7）得：

$$h = \frac{S_1 v^2}{gR} \tag{3-8}$$

取 $S_1 = 1.5\text{m}$，$g = 9.8\text{m/s}^2$，并注意 $v = V/3.6$，代入上式得：

$$h = 11.8 \frac{V^2}{R} \tag{3-9}$$

实际上，通过曲线的各次列车，其速度不可能是相同的。因此，式（3-9）中的列车速度 V 应当采用各次列车的平均速度 V_P，即

$$h = 11.8 \frac{V_P^2}{R} \tag{3-10}$$

超高设置是否合适，在很大程度上取决于平均速度选用是否恰当。平均速度

V_P 的计算有如下两种方法。

1）全面考虑每一次列车的速度和重量来计算 V_P。

为了反映不同行驶速度和不同总重的列车对于外轨超高的不同要求，均衡内外轨的垂直磨耗，平均速度 V_P 应取每昼夜通过该曲线列车牵引总重的加权平均速度，即

$$V_P = \sqrt{\frac{\sum N_i Q_i V_i^2}{\sum N_i Q_i}} \quad (3-11)$$

式中　N_i——一昼夜各类列车次数（列/d）；

　　　Q_i——各类列车总重（t）；

　　　V_i——实测各类列车速度（km/h）。

式（3-11）中列车总重 Q_i 对 V_P 影响较大，由此计算所得的平均速度适用于客货共线铁路，因此《铁路线路维修规则》规定，在确定曲线外轨超高时，平均速度按式（3-11）计算。

还应指出：超高公式（3-10）是将车辆视为一个平面而导出的，与实际列车受力状况存在差异。在现场使用时，按计算值设置超高以后，还应视轨道稳定以及钢轨磨耗等状况适当调整。

2）在新线设计与施工时，采用的平均速度 V_P 由下式确定：

$$V_P = 0.8 V_{max} \quad (3-12)$$

代入式（3-10）得：

$$h = 7.6 \frac{V_{max}^2}{R} \quad (3-13)$$

式中　V_{max}——线路设计行车速度（km/h）；

　　　R——曲线半径（m）。

运营一段时间后，平均速度 V_P 可根据实际运营状态予以调整。

（3）未被平衡的外轨超高

当列车以任意速度通过曲线时，离心力为：

$$J = \frac{P v^2}{gR} \quad (3-14)$$

当 $v = v_p$ 时，$J = \frac{P v_p^2}{gR}$，J 刚好与设置超高 h 后所形成的向心力 $F_n = P \frac{h}{S_1}$ 相等。此时两股钢轨承受相同的荷载，旅客也没有不舒适感觉。

当 $v > v_p$ 时，离心力 J 大于设置超高 h 后所形成的向心力 $F_n = P \frac{h}{S_1}$，说明超高不足（此差值称为欠超高），从而导致外轨承受偏载，同时也因离心力未被平衡而使旅客感觉不舒适。

当 $v < v_p$ 时，离心力 J 小于设置超高 h 后所形成的向心力 $F_n = P \frac{h}{S_1}$，说明

超高过大（此差值称为过超高，亦称余超高），从而导致内轨承受偏载和旅客不适。

欠超高和过超高统称为未被平衡超高。未被平衡超高使内轨或外轨产生偏载，引起内外轨不均匀磨耗，并影响旅客的舒适度。此外，过大的未被平衡超高还可能导致列车倾覆，因此必须对未被平衡超高加以限制。

对实设曲线来说，超高 h 是定值。当列车以 v_{max}（或 v_{min}）通过时，将产生最大的欠超高 h_{Qmax}（或过超高 h_{Gmax}），其值与未被平衡的离心加速度最大值 α_{max} 有下列关系：

$$h_{Qmax} = h - \frac{S_1 v_{max}^2}{gR} = \frac{S_1 v_p^2}{gR} - \frac{S_1 v_{max}^2}{gR}$$

$$= \frac{S_1}{g}(a_p - a_{max}) = \frac{S_1}{g}(-a_{max}) = -153 a_{max} \tag{3-15}$$

式中，右边的负号表示欠超高。同理可得最大的过超高为：

$$h_{Gmax} = \frac{S_1}{g}(a_p - a_{min}) = \frac{S_1}{g}\alpha'_{max} = 153\alpha'_{max} \tag{3-16}$$

式中　$h_{Qmax}(h_{Gmax})$——最大欠（过）超高（mm）；

a_{max}——最大离心加速度（m/s²）；

a_{min}——最小离心加速度（m/s²）；

a_p——以平均速度通过曲线时的平均离心加速度（m/s²）；

α_{max}、α'_{max}——最大未被平衡的离心加速度和向心加速度（m/s²）。

试验研究表明：

1）$\alpha_{max} < 0.40 \text{m/s}^2$，多数旅客对未被平衡的离心加速度无感觉；

2）$\alpha_{max} = 0.50 \text{m/s}^2$，多数旅客有感觉，但能适应；

3）$\alpha_{max} = 0.60 \text{m/s}^2$，感觉有横向力，但比较容易克服；

4）$\alpha_{max} = 0.73 \text{m/s}^2$，其作用次数不频繁时一般旅客能承受；

5）$\alpha_{max} = 0.87 \text{m/s}^2$，感觉有较大横向力，需有意识保持平衡，行走有困难；

6）$\alpha_{max} = 1.00 \text{m/s}^2$，感觉有很大横向力，站立不稳，不能行走。

我国铁路轨道设计规范规定曲线欠超高及过超高的允许值见表 3-8。

曲线欠超高及过超高限值（mm）　　　　　　表 3-8

设计速度（km/h）	欠超高		过超高		
	一般	较差	一般	较差	困难
$V > 200$	60	90	60	90	—
$160 < V \leqslant 200$	70	90	40	60	—
$120 < V \leqslant 160$	70	90	30	50	110
$V \leqslant 120$	75	90	30	50	110

（4）外轨最大超高的允许值

低速列车行驶于超高很大的曲线轨道时，存在倾覆的危险性。为了保证行车安全，必须限制外轨超高的最大值。以下叙述该值的确定方法。

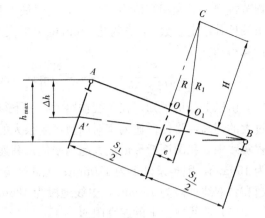

设曲线外轨最大超高值为 h_{max}，与之相适应的行车速度为 v，产生的惯性离心力为 J，车辆的重力为 G，J 与 G 的合力为 R，它通过轨道中心点 O，如图 3-18 所示。当某一车辆以 $v_1 < v$ 的速度通过该

图 3-18 外轨最大超高分析图

曲线时，相应的离心力为 J_1，J_1 与 G 的合力为 R_1，其与轨面连线的交点为 O_1，偏离轨道中心距离为 e，随着 e 值的增大，车辆在曲线运行的稳定性降低，其稳定程度可采用稳定系数 n 表示。

令
$$n = \frac{S_1}{2e} \tag{3-17}$$

当 $n=1$，即 $e=\dfrac{S_1}{2}$ 时，R_1 指向内轨断面中心线，属于临界状态；

当 $n<1$，即 $e>\dfrac{S_1}{2}$ 时，车辆丧失稳定而倾覆；

当 $n>1$，即 $e<\dfrac{S_1}{2}$ 时，车辆处于稳定状态。n 值愈大，稳定性愈好。

由以上分析可知，e 值与未被平衡超高 Δh 存在一定的关系，由图 3-18 可知超高三角形 $\triangle BAA'$ 与力三角形 $\triangle COO'$ 有以下近似关系：

$$\frac{OO_1}{OC} = \frac{AA'}{S_1}$$

设车辆重心至轨面的高度为 H，则上式可变换为：

$$e = \frac{H}{S_1} \Delta h \tag{3-18}$$

式中　e——合力偏心距；

　　　H——车体重心至轨顶面高，货车为 2220mm，客车为 2057.5mm；

　　　Δh——未被平衡超高值；

　　　S_1——两轨头中心线距离。

将式（3-18）代入式（3-17），得

$$n = \frac{S_1^2}{2H \cdot \Delta h} \tag{3-19}$$

根据我国铁路运营经验，为保证行车安全，n 值不应小于 3。我国铁路设计规范规定，最大超高值为 150mm，若以最不利情况（曲线上停车，即速度 $v=0$）来校核其稳定系数 n，并考虑 4mm 的水平误差在内，即过超高 $\Delta h=154$mm，可计算得到：

$$e=\frac{S_1^2}{2H \cdot \Delta h}=\frac{1.5^2}{2 \times 2.2 \times 0.154}=3.3 \ (\text{大于 } 3, \text{满足要求})$$

由以上分析可知，在单线铁路上，上下行列车速度相差悬殊的地段，如设置过大的超高，将使低速列车对内轨产生很大的偏压并降低稳定系数。在长期的工程实践中，我国逐渐形成最大超高限值。高速铁路最大超高：有砟轨道地段一般为 150mm，困难条件下为 170mm；无砟轨道地段为 175mm。客货共线铁路最大超高：双线地段为 150mm，单线地段为 125mm。

（5）曲线轨道上的超高限速

在既定设置的超高条件下，通过该曲线的列车最高速度必定受到未被平衡容许超高的限制，其容许最高行车速度 $V_{\max}$ 为：

$$V_{\max}=\sqrt{\frac{(h+h_{QY})R}{11.8}} \tag{3-20}$$

式中　h——按平均速度 V_p 设置的超高（mm）；

　　　h_{QY}——未被平衡的容许欠超高（mm）；

　　　R——曲线半径（m）。

同理，通过该曲线的容许最低行车速度 $V_{\min}$ 为：

$$V_{\min}=\sqrt{\frac{(h-h_{GY})R}{11.8}} \tag{3-21}$$

式中　h_{GY}——未被平衡的容许过超高，其余符号同前。

当曲线半径较小时，按最大超高值 150mm 计算，曲线上的超高限速与曲线半径的关系如下：

$$h_{QY}=75\text{mm 时，} V_{\max}=\sqrt{\frac{(150+75)R}{11.8}}=4.3\sqrt{R};$$

$$h_{QY}=90\text{mm 时，} V_{\max}=\sqrt{\frac{(150+90)R}{11.8}}=4.5\sqrt{R}。$$

故一般情况下，曲线上的超高限速按下式计算：

$$V_{\max}=4.3\sqrt{R} \tag{3-22a}$$

当最大超高值为 125mm 时，未被平衡超高 Δh 按特殊情况采用 90mm，最大行车速度为：

$$V_{\max}=4.25\sqrt{R} \tag{3-22b}$$

3.4.3　缓　和　曲　线

（1）缓和曲线的作用及其几何特征

行驶于曲线轨道的机车车辆, 出现一些与直线运行显著不同的受力特征。如曲线运行的离心力, 外轨超高不连续形成的冲击力等。为使上述诸力不致突然产生和消失, 以保持列车曲线运行的平稳性, 需要在直线与圆曲线轨道之间设置一段曲率半径和外轨超高均逐渐变化的曲线, 称为缓和曲线。当缓和曲线连接设有轨距加宽的圆曲线时, 缓和曲线的轨距是呈线性变化的。概括起来, 缓和曲线具有以下几何特征:

1) 缓和曲线连接直线和半径为 R 的圆曲线, 其曲率由零至 $1/R$ 逐渐变化。

2) 缓和曲线的外轨超高, 由直线上的零值逐渐增至圆曲线的超高值, 与圆曲线超高相连接。

3) 缓和曲线连接半径小于 350m 的圆曲线时, 在整个缓和曲线长度内, 轨距加宽呈线性递增, 由零至圆曲线加宽值。

因此, 缓和曲线是一条曲率和超高均逐渐变化的空间曲线。

(2) 缓和曲线的几何形位条件

如图 3-19 所示的一段缓和曲线, 其始点与终点用 ZH 与 HY 表示, 曲率半径为 ρ。根据如图所示的直角坐标系, 缓和曲线的线形应满足以下条件:

1) 为保持连接点的几何连续性, 缓和曲线在平面上的形状应当是: 在始点处, 横坐标 $x=0$, 纵坐标 $y=0$, 倾角 $\varphi=0$; 在终点处, 横坐标 $x=x_0$, 纵坐标 $y=y_0$, 倾角 $\varphi=\varphi_0$。

2) 一旦列车进入缓和曲线, 车体将受到

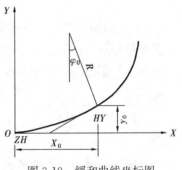

图 3-19 缓和曲线坐标图

离心力 $J=m\dfrac{v^2}{\rho}$ 的作用。为保持列车运行的平稳性, 应使离心力不突然产生和消失, 即在缓和曲线始点处, $J=0$, 或 $\rho=\infty$; 在缓和曲线终点处, $J=m\dfrac{v^2}{R}$。

3) 缓和曲线上任何一点的曲率应与外轨超高相配合。外轨超高顺坡的形状有两种形式: 一种形式是直线形, 如图 3-20 (a) 所示; 另一种形式是曲线形, 如图 3-20 (b) 所示。

列车通过直线顺坡的缓和曲线始点和终点时, 因其外轨超高顺坡成折角变化, 对外轨都有冲击作用。为保持列车运行的平稳性, 必须取用相对平缓的超高顺坡。直线形顺坡的缓和曲线的曲率 k, 在始点处为 $1/\rho=0$, 终点处为 $1/\rho=1/R$, 在缓和曲线范围内呈线性变化, 如图 3-21 所示。

高速行车的线路, 为了消除列车对外轨的冲击作用, 宜采用曲线形超高顺坡。其几何特征是缓和曲线始点及终点处的超高顺坡倾角 $\gamma=0$, 即在始点和终点处应有:

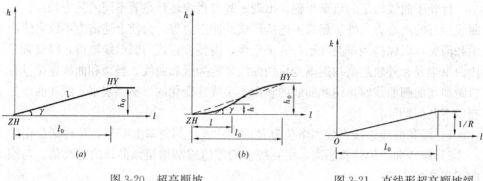

图 3-20   超高顺坡

图 3-21   直线形超高顺坡缓
和曲线的曲率

$$\tan\gamma = \frac{\mathrm{d}h}{\mathrm{d}l} = 0$$

式中 h——外轨超高, 其值为:

$$h = \frac{S_1 v_{\mathrm{p}}^2}{g\rho}$$

l——曲线上任何一点至缓和曲线起点的曲线距离;

其余符号意义同前。

对某一特定曲线, 平均速度 v_{p} 可视为常数。

令
$$\frac{S_1}{g} v_{\mathrm{p}}^2 = E \text{（常数）}$$

则
$$h = E\frac{1}{\rho} = Ek$$

可见缓和曲线上各点的超高为曲率 k 的线性函数。因此, 在缓和曲线始、终点处应有:

$$\frac{\mathrm{d}h}{\mathrm{d}l} = 0 \quad \text{或} \frac{\mathrm{d}k}{\mathrm{d}l} = 0$$

在缓和曲线范围内, $\frac{\mathrm{d}k}{\mathrm{d}l}$ 应保持连续变化。

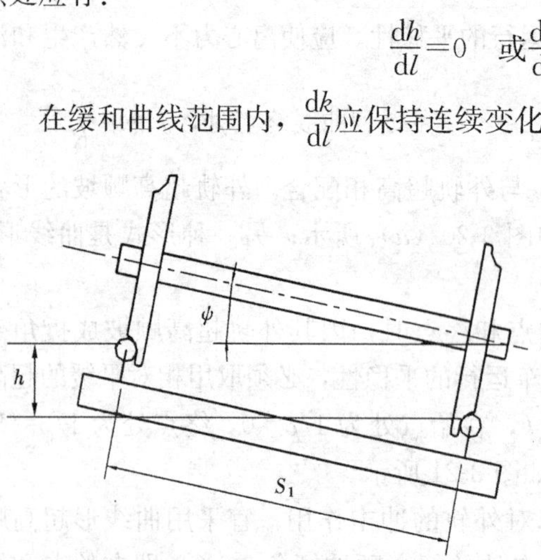

4) 列车在缓和曲线上运行时, 其车轴与水平线的倾斜角 ψ 不断变化, 导致车体发生侧滚运动。为使车体倾转的作用力不致突然发生和消失, 在缓和曲线始、终点应使倾转的角加速度为零, 即 $\frac{\mathrm{d}^2\psi}{\mathrm{d}t^2} = 0$。在缓和曲线范围内 $\frac{\mathrm{d}^2\psi}{\mathrm{d}t^2}$ 应保持连续。

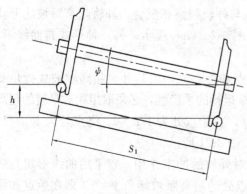

图 3-22   车轴与水平面倾斜角

由图 3-22 可见, $\psi \approx \sin\psi = \frac{h}{S_1}$

式中 $h = Ek$

由此得
$$\frac{\mathrm{d}^2\psi}{\mathrm{d}t^2} = \frac{E}{S_1}\frac{\mathrm{d}^2k}{\mathrm{d}t^2}$$

因
$$v = \frac{\mathrm{d}l}{\mathrm{d}t}$$

故
$$\frac{\mathrm{d}^2\psi}{\mathrm{d}t^2} = \frac{E}{S_1}\cdot\frac{\mathrm{d}^2k}{\mathrm{d}t^2} = \frac{E}{S_1}\cdot\frac{\mathrm{d}^2k}{\mathrm{d}l^2}\cdot\left(\frac{\mathrm{d}l}{\mathrm{d}t}\right)^2 = \frac{Ev^2}{S_1}\cdot\frac{\mathrm{d}^2k}{\mathrm{d}l^2}$$

为满足缓和曲线始、终点 $\frac{\mathrm{d}^2\psi}{\mathrm{d}t^2}=0$，应有 $\frac{\mathrm{d}^2k}{\mathrm{d}l^2}=0$。在缓和曲线范围内，$\frac{\mathrm{d}^2k}{\mathrm{d}l^2}$ 应保持连续。

综上所述，缓和曲线的线形条件，可归纳如表 3-9。

缓和曲线线形条件表 表 3-9

顺序	符号	始点 (ZH) $l=0$	终点 (HY) $l=l_0$	ZH ~ HY 之间
1	y	0	y_0	
2	φ	0	φ_0	
3	k	0	$\frac{1}{R}$	连续
4	$\frac{\mathrm{d}k}{\mathrm{d}l}$	0	0	
5	$\frac{\mathrm{d}^2k}{\mathrm{d}l^2}$	0	0	

可以看出，表中前两项是基本的几何形位要求，而后三项则是由行车平稳性的力学条件所推导的几何形位要求。在行车速度不高的线路上，满足前三项要求的缓和曲线尚能适应列车运行的要求；而在速度较高的线路上，缓和曲线的几何形位就必须考虑后两项要求。

（3）常用缓和曲线

满足表 3-9 中前三项要求的缓和曲线，是目前世界铁路上最常用的缓和曲线，也称为常用缓和曲线。

常用缓和曲线的外轨超高顺坡为直线顺坡，其基本方程必须满足的条件为：

当 $l=0$ 时，$k=0$；当 $l=l_0$ 时，$k=\frac{1}{R}$。R 是圆曲线半径。

由超高与曲率的线性关系可知，满足这些条件的基本方程应为：

$$k = k_0\frac{l}{l_0} \qquad (3\text{-}23)$$

式中　k ——缓和曲线上任意一点的曲率，等于曲率半径 ρ 的倒数 $\frac{1}{\rho}$；

　　　l ——缓和曲线上某一点至 ZH 点（或 HY 点）的曲线长度；

　　　k_0 ——缓和曲线 HY 点（或 YH 点）的曲率，等于 $\frac{1}{R}$；

l_0 ——一端缓和曲线总长度。

由式（3-23）可见，缓和曲线长度 l 与其曲率 k 成正比。符合这一条件的曲线称为放射螺旋线。

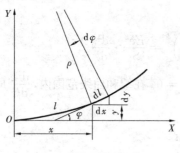

图 3-23　缓和曲线计算图

由图 3-23 可见：

$$\mathrm{d}\varphi = \frac{\mathrm{d}l}{\rho} = \frac{l}{Rl_0}\mathrm{d}l$$

缓和曲线的偏角 φ 为：

$$\varphi = \int_0^l \mathrm{d}\varphi = \int_0^l \frac{l}{Rl_0}\mathrm{d}l$$

$$= \frac{l^2}{2Rl_0} = \frac{l^2}{2C} \tag{3-24}$$

式中　$C = Rl_0$

在缓和曲线终点处，$l = l_0$，缓和曲线偏角为：

$$\varphi_0 = \frac{l_0^2}{2Rl_0} = \frac{l_0}{2R} \tag{3-25}$$

因为　　　　　　　　　　$\mathrm{d}x = \mathrm{d}l\cos\varphi;\ \mathrm{d}y = \mathrm{d}l\sin\varphi$

由式（3-24）可见，在缓和曲线长度范围内，偏角 φ 数值很小，可取近似值：

$$\sin\varphi \approx \varphi$$

$$\cos\varphi = 1 - 2\sin^2\frac{\varphi}{2} \approx 1 - 2\left(\frac{\varphi}{2}\right)^2 = 1 - \frac{\varphi^2}{2}$$

于是可得：

$$\mathrm{d}x = \left(1 - \frac{\varphi^2}{2}\right)\mathrm{d}l = \left(1 - \frac{l^4}{8C^2}\right)\mathrm{d}l$$

$$\mathrm{d}y = \varphi\mathrm{d}l = \frac{l^2}{2C}\mathrm{d}l$$

积分上两式得：

$$x = \int_0^l \left(1 - \frac{l^4}{8C^2}\right)\mathrm{d}l = l - \frac{l^5}{40C^2} \tag{3-26}$$

$$y = \int_0^l \frac{l^2}{2C}\mathrm{d}l = \frac{l^3}{6C} \tag{3-27}$$

这就是放射螺旋线的近似参变数方程式，是我国铁路常用的缓和曲线方程式。如消去上两式中的参变数 l，则得：

$$y = \frac{x^3}{6C}\left(1 + \frac{3x^4}{40C^2} + \cdots\right) \tag{3-28}$$

这就是放射螺旋线的近似直角坐标方程式。必须指出，在曲线半径较小的铁路上，采用第一项作为近似式尚存在较大偏差。

（4）高次缓和曲线

满足表3-9中前四项或全部五项要求的缓和曲线通称为高次缓和曲线。高次缓和曲线的特征是其外轨超高顺坡为曲线形顺坡，具有较优越的性能，适应于高速行车的需要。

其缓和曲线方程的推导方法，可先确定一个符合 $\dfrac{dk}{dl}$ 或 $\dfrac{d^2k}{dl^2}$ 条件的基本方程，再逐步推导，最后得出所需求的缓和曲线方程式。

表3-10及表3-11列出了几种高次缓和曲线及其性能特征。

高次缓和曲线方程式　　　　　　　　　　　表 3-10

缓和曲线	基本方程	方程式
三次方曲线	$k = \dfrac{l}{Rl_0}$	$y = \dfrac{l^3}{6Rl_0}$
五次方曲线	$\dfrac{d^2k}{dl^2} = \dfrac{6}{Rl_0^2}\left(1 + \dfrac{2l}{l_0}\right)$	$y = \dfrac{l_0^2}{2R}\left[\dfrac{1}{2}\left(\dfrac{l}{l_0}\right)^4 - \dfrac{1}{5}\left(\dfrac{l}{l_0}\right)^5\right]$
*赵氏七次式	$\dfrac{d^2k}{dl^2} = \dfrac{120}{Rl_0^5}l\left(l - \dfrac{l_0}{2}\right)(l - l_0)$	$y = \dfrac{l_0^2}{R}\left[\dfrac{1}{7}\left(\dfrac{l}{l_0}\right)^7 - \dfrac{1}{2}\left(\dfrac{l}{l_0}\right)^6 + \dfrac{1}{2}\left(\dfrac{l}{l_0}\right)^5\right]$
七次四项式	$\dfrac{d^2k}{dl^2} = \dfrac{10}{Rl_0^2}\left[1 - 6\left(\dfrac{l}{l_0}\right) + 12\left(\dfrac{l}{l_0}\right)^2 - 8\left(\dfrac{l}{l_0}\right)^3\right]$	$y = \dfrac{l_0^2}{84R}\left[35\left(\dfrac{l}{l_0}\right)^4 - 42\left(\dfrac{l}{l_0}\right)^5 + 28\left(\dfrac{l}{l_0}\right)^6 - 8\left(\dfrac{l}{l_0}\right)^7\right]$
拟九次式	$\dfrac{d^2k}{dl^2} = \dfrac{1120}{Rl_0^7}l\left(l - \dfrac{l_0}{2}\right)^3(l - l_0)$	$y = \dfrac{l_0^2}{3R}\left[\dfrac{10}{9}\left(\dfrac{l}{l_0}\right)^9 - 5\left(\dfrac{l}{l_0}\right)^8 + 9\left(\dfrac{l}{l_0}\right)^7 - \dfrac{49}{6}\left(\dfrac{l}{l_0}\right)^6 + \dfrac{7}{2}\left(\dfrac{l}{l_0}\right)^5\right]$
沙氏正弦形	$\dfrac{d^2k}{dl^2} = \dfrac{2\pi}{Rl_0^2}\sin 2\pi\dfrac{l}{l_0}$	$y = \dfrac{l_0^2}{R}\left[\dfrac{1}{6}\left(\dfrac{l}{l_0}\right)^3 - \dfrac{1}{4\pi^2}\left(\dfrac{l}{l_0}\right) + \dfrac{1}{8\pi^3}\sin\dfrac{2\pi l}{l_0}\right]$
半波正弦形	$\dfrac{dk}{dl} = \dfrac{\pi}{2Rl_0}\sin\pi\dfrac{l}{l_0}$	$y = \dfrac{l_0^2}{6R}\left[\dfrac{3}{2}\left(\dfrac{l}{l_0}\right)^2 + \dfrac{3}{\pi^2}\left(\cos\dfrac{\pi l}{l_0} - 1\right)\right]$

* 赵氏七次式是原长沙铁道学院赵方民教授于 1957 年提出。

高次缓和曲线性能特征 表 3-11

线型	内移量 p	内移量相同时缓和曲线长度的比较	内移量相同时缓和曲线超高递升率 f 的增加倍数	超高递升率 f 相同时缓和曲线长度比值	缓和曲线始终点 $\dfrac{dk}{dl}$ 或 $\dfrac{d^2k}{dl^2}$ 的情况
三次方曲线	$1.000\,\dfrac{l_0^2}{24R}$	$1.000\,l_0$	$1.000\,f$	$1.000\,l_0$	$\dfrac{dk}{dl}\neq 0,\ \dfrac{d^2k}{dl^2}\neq 0$
五次方曲线	$0.600\,\dfrac{l_0^2}{24R}$	$1.291\,l_0$	$1.162\,f$	$1.500\,l_0$	$\dfrac{dk}{dl}=0$
赵氏七次式	$0.428\,\dfrac{l_0^2}{24R}$	$1.529\,l_0$	$1.226\,f$	$1.875\,l_0$	$\dfrac{dk}{dl}=0,\ \dfrac{d^2k}{dl^2}=0$
七次四项式	$0.714\,\dfrac{l_0^2}{24R}$	$1.180\,l_0$	$1.059\,f$	$1.250\,l_0$	$\dfrac{dk}{dl}=0$
拟九次式	$0.555\,\dfrac{l_0^2}{24R}$	$1.342\,l_0$	$1.087\,f$	$1.458\,l_0$	$\dfrac{dk}{dl}=0,\ \dfrac{d^2k}{dl^2}=0$
沙氏正弦形	$0.392\,\dfrac{l_0^2}{24R}$	$1.597\,l_0$	$1.252\,f$	$2.000\,l_0$	$\dfrac{dk}{dl}=0,\ \dfrac{d^2k}{dl^2}=0$
半波正弦形	$0.568\,\dfrac{l_0^2}{24R}$	$1.327\,l_0$	$1.184\,f$	$1.571\,l_0$	$\dfrac{dk}{dl}=0$

注：1. 表中各比值是以三次抛物线作为比较标准；

2. 曲线超高递升率 $f=\max\dfrac{dh}{dl}$。

(5) 缓和曲线的长度

缓和曲线长度是铁路线路平面设计的主要参数之一。为保证列车运行的安全和旅客乘坐舒适度的要求，缓和曲线应有足够的长度，但过长的缓和曲线长度又将制约平面选线和纵断面变坡点设置的灵活性，增大工程投资。因此，应合理确定缓和曲线的长度。

缓和曲线长度的计算，取决于超高顺坡率允许值、未被平衡的横向加速度时变率允许值（欠超高时变率允许值）、车体倾斜角度允许值（超高时变率允许值）等相关参数的取值，并可概括为下列三项指标。

1) 由脱轨安全性要求计算的缓和曲线长度

机车车辆行驶在缓和曲线上，若不计轨道弹性和车辆弹簧作用，则转向架一端的两轮贴着钢轨顶面；另一端的两轮，在外轨上的车轮贴着钢轨顶面，而在内轨上的车轮是悬空的，如图 3-24 所示。为保证行车安全，应使车轮轮缘不爬越内轨顶面。设外轨超高顺坡坡度为 i_0，最大固定轴距为 L_{max}，则车轮离开内轨顶面的高度为 $i_0 L_{max}$。当悬空高度大于轮缘最小高度 f_{min} 时，车轮就有脱轨的危险。因此，必须保证：

$$i_0 L_{max} \leqslant f_{min}$$

$$i_0 \leqslant \frac{f_{min}}{L_{max}} \tag{3-29}$$

式中　i_0 ——外轨超高顺坡坡度。

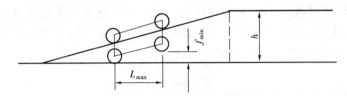

图 3-24　转向架上四个车轮在轨道上可能形成的三点支承

缓和曲线长度 l_0 应满足：

$$l_0 \geqslant \frac{h}{i_0} \tag{3-30}$$

式中　h ——圆曲线设计超高。

铁路轨道设计规范规定：新建铁路外轨超高应在缓和曲线全长范围内递减顺接。改建铁路在困难条件下，反向曲线超高坡度可延伸至圆曲线上，但圆曲线始终点的未被平衡超高，不得超过表 3-7 中的规定。改建铁路递减率顺坡可延伸至直线上或在直线上顺坡；设计速度大于 120km/h 的轨道，递减率不应大于 $\frac{1}{10v_{max}}$；困难条件下不应大于 $\frac{1}{8v_{max}}$；其他轨道不应大于 $\frac{1}{9v_{max}}$。困难条件下不应大于 $\frac{1}{7v_{max}}$，当 $\frac{1}{7v_{max}}$ 大于 2‰时，按 2‰设置。

2) 乘坐舒适度允许的未被平衡横向加速度时变率（即欠超高时变率限值）要求的缓和曲线长度为：

$$l_0 \geqslant \frac{v_{max}}{3.6} \cdot \frac{h_q}{[\beta]} \tag{3-31}$$

式中　v_{max} ——设计最高速度（km/h）；

$[\beta]$ ——欠超高时变率限值（mm/s），一般条件下取 23mm/s，困难条件下取 38mm/s；

h_q ——圆曲线设计欠超高（mm）。

3) 乘坐舒适度允许的车体倾斜角速度（即超高时变率限值）要求的缓和曲线长度为：

$$l_0 \geqslant \frac{v_{max}}{3.6} \cdot \frac{h}{[f]} \tag{3-32}$$

式中 v_{max}——设计最高速度（或该曲线限制坡度）（km/h）；

　　　　h——圆曲线设计超高（mm）；

　　　　$[f]$——超高时变率允许值（mm/s），一般条件下取 25mm/s，困难条件
　　　　　　　下取 31mm/s。

计算结果取式（3-30）、式（3-31）及式（3-32）三式要求中的最大值，并取
为 10 m 的整倍数。

我国《新建时速 200km 客货共线铁路设计暂行规定》推荐的缓和曲线长度
见表 3-12。限速地段可根据表 3-13 选用。另外，新建客运专线、提速 200km/h
的既有线，对缓和曲线长度均有相应规定。

缓和曲线长度　　　　　　　　　　　　　　　　表 3-12

曲线半径（m）	推荐缓和曲线长度（m）	最小缓和曲线长度（m）
12000	50	40
10000	60	50 (40)
8000	70	60 (50)
7000	80	70 (60)
6000	90	80 (70)
5000	110	90 (80)
4500	120	100 (90)
4000	140	110 (100)
3500	160	130 (120)
3000	180	150 (130)
2800	200	170

注：括号内数值为特殊困难条件下，经技术经济比选后方可采用的最小缓和曲线长度。

限速曲线半径和缓和曲线长度　　　　　　　　　　表 3-13

限速 v_x（km/h）	限速半径 R_x（m）	限速最小缓和曲线长度 L_x（m）
180	2600	140(120)
	2000	160(150)
160	2000	130(110)
	1600	160(140)
140	1600	110(100)
	1200	150(130)
120	1200	90(80)
	800	150(130)

注：括号内数值为特殊困难条件下，经技术经济比选后方可采用的限速地段最小缓和曲线长度。

复 习 思 考 题

1. 试述控制轨道几何形位的重要性。

2. 试述轨道几何形位的基本要素。

3. 解释名词（图示）：轮缘厚度 d，轮对的轮背内侧距 T，轮对宽度 q，游间 δ?

4. 解释名词（图示）：轨距，并说明标准轨距、窄轨距及宽轨距。我国铁路正线采用什么轨距？

5. 试述外轨超高的作用，并说明过超高、欠超高。

6. 计算题：设曲线半径为 800m，最大超高容许值为 150mm，容许欠超高 75mm，求通过曲线的容许行车速度。

7. 试述缓和曲线的作用及几何特征。列出我国常用缓和曲线的表达式，它是三次抛物线吗？为什么？

第4章 道 岔

4.1 道 岔 的 种 类

用以线路连接和交叉的设备总称为道岔。通过道岔这一线路设备，机车车辆得以从一股轨道分支进入另一股轨道，或跨越另一股轨道。用于铁路列车的到发、会让、越行、编组以及机车摘挂等作业的线路都必须铺设道岔；道岔还用于铁路的路网与厂矿、港口等专用铁路线的连接，以及铁路区间两线之间的连接。

道岔（线路连接和交叉设备）包括道岔、交叉以及道岔与交叉的组合三种，并可再分为以下主要的种类。

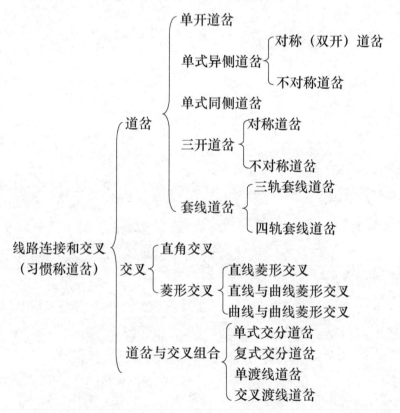

各种线路连接与交叉的主要几何特征如表 4-1 所示。

名词术语	说　明
单开道岔	主线为直线，侧线向主线的左侧或右侧分支的道岔
单式对称道岔	把直线轨道分为左右对称的两条轨道的道岔（又称双开道岔）
单式不对称道岔	把直线轨道分为左右不对称的两条轨道的道岔
单式同侧道岔	把直线轨道在同一侧分为两条轨道的道岔
三开道岔	主线为直线，用同一部位的两组转辙器，将一条轨道分为三条，两侧对称分支的道岔

各种线路连接与交叉的主要几何特征　　　　　表 4-1

续表

名词术语	说　　明
不对称三开道岔	主线为直线，在不同部位用两组转辙器，将一条轨道分为三条，两侧不对称分支的道岔
左开道岔	站在道岔前端，面向尖轨，侧线向左分支的道岔
右开道岔	站在道岔前端，面向尖轨，侧线向右分支的道岔
交叉	两条轨道在同一平面上相互交叉的设备
菱形交叉	两直线轨道相交成菱形的交叉
直角交叉	两条直线轨道以直角相交的交叉
交分道岔	在两条轨道交叉地点，能使列车转线的设备，是单式交分道岔和复式交分道岔的总称
单式交分道岔	在两条轨道交叉地点，列车只能一侧转线的交分道岔

续表

名词术语	说　　明
复式交分道岔	在两条轨道交叉地点，列车能两侧转线的交分道岔 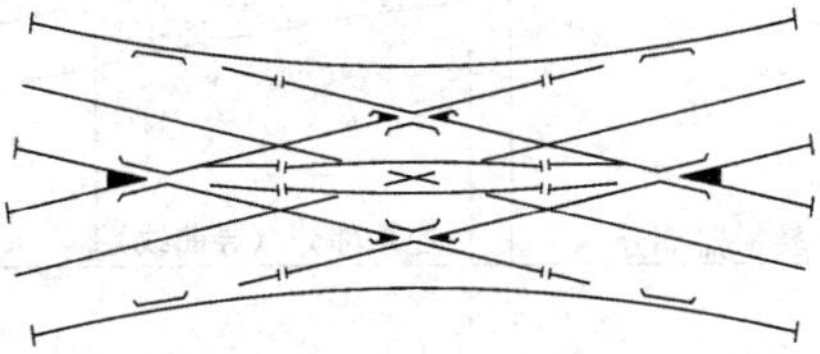
渡线	使列车由一线转入他线的设备，由两组单开道岔及一条连接轨道组成 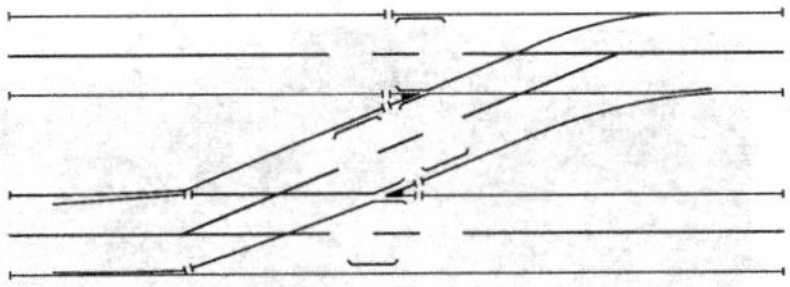
交叉渡线	相邻两线路间由两条相交的渡线和一组菱形交叉组成的设备 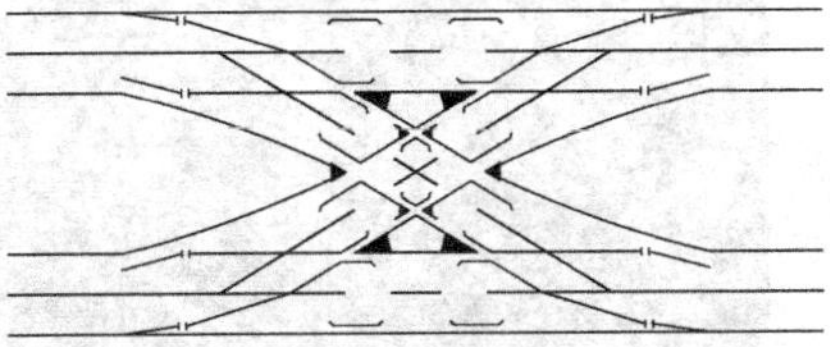
套线	将一条轨道纳入另一条轨道，共同使用轨下基础的设备 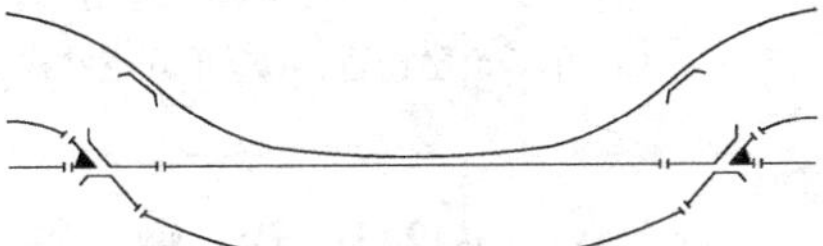
套线道岔	三股钢轨并行铺设，两种不同轨距套线用的道岔

4.2　单开道岔构造

单开道岔由转辙器、辙叉与护轨、连接部分以及岔枕组成，如图 4-1（a）、（b）所示。

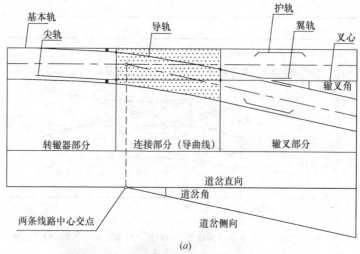

图 4-1　单开道岔

(a) 单开道岔构造；(b) 单开道岔构造实物图

4.2.1　转　辙　器

（1）转辙器组成

转辙器由两根基本轨、两根尖轨及各种连接零件组成。其作用是引导轮对从一股轨道进入另一股轨道线，如图 4-2（a）、（b）所示。两根尖轨由拉杆和连接杆连接为一体，其中拉杆通向转辙机械，并与行车信号联锁。图 4-2（a）表示有一根拉杆，图 4-2（b）表示有两根拉杆。

（2）基本轨

转辙器基本轨由标准钢轨断面的钢轨制成，一侧为直基本轨，一侧为曲基

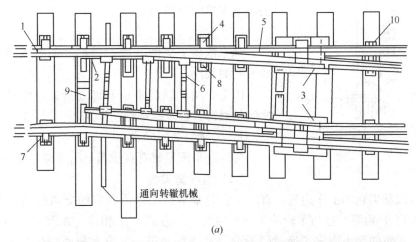

通向转辙机械

(a)

(b)

图 4-2 转辙器

(a) 转辙器构造；(b) 转辙器构造实物图

1—基本轨；2—尖轨；3—跟部结构；4—轨撑；5—顶铁；6—连接杆；

7—辙前垫板；8—滑床板；9—通长垫板；10—辙后垫板

本轨。

　　基本轨除承受车轮的垂直压力外，还与尖轨共同承受车轮的横向水平推力，并保持尖轨位置的稳定，如图 4-3 所示。

　　直基本轨不进行弯折。曲基本轨应按"支距"进行弯折，以正确保持转辙器的轨距与方向，并保持尖轨和基本轨的密贴。图 4-4 是 60kg/m 钢轨 12 号道岔

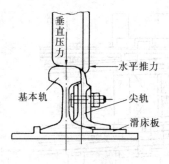

图 4-3　基本轨受力图

的曲基本轨的弯折形式。

（3）尖轨

列车依靠尖轨的开通方向不同而进入道岔直股或侧股线路。

以下介绍尖轨的平面与断面形式，尖轨与基本轨接触形式以及跟端结构形式。

1）尖轨的平面形式

尖轨的平面形式有直线型与曲线型之分。

（A）直线型尖轨

直线型尖轨的工作边为一直线，它与基本轨工作边所成的交角称转辙角 β，与尖端角 β_0 相等，也与车轮轮缘冲击尖轨工作边的角 β_c 相等，如图 4-5（a）所示。转辙角的大小决定了通过侧股允许速度的高低，并应与导曲线半径大小相匹配。

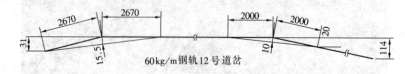

图 4-4　曲基本轨的弯折形式

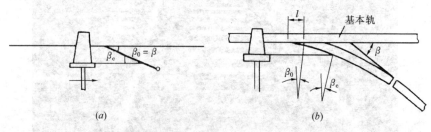

图 4-5　转辙角、尖端角与冲击角间的关系图

（a）直线型尖轨；（b）曲线型尖轨

直线尖轨可用于左开或右开单开道岔，加工制造简单，便于修换，是我国目前应用较广泛的一种尖轨。其缺点是道岔长；尖轨尖端轨距加宽大，影响列车沿正线运行的平稳性；转辙角 β 较大，当列车逆向进入侧线时，轮缘对尖轨的冲击较大，致使列车摇晃，尖轨易于磨损。

（B）曲线型尖轨

曲线型尖轨的工作边除尖端前部有一小段直线外，其余均为圆曲线，冲击角 β_c 一般小于直线型尖轨（如图 4-5b 所示），从而可提高列车运行平稳性与旅客舒适度。由于尖轨与导曲线的衔接较为圆顺，与同号码直线型尖轨道岔相比，可增大导曲线半径，缩短道岔全长。其缺点是左、右开道岔不能通用，加工较为复杂。

曲线型尖轨又分为切线型、半切线型、割线型、半割线型四种，如图 4-6 所示。我国铁路主要采用半切线型和半割线型曲线尖轨，切线型也有采用。

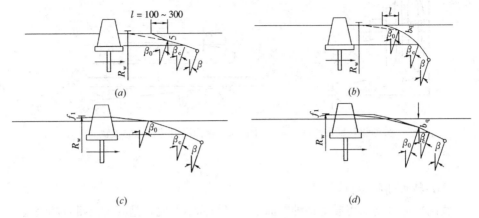

图 4-6 曲线型尖轨类型

(a) 切线型；(b) 半切线型；(c) 割线型；(d) 半割线型

(a) 切线型。尖轨曲线的理论起点与基本轨工作边相切。为了加强尖轨尖端和缩短尖轨长度，在尖轨某断面宽（$b_q = 3$mm 或 5mm）前取一段长 $100 \sim 300$mm 的直线段，直线段与尖轨曲线不相切（如图 4-6a 所示）。我国新设计的 60kg/m 钢轨 12 号提速道岔及秦沈客运专线 38 号道岔已采用切线型尖轨。

(b) 半切线型。尖轨曲线的理论起点与基本轨工作边相切，在尖轨某断面（b_q 一般采用 25mm 左右）作切线，将尖轨前部取直，如图 4-6 (b) 所示，属我国曲线尖轨主要形式，其尖轨强度高于切线型。

(c) 割线型。曲线尖轨工作边与基本轨工作边相割，如图 4-6 (c) 所示。与同号数切线或半切线型曲线尖轨的道岔相比较，其导曲线半径更大，道岔全长更短。但尖轨冲击角大，尖轨前易于产生列车摇晃，故而多用于低速道岔。

(d) 半割线型。曲线尖轨工作边与基本轨工作边相割，在尖轨某断面（b_q）处作切线，将尖轨前部取直，如图 4-6 (d) 所示。多用于道岔长度受限的工矿企业小号码道岔，因其尖轨冲击角大，运行条件差，一般情况下不宜采用。

2）尖轨断面形式

尖轨的断面形式有普通钢轨断面与特种断面之分。

(A) 普通钢轨断面尖轨

尖轨可采用普通钢轨断面制造。尖轨刨切部分断面较弱，需在轨腰两侧加设补强板，两补强板用螺栓与钢轨连接，置于尖轨尖端至尖轨刨切起点之间，如图 4-7 所示。因尖轨轨底重叠于基本轨轨底之上，其轨底需要刨切。为减少轨底刨切量并增加尖轨的刚度，其尖轨轨顶面高于基本轨 6mm（如图 4-8 所示），导致列车过岔的垂直不平顺。另外，补强板的加工制造也较为复杂。

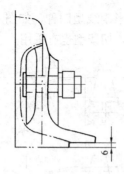

图 4-7 普通钢轨断面
　　　　尖轨形式

图 4-8 顶面高出基本轨的尖轨

（B）特种断面尖轨

我国提速铁路采用矮型特种断面钢轨（简称 AT 轨，是其汉语拼音的缩写）。

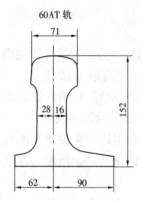

图 4-9 60AT 轨断面图

现已推广使用的 50AT 和 60AT 轨高度（如图 4-9 所示）都比之同型普通钢轨低 24mm。使用时在 AT 轨下设高度 24mm 的滑床台，跟部锻压成普通标准轨型断面，以便与导轨连接。75kg/m 轨道岔也采用 60AT 尖轨，其滑床台高为 48mm。

AT 轨的主要优点如下：

（a）取消了普通钢轨断面尖轨 6mm 抬高量（如图 4-8 所示），消除了列车过岔的垂向不平顺，可提高道岔直股过岔速度。

（b）AT 轨整体性强，刚度大，便于维护。

（c）AT 轨下设 24mm 高的滑床台，可设置扣压基本轨轨底的结构，增加基本轨的稳定性。

（d）较高的滑床台，可减少沙尘与冰雪的影响，提高行车的安全性。

3）尖轨尖端与基本轨的接触形式

尖轨尖端与基本轨的接触形式有贴尖式与藏尖式之分。

（A）贴尖式

我国 1975 年设计的道岔（75 型）均采用贴尖式（如图 4-7 所示），基本轨轨颚不刨切，加工简单，备品方便。

（B）藏尖式

我国 1992 年颁布的"92"型 AT 轨道岔基本上采用藏尖式（如图 4-10 所示），尖轨尖端藏于基本轨

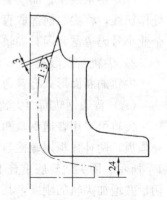

图 4-10 藏尖式尖轨

工作边之内，防止车轮砸伤尖轨，并保持尖轨在动荷载作用下的竖向稳定性。因其基本轨轨颚需加刨切，要求基本轨和尖轨的刨切接触面良好，严格加工，并需备用曲、直基本轨。

4）尖轨跟端构造形式

尖轨跟端构造形式有间隔铁式与可弯式之分。

（A）间隔铁式（活接头式）

间隔铁式如图 4-11（a）及图 4-11（b）所示。它用间隔铁保持基本轨与尖轨、基本轨与导轨的间隔尺寸，并设内外轨撑与辙跟垫板连接，以防止辙跟爬行或跳动。在跟部设双头螺栓用以保持间隔铁与夹板的距离，以使尖轨扳动灵活，如图 4-11（c）所示。其尖轨跟部不能固定，形成活接头，结构稳定性较差，容易发生病害。

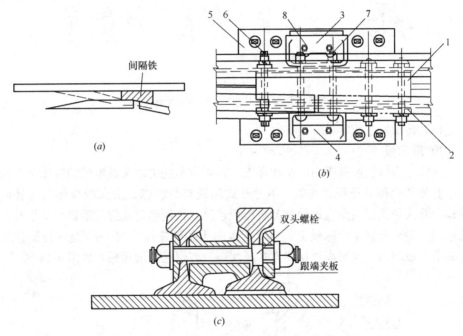

图 4-11 间隔铁式尖轨跟端构造图

1—辙跟间隔铁；2—辙跟夹板；3—辙跟外轨撑；4—辙跟内轨撑；
5—辙跟垫板；6—螺栓；7—辙跟螺栓；8—长方头螺栓

（B）可弯式

可弯式如图 4-12（a）所示。其跟部采用普通钢轨接头形式，用间隔铁保持尖轨与基本轨的距离，并用轨撑保持跟部位置并维持其稳定性。为减轻扳动力，在间隔铁前将尖轨轨底一侧或两侧施以刨削（长约 1～2m），成为柔性点，以使尖轨弹性可弯。其结构简单、易于维护。我国的提速道岔 AT 尖轨已不在理论可弯段刨切轨底，以增加尖轨强度。图 4-12（b）表示了尖轨断面变化。

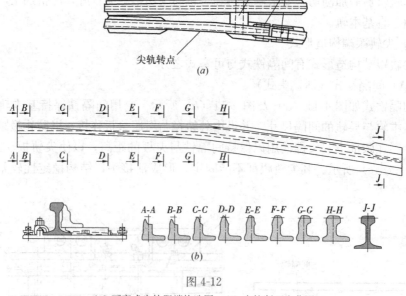

图 4-12

（a）可弯式尖轨跟端构造图；（b）尖轨断面变化图

（4）转辙器主要零件

1）滑床板

在整个尖轨长度范围内的岔枕面上，设置有承托尖轨和基本轨的滑床板。滑床板有分开式和不分开式两类。不分开式用道钉将轨撑、滑床板直接与岔枕联结；分开式是轨撑由垂直螺栓先与滑床板连接，再用道钉或螺纹道钉将垫板与岔枕连接。尖轨安置于滑床板上，与滑床板间无扣件连接。图 4-13 是一种提速道岔的滑床板结构。我国高速铁路道岔还使用带有辊轮的滑床板，如图 4-14 所示。

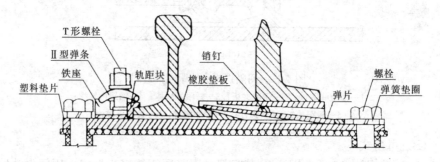

图 4-13　提速道岔滑床板结构

2）道岔顶铁

道岔顶铁设置在尖轨轨头刨切起点之后的尖轨或基本轨轨腰上。其作用是保持尖轨与基本轨的距离，使基本轨与尖轨共同承受水平力，并防止尖轨跳动。

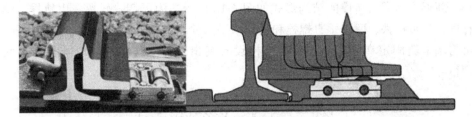

图 4-14　高速铁路道岔辊轮滑床板

　　我国早期使用的道岔顶铁如图 4-15 所示，由扁钢热弯而成。新近采用的如图 4-16 所示，用方钢锻造而成的道岔顶铁。当顶铁与轨腰的间隙大于 1mm 时，可用顶铁调整片调整。

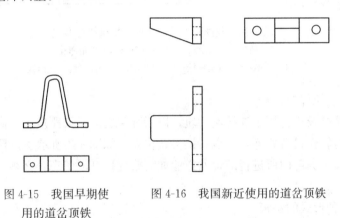

图 4-15　我国早期使　　　图 4-16　我国新近使用的道岔顶铁
用的道岔顶铁

3）轨撑

　　轨撑一般安设在转辙器基本轨外侧，以防基本轨横向移动或向外翻转，并保持轨距。

　　我国早期使用的道岔轨撑为双墙式，如图 4-17（a）所示，其组装图如图 4-17（b）所示。

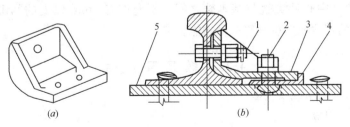

图 4-17　我国早期使用的双墙式道岔轨撑
（a）轨撑；（b）轨撑组装图
1—六角螺栓；2—长方头螺栓；3—轨撑；4—铁座；5—垫板

新近采用道岔轨撑的结构形式如图 4-18 所示，为可调式轨撑，由轨撑、调整楔、垫板挡铁、两个垂直螺栓和一个水平螺栓组成。通过拧紧调整楔的螺栓，可将基本轨固定在滑床板上。调整楔设有突出部分卡住轨撑，以防止基本轨爬行。

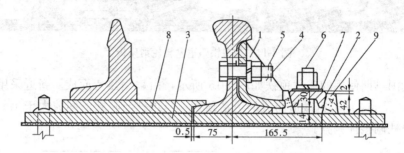

图 4-18 我国新近采用的道岔轨撑结构形式

1—轨撑；2—调整楔；3—滑床板；4—六角螺栓；

5—开口销；6—沉头螺栓；7—平垫圈；8—滑床台；9—挡铁

4）道岔拉杆及连杆

道岔拉杆及连杆用于连接两尖轨，以增强尖轨的框架刚度，提高尖轨的稳定性。拉杆与转辙设备相连，用以转换尖轨位置，如图 4-2 所示。拉杆由电务部门负责管理，工务部门所进行的道岔作业如需改变拉杆的状态，必须征得电务部门的认可。

5）各种形式的垫板

有铺设在尖轨之前的辙前垫板和之后的辙后垫板；铺设在尖轨尖端和尖轨跟端的通长垫板；为保持曲线的正确位置而设置的支距垫板等。

6）转辙机械

最常用的道岔转换设备的种类有机械式和电动式。若按操纵方式分类，则有集中式和非集中式两类。机械式转换设备可以为集中式或非集中式，电动式转换设备则为集中式。道岔转换设备必须具备转换（改变道岔方向）、锁闭（锁闭道岔，在转辙杆中心处尖轨与基本轨之间，不允许有 4mm 以上的间隙）和显示（显示道岔的正位或反位）等三种功能。

4.2.2 辙 叉 及 护 轨

（1）辙叉的组成及类型

1）辙叉组成

辙叉由叉心及翼轨连接而成，如图 4-19 所示。其功能是使车轮跨越轨线。

2）辙叉的类型

（A）按平面几何形式分有：直线辙叉和曲线辙叉。

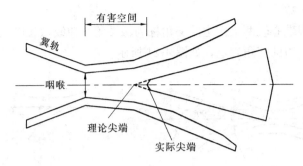

图 4-19 辙叉的组成

直线辙叉：两工作边均为直线的辙叉称直线辙叉，如图 4-19 所示。直线辙叉可通用于左、右开道岔，是我国目前辙叉的主要形式。

曲线辙叉：两工作边有一条或两条为曲线的辙叉称曲线辙叉。曲线辙叉的优点是可加大道岔导曲线半径或缩短道岔全长，有利于提高侧向行车速度，但其加工复杂，左、右开道岔也不能通用。目前我国单开道岔标准设计中尚未采用。

（B）按辙叉心的构造形式分有：固定型辙叉和活动心轨辙叉。

（2）辙叉中的名词术语

1）辙叉咽喉：两翼轨工作边距离最小处（如图 4-19）。

2）叉心理论尖端：辙叉心轨两工作边的交点（如图 4-19）。

3）叉心实际尖端：辙叉心实际加工成型的尖端，宽约 8～10 mm（如图 4-19）。

4）有害空间：固定型辙叉咽喉至叉心实际尖端的区域（如图 4-19）。

5）辙叉趾及辙叉趾宽：图 4-20 中的 E、F 点称辙叉趾，P_n 为辙叉趾宽。

6）辙叉跟及辙叉跟宽：图 4-20 中的 A、B 点称辙叉跟，P_m 为辙叉跟宽。

7）辙叉前部长度 n：辙叉趾端至理论尖端 C 的距离，又称辙叉趾距（如图 4-20）。

8）辙叉后部长度 m：辙叉跟端至理论尖端 C 的距离，又称辙叉跟距（如图 4-20）。

9）辙叉全长：辙叉趾端至辙叉跟端的长度，其值等于 $n+m$，如图 4-20 中的 EB，FA 线段长度表示辙叉全长。

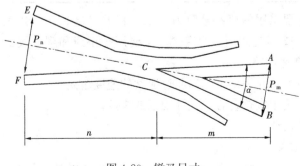

图 4-20 辙叉尺寸

（3）道岔号数

直线辙叉跟端心轨两工作边的交角称为辙叉角。曲线辙叉以其曲线工作边的切线与直线工作边的交角表示，如图 4-21 所示。

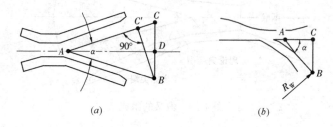

图 4-21 辙叉角
（a）直线辙叉；（b）曲线辙叉

我国《铁路道岔号数系列》GB 1246 规定，道岔号数 N 以辙叉角 α 的余切值表示，由图 4-21 可知：

$$N = \frac{AC'}{BC'} = \cot\alpha \tag{4-1}$$

式中 BC'——叉心工作边上任一点 B 至另一工作边的垂直距离；

AC'——由辙叉理论尖端沿工作边量至垂足 C' 的长度。

$$\alpha = \text{arc} \tan \frac{1}{N}$$

道岔号数在现场可用下法测定：先在心轨顶面找出 100mm 和 200mm 两处顶宽位置，然后量出这两处间的垂直距离（mm），用其除以 100，所得数即为道岔号数。

按《铁路道岔号数系列》GB 1246 规定，我国标准轨距铁路道岔号数与辙叉角的对应关系见表 4-2。

道岔号数与其辙叉角   表 4-2

道岔号数 N	6	7	9	12	18	30	38
辙叉角 α	9°27′44″	8°07′48″	6°20′25″	4°45′49″	3°10′47″	1°54′33″	1°30′26.8″

我国铁路主要采用的道岔号数为 9、12 和 18、30、38、42 号等。其中 9 号主要用于站线；12 号是我国主型道岔，主要用于正线和到发线；18、30、38 和 42 号等多用于高速铁路。

道岔号数越大，允许列车侧向通过道岔的速度越高。

道岔号数的选用应符合有关设计规范的规定。

（4）辙叉的构造

1）固定型辙叉

固定型辙叉常见有钢轨组合式辙叉和高锰钢整铸辙叉；新近又出现贝氏体钢

拼装辙叉,具有耐磨性好之优点。图 4-22 是一种固定型整铸辙叉的道岔,图 4-23是贝氏体钢拼装辙叉道岔。

图 4-22 固定型辙叉

图 4-23 贝氏体钢拼装辙叉道岔

（A）钢轨组合式

用普通钢轨经过弯折、刨切加工而组成的辙叉称为钢轨组合式辙叉,如图 4-24 所示。它由长心轨、短心轨、翼轨、间隔铁、垫板及连接零件组成。该结

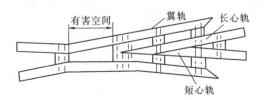

图 4-24 钢轨组合式辙叉

构易于取材，加工制造方便，但其结构零件多，整体性差，养护工作量大；在我国铁路干线上已很少使用，站线上组合式辙叉的比例也在减少。

（B）高锰钢整铸辙叉

高锰钢整铸辙叉采用含锰量 11%～14% 和含碳量 1.0%～1.4% 的高锰钢铸造而成，其翼轨和心轨成为一个整体，如图 4-25 及图 4-26 所示。

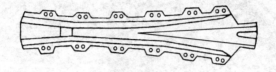

图 4-25　高锰钢辙叉平面图

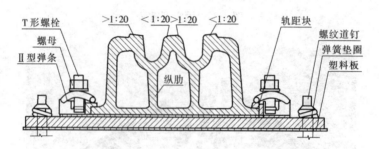

图 4-26　高锰钢固定式辙叉剖面图

高锰钢整铸辙叉广泛应用于我国铁路线路，具有较高的强度与良好的抗冲击韧性，并具有坚韧耐磨、稳定性好、维修工作量少、使用寿命长等优点。其主要尺寸基本与钢轨组合式辙叉相同，可以互换使用。

固定型辙叉因其工作边的不连续性致使进入辙叉的车轮重心发生起伏，激发冲击振动。若车轮逆向进岔（图 4-27，由左向右方向），随着锥形车轮踏面由翼轨驶向叉心，车轮滚动圆逐渐减小，致使车轮重心下降，直至车轮滚动至心轨，又回复至原有车轮重心高度，反之亦然，如图 4-27 所示。

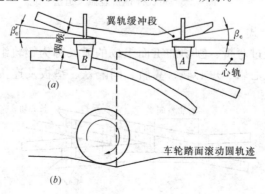

图 4-27　车轮逆向进岔示意图

　　为了缓和车轮在翼轨与心轨之间过渡所产生的冲击，辙叉心轨端部轨面须适当降低，翼轨顶面相应提高。

　　翼轨顶面的提高值根据原型车轮和磨耗车轮的踏面坡度计算值和辙叉实际的磨耗情况确定。实践证明，翼轨的提高值在辙叉理论尖端至心轨顶面宽 40mm 的范围内提高 3mm 为宜。其两侧坡度，向前顺至咽喉，向后顺至心轨顶面宽 50mm 处。轨顶的横坡采用 1∶20。12 号固定辙叉的心轨及翼轨顶面纵坡如图 4-28 所示。

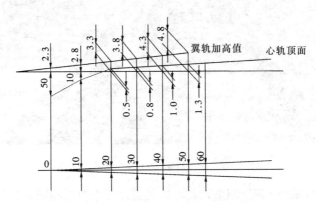

图 4-28　12 号固定辙叉的心轨及翼轨顶面纵坡图

　　我国常用标准道岔中辙叉的几何尺寸见表 4-3。

标准辙叉尺寸（mm）　　　　　　　　　　　　表 4-3

钢轨类型(kg/m)	道岔号数	辙叉全长	n	m	P_n	P_m
75、60	18	12600	2851	9749	258	441
75、60	12	5927	2127	3800	177	317
50	12	4557	1849	2708	154	225
60	9	4309	1538	2771	171	308
50	9	3588	1538	2050	171	228

　　2）可动心轨辙叉

　　可动心轨辙叉由翼轨及可动心轨组成，其长短心轨均采用 60AT 轨制造，长心轨与短心轨之间用间隔铁连接。长心轨为弹性可弯式，在理论弹性可弯部分轨底作刨切。长心轨跟端用模压成形工艺制成 60kg/m 钢轨断面，与岔后连接轨可采用普通接头夹板连接或焊接，短心轨跟端为滑动端，与叉跟尖轨连接，12 号可动心轨辙叉见图 4-29，可动心轨辙叉道岔见图 4-30。

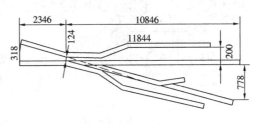

图 4-29　可动心轨辙叉

图 4-30　可动心轨辙叉道岔

翼轨采用 60kg/m 钢轨制造，长心轨跟部设三个双孔间隔铁，用 6 个 $\phi 27$ 高强度螺栓与长翼轨连接，增强辙叉整体稳定性，阻止长心轨位移。

可动心轨辙叉以其特殊的结构，保持其两个行车方向轨线的连续性，消除了固定辙叉中的有害空间，从而提高了列车运行的平顺性，并延长辙叉使用寿命，显著减小养护维修工作量；但其结构较复杂，辙叉后部长度大于固定型辙叉，多用于高速客运线路的正线及渡线。

广深准高速线及沪宁正线上全线铺设 60kg/m 钢轨 12 号可动心轨辙叉单开道岔。秦沈客运专线正线铺设 60kg/m 钢轨 18 号及 38 号可动心轨道岔。此外，我国线路上还铺有 75kg/m 钢轨 12 号及 18 号可动心轨单开道岔。长期的运营实践和动态测试表明，可动心轨辙叉的使用寿命为同型号高锰钢整铸辙叉的 6～9 倍，养护维修工作量减少 40%。

（5）护轨

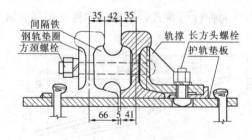

图 4-31　间隔铁型护轨结构

护轨设于固定辙叉的两侧，用于引导车轮轮缘，使之进入适当的轮缘槽，防止与叉心碰撞。目前我国道岔的护轨结构类型主要有间隔铁型（如图 4-31）、H 型（如图 4-32）和槽型（如图 4-33）三种。

护轨的防护范围，应包括辙叉咽喉至叉心顶宽 50mm 的一段长度，并要求有适当的余裕。辙叉护轨由中间平直段、两端缓冲段和开口段组成，如图4-34所示。护轨平直段是实际起着防护作用的部分，缓冲段及开口段的作用是将车轮平顺地引入护轨平直段。缓冲段的冲击角应与列车允许的通过速度相配合。

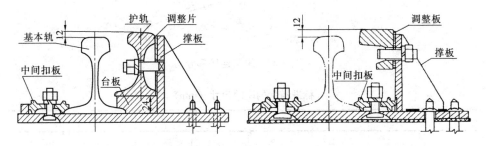

图 4-32 H 型护轨结构   图 4-33 槽型护轨结构

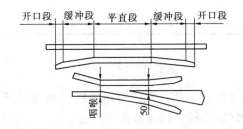

图 4-34 护轨的组成及防护范围

4.2.3 连 接 部 分

连接部分是转辙器和辙叉之间的连接线路，包括直股连接线和曲股连接线（亦称为导曲线）。直股连接线与区间线路构造基本相同。导曲线的平面形式可以是圆曲线、缓和曲线及其组合。我国铁路道岔导曲线多为圆曲线，38号道岔采用圆曲线与三次抛物线组合的导曲线形式。导曲线一般不设外轨超高和轨底坡，仅有提速道岔设有轨底坡。

为防止导曲线钢轨在动荷载作用下的外倾及轨距扩大，其中应设置一定数量的轨撑或轨距拉杆。为防止道岔钢轨爬行，应按规定设置一定数量的防爬器及防爬撑。

连接部分一般配置8根钢轨，直股连接线4根，曲股连接线4根。配轨时应考虑轨道电路绝缘接头的位置和满足对接接头的要求，并尽量采用12.5m或25m长的标准钢轨。连接部分使用的短轨，一般不应短于6.25m；在困难的情况下，不短于4.5m。

我国标准的9号、12号及18号道岔连接部分的配轨如图4-35所示，几何尺寸见表4-4。

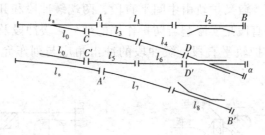

图 4-35   道岔连接部分

标准道岔的配轨尺寸（mm）   表 4-4

N	9	12	18	N	9	12	18
l_1	5324	11791	10226	l_5	6836	12500	16574
l_2	11000	12500	18750	l_6	9500	9385	12500
l_3	6894	12500	16903	l_7	5216	11708	10173
l_4	9500	9426	12500	l_8	11000	12500	18750

4.2.4   岔   枕

在我国铁路上，岔枕多使用木枕，客运专线及高速铁路设计使用混凝土岔枕。为便于安置道岔转辙机械，提速道岔的转辙牵引点采用钢岔枕。

木岔枕断面高为 160mm，宽为 240mm，但断面尺寸 160mm×220mm 的岔枕仍多有使用。长度分为 12 级，其中最短为 2.60m，最长为 4.80m，级差为 0.20m，采用螺纹道钉与垫板连接。

钢筋混凝土岔枕最长者为 4.90m，级差为 0.10m。其断面高度 220mm，顶宽 260mm，底宽 300mm，与Ⅲ型混凝土枕的有效支承面积相当，采用无挡肩形式，岔枕顶面平直。

为了适应大型养路机械设备的需要，提速道岔中还设计并采用了钢岔枕。钢岔枕内腔应满足电务转换设备的安装要求，同时考虑允许尖轨或心轨±15mm 的伸缩量。其断面如图 4-36 所示。钢岔枕与垫板、外锁闭设备间设有绝缘部件。

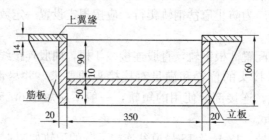

图 4-36   钢岔枕断面图

4.3 单开道岔的几何形位

4.3.1 单开道岔各部分的轨距

道岔直线轨道的轨距为 1435mm，曲线轨道轨距应根据导曲线半径并结合机车车辆的通过条件确定。

单开道岔中，应重点检测的轨距加宽部位有：基本轨前接头处轨距 S_1、尖轨尖端轨距 S_0、尖轨跟端直股及侧股轨距 S_h、导曲线中部轨距 S_c、导曲线终点轨距 S，如图 4-37 所示。

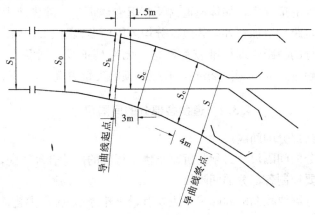

图 4-37 单开道岔各部分轨距加宽

道岔各部位的轨距 S，按机车车辆以正常强制内接条件计算，即

$$S = q_{max} + (f_0 - f_i) + \frac{1}{2}\delta_{min} - \Sigma\eta \qquad (4-2)$$

式中　q_{max}——最大轮对宽度；

f_0——外轨作用边形成的矢矩；

f_i——内轨作用边形成的矢矩；

δ_{min}——轮轨间的最小游间；

$\Sigma\eta$——机车车辆轮轴对应的横动量之和。

我国铁路标准道岔上各部分的轨距值见表 4-5。

标准道岔各部分的轨距尺寸（mm）　　　　　　　　　表 4-5

N	9	12		18
		直线尖轨	曲线尖轨	
S_1	1435	1435	1435	1435
S_0	1450	1445	1437	1438

续表

N	9	12		18
		直线尖轨	曲线尖轨	
S_h	1439	1439	1435	1435
S_c	1450	1445	1435	1435

道岔各部分的轨距加宽，应有适当的递减距离。尖轨尖端的轨距加宽，应按不大于 6‰的递减率向尖轨外方递减。S_0 与 S_h 的差数，应在尖轨范围内均匀递减。导曲线中部轨距加宽的递减距离，至导曲线起点方向为 3m，至导曲线终点方向为 4m。尖轨跟端直股轨距 S_h 的递减距离为 1.5m。

我国新设计的道岔中，如提速道岔及客运专线道岔，除尖轨尖端宽 2mm 处因刨切引起的轨距构造加宽外，其余部分均采用标准轨距 1435mm。

道岔各部分的轨距管理标准较为严格，无论是正线、到发线、站线或专用线，一律不得超过 +3mm 或 −2mm，有控制锁的尖轨尖端不得超过 ±1mm。

4.3.2 道岔各部分的间隔尺寸

（1）转辙器部分的间隔尺寸

道岔各部分的间隔尺寸必须与机车车辆走行部的尺寸合理匹配，以保证行车安全。为此需要控制各部分的间隔尺寸。

转辙器部分需要控制的间隔尺寸主要有最小轮缘槽 t_{min} 和尖轨动程 d_0。

1）尖轨的最小轮缘槽 t_{min}。

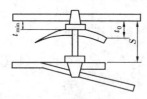

图 4-38 曲线尖轨轮缘槽

尖轨的最小轮缘槽应保证直向过岔的轮对，在最不利条件下，即具有最小宽度的轮对一侧车轮轮缘紧贴直股尖轨时，另一侧车轮轮缘能顺利通过而不冲击尖轨的非工作边，如图 4-38 所示。曲线尖轨在其最突出处的轮缘槽最小，称曲线尖轨的最小轮缘槽 t_{min}。轮缘槽的宽度应满足以下最不利组合时的数值：

$$t_{min} \geqslant S_{max} - (T + d)_{min} \tag{4-3}$$

式中 S_{max}——曲线尖轨突出处直向线路轨距的最大值。

计算时，应考虑轨道的弹性扩张与轨道不利公差。以提速道岔为例，采用车辆轮对数值，代入计算式（4-3），求得：

$$t_{min} \geqslant 1435 + 3 - (1350 + 22 - 2) = 68mm$$

t_{min} 是控制曲线尖轨长度因素之一。为了控制尖轨长度，根据运营经验，t_{min} 可减少至 65mm。

直线尖轨的 $t_{\min}$ 处于尖轨跟端。尖轨跟端轮缘槽 t_0 应不小于74mm。相应的跟端支距 $y_g = t_0 + b$，如图4-39所示。b 为尖轨跟端钢轨头部的宽度，取 $b=70mm$，代入有关数据，可得 $y_g=144mm$。

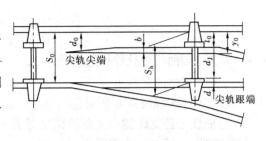

图4-39 直线尖轨尖端与跟端

2）尖轨动程 d_0。

尖轨动程为尖轨尖端非作用边与基本轨作用边之间的摆动幅度，距尖轨尖端380mm的第一根连接杆中心处量取。尖轨动程应保证尖轨扳开后，具有最小宽度的轮对不挤压尖轨非作用边。曲线尖轨的动程由 $t_{\min}$、曲线尖轨最突出处的钢轨顶宽、曲线半径 R 等因素确定。直线尖轨则要求尖轨尖端开口不小于 $(y_g + S_0 - S_h)$。鉴于目前各种转辙机的动程业已定型，尖轨的动程应与之配合。目前大多数转辙机的标准动程为152mm，因此《铁路线路维修规则》规定：尖轨在第一连杆处的最小动程，直尖轨为142mm，曲尖轨为152mm。

（2）导曲线支距

导曲线部分几何形位，以导曲线外轨工作边上各点与直向基本轨作用边之间的横坐标即导曲线支距确定。为使机车车辆平稳通过导曲线，应经常保持其圆顺度。

试以圆曲线型导曲线直线尖轨转辙器为例，说明计算导曲线支距的方法。

取直股基本轨上正对尖轨跟端轨缝中点后半个鱼尾钣长度的0点为坐标原点（即导曲线起点），如图4-40所示。这时，导曲线始点的横坐标 x_0 和支距 y_0 分别为：

$$x_0 = 0, y_0 = y_g \tag{4-4}$$

在导曲线的终点，其横坐标 x_n 和支距 y_n 则分别为：

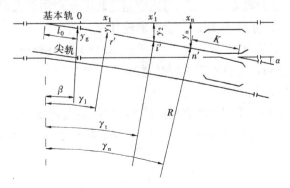

图4-40 导曲线支距

$$x_n = R(\sin\gamma_n - \sin\beta)$$
$$y_n = y_g + R(\cos\beta - \cos\gamma_n) \tag{4-5}$$

式中 R——导曲线外轨作用边半径；

β——尖轨的转辙角；

γ_n——导曲线终点 n' 点所对应的偏角，显然 $\gamma_n = \alpha$。

令导曲线上各支距测点 i 点的横坐标为 x_i（自坐标原点 O 点开始，依次为 $2m$ 的整数倍），其对应的支距 y_i 为：

$$y_i = y_0 + R(\cos\beta - \cos\gamma_i) \quad (i = 1,2,\cdots) \tag{4-6}$$

式中的 γ_i 与 x_i 有下列近似关系：

$$\sin\gamma_i = \sin\beta + \frac{x_i}{R} \quad (i = 1,2,\cdots) \tag{4-7}$$

与 x_n 对应的导曲线终点支距 y_n，可用下式计算：

$$y_n = S - K\sin\alpha \tag{4-8}$$

式中 K——导曲线后插直线长。

（3）辙叉和护轨部分的间隔尺寸

1）固定辙叉

固定辙叉及护轨需要控制的间隔尺寸，主要是辙叉咽喉轮缘槽 t_1、查照间隔 D_1 及 D_2、护轨轮缘槽 t_g、翼轨轮缘槽 t_w 和有害空间 l_h。

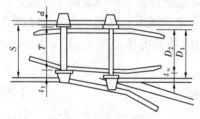

图 4-41   查照间隔

A. 辙叉咽喉轮缘槽 t_1。

辙叉咽喉轮缘槽应保证具有最小宽度的轮对一侧车轮轮缘紧贴基本轨时，另一侧车轮轮缘不撞击辙叉的翼缘，如图 4-41 所示。其最不利的组合应满足

$$t_{min} \geqslant S_{max} - (T + d)_{min} \tag{4-9}$$

考虑到道岔轨距允许的最大误差 3mm，及轮对车轴弯曲导致内侧距减小 2mm，取车辆轮计算，则

$$t_1 \geqslant (1435 + 3) - (1350 - 2) - 22 = 68mm$$

为避免扩大有害空间，t_1 也不宜规定过宽。

B. 查照间隔 D_1 及 D_2。

护轨作用边至心轨作用边的查照间隔 D_1 应使最大宽度的过叉轮对，其一侧轮缘受护轨的引导，而另一侧轮缘不冲击叉心或滚入另一线。其最不利的组合应满足：

$$D_1 \geqslant (T + d)_{max} \tag{4-10}$$

考虑到车轴弯曲致使轮背内侧距增大 2mm 的影响，取 $(T + d)$ 较车辆轮更大的机车轮计算，求得：

$$D_1 \geqslant (1356 + 2) + 33 = 1391\text{mm}$$

护轨作用边至翼轨作用边的查照间隔 D_2 应使最小宽度的轮对直向通过时不被卡住，必须有：

$$D_2 \leqslant T_{\min} \tag{4-11}$$

取 T 较机车轮更小的车辆轮计算，并考虑车辆轴弯后轮对内侧距 2mm 的减小值，则：

$$D_2 \leqslant 1350 - 2 = 1348\text{mm}$$

显然，D_1 只能有正误差，不能有负误差，容许变化范围为 1391～1394mm。同样，D_2 只能有负误差，不能有正误差，容许变化范围为 1346～1348mm。

C. 护轨中间平直段轮缘槽 t_{g1}。

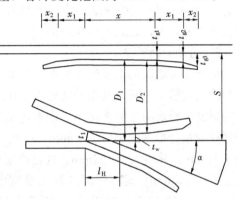

如图 4-42 所示，护轨中间平直段轮缘槽 t_{g1} 应确保 D_1 不超出规定的容许范围，并由下式计算：

$$t_{g1} = S - D_1 - 2 \tag{4-12}$$

式中，2mm 为护轨侧面磨耗限度。因 $S = 1345\text{mm}$，$D_1 = 1391 \sim 1394\text{mm}$，可取 $t_{g1} = 39 \sim 42\text{mm}$。

为使车轮轮缘能顺利进入护轨轮缘槽内，护轨平直段两端应分别设置缓冲段及开口段。终端轮缘槽

图 4-42　护轨尺寸

t_{g2} 应保证等同于辙叉咽喉轮缘槽的通过条件，即 $t_{g2} = t_1 = 68\text{mm}$。在缓冲段的外端，再各设开口段，开口段终端轮缘槽 t_{g3} 应保证线路轨距最大的条件下，能顺利通过最小宽度的轮对，不撞击护轨的终端开口。由此得

$$t_{g3} = 1455 - (1350 + 22 - 2) = 86\text{mm}$$

现行采用 $t_{g3} = 90\text{mm}$。

护轨平直部分长 x，覆盖辙叉咽喉至叉心顶宽 50mm 处，外加两侧各 100～300mm 的范围。缓冲段长 x_1 按两端轮缘槽宽计算确定，开口段长 $x_2 = 150\text{mm}$。

D. 辙叉翼轨平直段轮缘槽 t_w。

根据图 4-42，辙叉翼轨轮缘槽 t_w 应保证两查照间隔不超出规定的容许范围，并由下式计算：

$$t_w = D_1 - D_2 \tag{4-13}$$

采用不同的 D_1、D_2 组合，得到 t_w 的变化范围为 43～48mm。我国采用 46mm，从辙叉心轨尖端至心轨顶宽 50mm 处，t_w 均应保持此宽度。

辙叉翼轨轮缘槽也有过渡段与开口段，其终端轮缘槽宽度、缓冲段的转折角与护轨相同。辙叉翼轨各部分长度可比照护轨进行计算。

E. 有害空间 l_h。

辙叉有害空间长度 l_h 可采用下式计算：

$$l_h = \frac{t_1 + b_1}{\sin a} \qquad (4\text{-}14)$$

式中，b_1 为叉心实际尖端宽度，可取为 10mm。在道岔中可近似地取 $\frac{1}{\sin a} \approx \frac{1}{\tan a} = \cot a = N$，由此，式（4-14）可近似地表示为：

$$l_h \approx (t_1 + b_1)N \qquad (4\text{-}15)$$

取 $t_1 = 68$mm，$b_1 = 10$mm，9 号、12 号及 18 号道岔与之对应的有害空间长度分别为 702mm、936mm 及 1404mm。

2）可动心轨辙叉

可动心轨辙叉的主要间隔有辙叉咽喉轮缘槽与翼轨端部轮缘槽。可动心轨辙叉与固定式辙叉不同，其咽喉宽度不能用最小轮背距和最小轮缘厚度进行计算，而应根据转辙机的参数来决定。现有电动转辙机的动程为 152mm，调整密贴的调整杆的轴套摆度最小可达 90mm，因此，可动心轨辙叉咽喉的理论宽度 t_1 不应小于 90mm，并不大于 152mm。现已使用的 60kg/m 钢轨 12 号可动心轨辙叉中，该值采用 120mm。翼轨端部的轮缘槽宽度 t_2 不应小于固定式的辙叉咽喉宽度（68mm），一般采用 $t_2 > 90$mm。若可动心轨辙叉中设置有防磨护轨，护轨轮缘槽应确保心轨不发生侧面磨耗以保持心轨与翼轨的密贴。

4.4　单开道岔总布置图设计

4.4.1　道岔总布置图设计内容

在我国铁路提速工程中，道岔提速是其中的重要环节，在既有道岔类型不能满足提速要求的情况下，需要根据道岔通过速度的要求设计新型道岔。道岔设计包括道岔总布置图设计与结构设计。本节介绍单开道岔总布置图设计。道岔结构设计已超出本课程内容，有需要的读者可参考刘语冰编《道岔构造和设计》（中国铁道出版社，1983）。

单开道岔总布置图设计应根据道岔通过速度及运营条件，选定道岔类型、道岔号数、导曲线半径以及转辙器尖轨类型，在此基础上进行道岔总布置图设计，其内容包括：转辙器计算，辙叉计算，道岔主要尺寸计算，配轨计算，导曲线支距计算，各部分轨距计算，以及岔枕布置等。以上计算完成后，应绘制道岔布置总图并提出材料数量表。其设计顺序如图 4-43 所示。

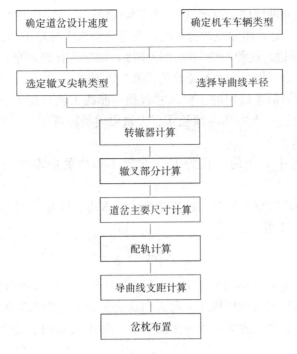

图 4-43 道岔总布置图设计顺序

4.4.2 曲线尖轨、固定辙叉的单开道岔计算

（1）转辙器计算

曲线尖轨大多采用圆曲线型，其曲线半径由侧向过岔速度确定（计算方法在 4.5 节中介绍），通常与导曲线半径相同，以保持转辙器与导曲线的容许通过速度一致。如下以半切线型尖轨说明转辙器计算。半切线型尖轨如图 4-44 所示。

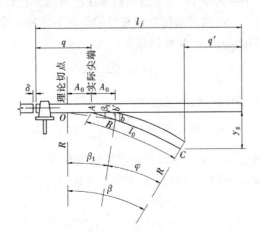

图 4-44 半切线型尖轨

半切线型尖轨曲线的理论起点 O 与基本轨相切，从尖轨顶宽为 b' 处（通常为 $20\sim40$mm）开始，将曲线改为切线，为避免尖轨尖端过于薄弱，在顶宽 $3\sim5$mm 处再作一斜边。这种曲线尖轨比较牢固，加工也比较简单，侧向行车条件优于直线尖轨，是我国目前大号道岔的标准尖轨形式。

曲线尖轨转辙器应确定的主要尺寸包括：曲线尖轨长度 l_0、直向尖轨长度 l_0'、基本轨前端长 q、基本轨后端长 q'、尖轨尖端始转辙角 β_1、尖轨转辙角 β 和尖轨辙跟支距 y_g。

设侧股轨道中心线的半径为 R_0，尖轨工作边的曲率半径为 R，则 $R = R_0 + 717.5$mm。

尖轨尖端始转辙角 β_1 是曲尖轨或导曲线工作边实际起点 B 的半径与垂直线的夹角，由图 4-44 可得：

$$\beta_1 = \arccos \frac{R - b'}{R} \tag{4-16}$$

图 4-44 中，B 点的切线为 AB，理论切点 O 与 A、B 点所形成的三角形中，有 $OA = AB$。由于始转辙角极小，可近似认为尖轨实际尖端至理论起点的距离与尖轨实际尖端至尖轨顶宽 b' 处的距离相等。则 A_0 可采用下式计算：

$$A_0 = R\tan\frac{\beta_1}{2} \tag{4-17}$$

基本轨前端长 q 是道岔与连接线路或与另一组道岔之间的过渡段。为使两组道岔对接时，道岔侧线的理论顶点能设置在道岔前端接头处，尖轨尖端前部基本轨的长度 q 应不小于 $A_0 - \dfrac{\delta}{2}$（δ 为基本轨端部轨缝）。同时，q 值还应满足轨距递变的限值，即 $q \geqslant \dfrac{S_0 - S}{i}$，$S_0$ 为尖轨尖端处的轨距值，S 为正常轨距值，i 为容许的轨距递变率，i 不应大于 6‰，q 值的长短还应考虑到岔枕的布置。我国在 9 号和 12 号标准道岔上，在满足岔枕合理布置的前提下，统一采用 $q = 2646$mm。

尖轨跟部所对的圆心角为 β，称转辙角，为：

$$\beta = \arccos \frac{R - y_g}{R} \tag{4-18}$$

由图 4-44 可知，曲线尖轨的长度为：

$$l_0 = AB + BC = A_0 + \frac{\pi}{180}R(\beta - \beta_1) \tag{4-19}$$

式（4-19）所确定的 l_0 值，应保证曲线尖轨扳开后，其最小轮缘槽应满足式（4-3）的宽度值要求。否则，应调整尖轨跟端支距 y_g，即改变 β 值，重新计算 l_0，并校核轮缘槽宽度，直至符合要求为止。

尖轨长度 l_0 对应的轮缘槽最小宽度值可通过下述方法确定。

首先确定最小轮缘槽的坐标位置 x_1（以尖轨理论切点为坐标原点）：

如图 4-45 所示，设尖轨跟端支距为 y_g，尖轨转辙杆安装在离尖轨尖端 x_0 处，尖轨的动程为 d_0；尖轨扳开后，尖轨突出处距尖轨理论起点的距离为 x，尖轨工作边与基本轨工作边之间的距离为 T。

利用曲边三角形的关系，有公式：

$$T \approx \frac{x^2}{2R} + \frac{d_0(l_0 + q - x)}{l_0 - x_0} \quad (4\text{-}20)$$

令 $\dfrac{\mathrm{d}T}{\mathrm{d}x} = 0$，则可得到尖轨最突出点（即最小轮缘槽 $t_{\min}$ 位置）距尖轨理论起点的距离 x_t 为：

$$x_t = \frac{d_0 R}{l_0 - x_0} \quad (4\text{-}21)$$

由此，可计算尖轨非工作边与基本轨工作边之间的最小轮缘槽宽 $t_{\min}$ 为：

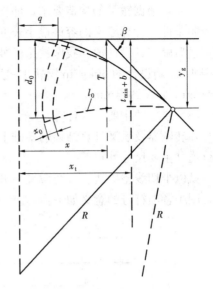

图 4-45 曲线尖轨轮缘槽

$$t_{\min} = \frac{x_t^2}{2R} + \frac{d_0(l_0 + q - x_t)}{l_0 - x_0} - b \quad (4\text{-}22)$$

尖轨的长度还与跟部的构造有关。间隔铁式尖轨跟端结构，其 l_0 可按式（4-19）计算。弹性可弯式跟端结构，按公式求得的尖轨长度还需要增加 $1.0 \sim 2.0\mathrm{m}$，以其作为尖轨跟部的固定部分。

转辙器中与曲线尖轨相对应的直向尖轨为直尖轨。直尖轨以曲线尖轨实际尖端与跟端在水平方向的投影长作为其长度，以保持两尖轨的尖端及跟端对齐。直尖轨长 l_0' 为：

$$l_0' = A_0 + R(\sin\beta - \sin\beta_1) \quad (4\text{-}23)$$

基本轨后端长 q' 主要决定于尖轨跟端联结结构、岔枕布置及配轨要求。

新设计的 $60\mathrm{kg/m}$ 钢轨 12 号提速单开道岔，转辙器中采用的是切线型尖轨，仅于尖轨尖端轨头宽 $b_2 = 2\mathrm{mm}$ 处作补充刨切，使尖端藏于基本轨轨线以内。其主要尺寸的计算原理与半切线尖轨相一致，基本参数如下：

$R = 350717.5\mathrm{mm}$，$q = 2916\mathrm{mm}$，$b_2 = 2\mathrm{mm}$，$y_g = 311\mathrm{mm}$，$l_0 = 13880\mathrm{mm}$，$l_0' = 13880\mathrm{mm}$，尖轨尖端轨距加宽值为 $2\mathrm{mm}$，导曲线理论起点离尖轨实际尖端为 $886\mathrm{mm}$，导曲线实际起点离尖轨实际尖端为 $298\mathrm{mm}$。

（2）锐角辙叉主要几何尺寸

锐角辙叉的主要尺寸包括前部长度（又称趾距）n、后部长度（又称跟距）m 及辙叉全长。

直线锐角辙叉的长度，应根据给定的钢轨类型、辙叉角或辙叉号数进行计算。首先，根据辙叉的构造要求，即夹板的孔型布置，以各个夹板螺栓顺利穿入为控制条件，计算辙叉的容许最小长度，再按岔枕布置及护轨长度等条件进行调整，最后确定其设计值。我国铁路标准 9、12 及 18 号道岔直线辙叉的长度可参见表 4-3。新设计的 60kg/m 钢轨 12 号提速道岔，锰钢固定式辙叉的长度是 $n = 2038$mm，$m = 3954$mm。

（3）道岔的主要尺寸计算

在转辙器及辙叉计算结果的基础上，应根据道岔平面几何尺寸协调性原则，进行道岔主要尺寸计算。

试以半切线型尖轨、直线辙叉单开道岔进行说明，其主要尺寸如图 4-46 所示，图中各项符号的意义如下：

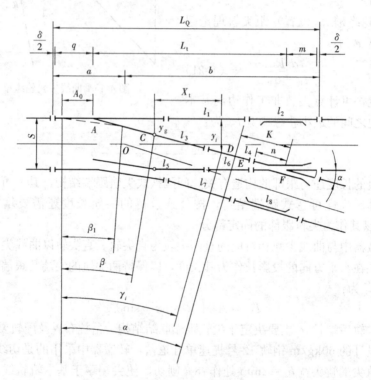

图 4-46　单开道岔总图

道岔号数 N，辙叉角 α，轨距 S，轨缝 δ，转辙角 β，尖轨长 l_0、l'_0，尖轨跟端支距 y_g，基本轨前端长 q；

辙叉前部长度 n，辙叉后部长度 m；

导曲线外轨半径 R、导曲线后插入直线长度 K。

O 点为道岔直股中心线与侧向线路中心线的交点，又称道岔中心。

需要确定的尺寸如下：

道岔前长 a（道岔前轨缝中心至道岔中心的距离），道岔后长 b（道岔中心至道岔后轨缝中心的距离）；

道岔理论全长 L_t（尖轨理论尖端至辙叉理论尖端的距离）；

道岔实际全长 L_Q（道岔前后轨缝中心之间的距离）；

导曲线后插入直线长 K，导曲线外轨半径 R。

导曲线后插入直线段 K 的作用是减少车辆对辙叉的冲击，避免车轮撞击辙叉前接头，使辙叉两侧的护轨完全置于直线上。一般要求 K 有 $2\sim4$m 的长度，最短不得小于辙叉前部长度 n 加上夹板长度 l_H 的一半，即 $K_{min} \geqslant n + \dfrac{l_H}{2}$。

道岔的主要尺寸必须满足下列几何协调关系：

将道岔外股钢轨作用边 $ACDEF$ 投影到直股中线上，得

$$L_t = R\sin\alpha + K\cos\alpha - A_0 \tag{4-24}$$

将其投影至直股中线的垂直线上，得

$$S = y_g + R(\cos\beta - \cos\alpha) + K\sin\alpha \tag{4-25}$$

通过转辙器及辙叉计算，式（4-24）及式（4-25）中 A_0、y_g，β 均为已知，其 α 及 R 由道岔设计条件选定（计算方法在 4.5 节中介绍），从而可计算 K 值：

$$K = \frac{S - R(\cos\beta - \cos\alpha) - y_g}{\sin\alpha} \tag{4-26}$$

计算中，也可先选定 K 值反求 R：

$$R = \frac{S - K\sin\alpha - y_g}{\cos\beta - \cos\alpha} \tag{4-27}$$

总之，应根据控制条件式（4-24）及式（4-25）反复调整 K 及 R，使之满足设计要求，而后分别计算 L_Q、b、a，为：

$$L_Q = q + L_t + m + \delta \tag{4-28}$$

$$b = \frac{S}{2\tan\dfrac{\alpha}{2}} + m + \frac{\delta}{2} \tag{4-29}$$

$$a = L_Q - b \tag{4-30}$$

例：60kg/m 钢轨 12 号提速道岔，曲线尖轨、固定型直线辙叉单开道岔，$N=12$，$R=350717.5$mm，$n=2038$mm，$m=3954$mm，曲线尖轨长 $l_0=13880$mm（与之对应的直线尖轨长 $l_0'=13880$mm），基本轨前端长 $q=2916$mm，$S=1435$mm，跟端支距 $y_g=311$mm，$\delta=8$mm，导曲线理论起点离尖轨实际尖端 886mm，导曲线实际起点离尖轨实际尖端 298mm（见图 4-47）。

有关计算结果如下：

据式（4-18），有

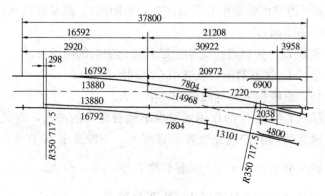

图 4-47 12 号固定型辙叉提速道岔平面主要尺寸

$$\cos\beta = \frac{350717.5 - 311}{350717.5} = 0.9991132, \beta = 2°24'47''$$

由 $N = 12$，得

$$\alpha = 4°45'49'', \cos\alpha = 0.99654580, \sin\alpha = 0.08304495$$

$$\tan\frac{\alpha}{2} = 0.0415931$$

$$K = \frac{S - R(\cos\beta - \cos\alpha) - y_g}{\sin\alpha}$$

$$= \frac{1435 - 350717.5 \times (0.9991132 - 0.99654580) - 311}{0.08304495} = 2692\text{mm}$$

$$L_t = R\sin\alpha - A_0 + K\cos\alpha$$

$$= 350717.5 \times 0.08304495 - 886 + 2692 \times 0.99654580 = 30922\text{mm}$$

$$L_Q = q + L_t + m + \delta = 2916 + 30922 + 3954 + 8 = 37800\text{mm}$$

$$b = \frac{S}{2\tan\frac{\alpha}{2}} + m + \frac{\delta}{2} = \frac{1435}{2 \times 0.04159431} + 3954 + 4 = 21208\text{mm}$$

$$a = L_Q - b = 37800 - 21208 = 16592\text{mm}$$

（4）配轨计算

一组单开道岔，除转辙器、辙叉及护轨外，在其范围内一般有 8 根钢轨，应通过计算确定其配置长度及接头位置。

配轨时，应遵循以下原则：

1）转辙器及辙叉的左右股钢轨基本长度，应尽可能一致，以简化基本轨备件的规格，并有利于左右开道岔的互换；

2）连接部分的钢轨不宜过短，小号码道岔钢轨长度一般不应小于 4.5m，大号码道岔不应小于 6.25m；

3）应保持接头相对，便于岔枕布置，并应考虑安装轨道电路绝缘接头的可能性；

4）充分利用整轨、标准缩短轨、整轨的整分数倍的短轨，做到少锯切，少废弃，选择钢轨利用率较高的方案。

单开道岔配轨计算长度应满足下列约束条件（参见图 4-46）：

$$\left.\begin{array}{l} l_1 + l_2 = L_Q - l_j - 3\delta \\[2mm] l_3 + l_4 = \left(R + \dfrac{b_0}{2}\right)(\alpha - \beta)^\circ \dfrac{\pi}{180} + K - n - 3\delta \\[2mm] l_5 + l_6 = L_t - l'_0 - n - 3\delta \\[2mm] l_7 + l_8 = q + A_0 - S_0 \tan\beta_1 + \left(R - S - \dfrac{b_0}{2}\right)(\alpha - \beta_1)^\circ \dfrac{\pi}{180} \\[2mm] \qquad\qquad + K + m - 2\delta - l_j \end{array}\right\} \quad (4\text{-}31)$$

式中　S_0——尖轨尖端处的轨距；

$S_0 \tan\beta_1$ ——曲线尖轨外轨起点超前内轨起点的距离；

　　l_j ——基本轨的长度；

　　b_0 ——轨头宽度；

α、β 以度（°）计。

现以 60kg/m 钢轨 12 号提速单开道岔为例进行说明：基本轨长 $l_j = 16584$ mm，其他数据采用以上的计算结果。遵照式（4-31），可得以下结果：

$$l_1 + l_2 = 37800 - 16584 - 3 \times 8 = 21192\text{mm}$$

取　　　　　$l_1 = 7770\text{mm},\ l_2 = 13422\text{mm}$

$$\begin{aligned} l_3 + l_4 &= (350717.5 + 35) \times (2.350555)^\circ \times 0.01745329 \\ &\quad + 2692 - 2038 - 3 \times 8 \\ &= 15024\text{mm} \end{aligned}$$

取　　　　　$l_3 = 7804\text{mm},\ l_4 = 7220\text{mm}$

$$l_5 + l_6 = 30922 - 13880 - 2038 - 3 \times 8 = 14980\text{mm}$$

取　　　　　　$l_5 = 7770\text{mm},\ l_6 = 7210\text{mm}$

$$\begin{aligned} l_7 + l_8 &= 2916 + 298 - 1437 \times 0.000337 + (350717.5 - 1435 - 35) \\ &\quad \times 4.760234^\circ \times 0.01745329 + 2692 + 3594 - 2 \times 8 - 16584 \\ &= 22271\text{mm} \end{aligned}$$

取　　　　　$l_7 = 7804\text{mm},\ l_8 = 14467\text{mm}$

（5）导曲线支距计算

根据如前所述（见 4.3.2 节）的导曲线支距计算方法，以 60kg/m 钢轨 12 号提速单开道岔为例进行说明。已知的参数为：$\beta = 2°24'47''$，$\alpha = 4°45'49''$，$y_g = 311\text{mm}$。

支距计算起始点为 $x_0 = 0$，$y_0 = y_g = 311\text{mm}$

支距计算终点坐标为：

$$x_n = R(\sin\alpha - \sin\beta) = 350717.5 \times (0.08304495 - 0.0421047) = 14358\text{mm}$$

$$y_n = S - K\sin\alpha = 1435 - 2692 \times 0.08304495 = 1211\text{mm}$$

其余各点支距可按公式（4-6）进行计算。

（6）岔枕布置

为使道岔的轨下基础具有均匀的刚性，道岔的间距应尽可能保持一致。转辙器和辙叉范围内的岔枕间距，通常采用 0.9 倍区间线路的枕木间距，其他部位取为 0.95～1 倍。设置转辙杆的一孔，其间距应适当增大。道岔钢轨接头处的岔枕间距应与区间线路同类型钢轨接头处轨枕间距保持一致，并使轨缝位于间距的中心。

铺设在单开道岔转辙器及连接部分的岔枕，均应与道岔的直股方向垂直。辙叉部分的岔枕，应与辙叉角的角平分线垂直，从辙叉趾前第二根岔枕开始，逐渐由垂直角平分线方向转到垂直于直股的方向，如图 4-48 所示。岔枕的间距，在转辙器部分按直线上股计量，在导曲线及转向过渡段按直线下股计量，在辙叉部分按角平分线计量。为改善列车直向过岔时的运行条件，可动心轨道岔中所有的岔枕均按垂直于直股方向布置，间距均匀一致，均为 600mm。

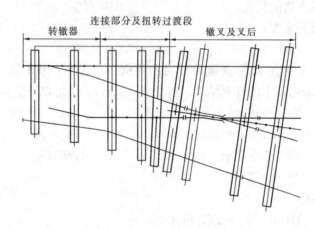

图 4-48　岔枕布置图

岔枕长度在道岔各个部位差别很大。岔枕端部伸出钢轨工作边的距离 M 应与区间线路基本保持一致，即 $M = \dfrac{2500 - 1435}{2} = 532.5 \text{mm}$。按 M 值要求计算出的岔枕长度各不相等，为减少道岔上出现过多的岔枕长度级别，需要集中若干长度相近者为一组，相差不应超过岔枕标准级差的二分之一。

4.4.3　直线尖轨转辙器的计算

直线尖轨、直线辙叉与上述的曲线尖轨、直线辙叉单开道岔的计算方法和步骤基本上一致。此外尚应注意如下特点：

（1）两根尖轨都是直线型的，因此冲击角、始转辙角和转辙角均相一致。

（2）直线尖轨的跟部结构通常采用间隔铁鱼尾板式，尖轨非工作边与基本轨工作边之间的最小距离发生在尖轨辙跟处。

（3）在导曲线与尖轨跟部之间设置一段前插入直线 k，以利于辙跟鱼尾钣的设置。

（4）侧股线路的轨距加宽要大于曲线尖轨。

4.4.4 可动心轨辙叉的计算

（1）主要参数

可动心轨需要确定的主要参数有：心轨转换过程中不发生弯折的长度 l_1，弹性肢长 l_2，转辙机的扳动力 P_2，心轨角 β，第一、第二转辙杆处的心轨动程 t_1 和 t_2 等，如图 4-49 所示。

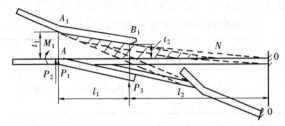

图 4-49 可动心轨辙叉

在计算中，心轨 l_1 段视为绝对刚体，l_2 段视为一端弹性可弯另一端固定的梁，在第一、第二转辙杆处作用有 P_1 和 P_3 力。根据这样的力学模型可得到上述参数的一系列计算公式。但是上述参数都是互相关连的未知量，无法直接计算出来。实用的工程方法是先假定某几个值，计算其他的量，从而得到一系列变化关系曲线。在此曲线上查找合适的数据，同时考虑构造上的要求及岔枕布置，最后定出合理的参数。

如果可动心轨只设一根转辙杆，其参数的选择主要取决于转辙设备的动程、功率的大小、心轨截面及可弯部分在心轨转换时的弯曲应力值。通常可根据工程经验，参照转辙器部分尖轨的转换条件进行选定。

（2）心轨摆动部分的长度

心轨实际尖端至弹性可弯中心的一段（图 4-49 中的 AN）为心轨摆动部分。心轨摆动部分的长短与转辙机的扳动力及摆度、心轨危险截面的弯曲应力等因素有关。心轨摆动部分的长度加长，对上述各项指标有利。

（3）辙叉趾距 n

可动心轨辙叉的最小趾距，应根据趾端的稳定性来决定，并与道岔配轨、岔枕布置等一并考虑。

（4）辙叉跟距 m

可动心轨辙叉的辙叉跟距是指辙叉轨距线交点至辙叉跟端的距离。当叉跟不设置伸缩接头时，辙叉跟距是指轨距线交点至心轨跟端间的距离，这时应满足：

$$m_{\min} \geqslant L + l_1 - \frac{t_1}{2\sin\dfrac{\alpha}{2}} \tag{4-32}$$

式中 L——长心轨的尖端至可弯中心的距离；

l_1——心轨可弯中心至辙叉跟端的距离，该值不应小于2m；

t_1——心轨尖端处的咽喉宽。

对应60kg/m钢轨12号可动心轨辙叉，辙叉跟距为5861mm。

4.4.5   几种常用普通单开道岔的主要尺寸

我国普通铁路常用普通单开道岔主要尺寸见表4-6。

几种常用普通单开道岔的主要尺寸（mm）   表4-6

| 钢轨类型（kg/m） | 道岔号数 | 道岔全长 | 道岔前部实际长 | 道岔后部实际长 | 基本轨前端至尖轨尖 | 尖轨长度 | 尖轨直线长 | 辙叉尖前直线长 | 辙叉 | | | | | | 转辙角β | 导曲线半径R |
									全长	趾距	跟距	趾宽	跟宽	辙叉角α		
60	12	37907	16853	21054	2646	11300	0	2548	5922	2125	3797	177	316	4°45′49″	1°04′18″	350717.5
	9	29569	13839	15730	2646	6450	0	2058	4307	1536	2771	170	306	6°20′25″	1°21′56″	180717.5
50	12	36815	16853	19962	2646	7700	0	2483	4557	1849	2708	154	226	4°45′49″	1°04′18″	330717.5
	9	28848	13839	15009	2646	6250	0	2115	3588	1538	2050	171	228	6°20′25″	1°19′12.7″	180717.5

4.5   列车通过道岔的容许速度及高速道岔

列车通过道岔的速度包括直向通过速度和侧向通过速度。道岔的容许速度是控制铁路区段行车速度的重要因素之一。道岔容许通过速度取决于道岔构件的强度及其平面几何形式两个方面，其中，道岔构件的强度已由试验研究证实，一般不属于控制过岔速度的因素，故而应当研究道岔平面几何形式与过岔速度的关系。

4.5.1   侧向过岔容许速度

单开道岔有转辙器、导曲线、辙叉及岔后连接线路等四个部分控制侧向通过速度，其中的辙叉部分，无论是其结构形式、强度条件或平面设计，都不是控制侧向过岔速度的关键。岔后的连接线路不属于道岔的设计范围，且一般规定，岔后连接线路的通过速度不低于道岔导曲线的容许通过速度。因此侧向通过速度主要由转辙器和导曲线这两个部位的容许速度来决定。

（1）评估道岔侧向通过容许速度的三个参数

机车车辆由直线进入道岔侧线时，道岔转辙器迫使其改变运行方向，因其半径较小，又无外轨超高，因此，必然发生车辆与钢轨的撞击。此刻，车体中的一部分动能，将转变为挤压钢轨的位能，并且伴随有未被平衡的离心加速度发生，导致尖轨的横向弹性变形和列车摇摆，影响列车运行的平稳性、舒适性和安全性。为此，道岔设计中采用以下三个基本参数来评估列车通过道岔侧线的容许速度：动能损失、未被平衡的离心加速度、未被平衡离心加速度的时变率。

1）动能损失 ω

假定撞击前后车体质量为常数，并视车体为一个作用于冲击部位的质点，同时略去道岔受冲击后的弹性变形，那么车辆撞击钢轨的动能损失，将正比于车体运行速度损失的平方。由图 4-50 可见，车轮在 C 点与直线尖轨撞击后，运行方向被迫由 $\overline{AC}$ 变成 $\overline{CB}$，运行方向上的速度由 v 变成 $v\cos\beta'$（式中 β' 为冲击角），速度的损失为 $v\sin\beta'$，若速度以 V（km/h）表示，则撞击时的动能损失为：

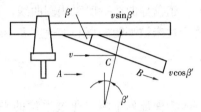

图 4-50　直线尖轨冲击角

$$\Delta\omega = \frac{1}{2}mV^2\sin^2\beta' \tag{4-33}$$

从工程实用的角度出发，取其与速度有关的部分表示动能损失，即动能损失表示为：

$$\omega = V^2\sin^2\beta' \tag{4-34}$$

车辆自直线进入道岔撞击圆曲线型尖轨时，轮缘与钢轨之间的游间 δ 与曲线半径 R、冲击角 β' 之间的关系由图 4-51 可知：

$$\delta = R(1-\cos\beta') = 2R\sin^2\frac{\beta'}{2} \tag{4-35}$$

一般 β' 很小，可近似认为：

$$\sin^2\frac{\beta'}{2} \approx \left(\frac{\beta'}{2}\right)^2 \approx \frac{1}{4}\sin^2\beta'$$

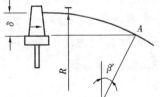

图 4-51　曲线尖轨冲击角

代入上式可得到冲击角为：

$$\beta' = \arcsin\sqrt{\frac{2\delta}{R}} \tag{4-36}$$

以此代入动能损失计算公式，可得 ω（km²/h²）：

$$\omega = \frac{2\delta}{R}V^2 \tag{4-37a}$$

为保证列车侧向过岔运行的平稳性、舒适性和安全性，ω 必须限制在一个容许值 ω_0 之内。我国道岔设计中规定动能损失的容许值 $\omega_0 = 0.65\,\text{km}^2/\text{h}^2$。

从而列车侧向通过道岔的速度应满足：

$$V \leqslant \sqrt{\frac{\omega_0 R}{2\delta}} \qquad (4\text{-}37\text{b})$$

式中 V——侧向过岔速度（km/h）；

R——导曲线半径（m）；

δ——轮轨游间（m）；

ω_0——动能损失容许值（km^2/h^2）。

2）未被平衡的离心加速度 α

道岔导曲线一般采用圆曲线，且不设超高。因此，列车在导曲线上运行时，将产生未被平衡的离心加速度 α（m/s^2），其计算式为：

$$\alpha = \frac{v^2}{R} \qquad (4\text{-}38\text{a})$$

为保证列车侧向通过道岔的平稳性、舒适性和安全性，α 必须小于容许值 α_0。我国建议 α 的容许限度值 α_0 取为 $0.5 \sim 0.65 m/s^2$，从而侧向过岔的容许速度应满足：

$$v \leqslant \sqrt{\alpha_0 R} \qquad (4\text{-}38\text{b})$$

式中 v——列车速度（m/s）；

R——导曲线半径（m）；

α_0——未被平衡加速度容许值（m/s^2）。

3）未被平衡的离心加速度时变率 ψ

车辆从直线进入道岔圆曲线时，未被平衡的离心加速度是渐变的。其单位时间内的时变率为 $\psi = da/dt$。同样，ψ 也必须控制在一个容许值 ψ_0 之内，我国规定 $\psi_0 = 0.5 m/s^3$。未被平衡的离心加速度变化，可以近似地假定为在车辆全轴距范围内完成，当导曲线不设超高时，ψ 可采用下式计算：

$$\psi = \frac{da}{dt} = \frac{v^2/R}{l/v} = \frac{v^3}{Rl} \qquad (4\text{-}39\text{a})$$

式中 l——车辆全轴距，可采用全金属客车的值，即 $l = 18m$。

从而列车侧向过岔的容许速度应满足：

$$v \leqslant \sqrt[3]{Rl\psi_0} \qquad (4\text{-}39\text{b})$$

式中单位，列车速度 $v(m/s)$，导曲线半径 $R(m)$，车辆全轴距 $l(m)$，$\psi_0(m/s^3)$。

由上可知，通过 ω、α、ψ 三个参数可以评估侧向通过道岔的容许速度，而道岔的曲线半径大小直接与过岔速度有关。

在综合考虑上述三个主要参数的基础上，结合现有各类道岔的结构情况，我国铁路线路维修规则规定，道岔的侧向容许通过速度见表4-7。

道岔侧向容许通过速度（km/h）　　　　　　表 4-7

尖 轨 类 型	道 岔 号 数					
	8	9	10	11	12	18
普通钢轨尖轨	25	30	35	40	45	80
AT 型弹性可弯尖轨	—	—	—	—	50	—

（2）提高道岔侧向通过速度的途径

根据以上分析，增大导曲线半径，减小车轮对道岔各部位的冲击角，是提高道岔侧向通过速度的主要途径。此外，加强道岔结构，也有利于提高侧向通过速度。

增大导曲线半径，同时也需要采用大号数的道岔。但道岔号数增加后，道岔的长度也相应增加。如我国 18 号道岔全长为 54m，较 12 号道岔长 17m，较 9 号道岔长 25m，从而需要相应地增加站坪长度。因而在土地使用上受到限制时，就需要采用对称道岔。在道岔号数相同时，对称道岔的导曲线半径约为单开道岔的一倍左右，可提高侧向通过速度 30%～40%。但对称道岔两股均为曲线，因而仅适用于两个方向上的列车通过速度或行车密度相接近的地段。

在道岔号数固定的条件下，改进平面设计，例如采用曲线尖轨、曲线辙叉，也可以达到加大导曲线半径的目的。

采用变曲率的导曲线，可以降低轮轨撞击时的动能损失并减缓未被平衡离心加速度及其变化率，但仅在大号码道岔中才有实际意义。导曲线设置超高，可以减缓未被平衡离心加速度及其增量，但其实施困难，且超高值很小，只能起到改善运营条件（如防止出现反向超高）的作用，而不能显著提高侧向通过速度。

4.5.2 直向过岔容许速度

（1）影响道岔直向通过速度的因素

1）道岔平面冲击角的影响

当列车逆岔直向通过时（由转辙器进入道岔），车轮轮缘将与辙叉上护轨缓冲段作用边碰撞，而当顺岔直向通过时，则将与护轨另一缓冲段作用边碰撞，如图 4-52 所示。

与护轨相似，翼轨缓冲段上也存在冲击角，产生的问题与护轨相类似，如图 4-53 所示。

图 4-52　护轨冲击角

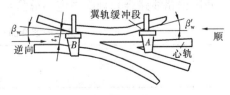

图 4-53　翼轨冲击角

在一般辙叉设计中，直向和侧向翼轨多作成对称的形式，冲击角采用与护轨相同的数值，即 $\beta_w = \beta_g$。

当列车逆向通过辙叉时，轮对若一侧车轮靠近基本轨运行，另一侧的车轮则必然发生轮缘对翼轨的冲击，其冲击角与道岔号数有关，一般常见的道岔上，其值较其他几个冲击角为大，是直向过岔速度的一个重要控制因素。我国现有的标准 12 号固定辙叉道岔，翼轨从辙叉咽喉至叉心尖端上的冲击角 β_w 可采用下式计算得出一个 $\sin\beta_w$ 的参考值。

$$\sin\beta_w = \frac{t_1 - t_2}{Nt_1} = \frac{68 - 46}{12 \times 68} = 0.0270$$

$$\beta_w = 1°32'40''$$

式中　t_1——辙叉咽喉宽；

　　　t_2——辙叉轮缘槽宽；

　　　Nt_1——辙叉咽喉至辙叉理论交点间的距离。

2）道岔立面几何不平顺的影响

车轮通过辙叉由翼轨滚向心轨时，轮踏面为一锥体的车轮逐渐离开翼轨，致使车轮下降，当其滚至心轨后，又逐渐恢复至原水平面。反之亦然。车轮通过辙叉垂直几何不平顺，引起车体的振动和摇摆。

车轮由基本轨过渡到尖轨时，锥形踏面车轮也会出现先降低随后升高的现象，车轮犹如在高低不平顺的轨面上行驶，产生附加动力作用，限制过岔速度的提高。

（2）直向过岔速度的容许值

目前尚无成熟的直向通过速度计算方法，根据我国的运营实践和试验研究，固定叉心道岔结构的直向通过速度限制为同等级区间线路容许速度的 $80\% \sim 90\%$，可动心轨道岔一般可达到区段的设计速度。

车辆直向通过道岔时，虽然不存在未被平衡离心加速度和加速度变化率的问题，但仍然有车轮对护轨和翼轨的撞击问题。作为辅助性的理论分析，也应控制轮轨撞击时的动能损失 ω 不超过容许限值 ω_0'。由于列车直向过岔时，不存在迫使其改变运动方向的问题，因而参与撞击的列车质量较侧向过岔时小很多，故 ω_0' 有较高的限值，我国规定 $\omega_0' = 9\text{km}^2/\text{h}^2$。

另外，为保证直向过岔时车轮不爬轨（主要是指辙叉咽喉至叉心尖端的翼轨部分），应取 $V\sin\beta$ 不超过某一容许限值 ω_0''。这一数值在我国取为 3km/h。

我国铁路线路维修规则规定的道岔直向容许过岔速度见表 4-8。

道岔直向容许通过速度（km/h）　　　　　　　　　　表 4-8

钢轨 (kg/m)	尖轨类型	辙叉类型	道岔号数		
			9	12	18
43	普通钢轨尖轨	高锰钢整铸	85	95	—

续表

钢轨 （kg/m）	尖轨类型	辙叉类型	道岔号数		
			9	12	18
	普通钢轨尖轨	高锰钢整铸	90	110	120
50	AT 弹性可弯尖轨	高锰钢整铸	—	120	—
	AT 弹性可弯尖轨	可动心轨	—	160	—
	普通钢轨尖轨	高锰钢整铸	100	110	—
60	AT 弹性可弯尖轨	高锰钢整铸	—	120	—
	AT 弹性可弯尖轨	高锰钢整铸（提速道岔）	140	160	—
	AT 弹性可弯尖轨	可动心轨		160	—

（3）提高直向过岔速度的途径

提高直向过岔速度的根本途径是道岔部件采用新型结构和新材料。其次，道岔的平面及构造应采用合理的型式及尺寸，以消除或减少影响直向过岔速度因素的作用，目前有以下的途径。

1）转辙器部分可采用特种断面尖轨代替普通断面钢轨，采用弹性可弯式固定型尖轨跟部结构，增强尖轨跟部的稳定性。避免道岔直线方向上不必要的轨距加宽。将尖轨及基本轨进行淬火，增强耐磨性。

2）采用活动心轨型辙叉代替固定辙叉，从根本上消灭有害空间，保证列车过岔时线路连续性。适当加长翼轨、护轨缓冲段长度，减少冲击角，或采用不等长护轨，以满足直向高速度的要求。

3）为减少车辆直向过岔时车轮对护轨的冲击，可以使用弹性护轨。

4）加强道岔的维修保养，及时修换磨耗超限的道岔零部件，经常保持道岔处于良好的技术状态。

4.5.3 我国提速道岔

我国铁路在提速工程建设中，设计了 12 号系列提速道岔，并研制了 18、30、38 号提速道岔；结合秦沈客运专线工程建设，又专门设计了 18 号和 38 号道岔。

（1）12 号提速Ⅰ型、Ⅱ型、Ⅲ型道岔

提速主型道岔即 60kg/m 钢轨 12 号单开道岔，按照直向允许通过速度和性能分为Ⅰ型、Ⅱ型和Ⅲ型，其主要结构比较见表 4-9。

60kg/m 钢轨 12 号提速道岔三种类型主要结构比较　　　　表 4-9

	Ⅰ型	Ⅱ型	Ⅲ型
道岔全长（m）	43.3	37.8	37.8
辙叉形式	可动心轨	固定型	固定型

续表

	Ⅰ型	Ⅱ型	Ⅲ型
导曲线半径(m)	350	350	350
尖轨长度(m)	13.88	12.4	12.4
尖轨线型	切线	半切	半切
轨底(顶)坡	1:40	1:40	无
直向速度(km/h)	≤200	≤160	联动内锁闭时≤120
电务结构	分动外锁闭	分动外锁闭	分动外锁闭时≤120

　　三种道岔都采用了大断面混凝土岔枕及轨距可调式弹条扣件,尖轨跟端采用弹性可弯式限位器结构,能适应跨区间无缝线路要求。可动心轨辙叉为钢轨组合式。Ⅰ型和Ⅱ型道岔还安装了外锁闭装置,提高了列车过岔安全性(外锁闭装置是一种固定辙叉尖轨的新型装置)。

　　直向 200km/h 过岔速度的 60kg/m 钢轨 12 号可动心轨单开道岔已在京秦线提速改造中铺设,其平面布置如图 4-54 所示。

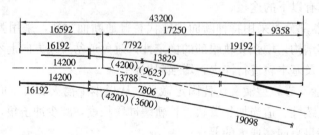

图 4-54　60kg/m 钢轨 12 号提速Ⅰ型道岔平面布置图

　　(2) 18 号提速道岔

　　60kg/m 钢轨 18 号提速道岔全长 60000mm,导曲线采用圆曲线,半径 R 为 800m。尖轨与基本轨的平面连接采用半切线型,切点在尖轨顶宽 20mm 断面处,尖轨尖端由顶宽 3mm 断面处向前 274mm 作藏尖刨切,跟部采用限位器结构,尖轨长度为 15680mm,用 60kg/m AT 轨制造,跟端为弹性可弯式。

　　可动心轨辙叉采用钢轨组合型,长度为 17392mm。心轨用 60AT 轨,长心轨后部设弹性可弯段,短心轨末端为滑动端,长心轨尖端采用热加工锻出一个"转换凸缘"直接与外锁闭装置接头铁连接,实现心轨的转换。翼轨采用长翼轨,用 60kg/m 钢轨制造。

　　牵引点布置:①尖轨设 3 个牵引点,采用分动外锁闭装置。第二牵引点距第一牵引点 3000mm,第三牵引点距第二牵引点 4200mm;第一牵引点动程为 160mm,第二牵引点动程为 122mm,第三牵引点动程为 69mm。②心轨两牵引点之间的距离为 3600mm,第一牵引点动程为 98mm,第二牵引点动程为 56mm。

　　(3) 30 号提速道岔

30 号提速道岔侧向过岔速度 120km/h，用于 5 m 线间距的渡线。

60kg/m 钢轨 30 号提速道岔全长 102400mm，导曲线采用单一的圆曲线，半径 R 为 2700m。尖轨与基本轨的平面连接采用半切线型，辙叉为曲线型可动心轨。尖轨长度为 27980mm，采用两根 60kg/m AT 轨加工焊接而成，跟端为弹性可弯式，尖轨尖端部位在顶面宽 2mm 处作藏尖刨切，刨切长度为 206mm，跟部设两个限位器。

可动心轨辙叉长度为 24596mm，心轨用 60AT 钢轨拼装制造，长心轨跟端为弹性可弯式，短心轨跟端为滑动端，采用长翼轨，用 60kg/m 钢轨制造。

心轨尾部与翼轨之间用四个铸钢间隔铁和 8 根 $\phi27$ 高强螺栓联结，螺栓扭矩为 700～900N·m，翼轨一侧的轨腰螺栓为长圆孔，容许心轨和翼轨有相对错动。当错位至极限位置时，可将区间钢轨温度力放散近 600kN，从而减少传递至翼轨、尖轨的温度力。

牵引点布置：①尖轨转换采用多点多机、分动及钩形外锁闭，共设 6 个牵引点。各牵引点间距为 3.8m，最后两点间为 3.7m。第一牵引点至第六牵引点的动程分别为 120mm、110mm、100mm、85mm、65mm、23mm。②心轨转换采用多点多机及燕尾形外锁闭，共设 3 个牵引点。各牵引间距为 3.2m 和 3.8m。第一牵引点至第三牵引点动程分别为 97.5mm、76mm、50mm。

18 号、30 号、38 号提速道岔的主要尺寸如表 4-10 所示。有关 18 号提速道岔的平面布置如图 4-55 所示。

18 号、30 号、38 号提速道岔的主要尺寸（mm）　　　　表 4-10

道岔号数	道岔全长	道岔前部实际长	道岔后部实际长	基本轨前端至尖轨尖	尖轨长度	辙叉				导曲线半径 R	允许通过速度（km/h）	
						全长	趾距	跟距	辙叉角 α		直向	侧向
18	60000	22744	37256	3520	15680	17392	4146	13246	3°10′47″	800000	160	80
30	102400	42701	59699	3620	27980	24592	7938	16645	1°54′33″	2700000	200	120
38	136200	48771	87429	3165	37630	29392	5521	23871	1°30′26.8″	3300000	250	140

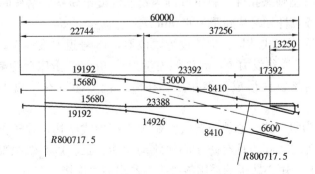

图 4-55　18 号提速道岔的平面布置图

（4）我国秦沈客运专线 18 号、38 号高速道岔

1）秦沈客运专线 18 号和 38 号道岔主要技术性能指标及参数

（A）动能损失 $\omega \leqslant 0.5 \text{km}^2/\text{h}^2$。

（B）未被平衡离心加速度 $a \leqslant 0.5 \text{m/s}^2$。

（C）未被平衡离心加速度时变率 $\Psi \leqslant 0.4 \text{m/s}^3$（圆曲线用 $0.5 \sim 1.0 \text{m/s}^3$ 进行校核）。

（D）夹直线长度 $L \geqslant 0.4v$（v 为设计行车速度），困难条件下不小于 20m。大号码道岔夹直线长度不满足要求时，采用两反向缓和曲线直接连接。

（E）18 号道岔导曲线采用 $R=1100$m 单圆曲线，38 号道岔采用 $R=3300$m 圆曲线＋三次抛物线。

（F）18 号和 38 号道岔设计速度直向 250km/h；侧向过岔速度：其 18 号道岔为 80km/h，38 号道岔为 140km/h，且满足旅客列车舒适度要求。

秦沈客运专线 18 号和 38 号道岔主要参数如表 4-11 所示。

秦沈客运专线 18 号和 38 号道岔主要几何尺寸　　　　　　　表 4-11

道岔号数	导曲线形式及参数	尖轨长度 (m)	辙叉长度 (m)	长心轨长度 (m)	侧向护轨长度 (m)	道岔全长 (m)	拉杆数量	设计允许通过速度 (km/h)	
								直向	侧向
18	圆曲线 $R=1000$m	22.01	18.596	13675	7.5	69	3+2	250	80
38	圆曲线 $R=3800$m＋三次抛物线	37.60	29.392	23875	10	136.2	6+3	250	140

2）秦沈客运专线 18 号和 38 号道岔主要结构特征

（A）钢轨件全部采用 60kg/m PD$_3$ 钢轨制造。道岔设 1：40 轨底坡（尖轨、心轨、翼轨设 1：40 轨顶坡）。

（B）采用Ⅲ型弹条扣件。轨下基础为钢筋混凝土轨枕。岔枕间距按 600mm 设置（设置电务拉杆处岔枕间距为 650mm）。

（C）尖轨为藏尖式结构。尖轨设置限位器，18 号道岔设一个，允许伸缩量为 ±10mm；38 号道岔设两个，允许伸缩量为 ±10mm。滑床台为减磨式，下设弹片对基本轨内侧轨底形成弹性扣压。在滑床台上还设有斥离尖轨防跳限位装置。

（D）心轨为组合式。心轨与翼轨密贴段为藏尖式结构，并于翼轨的轨腰安装卡铁扣压心轨的轨底，具有防止心轨跳动功能。长、短心轨跟部为弹性可弯（部分轨底刨切），短心轨跟端采用斜接头与岔跟尖轨连接。

（E）为提高翼轨强度，满足电务转换空间要求，翼轨采用 60AT 轨锻压成

型，其平直段长度为 530mm，两端与 60kg/m 钢轨焊接。翼轨跟端与心轨采用三块间隔铁通过高强度螺栓连接。

（F）道岔直股不设护轨，侧股设 H 型护轨，采用 50kg/m 标准轨制造。护轨顶面高出基本轨顶面 12mm；护轨冲击角：18 号道岔为 $29'17''$，38 号道岔为 $20'16''$。

（G）18 号道岔尖轨设置三个牵引点，心轨设置两个牵引点。38 号道岔尖轨设置六个牵引点，心轨设置三个牵引点。均采用分动钩形外锁闭装置，未设密贴检查器。转换设备安装在混凝土岔枕上。

（H）道岔绝缘接头为胶结结构。钢轨件全部焊接。道岔始、终端与区间钢轨焊连成为跨区间无缝线路。

比较以上提速道岔的类型可知，同一标准道岔号码可能对应有诸多的图号，其几何参数与结构特征不尽相同，因此而形成了我国道岔的复杂体系，在工程实际应用中可通过查阅技术档案与实物识别等途径予以确认。

4.5.4 高 速 道 岔

（1）国外高速道岔发展概况

1964 年 10 月，日本建成世界第一条高速铁路后，高速铁路在欧美发达国家得到长足的发展，高速道岔技术取得显著的进步，先后出现了法国的 20、33、46 及 65 号；德国的 18.5、26.5 及 42 号；日本的 16、18 号；美国的 20、24 号（对称）以及苏联的 18、22 号等大号码道岔，从而将容许过岔速度提高到直向 160～200～250km/h，侧向 80～120～160～200km/h。1990 年法国铁路创造了 501km/h 的直向过岔速度。法国、德国和日本高速铁路的道岔线型、结构设计各有特点，主要型号和参数见表 4-12。

法国、德国和日本高速铁路道岔的主要几何特征　　　　表 4-12

国别	道岔号数	道岔侧股线型	道岔全长（m）	允许通过速度（km/h）		注
				直向	侧向	
法国	1：15.3	圆曲线，$R=820m$	53.5	300	80	用于正线与到发线的连接
	1：46	圆曲线 $R3000m$（3550）＋三次抛物线（→∞）	136.7/136.9	300	160/170	① 用于线间距为 4.2m 的渡线；② 分母为改进型
	1：65	圆曲线，$R6720m$（7350）＋三次抛物线（→∞）	193.4/193.7	300	220/230	① 用于高速线区间出岔；② 分母为改进型

续表

国别	道岔号数	道岔侧股线型	道岔全长 (m)	允许通过速度 (km/h)		注
				直向	侧向	
德国	1∶32.5	$R6000m+R3700m$	122.252	300	160	
	1∶39.11	三次抛物线＋$R4000m$＋三次抛物线	141.088	300	160	
	1∶41.5	三次抛物线＋$R6100m$＋三次抛物线	164.292	300	200	为西班牙设计，用于线间距4.3m的渡线
	1∶42	复曲线 $R7000m+R6000m$	154.266	300	200	
日本	18	圆曲线，$R=1106m$	71.349	300	70	用于正线与到发线的连接
	38	复曲线 $R8400m+R4200m$＋$R8400m$	134.790	300	160	用于高速线区间出岔

1）法国高速铁路道岔

46 号道岔侧向允许通过速度为 160km/h，用于连接线间距为 4.2m 的渡线，两反向道岔直接连接。初期设计采用 $R=3000m$ 的圆曲线与三次抛物线组合，后来将尖轨前段圆曲线半径改为 $R=3550m$，使侧向速度提高到 170km/h。新 46 号道岔的欠超高为 96mm，欠超高时变率 39mm/s，全切线型尖轨（长 44.5m），道岔全长 136.743m。

65 号道岔仍采用圆曲线＋三次抛物线，早期侧向设计速度为 220km/h，随后将圆曲线半径加大，侧向速度达 230km/h。

2）德国高速铁路道岔

道岔号码有 14 号、18.5 号、26.5 号、32.5 号、39.11 号、41.5 号和 42 号。允许通过速度直向一般为 250km/h，侧向因道岔的号数不同而不同。14 号、18.5 号道岔一般用于正线与到发线的连接，32.5 号、42 号道岔一般用于区间渡线或两条高速线的连接。

32.5 号道岔侧向允许通过速度为 160km/h，其线型为 $R6000/R3700$ 的复圆曲线。后来又将该道岔线型改为缓和曲线＋圆曲线（$R4000$）＋缓和曲线，未被平衡的离心加速度 0.5m/s²，道岔全长 141.088m，线间距 4.0m，号数改为 39.11 号。42 号道岔侧向允许通过速度为 200km/h，早期采用的线型为 $R7000/R6000$ 的复合圆曲线，后改为缓和曲线＋圆曲线（$R6100$）＋缓和曲线，道岔全长 164.292m，号数改为 41.5 号。最近又将 $R6100m$ 改为 $R8000m$，侧向允许过岔速度提高到 220km/h，道岔全长增加到 183m。

3）日本新干线道岔

中间站正线与到发线的连接一般采用 18 号道岔。该道岔全长 $L=71.349m$，前端长 $a=32.890m$，后端长 $b=38.459 m$，辙叉角 $\alpha=3°11'$，线型为单圆曲线，

导曲线半径 $R=1106$m。尖轨采用特种断面轨制造，长 18m。转换采用一机三点联动方式，设置密贴检查器。尖轨跟部弹性可弯段轨底刨切。尖轨、心轨不设限位器。翼轨、心轨采用锰钢制造，心轨的短肢采用类似于伸缩调节器的方式与曲股连接，翼轨、心轨的长肢与钢轨采用胶结或冻结方式连接。心轨采用一机两点的转换方式。无密贴检查器。扣件采用弹簧压板式，轨枕为合成材料制成的弹性枕。允许通过速度直向 300km/h、侧向 70km/h（设计为 80km/h）。

目前新干线只有一组 30 号道岔，铺设在上越新干线高崎站新潟方向 3.3km 处，允许通过速度直向 300km/h、侧向 160km/h。道岔全长 134.790m，辙叉角 $\alpha=1°30'28''$，线型采用复曲线，半径为 8400m＋4200m＋8400m，欠超高允许值 90mm，欠超高时变率 85mm/s，离心加速度时变率 0.57m/s³。

表 4-13 列出了法国、德国、日本三国高速道岔的主要结构特征。

法国、德国和日本高速道岔的主要结构特征　　　　　表 4-13

国别	道岔轨型	转辙器	辙叉	轨下基础	注
法国	UIC60	UIC60A 藏尖式可弯尖轨，带 1：40 轨底坡（轨顶坡），尖轨联动，多点牵引转换，有外锁闭装置	可动心轨辙叉，UIC60A 组合心轨，高锰钢铸造翼轨并与标准轨焊接	预应力混凝土岔枕	可动心轨辙叉区直侧向均设置护轨，心轨双弹性肢
德国	UIC60	Zul-60 藏尖式可弯尖轨，带 1：20 轨底坡（轨顶坡），尖轨分动，多点牵引转换，有外锁闭装置，弹性滑床板	可动心轨辙叉，Vol-60 特种断面与标准轨焊接心轨，标准轨制造翼轨	预应力混凝土岔枕	可动心轨辙叉区不设护轨，心轨有双弹性肢及侧股斜接头 2 种形式
日本	60	90S 藏尖式可弯尖轨，带 1：40 轨底坡（轨顶坡），尖轨联动，多点牵引转换，内锁闭装置	可动心轨辙叉，高锰钢铸造翼轨及心轨（经焊接）及标准轨制造翼轨＋90S 焊接心轨	板式基础	可动心轨辙叉区，侧向设防磨护轨，心轨侧股斜接头滑动端

（2）我国铁路高速道岔发展概况

我国铁路高速道岔的研发始于 2005 年 5 月，并分别于 2006 年研制出 250km/h 有砟轨道与无砟轨道高速道岔；2008 年研制出 350km/h 无砟轨道高速道岔；2012 年时速 350km/h 的 60kg/m 钢轨 62 号无砟轨道高速道岔在哈大高铁长春西站试验成功。据 2014 年统计，我国已铺设 3000 组客运专线高速道岔，成为世界上使用高速道岔数量最多的国家。我国高速道岔的系列为 18 号、42 号和 62 号，其中 18 号道岔用于正线和到发线；42 号道岔用于渡线和上下高速线；62 号道岔主要用于上下高速线。以下分别介绍其主要技术特征。

1) 设计参数和平面线形

道岔设计参数：

未被平衡的离心加速度允许值 α 为 $0.5\text{m}/\text{s}^2$；

未被平衡的离心加速度时变率 ψ 为 $0.4\text{m}/\text{s}^3$；

道岔平面线形：

18 号道岔采用单圆曲线形；客货共线铁路，250km/h 道岔尖轨采用相离式（尖轨与基本轨切线相离 12mm）半切线尖轨线形；42 号和 62 号道岔采用圆曲线＋缓和曲线线形，如表 4-14 所示。

中国高速道岔设计参数及线形 表 4-14

道岔号数	18	42	62
道岔直向允许速度(km/h)	250/350	250/350	350
道岔侧向允许速度(km/h)	80	160	220
平面线形	单圆曲线 $R1100$	圆缓，$R5000$＋三次抛物线	圆缓，$R8200$＋三次抛物线
道岔全长(m)	69.000	157.200	201.000
道岔前长(m)	31.729	66.573	70.784
道岔后长(m)	37.271	96.627	130.216

2) 高速道岔主要结构特征

钢轨件：基本轨和导轨采用中国 60kg/m 钢轨制造。尖轨和心轨采用 60D40 钢轨制造。护轨采用 33kg/m 槽形钢制造，侧面工作边进行淬火处理。钢轨件材质为 U71Mn (k) 或 U75V，并与区间线路钢轨材质一致。

尖轨跟端结构：尖轨跟端锻压成中国标准 60kg/m 钢轨断面，成型段长度为 450mm，过渡段长度为 150mm。尖轨跟端的基本轨内侧采用弹性夹扣压，外侧采用 II 型弹条扣压。

滑床板的弹性扣压及减摩系统：道岔转辙器部分采用滑床板弹性扣压及减摩系统，图 4-56 是减摩滑床板的弹性夹结构，可视其尖轨长度与转换位移大小，设置滚轮滑床板（见图 4-14），其余滑床板均采用镍基合金（MoS$_2$）自润滑减摩

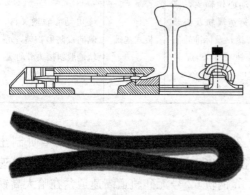

图 4-56 减摩滑床板的弹性夹结构

涂层。

特种断面翼轨：翼轨采用特种断面轧制轨，其顶面设置 1：40 轨顶坡，在翼轨趾端进行 1：40 扭转，轨端 450mm 范围内形成 1：40 的轨底坡并进行标准断面加工。

可动心轨结构：心轨采用 60D40 钢轨，叉心采用长短心轨拼接组合结构。250km/h 道岔心轨采用垂直藏尖结构；350km/h 道岔心轨采用水平藏尖结构，心轨尖端水平藏入翼轨内，如图 4-57 所示。

翼轨跟端结构：18 号道岔采用大间隔铁，并与心轨和翼轨胶结。大号码道岔除翼轨跟端设置大间隔铁之外，两心轨间也需设置间隔铁，并将心轨与其下部的大垫板连接，使之翼轨跟端得到最大限度的加强，如图 4-58 所示。

图 4-57　水平藏尖式心轨结构　　　　图 4-58　18 号道岔翼轨跟端结构

护轨结构：18 号道岔侧向设置护轨，并采用 33kg/m 槽形钢制造，侧面工作边进行淬火处理，垫板采用焊接方式，如图 4-59 所示。基本内侧采用弹性夹扣压，外侧采用 II 型扣件扣压。

图 4-60 是 350km/h 无砟轨道 18 号道岔厂内组装图。

图 4-59　18 号道岔护轨　　　　图 4-60　350km/h 无砟轨道 18 号道岔厂内组装图

4.6 特 种 道 岔

本节主要介绍常用的对称道岔、交分对称及三开道岔。在这里，统称为特种道岔。

4.6.1 对 称 道 岔

对称道岔是单开道岔的一种特殊形式，它具有以下特点：

（1）整个道岔对称于主线的中线或辙叉角的中分线，列车通过时无直向及侧向之分。

（2）尖轨长度相同时，尖轨作用边和主线方向所成的交角约为单开道岔之半。

（3）导曲线半径相等时，对称道岔的长度短于单开道岔，其他条件相同时，导曲线半径约为单开道岔的两倍。

（4）比之同号的单开道岔，可缩短道岔长度。

由于对称道岔的以上特点使其在编组站驼峰下、三角线上获得广泛应用，并用于工业铁路线和城市轻轨线上。对称道岔还可铺设在场地狭窄的主要线路上。

对称道岔也有直线尖轨和曲线尖轨之分。常用的曲线尖轨为半切线型圆曲线尖轨。我国标准的 $6\frac{1}{2}$ 号对称道岔为直线尖轨、直线辙叉；6 号对称道岔为曲线尖轨、直线辙叉。

计算中，应注意对称道岔的特点。由于对称道岔号数小，长度短，其基本轨前端长可酌情缩短，但不能小于夹板长度之半再加上 $10\sim15\mathrm{mm}$ 的余量。K 的最小值 $K_{\min}$，在困难时也可取辙叉的趾端长，即 $K_{\min} \approx n$。在对导曲线支距进行计算时，以辙叉角的中分线为基线（与单开道岔不相同），以正对跟端的一点为坐标原点。

图 4-61 所示为一直线尖轨的对称道岔。将外股轨线投影到纵轴和横轴上，便可得到有关的计算公式：

$$L_\mathrm{t} = l_0 \times \cos\beta' + R_0'\left[\sin\frac{\alpha}{2} - \sin\beta'\right] + K\cos\frac{\alpha}{2}$$

$$L_\mathrm{Q} = q + L_\mathrm{t} + m\cos\frac{\alpha}{2} + \delta$$

$$b = \frac{S}{2\mathrm{tg}\dfrac{\alpha}{2}} + m + \frac{\delta}{2} \tag{4-40}$$

$$a = L_\mathrm{t} - \frac{S}{2\sin\dfrac{\alpha}{2}} + q$$

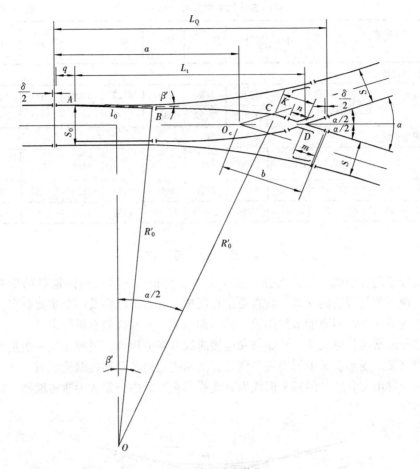

图 4-61 对称道岔

导曲线的支距计算公式为:

$$x = 0, \quad y_0 = \frac{S_0}{2} - l_0 \sin\beta'$$

$$x = x_i, \quad y_i = y_0 - R'_0 (\cos\beta' - \cos\alpha_i) \quad (i = 1, 2, \cdots)$$

$$\alpha_i = \sin\beta' + \frac{x_i}{R'_0} \qquad\qquad (i = 1, 2, \cdots)$$

$$y_n = y_0 - R'_0 \left(\cos\beta' - \cos\frac{\alpha}{2}\right) = K \times \sin\frac{\alpha}{2}$$

$$x_n = R'_0 \left(\sin\frac{\alpha}{2} - \sin\beta'\right) \tag{4-41}$$

我国对称道岔的主要尺寸见表 4-15。

对称道岔的主要尺寸（mm）　　　　　　　　　　　　　　　表 4-15

N	钢轨类型（kg/m）	α	R	L	a	b	q	n	m	L_0
1. 标准设计										
6	50	9°27′44″	175000	17457	7437	8699	1335	1220	1321	4100
6	43	9°27′44″	180000	17457	7437	9699	1335	1220	1321	4500
2. 旧型道岔										
$6\frac{1}{2}$	43	8°44′46.18″	179282.5	20008	8717	11268	1014	1119	1882	4207
6	43	9°27′44″	180000	17457	7437	9994	1373	1220	1321	6250
9	43	6°20′25″	300000	25354	10329	15009	1280	1538	2050	5500

4.6.2 交 分 道 岔

交分道岔有单式、复式之分。复式交分道岔相当于两组对向铺设的单开道岔，实现不平行股道的交叉，具有道岔长度短，开通进路多及两个主要行车方向均为直线等优点，因而能节约用地，提高调车能力并改善列车运行条件。

交分道岔由菱形交叉、转辙器和连接曲线等部分组成。菱形交叉一般是直线与直线交叉。菱形交叉由两副锐角辙叉、两副钝角辙叉及连接钢轨组成。

我国常用交分道岔的基本形式为直线菱形交叉和内分复式尖轨转辙器，如图4-62 所示。

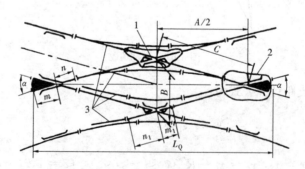

图 4-62　固定型钝角辙叉平面图
1—钝角交叉；2—锐角交叉；3—尖轨

我国标准的 9 号和 12 号交分道岔均采用半切线型尖轨，尖轨位于菱形交叉之内，跟端采用可活动型夹板间隔铁式结构。

钝角辙叉有固定型和可动心轨两种。固定型钝角辙叉，如图4-63 所示，因受地形限制，无法像锐角那样设置单独的护轨，只能依靠与之相对的另一钝角辙叉的护轨，来保证车轮通过有害空间时自身叉心不受轮缘的撞击。这个"自护长

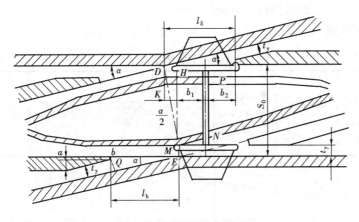

图 4-63　固定型钝角辙叉

度" l_{δ} 由菱形交叉上两相对钝角辙叉弯折点间的位置差 DH 、一侧车轮轮对中线至车轮与护轨接触点间的距离 $MN = HP$ 以及另一侧车轮轮对中线至车轮与叉心接触点间的距离 PT 三部分组成，如图 4-63 所示。l_{δ} 随钝角辙叉号数的增大而减小。根据计算，6 号以下的固定型钝角辙叉，自护长度 l_{δ} 大于有害空间 l_{h} ，因而能完全自行防护。8 号及以下者 l_{δ} 已稍大于 l_{h} ，但差值不大，车轮尚可借助运行的惯性闯过这一段空间，勉强能进行自护。对辙叉号数为 9 号及以上的菱形交叉，则必须采用可动心轨钝角辙叉。

　　用于交分道岔的可动心轨型钝角辙叉，由基本轨、帮轨、活动心轨、扶轨、轨撑和其他连接零件组成，如图 4-64 所示。

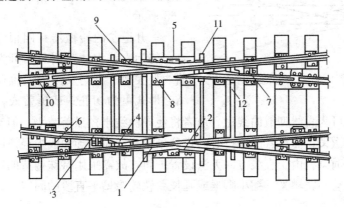

图 4-64　可动心轨型钝角辙叉

1—基本轨；2—帮轨；3—活动心轨；4—扶轨；5、6—轨撑；

7—防跳卡铁；8、9—垫板；10—辙跟夹板；11—拉杆；12—连接杆

　　左右两根活动心轨用一根拉杆一根转辙器连接在一起，用一台转辙机联动。整个交分道岔上，用 4 根转辙杆操纵，两根操纵尖轨，另外两根操纵活动心轨，

通过不同组合，达到改换行车方向的目的。

在我国铁路上常用的 9 号、12 号交分道岔见表 4-16。

交分道岔主要尺寸（mm）　　　　　　　　　表 4-16

N	钢轨类型（kg/m）	辙叉角度 α	导曲线半径（股道中心） R	道岔全长 L	道岔中心至辙叉跟端的距离 b	尖轨长度 l_0	活动心轨长度 L_0
12	60	4°45′49″	380000	42132	21054	7450	3800
	50			39950	19962	7400	4200
	43					7405	—
9	60	6°20′25″	220000	31490	15730	5310	2771
	50			30050	15009	5250	3700
	43					5256	

4.6.3 三 开 道 岔

三开道岔，又称复式异侧对称道岔，是复式道岔中使用较多的一种形式。它相当于两组异侧顺接的单开道岔组合，但其长度却远小于两组单开道岔的长度之和，因此，常用于铁路轮渡桥头引线、驼峰编组场以及地形狭窄等特殊地段。

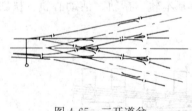

三开道岔由一组转辙器，一组中间辙叉和二组同号数的后端辙叉所组成，如图 4-65 所示。

三开道岔的转辙器有四根尖轨，其中直向的为直线尖轨，侧向的可为直线型或曲线型尖轨。直向及侧向尖轨在构造上的结合形式可为切底式或覆盖式。中间辙叉的平面形式可为直线型或曲线型。前者将使导曲线半径显著减小，但有可能采用标准型号的辙叉；而后者能保持其与道岔号数相适应的导曲线半径。两组后端辙叉多为对称铺设。由于直线方向无法设置护轨，故需采用特殊构造的辙叉，如自护辙叉、可动心轨辙叉、缩小咽喉或延长翼轨轮缘槽平直段的固定式锐角辙叉等措施。

图 4-65　三开道岔

三开道岔结构复杂，维修困难，运行条件差，不宜轻易采用。

4.7 轨 道 连 接

轨道连接有岔线、渡线、梯线以及回转线等多种形式。

4.7.1 岔 线

岔线有直线出岔和曲线出岔两种。线路从直线上出岔后，在道岔尾部，应有一段插直线 g，如图 4-66 所示。g 值一般不小于 12.5m。后接曲线的半径 r 不应小于道岔的导曲线半径。

在线路的曲线地段铺设道岔，称为曲线出岔。具体做法是将曲线中的一部分取直，在这一直线段上铺设道岔，而在这一直线段的前后，对原有曲线作相应调整，使之圆顺地连接。

曲线取直的方法有弦线取直、切线取直和割线取直三种，其中以割线取直时线路的总移动量最小。

割线取直法，如图 4-67 所示。原曲线的一部分 ACB，被一段割线 FG 和两条连接曲线 ADF 和 GEB 所代替。FG 为取直的割线，道岔便铺设在这一直线上。

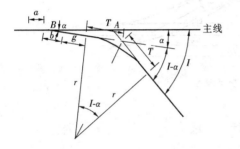

图 4-66　直线出岔的岔线

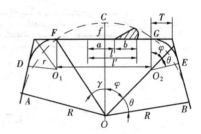

图 4-67　曲线出岔的岔线

割线 FG 应取标准道岔的全长加 30～40m，使道岔前后各有一段 15～20m 的直线。两端连接曲线的半径 r，决定于列车在曲线 DF 和 GE 上的通过速度。若不大于列车侧向过岔速度，可取道岔导曲线的半径，否则，应尽可能地接近原曲线的半径 R。改动后的线路参数可通过计算求得。

4.7.2 渡 线

渡线用于平行股道之间的连接。渡线分正常渡线、缩短渡线和交叉渡线三种。

正常渡线由两组类型和号数相同的道岔组成，道岔的尾部用一直线段连接，如图 4-68 所示。正常渡线一般适用于线间距 $D \leqslant 7m$ 时的平行股道间的连接。

在股道线间距大于 7m 的场合或渡线长度必须缩短的部位，可使用缩短渡线。两个道岔的尾部用一段反向曲线来代替直线，如图 4-69 所示。

交叉渡线由 4 组类型和号数相同的单开道岔和一组菱形的交叉以及连接钢轨组成，如图 4-70 所示。交叉渡线仅用于个别特殊场合。

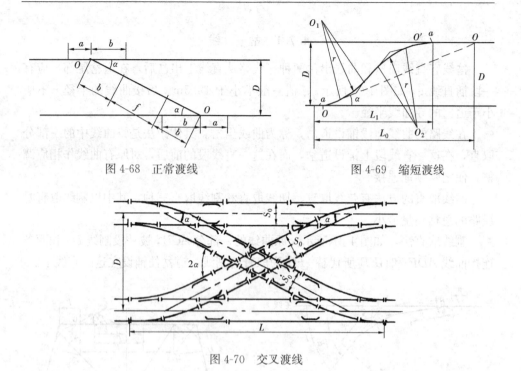

图 4-68　正常渡线　　　　　　　　图 4-69　缩短渡线

图 4-70　交叉渡线

4.7.3　梯　线

用若干组单开道岔连接一系列平行股道的线路称为梯线。梯线在编组场中有广泛的应用。

梯线按道岔组合方式的不同，分为正常梯线、缩短梯线、扇形梯线以及复式梯线等。

（1）正常梯线

凡连接各平行股道的道岔依次排列于梯线上，且所有道岔号数均相同，称之正常梯线。

正常梯线的形式有两种，一种是其本身就是牵出线的延长线，另一种是其与牵出线呈 α 角，如图 4-71 所示。

在梯线上设置道岔应注意在道岔间设置插直线长度 f，其值应符合表 4-17 的规定。

道岔间插入线长 f 值（m）　　　　　　　　　　　　　　表 4-17

道岔布置	线别	在正规列车同时通过两侧向时	
		一般情况下的最小长度	困难情况下的最小长度
直向通过速度 $v=140\text{km/h}$	正线	12.5	

续表

道岔布置	线别	在正规列车同时通过两侧向时	
		一般情况下的最小长度	困难情况下的最小长度
直向通过速度 $v<140$ km/h，位于基线异侧的两个对向道岔	正线	12.5	6.25
	到发线	6.25	6.25
	其他线站及次要线	0	0
位于基线同侧的两个对向道岔	正线	6.25	6.25
	到发线	6.25	0
	其他线站及次要线	0	0
位于基线异侧的两个同向道岔	正线	6.25	4.5
	到发线	4.5	0
	其他线站及次要线	0	0

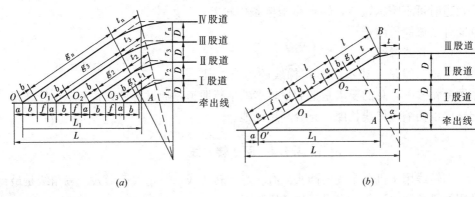

(a)　　　　　　　　　　　　(b)

图 4-71　正常梯线

(a) 梯线为牵出线；(b) 梯线与牵出线成 α 角

（2）缩短梯线

梯线与牵出线的倾角 δ 大于辙叉角 α 时，称之为缩短梯线。其梯线在牵出线上的投影长要明显小于正常梯线的投影长，因而可增加股道的有效长度，如图 4-72 所示。

由图 4-72 可知，梯线与牵出线所呈的倾角 δ 愈大，梯线在牵出线上的投影愈短，则股道的有效长相应增加。这时有：

$$\sin\delta = \frac{D}{a+f+b} \qquad (4\text{-}42)$$

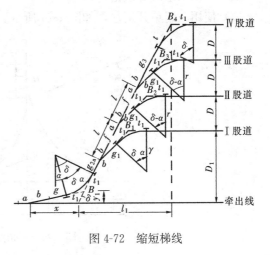

图 4-72　缩短梯线

梯线上两相邻道岔间的直线段 f，在一般情况下不应小于 $6.25\mathrm{m}$。正常的 δ 角为 δ_0，即

$$\delta_0 = \arcsin \frac{D}{a+6.25+b} \tag{4-43}$$

随着 f 的减小 δ 角增大，极限的情况是 $f=0$，这时极限角 $\delta_{\max}$ 为 $\arcsin \frac{D}{a+b}$。这种缩短梯线称为极限缩短梯线。

（3）扇形梯线

扇形梯线的各股道依次在前一股道上出岔，梯线不再是一条直线，而成为一条扇形线，如图 4-73 所示。扇形梯线适用于股道转角比较大的停车场、调车场、货场和机务段等。其优点是扳道时可不跨越轨道，缺点是瞭望条件较差，且向外增添股道困难。

（4）复式梯线

复式梯线是上述不同形式梯线的组合。其布置变化多样，总的要求是把数量较多的平行股道，通过各种方式和牵出线连接起来，以便缩短梯线长度，充分利用场地。

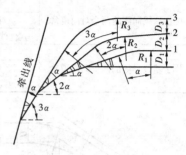

图 4-73　扇形梯线

4.7.4　回　转　线

回转线用于机车车辆的调头。有转盘、转头线、三角线等形式。三角线是最常用的机车转向设备，多设于机务段附近。

三角线可以有几种不同的形式：

（1）使用一组对称道岔及两组单开道岔；

（2）使用三组对称道岔；

（3）使用三组单开道岔，如图 4-74 所示。

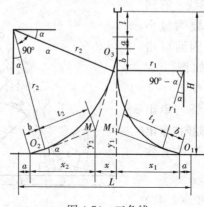

图 4-74　三角线

其中第三种使用形式最为普遍。三角线运行可靠,但占地面积较大。

4.7.5 道岔与曲线的连接

道岔前部或后部与曲线的连接需考虑曲线轨距加宽,并于道岔与圆曲线之间插入一直线过渡段。对于曲线半径为350m及以上的曲线,轨距不需加宽。

道岔与圆曲线之间的直线过渡段如图4-75所示,其长度 f 应根据轨距加宽及其递减率来确定,其值见表4-18。如果连接曲线设有缓和曲线,可不插入此直线过渡段。道岔后的连接曲线,其半径不应小于道岔的导曲线半径,通常在500m、400m、300m或200m系列中取用最大值,以改善列车运行条件。

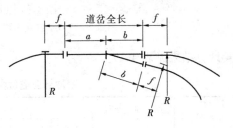

图4-75 道岔与圆曲线之间的过渡段

道岔至圆曲线的直线过渡段的长度 f(m) 表 4-18

道岔前后圆曲线半径	曲线轨距加宽值	直线过渡长度 f		
		正线,加宽递减率1‰	到发线,递减率2‰	其他站线,递减率3‰
650~451	0.005	5	2.5	2
450~351	0.010	10	5	3.5
350以下	0.015	15	7.5	5

道岔应尽量避免布置在竖曲线范围内。在困难条件下,设有道岔的竖曲线半径在正线及到发线上不小于10000m,在其他线路上不小于5000m。但正线道岔范围内不得设置竖曲线。

4.7.6 警冲标和信号机位置的确定

警冲标和信号机是车站上重要的安全指示设备,又是划分股道有效长度的标志。设计车站时,需确定警冲标和信号机至道岔岔心的距离,并在设计图上标定它们的位置。它们又和轨道电路有一定关系。

(1) 无轨道电路的警冲标

1) 警冲标的位置:警冲标设于两股道汇合处,机车车辆应停在股道的警冲标以内,以保证邻线列车安全运行。

警冲标的位置,在直线段设在距离相邻线路中心各为2m处,如图4-76 (a) 所示。以机车车辆的半侧限界1.7m,加上0.3m富余间隙而定。曲线地段警冲标应考虑曲线的限界加宽,设 W_1 为轨距加宽值,警冲标至曲线线路中心的距离应为 $2+W_1$,如图4-76 (b) 所示。

警冲标至道岔中心距离,与道岔号数、线间距及连接曲线半径等因素有关,

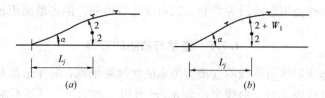

图 4-76　警冲标的位置

(a) 在直线处；(b) 在曲线处

其计算结果见表 4-19。

警冲标至道岔中心距离 L_j（m）　　　　　表 4-19

道岔号数	连接曲线半径 (m)	下列线间距离时 L_j 值（m）							
		4.6	5.0	5.2	5.3	5.5	6.5	7.0	7.5
9	200	40.0	37.7	37.2	37.1	36.9	36.2	36.2	36.2
	300	41.4	39.0	38.2	37.3	37.3	36.4	36.2	36.2
	350	42.5	39.6	38.8	38.4	37.8	36.5	36.2	36.2
	400	47.3	40.5	39.4	39.0	38.4	36.6	36.4	36.2
	500	46.4	42.5	41.2	40.6	39.7	37.1	36.6	36.4
12	350	51.5	49.3	48.9	48.8	48.6	48.1	48.1	48.1
	400	52.0	49.7	49.1	48.9	48.7	48.1	48.1	48.1
	500	53.3	50.6	49.8	49.5	49.0	48.1	48.1	48.1
	600	55.0	51.6	50.6	50.2	49.6	48.3	48.1	48.1

2）进站信号机的位置：车站均应设进站信号机。进站信号机应置于距进站道岔尖轨尖端或顺向道岔的警冲标不小于 50m 处，如图 4-77 所示，a_0 为尖轨尖端至岔心的距离；a 为道岔前长。当需利用正线调车时，应将信号机外移，一般不超过 400m。如因信号显示不良需要外移也不应超过 600m。

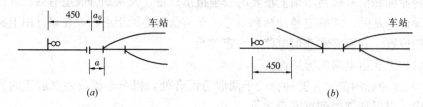

图 4-77　进站信号机位置

(a) 靠近进站道岔尖轨尖端；(b) 靠近顺向道岔的警冲标

3）出站信号机：出站信号机设于每一发车线路运行方向左侧并置于警冲标以内的适当地点（前方为逆向道岔时，信号机设于道岔尖轨尖端处）。

出站信号机一般采用的种类有：高柱臂板信号机、高柱色灯信号机和矮型色灯信号机。前两种用于站内正线及到发线，后一种用于不办理列车通过的到发线及其他股道。

出站信号机距岔心的距离也和警冲标相仿，按信号机距相邻股道中心的垂距来确定。

高柱信号机距两侧线路中心的允许垂距为 P_1、P_2。在直线地段 $P_1=P_2=P=b/2+B$，在曲线地段 $P_1=b/2+B$，$P_2=b/2+B+W_1$，如图 4-78 所示。W_1 为轨距加宽值。

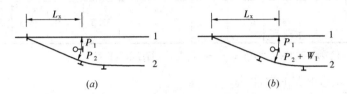

图 4-78　出站信号机的位置

(a) 在直线处；(b) 在曲线处

式中 b 为信号机基本宽度，高柱信号机有 380mm 和 410mm 两种。B 为信号机的建筑限界，线路通行超限货物列车时 $B=2.44$m，不通过超限货物列车时 $B=2.15$m。

信号机距道岔中心的距离 L_x 可经计算，制成表格。表 4-20 列出了其中部分数据。

有轨道电路道岔号数为 9 号时高柱信号机（$b=380$mm）至道岔中心距离 L_x（m）

表 4-20

道岔号数	连接曲线半径	股道使用情况	线间距离									
			4.8	5.0	5.2	5.3	5.5	6.0	6.5	7.0	7.5	8.0
9	300	—○— —○—				68.0	58.1	51.7	49.4	48.3	47.9	47.6
		—○— ———		66.7	55.7	53.6	50.8	47.6	46.0	45.4	45.1	44.9
		——— ———	56.1	51.2	48.3	47.4	46.0	43.9	43.0	42.6	42.3	42.3
	400	—○— —○—				71.8	61.2	53.7	50.6	49.1	48.2	47.9
		—○— ———		70.9	58.9	56.4	53.2	49.0	47.0	45.8	45.3	45.1
		——— ———	59.9	54.0	50.8	49.6	47.8	45.1	43.6	42.9	42.6	42.4

续表

道岔号数	连接曲线半径	股道使用情况	线间距离									
			4.8	5.0	5.2	5.3	5.5	6.0	6.5	7.0	7.5	8.0
12	600	—○— —○—				87.3	76.7	68.7	65.6	64.1	63.6	63.3
		—○— ————		86.0	73.5	70.9	67.5	63.1	61.2	60.2	59.9	59.8
		———— ————	74.5	67.6	64.2	62.9	61.0	58.3	57.0	56.6	56.3	56.3

注：—○—代表通行超限货物列车；————代表不通行超限货物列车。

（2）有轨道电路的警冲标

在半自动闭塞和自动闭塞区段及装有电器集中联锁的车站上，均装有轨道电路，其信号机和警冲标的位置除满足上述要求外还应与轨道电路的钢轨绝缘缝相配合，具体要求为：

1）信号机宜与钢轨绝缘缝设于同一坐标处，如图 4-79（a）、（b）所示。绝缘缝受其轨道长度限制的条件下，允许进站信号机处的钢轨绝缘缝置于信号机前后各 1m 范围内；出站信号机处的钢轨绝缘缝可在信号机内方 1m 或外方 6.5m 的范围内，如图 4-79（c）、（d）所示。当钢轨绝缘缝在信号机内方时，也可将信号机内移至与绝缘缝同坐标处。

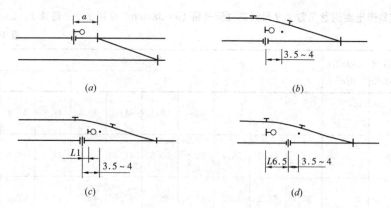

图 4-79　警冲标的位置

（a）信号机位于岔头前绝缘缝处（a 为道岔前长）；（b）信号机位于岔尾后
绝缘缝处；（c）信号机位于绝缘缝内方 1m 范围；（d）信号机位于
绝缘缝外方 6.5m 范围

2）警冲标如图 4-79 所示，与钢轨绝缘缝的相互位置应满足行车安全和轨道电路运用状态的要求。警冲标必须和内方的钢轨绝缘缝相距 3.5～4m（如图

4-79*b*、*c*、*d* 所示），以保证车轮停在绝缘缝内方时，车钩前端不致超过警冲标，并防止列车尾部停在警冲标以内而车轮仍占用道岔电路使邻线不能开通。

设计有轨道电路的出站信号机和警冲标先按表 4-19、表 4-20 查出信号机和警冲标距岔心的距离，然后根据现有轨缝考虑安设绝缘位置。如轨缝位置不能满足上述要求，可内移信号机或铺设短轨调整绝缘位置。最后，将警冲标内移至距绝缘缝 3.5～4m 处。

复 习 思 考 题

1. 试述道岔的功能和种类。

2. 绘制单开道岔平面图，标明转辙器部分、辙叉部分和连接部分；并标明基本轨、尖轨、导轨、翼轨、叉心和护轨。

3. 绘制单开道岔基本轨、直线型和曲线型尖轨图形，分别标明转辙角、尖端角和冲击角。

4. 试述辙叉的构造形式，说明其优缺点。

5. 绘制固定辙叉图，标明辙叉理论尖端、实际尖端和有害空间；标明辙叉趾距 n 和辙叉跟距 m；标明辙叉角 α；并说明辙叉角 α 与道岔号码 N 的关系。

6. 绘制单开道岔平面图，标明 12 号曲线尖轨道岔的轨距，包括：基本轨前接头处轨距 S_1，尖轨尖端轨距 S_0，尖轨跟端直股及侧股轨距 S_b，导曲线中部轨距 S_c，导曲线终点轨距 S。

7. 护轨作用边至心轨作用边的查照间隔 D_1，护轨作用边至翼轨作用边的查照间隔 D_2 应满足什么条件。

8. 图示尖轨动程，导曲线支距。

9. 绘制单开曲线尖轨道岔平面图，标明辙叉角 α、轨缝 δ、转辙角 β、尖轨长 l_0、尖轨跟端支距 y_g、基本轨前端长 q、辙叉距趾 n、辙叉跟距 m、导曲线外轨半径 R、导曲线后插入直线长度 K；标明道岔中心 O、道岔前长 a、道岔后长 b、道岔理论全长 L_t、道岔实际全长 L_Q。

10. 试述影响直向和侧向过岔速度的因素以及提高过岔速度的措施。

11. 试述我国高速道岔的平面设计参数与线形及其主要结构特征。

第5章 轨道力学分析

5.1 概 述

轨道力学分析，是运用力学基本原理研究轨道的作用与效应的关系，主要是研究作用于轨道上的力与变形，以及轮轨系统动态激励及其响应的关系。轨道力学分析的结果，可为轨道结构设计、轨道几何形位的优化以及轨道的养护维修方案等提供技术决策参考。

轨道力学分析在铁路列车提速、重载运输以及高速铁路工程建设中有着广泛应用。在既有铁路列车提速工程中，需要通过轨道结构运行平稳性及安全性评估，以确定其提速列车的最高容许运营速度；高速铁路轨道设计方案，必须进行轨道力学分析和相关的试验研究，以确定其新型轨道结构的合理形式、材料规格和几何形位，并通过轨道结构运行平稳性和安全性评估方可实施。重载铁路线路的轨道结构，必须通过轨道力学分析和相关的试验研究，评估其轨道几何形位的破坏及各部件的伤损以确认其轨道结构的安全性和可维修性。

本章介绍轨道力学分析的基本内容，包括轨道的静力计算、轨道结构动力作用的准静态计算方法，轨道各部件强度验算，轮轨相互作用，转向架稳态通过曲线的计算以及车辆在轨道上运行的平稳性和安全性评估等。

轨道力学的传统的研究方法是采用解析法、数字分析方法以及试验研究的方法等。需要注意的是，近代动力学的研究已发展形成三种基本类型：（1）已知激励和振动结构，求振动响应；（2）已知激励和响应，求系统参数；（3）已知系统和响应，求激励。其中第（1）种类型是广为采用的传统方法；第（2）种类型也称为第一类动力学逆问题；第（3）种也称为的二类动力学逆问题。轨道力学的研究应当与以上方法有机的结合，使之所建立的力学计算模型与实际轨道结构具有良好的一致性，从而可显著提高研究成果的功效。由于轨道力学行为及其设计计算参数具有明显的不确定性和非线性，对于需要做出准确判断的轨道结构设计及其可靠性评估，应采取措施，使轨道结构力学分析与试验研究有机结合。

5.2 轨道的荷载

轨道荷载是轨道力学分析首要的基本参数。轨道承受空间三个方位的荷载，即竖向荷载、横向水平荷载及纵向水平荷载。分别说明如下：

5.2.1 作用于轨道的竖向荷载

轮重是车轮通过轮轨接触面作用于轨道上的竖向力，是轨道的竖向荷载。静轮重是在机车车辆总重作用下分配于每个车轮的荷载。考虑动态作用之后，竖向力需加上附加动力的作用值，静轮重加上附加动力值称为动轮重。

轨道的竖向荷载必要时可采用机车车辆轮重，桥上无缝线路挠曲附加力和制动力计算可采用中—活载或 ZK 活荷载。

我国主要铁路机车荷载见表 5-1。

我国铁路中—活荷载见图 5-1，ZK 活荷载见图 5-2。

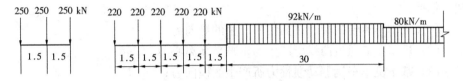

图 5-1　中—活载图式（距离以"m"计）

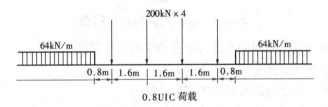

0.8UIC 荷载

图 5-2　ZK 标准活载图式

机 车 荷 载　　　　　　　　　　　　　　表 5-1

机车类别	机车型号	轴式	轴载荷 (kN)	构造速度 (km/h)	轴距排列图式（m）				
内燃机车	东风4	C_0-C_0	225.6	客 120 货 100	↓　　↓　　↓　　↓　　↓　　↓ 2.75　2×1.8　8.4　2×1.8　2.75				
	东风8	C_0-C_0	225.6	100	↓　　↓　　↓　　↓　　↓ 1.2　2×1.8　12.3　2×1.8　1.2				
	东风11	C_0-C_0	225.6	160	↓　　↓　　↓　　↓ 2×2.0　7.9　2×2.0				
电力机车	韶山4 客、货	$2(B_0$-$B_0)$	225.6	100	↓↓↓↓　　↓↓↓↓ 3.0　3.0　　3.0　3.0				
	8K	$2(B_0$-$B_0)$	225.6	100	↓↓↓↓　　↓↓↓↓ 3.0　3.0　　3.0　3.0				

续表

机车类别	机车型号	轴式	轴载荷 (kN)	构造速度 (km/h)	轴距排列图式（m）		
电 力 机 车	韶山 8	$B_0\text{-}B_0$	220	100	↓↓　　　　　↓↓ 2.9　　6.1　　2.9		
	韶山 9	$C_0\text{-}C_0$	205.8	170	↓↓↓　　　　　↓↓↓ 2×2.15　7.27　2×2.15		

5.2.2　轨道的横向水平荷载

车轮通过轮轨接触面沿水平方向垂直作用于钢轨的力称为轨道的横向水平荷载，包括：

（1）机车车辆转向架通过曲线所产生的导向力；

（2）机车车辆通过曲线所产生的未被平衡离心力；

（3）基于机车车辆振动惯性力所产生的横向力；

（4）通过道岔、伸缩接头等特殊地段所产生的机车车辆横向冲击力。

5.2.3　轨道的纵向水平荷载

作用于钢轨延长方向的力称为轨道的纵向水平荷载，包括：

（1）由于钢轨温度变化所产生的力；

（2）机车车辆运行以及制动所产生的反力；

（3）机车车辆通过坡道，其轮重沿钢轨延长方向所产生的分力；

（4）机车车辆通过曲线，伴随轮对旋转所产生滑动而引起的钢轨延长方向的分力。

5.3　轨道结构静力计算

5.3.1　竖向荷载作用下轨道结构静力计算

（1）基本假设和计算模型

1）基本假设

A. 轨道和机车车辆均处于正常状态，符合铁路技术规程及有关标准。

B. 视钢轨为支承在弹性基础或支座上的等截面无限长梁，钢轨基础的竖向位移与其反力呈线性比例关系。

C. 轮载作用于钢轨对称面上，两股钢轨的荷载相等。

D. 不计钢轨自重。

2）计算模型

依弹性基础上无限长梁支承方式的不同，可分为两种：

A. 弹性点支承梁模型（图 5-3a）。钢轨支承于轨枕之上，每一轨枕为弹性点支承。图中 a 为轨枕间距；钢轨支座的竖向位移与其反力呈线性比例关系，其值以 D 表示，称为钢轨支座刚度。该模型中，由于钢轨的支承是间断的，可用差分方程及有限元等方法求解。

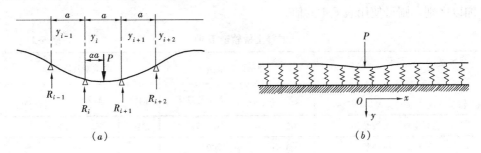

图 5-3 支承梁模型
（a）弹性点支承梁模型；（b）连续弹性支承梁模型

B. 连续弹性支承梁模型（图 5-3b）。基于钢轨的抗弯刚度作用，视轨枕对钢轨的支承为连续支承，从而简化为连续弹性支承梁模型。图中 $u=D/a$，将离散的支座刚度 D 折合成连续分布的支承刚度 u，称之为钢轨基础弹性模量。该模型最初由德国温克尔（E. Winkler，1867）提出，并得到德国 A. Zimmermann、美国 A. N. Talbot 等人的改进和完善。由于该模型所求得的是解析解，简单直观，方便实用，因而为世界各国和我国现行部颁标准所采用。

以上两种计算模型，对于常用的轨道，其计算结果相差不超过 5%～10%，均可满足工程应用要求。

（2）基本计算参数

1）钢轨抗弯刚度 EJ

钢轨材料的弹性模量 E 与钢轨截面惯性矩 J 的乘积 EJ 称为钢轨抗弯刚度。由于梁的弯矩 M 与梁的曲率 y'' 成正比关系：$M=-EJy''$。因此钢轨抗弯刚度 EJ 的力学意义为：使钢轨产生单位曲率所需的力矩。对于 60kg/m 钢轨，$EJ=6.76\times10^3\text{kN}\cdot\text{m}^2$，表示如欲将钢轨弯成 1m^{-1} 的单位曲率所需的弯矩是 $6.76\times10^3\text{kN}\cdot\text{m}^2$。

2）钢轨支座刚度 D

钢轨支座刚度 D 直接表示了弹性点支承梁模型的钢轨基础弹性特征，定义为使钢轨支座产生单位下沉时，所需施加于支座上的力，其量纲为力/长度。钢轨支座刚度 D，一般可分解为轨下胶垫压缩变形刚度 D_r，轨枕、道床及路基的刚度 D_b。根据串联弹簧刚度的计算方法有：

$$D = \frac{1}{1/D_r + 1/D_b} \tag{5-1}$$

式中 D——钢轨支座刚度（一股钢轨）；

　　　D_r——钢轨下垫板刚度；

　　　D_b——轨枕、道床及路基的组合刚度（一股钢轨）。

D 的取值可参考表 5-2 及表 5-3，其中在检算钢轨时，若需对轨下胶垫刚度加以区别，则可使用表 5-4 的值。

混凝土枕轨道 D 值　　　　　　　　　　　表 5-2

轨道类型及检算部件 D（kN/cm） 轨道特征	特重型、重型		次重型及以下	
	钢轨	轨枕、道床及基床	钢轨	轨枕、道床及基床
混凝土枕、橡胶垫板	300	700	220	420
宽枕、橡胶垫板	500	1200		

注：在检算钢轨强度和检算轨枕、道床及路基强度时，分别采用不同的最不利的 D 值。

3）钢轨基础弹性模量 u

钢轨基础弹性模量 u 是对应于连续基础梁模型的钢轨基础弹性特征，定义为使单位长度的钢轨基础产生单位下沉所需施加于其上的分布力，量纲为力/长度 ^{2}。u 与 D 有下列近似关系：

$$u = D/a \tag{5-2}$$

u 值的试验测定较为困难，通常采用 D 的试验值推算。

木枕轨道 C、D 值　　　　　　　　　　表 5-3

参　数	轨　道　类　型		
	特重型、重型	次　重　型	中型、轻型
D（kN/cm）	150～190	120～150	84～120
C（MPa/cm）	0.6～0.8	0.4～0.6	0.4

钢轨支座刚度 D　　　　　　　　　　表 5-4

轨枕类型	轨下胶垫刚度 （kN/mm）	轨道类型	D （kN/mm）
Ⅱ型	110	重型，特重型	30
Ⅱ型	80	重型，特重型	27.2
Ⅲ型	80	重型，特重型	33.0

4）道床系数 C

道床系数表征道床及路基的弹性特征，定义为使道床顶面产生单位下沉时所需施加于道床顶面单位面积上的压力，量纲为力/长度 ^{3}，如图 5-4 所示。木枕线

路的 C 值见表 5-3。

钢轨支座刚度 D 与道床系数 C 的关系可通过下列方法得到：

轨枕在钢轨压力 R 作用下的变形曲线如图 5-4 所示。D_r 表示轨下垫板刚度。y_p 表示轨枕的最大下沉（发生于轨下），轨枕平均下沉为 y_c，y_c 与 y_p 的比值为：

$$\alpha = y_c/y_p$$

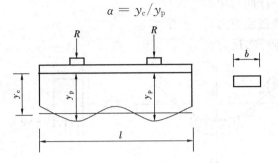

图 5-4 钢轨压力下变形曲线

α 称为轨枕挠曲系数，对于混凝土枕 α 取为 1，木枕 $\alpha = 0.81 \sim 0.92$。

根据道床系数的定义：

$$C = \frac{\dfrac{2R}{lb}}{y_c} = \frac{\dfrac{2R}{lb}}{\alpha y_p}$$

即

$$y_p = \frac{2R}{\alpha C l b y_p} \tag{5-3}$$

因

$$D = \frac{1}{\dfrac{1}{D_r} + \dfrac{1}{D_b}} = \frac{1}{\dfrac{1}{D_r} + \dfrac{y_p}{R}}$$

得到

$$D = \frac{1}{1/D_r + 2/\alpha C l b} \tag{5-4}$$

式中　α——轨枕挠曲系数；

　　　D_r——轨下胶垫刚度；

　　b,l——轨枕宽度和长度。

（3）连续弹性基础梁微分方程及其解

1）连续弹性基础梁微分方程

建立图 5-5 所示的坐标系，并规定钢轨弯曲凹面朝下时梁轴线的曲率为正，正弯矩使梁的顶面产生压缩，于是我们看到正弯矩产生负曲率。

$$M = -EJ\frac{\mathrm{d}^2 y}{\mathrm{d}x^2} = -EJ y'' \tag{5-5}$$

$$Q = \frac{\mathrm{d}M}{\mathrm{d}x} = -EJ y^{(3)} \tag{5-6}$$

$$q = \frac{\mathrm{d}Q}{\mathrm{d}x} = - EJy^{(4)} \qquad (5\text{-}7)$$

式中 E——钢轨钢的弹性模量;

　　　　J——钢轨截面对水平中性轴的惯性矩;

　　　　M——钢轨截面弯矩;

　　　　Q——钢轨截面剪力;

　　　　q——基础分布反力。

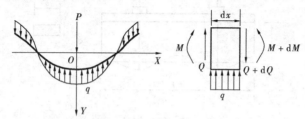

图 5-5　基础梁变形图

由文克尔假定可知: $q = uy$, 由此得:

$$uy = - EJy^{(4)}$$

亦即

$$y^{(4)} + \frac{u}{EJ}y = 0$$

令

$$k = \sqrt[4]{\frac{u}{4EJ}} \qquad (5\text{-}8)$$

可得:

$$y^{(4)} + 4k^4 y = 0 \qquad (5\text{-}9)$$

式 (5-9) 即为连续弹性基础梁模型的微分方程, 式中 k 称为钢轨基础与钢轨的刚比系数, 其值一般为 $0.9 \sim 2.0 \mathrm{m}^{-1}$。$k$ 值反映了轨道结构特性。

2) 微分方程的解

式 (5-9) 是一个四阶常系数线性齐次微分方程, 其特征方程为:

$$\lambda^4 + 4k^4 = 0 \qquad (5\text{-}10)$$

λ 的四个根为:

$\lambda_{1,2} = (1 \pm i)k$;

$\lambda_{3,4} = (-1 \pm i)k$。

从而可得方程式 (5-9) 的通解为:

$$y = C_1 \mathrm{e}^{kx} \cos kx + C_2 \mathrm{e}^{kx} \sin kx + C_3 \mathrm{e}^{-kx} \cos kx + C_4 \mathrm{e}^{-kx} \sin kx \qquad (5\text{-}11)$$

其中, $C_1 \sim C_4$ 为积分常数, 通过下述边界条件确定:

当 $x \to \infty$ 时, $y = 0$, 得: $C_2 + C_1 = 0$

当 $x = 0$ 时, $\dfrac{\mathrm{d}y}{\mathrm{d}x} = 0$, 得: $C_3 = C_4 = C$

当 $x=0$ 时，$EJy^{(3)} = \dfrac{P}{2}$ 或由 $2\displaystyle\int_0^\infty uy\mathrm{d}x = P$，得：

$$C = \frac{P}{8EJk^3} = \frac{Pk}{2u}$$

代入式（5-11），得：

$$y = \frac{Pk}{2u}\mathrm{e}^{-kx}(\cos kx + \sin kx) \tag{5-12}$$

$$\theta = \frac{\mathrm{d}y}{\mathrm{d}x} = -\frac{P}{4EJk^2}\mathrm{e}^{-kx}\sin kx \tag{5-13}$$

$$M = -EJy'' = \frac{P}{4k}\mathrm{e}^{-kx}(\cos kx - \sin kx) \tag{5-14}$$

$$Q = -EJy^{(3)} = \frac{P}{2}\mathrm{e}^{-kx}\cos kx \tag{5-15}$$

$$q = uy = \frac{Pk}{2}\mathrm{e}^{-kx}(\cos kx + \sin kx) \tag{5-16}$$

作用在轨枕上的钢轨压力（或称轨枕反力）R 近似等于基础反力集度 q 与轨枕间距 a 的乘积，得

$$R = qa = \frac{Pka}{2}\mathrm{e}^{-kx}(\cos kx + \sin kx) \tag{5-17}$$

令

$$\left.\begin{array}{l} \varphi_1(kx) = \mathrm{e}^{-kx}(\cos kx + \sin kx) \\ \varphi_2(kx) = \mathrm{e}^{-kx}\sin kx \\ \varphi_3(kx) = \mathrm{e}^{-kx}(\cos kx - \sin kx) \\ \varphi_4(kx) = \mathrm{e}^{-kx}\cos kx \end{array}\right\} \tag{5-18}$$

则有，

$$\left.\begin{array}{l} y = \dfrac{Pk}{2u}\varphi_1(kx) \\[2mm] M = \dfrac{P}{4k}\varphi_3(kx) \\[2mm] R = \dfrac{Pka}{2}\varphi_1(kx) \end{array}\right\} \tag{5-19}$$

$\varphi_1 \sim \varphi_4$ 图形见图 5-6。由以上各式可知，y、M、R 是由 e^{-kx}，$\sin kx$，$\cos kx$ 等基本初等函数复合而成的变幅周期函数。随着 kx 的增大，即离开轮载作用点愈远，y、M、R 的值愈小，当 $kx \geqslant 5$ 时，轮载的影响已非常小，可略去不计。而当 $x=0$ 时，即在轮载作用处，各量值最大：

$$y_{\max} = \frac{Pk}{2u}; \quad M_{\max} = \frac{P}{4k}; \quad R_{\max} = \frac{Pka}{2} \tag{5-20}$$

由式（5-20）及式（5-8）可知，随着钢轨刚度 EJ 增大，k 值减小，最大的枕上压力随之降低，即较重型的钢轨可减小最大枕上压力及钢轨下沉，从而保持轨道的平顺性。同时也可发现，随着基础刚度的增大，最大枕上压力增大，传至道床

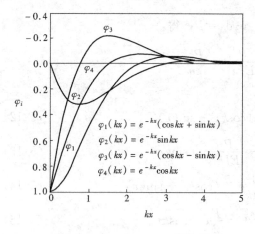

图 5-6 φ_1、φ_2、φ_3、φ_4 的数值

其中：

$$\varphi_1(kx) = e^{-kx}(\cos kx + \sin kx)$$
$$\varphi_2(kx) = e^{-kx}\sin kx$$
$$\varphi_3(kx) = e^{-kx}(\cos kx - \sin kx)$$
$$\varphi_4(kx) = e^{-kx}\cos kx$$

的压力增大，不利于道床的稳定。

（4）轮群作用下的轨道静力计算

通过上述步骤得出了一个竖向集中荷载作用下连续弹性基础梁的解。为了确定机车车辆多个车轮作用下，轨道结构的静力计算方法，必须研究多个竖向荷载即轮群作用的计算问题。

由于微分方程式（5-9）是线性的，其解式（5-12）～式（5-17）中的 y、M、R 必然与荷载 P 成正比，故力的叠加原理成立。有多个车轮同时作用的轨道，倘若计算某一截面处的 y、M、R，则应将坐标原点 O 置于该截面处，该截面称为计算截面，如图 5-7 所示，其荷载 P_3 所对应的是计算截面 3。取车轮作用点与计算截面间的距离为坐标 x，分别计算各车轮对计算截面的作用量值，这些量值叠加之和，即为群轮在计算截面处共同引起的量值：

$$y = \frac{k}{2u}\sum_i P_i\varphi_1(kx_i)$$
$$M = \frac{1}{4k}\sum_i P_i\varphi_3(kx_i) \qquad (5\text{-}21)$$
$$R = \frac{ka}{2}\sum_i P_i\varphi_1(kx_i)$$

以上各式应分别将不同的车轮作用位置作为计算截面，逐个进行计算，从中产生最大 y、M、R 的车轮位置，称为最不利轮位，其有关计算的量值将作为设计和检算的依据。

（5）算例

轨道静力计算。某 60kg/m 钢轨轨道上运行韶山Ⅲ型电力机车。轨枕间距

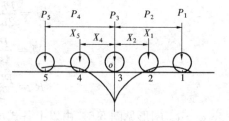

图 5-7   静力计算截面

54.5cm。机车轴重 225kN、轴列式 3_0-3_0，转向架固定轴距 230＋200（cm），机车全轴距 1580cm。试计算钢轨位移、钢轨弯矩及枕上压力的最大值。

解： 从表 5-2 中选取重型轨道的钢轨支座刚度。计算钢轨位移和弯矩时，D 取为 300kN/cm；计算枕上压力时，D 取 700kN/cm。计算得到钢轨基础弹性模量为：

计算钢轨位移及弯矩时：$u = \dfrac{D}{a} = \dfrac{300}{54.5} = 5.51$ kN/cm²

计算枕上压力时：$u = 12.84\text{kN/cm}^2$；由 60kg/m 钢轨对水平轴的惯性矩 3217cm^4 及钢轨钢材弹性模量 2.1×10^5MPa 可计算得到 k 值为：

计算钢轨位移及弯矩时：

$$k = \sqrt[4]{\frac{u}{4EJ}} = \sqrt[4]{\frac{5.51 \times 10^3}{4 \times 2.1 \times 10^{11} \times 10^{-4} \times 3217}} = 0.01195 \quad 1/\text{cm}$$

计算枕上压力时：$k = 0.01476$ 1/cm

由于前后两转向架最近的车轮相距 720cm，相邻转向架的影响较小，可以忽略，仅以单个转向架进行计算，即图 5-7 取其中间三个轮位。因存在对称性，只取第一、第二车轮为计算轮位，计算结果列于表 5-5 中。

由表 5-5 可知，钢轨位移、钢轨弯矩及枕上压力的最大值均出现于第 2 轮位下，由式（5-21）可计算得到：

<table>
<tr><td colspan="6" align="center">位移、弯矩、压力计算表</td><td align="right">表 5-5</td></tr>
<tr><td rowspan="2">计算轮</td><td rowspan="2">计算值</td><td colspan="3" align="center">轮　位</td><td rowspan="2">合　计</td><td rowspan="2">备　注</td></tr>
<tr><td>轮 1</td><td>轮 2</td><td>轮 3</td></tr>
<tr><td rowspan="4">轮 1</td><td>x</td><td>0</td><td>230</td><td>430</td><td></td><td></td></tr>
<tr><td>φ_1</td><td>1</td><td>0.0670</td><td>0.0064</td><td>1.0734</td><td>计算钢轨位移及枕上压力用</td></tr>
<tr><td>φ_2</td><td>1</td><td>0.0356</td><td>0.0019</td><td>1.0375</td><td></td></tr>
<tr><td>φ_3</td><td>1</td><td>0.0609</td><td>0.0053</td><td>1.0662</td><td>计算钢轨弯矩用</td></tr>
<tr><td rowspan="4">轮 2</td><td>x</td><td>230</td><td>0</td><td>200</td><td></td><td></td></tr>
<tr><td>φ_1</td><td>0.0670</td><td>1</td><td>0.0952</td><td>1.1622</td><td></td></tr>
<tr><td>φ_2</td><td>0.0356</td><td>1</td><td>0.0548</td><td>1.0904</td><td></td></tr>
<tr><td>φ_3</td><td>0.0609</td><td>1</td><td>0.0879</td><td>1.1488</td><td></td></tr>
</table>

$$y_{\max} = \frac{k}{2u} \sum P\varphi_1 = \frac{0.01195}{2 \times 5.51} \times 112.5 \times 1.1622 = 0.142\text{cm}$$

$$M_{\max} = \frac{1}{4k} \sum P\varphi_3 = \frac{1}{4 \times 0.01195} \times 112.5 \times 1.1488 = 2703\text{kN} \cdot \text{cm}$$

$$R_{\max} = \frac{ka}{2} \sum P\varphi_1 = \frac{0.01476 \times 54.5}{2} \times 112.5 \times 1.1622 = 52.6\text{kN}$$

5.3.2　横向水平荷载作用下轨道结构静力计算

横向水平荷载作用在钢轨头部时，发生横向变形和钢轨倾斜（以钢轨底部中央为轴线的倾斜）。这两种变形是相互耦合的，必须用联立方程式求解。但是，经过严密的分析，了解到这种耦合关系是非常微弱的，即使分开来进行分析，也不致产生过大的误差。

以下将轨道的横向变形和钢轨倾转分开来进行分析。

（1）轨道的横向变形

1）理论分析

作用在轨道上的横向水平力，即使只作用在一侧钢轨上，也会通过轨枕分散到左右两侧钢轨上去，所以，在考虑横向水平荷载对轨道的影响时，不能把左右钢轨分开来考虑。经过实验了解到，钢轨是受两种弹簧支承的：一种是钢轨和轨枕之间的扣件弹簧，其刚度为 k_1；另一种是道床中轨枕移动时的道床横向弹簧，其刚度为 k_2。如图 5-8 所示，横向水平力作用下轨道变形可以用双弹簧支承的连续弹性支承模型进行分析。这个变形的方程式可以列为：

$$EI_y \frac{\mathrm{d}^4 Z}{\mathrm{d}x^4} + k_1(Z - \overline{Z}) = 0 \tag{5-22}$$

$$EI_y \frac{\mathrm{d}^4 Z'}{\mathrm{d}x^4} + k_1(Z' - \overline{Z}) = 0 \tag{5-23}$$

$$k_1(Z - \overline{Z}) + k_1(Z' - \overline{Z}) = 2k_2\overline{Z} \tag{5-24}$$

式中 EI_y——钢轨横向弯曲刚度；

Z、Z'、$\overline{Z}$——左股钢轨、右股钢轨、轨枕中心的横向位移。

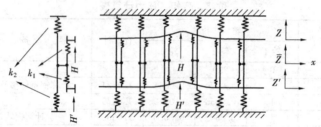

图 5-8 横向水平力引起的轨道位移

当 $x=0$ 时，$\mathrm{d}Z/\mathrm{d}x = \mathrm{d}Z'/\mathrm{d}x = 0$，$2EI_y \mathrm{d}^3 Z/\mathrm{d}x^3 = H$，$2EI_y \mathrm{d}^3 Z'/\mathrm{d}x^3 = H'$。
当 $x=\infty$ 时，$Z = Z' = 0$。

那么，钢轨横向位移 Z、Z' 和弯矩 M、M' 为：

$$Z = \frac{1}{16EI_y}\left[\frac{H+H'}{\beta_2^3}\varphi_1(\beta_2 x) + \frac{H-H'}{\beta_1^3}\varphi_1(\beta_1 x)\right] \tag{5-25}$$

$$Z' = \frac{1}{16EI_y}\left[\frac{H+H'}{\beta_2^3}\varphi_1(\beta_2 x) - \frac{H-H'}{\beta_1^3}\varphi_1(\beta_1 x)\right] \tag{5-26}$$

$$M = \frac{1}{8}\left[\frac{H+H'}{\beta_2}\varphi_3(\beta_2 x) + \frac{H-H'}{\beta_1}\varphi_3(\beta_1 x)\right] \tag{5-27}$$

$$M' = \frac{1}{8}\left[\frac{H+H'}{\beta_2}\varphi_3(\beta_2 x) - \frac{H-H'}{\beta_1}\varphi_3(\beta_1 x)\right] \tag{5-28}$$

$$\overline{Z} = \frac{k_1(Z+Z')}{2(k_1+k_2)} \tag{5-29}$$

$$\beta_1 = \sqrt[4]{\frac{k_1}{4EI_y}} \tag{5-30}$$

$$\beta_2 = \sqrt[4]{\frac{k_1 k_2}{4EI_y(k_1+k_2)}} \tag{5-31}$$

另外，钢轨和轨枕间的横向压力 R 和 R'，由下列公式求得：

$$R = 2 \int_0^{a/2} k_1 (Z - Z') \mathrm{d}x$$

$$= \frac{1}{2} \left\{ (H + H') \left[1 - \varphi_4 \left(\beta_2 \frac{a}{2} \right) \right] + (H - H') \left[1 - \varphi_4 \left(\beta_1 \frac{a}{2} \right) \right] \right\} \tag{5-32}$$

$$R' = 2 \int_0^{a/2} k_1 (Z - Z') \mathrm{d}x$$

$$= \frac{1}{2} \left\{ (H + H') \left[1 - \varphi_4 \left(\beta_2 \frac{a}{2} \right) \right] - (H - H') \left[1 - \varphi_4 \left(\beta_1 \frac{a}{2} \right) \right] \right\} \tag{5-33}$$

上列公式中，$\varphi_1(\cdot)$、$\varphi_2(\cdot)$、$\varphi_3(\cdot)$、$\varphi_4(\cdot)$ 与上一节具有同样的意义。

2）算例

当钢轨为 $60\mathrm{kg/m}$，$a = 58\mathrm{cm}$，$k_1 = 5\mathrm{kPa}$，$k_2 = 300\mathrm{kPa}$，$EI_y = 107.5 \times 10^3 \mathrm{kN \cdot m^2}$，断面系数 $D_y = 70.6\mathrm{cm^3}$ 时，求钢轨横向变形 Z、Z'，钢轨横向压力 R_1、R'_1。

$$\beta_1 = \sqrt[4]{\frac{k_1}{4EI_y}} = \sqrt[4]{\frac{5}{4 \times 107.52 \times 10^3}}$$

$$= 1.85 \times 10^{-4} \mathrm{m^{-1}} = 1.85 \times 10^{-2} \mathrm{cm^{-1}}$$

$$\beta_2 = \sqrt[4]{\frac{k_1 k_2}{4EI_y(k_1 + k_2)}} = \sqrt[4]{\frac{5 \times 3}{4 \times 107.52 \times 10^5 \times 10^2 \times (5 + 3)}}$$

$$= 1.44\mathrm{m^{-1}} = 1.44 \times 10^{-2} \mathrm{cm^{-1}}$$

①两根钢轨分别承受 10kN 且方向相同的横压时

$$Z = Z' = \frac{1}{16EI_y} \cdot \frac{H + H'}{\beta_2^3} \varphi_1(\beta_2 x) = \frac{1}{16 \times 107.52 \times 10^3} \times \frac{2 \times 10}{1.44^3} \varphi_1(1.44x)$$

$$= 3.89 \times 10^{-4} \varphi_1(1.44x)\mathrm{m} = 3.89 \times 10^{-2} \varphi_1(1.44 \times 10^{-2} x)\mathrm{cm}$$

得 $R = R' = 3.41\mathrm{kN}$。由此可见，两根钢轨受相同方向、相等的横向力作用时，位于作用点的钢轨扣件，横向压力约为钢轨横向力的 35%。

②两根钢轨分别承受到 10kN 且方向分别来自钢轨内侧的横向力时

$$Z = Z' = \frac{1}{16EI_y} \cdot \frac{H - H'}{\beta_1^3} \varphi_1(\beta_1 x) = \frac{1}{16 \times 107.52 \times 10^3} \times \frac{2 \times 10}{1.85^3} \varphi_1(1.85x)$$

$$= 1.84 \times 10^{-4} \varphi_1(1.85x)\mathrm{m} = 1.84 \times 10^{-2} \varphi_1(1.85 \times 10^{-2} x)\mathrm{cm}$$

$$R = R' = \frac{1}{2}(H - H') \left[1 - \varphi_4 \left(\beta_1 \frac{a}{2} \right) \right] = \frac{1}{2} \times 2 \times 10 \times \left[1 - \varphi_4 \left(1.85 \times 10^{-2} \times \frac{58}{2} \right) \right]$$

$$= 10 \times [1 - \varphi_4(0.5365)] = 4.15\mathrm{kN}$$

由此可见，两根钢轨受相反方向、大小相等的横向力作用时，位于作用点的钢轨扣件，其横向力约为钢轨横向力的 40%。这一计算结果对于扣件荷载设计具有参考价值。

（2）钢轨的倾斜（小反）

根据实验，即使钢轨发生了倾斜，也可以认为是弹性支承的，可按图 5-9 进行分析。设钢轨的扭转刚度为 C，连续扭转支承弹性系数为 k_3，钢轨的倾角为 θ，则在横向水平力 H 和轮重 W 作用下，钢轨的倾斜公式为：

$$C \frac{\mathrm{d}^2\theta}{\mathrm{d}x^2} - k_3\theta = 0 \tag{5-34}$$

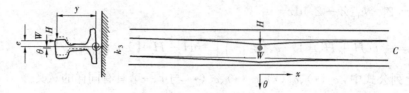

图 5-9   横压引起的钢轨倾斜

当 $x=0$ 时，

$$C \frac{\mathrm{d}\theta}{\mathrm{d}x} = -\frac{1}{2}hH + We \tag{5-35}$$

当 $x \to \infty$、$\theta \to 0$ 时，

$$\theta = \frac{Hh - We}{2\sqrt{k_3 C}} \mathrm{e}^{-\sqrt{k_3/cx}} \tag{5-36}$$

当横向水平力作用在半无限长钢轨的端部时，钢轨端部的倾斜是这个值的 2 倍。

5.3.3 轨枕的静力计算

（1）弹性支承上有限长梁理论分析

在钢轨压力作用下，轨枕可按图 5-10 所示的弹性支承体上的有限长梁进行计算。

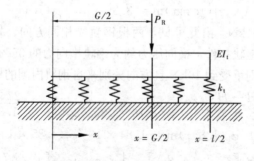

图 5-10   弹性支承体上的轨枕

轨枕位移 y_t 和弯矩 M_t 计算如下：

$$y_t = \frac{P_R}{4a^3 EI_t} I\left(x - \frac{G}{2}\right)\left[\sin a\left(x - \frac{G}{2}\right)\cosh a\left(x - \frac{G}{2}\right) - \cos a\left(x - \frac{G}{2}\right)\right.$$

$$\left. \times \sinh a\left(x - \frac{G}{2}\right)\right] + y(0)\cos ax \cosh ax + \frac{1}{2a^2}y''(0)\sin ax \times \sinh ax$$

$$\tag{5-37}$$

$$M_t = -EI_t y'' = -\frac{P_R}{4a} I\left(x - \frac{G}{2}\right)\left[\cos a\left(x - \frac{G}{2}\right)\sinh a\left(x - \frac{G}{2}\right) + \sin a\left(x - \frac{G}{2}\right)\right.$$

$$\left. \times \cosh a\left(x - \frac{G}{2}\right)\right] + 2a^2 EI_t y(0)\sin ax \sinh ax - EI_t y''(0) \times \cos ax \cosh ax$$

$$(5-38)$$

式中 P_R——钢轨压力；

$\quad EI_t$——轨枕刚度；

$I(x)$——阶梯函数（当 $x<0$ 时为 0，当 $x=0$ 时为 $1/2$，当 $x>0$ 时为 1）。

$y(0)$、$y''(0)$ 和 a 的计算如下：

$$y(0) = \frac{P_R}{4a^3 EI_t} \times$$

$$\frac{\left[\cos\frac{a}{2}(l-G)\sinh\frac{a}{2}(l-G) + \sin\frac{a}{2}(l-G)\cosh\frac{a}{2}(l-G)\right] \times}{\left[\left(\sin\frac{a}{2}l\cos\frac{a}{2}l - \cos\frac{a}{2}l\sinh\frac{a}{2}l\right)\right] + 2\cos\frac{a}{2}(x-G)\cosh\frac{a}{2}(x-G)\cos\frac{a}{2}l\cosh\frac{a}{2}l}{\cos\frac{a}{2}l\sin\frac{a}{2}l + \cosh\frac{a}{2}l\sinh\frac{a}{2}l}$$

$$(5-39)$$

$$y''(0) = \frac{P_R}{2aEI_t} \times$$

$$\frac{\left[2\cos\frac{a}{2}(l-G)\cosh\frac{a}{2}(l-G)\sin\frac{a}{2}l\sinh\frac{a}{2}l - \right.}{\left[\cos\frac{a}{2}(l-G)\sinh\frac{a}{2}(l-G) + \sin\frac{a}{2}(l-G)\cosh\frac{a}{2}(l-G)\right] \times}{\left[\left(\cos\frac{a}{2}l\sin\frac{a}{2}l + \sin\frac{a}{2}l\cosh\frac{a}{2}l\right)\right]}}{\cos\frac{a}{2}l\sin\frac{a}{2}l + \cosh\frac{a}{2}l\sinh\frac{a}{2}l}$$

$$(5-40)$$

$$a = \sqrt[4]{\frac{k_t}{4EI_t}} \qquad (5-41)$$

式中 k_t——轨枕支承分布弹性系数；

$\quad l$——轨枕长度；

$\quad G$——钢轨中心距离。

（2）刚性轨枕

我国轨道强度计算法，将混凝土枕视为刚性梁，当轨枕长为 l，宽度为 b，轨枕在道床上单位面积的支承弹性系数为 C 时，轨枕的下沉和应力如图 5-11 所示，在均匀支承的条件下，有如下计算式：

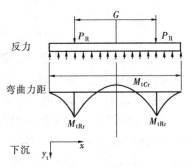

图 5-11 刚性轨枕的下沉和应力

下沉：
$$y_{tr} = \frac{2P_R}{blC} \qquad\qquad (5\text{-}42)$$

轨枕压力：
$$p_{tr} = \frac{2P_R}{bl} \qquad\qquad (5\text{-}43)$$

弯矩：

—— 轨下截面
$$M_{tRr} = \frac{2P_R}{l}\int_0^{\frac{l-G}{2}} x\mathrm{d}x = \frac{P_R(l-G)^2}{4l} \qquad (5\text{-}44)$$

—— 中间截面
$$M_{tCr} = \frac{2P_R}{l}\int_0^{\frac{l}{2}} x\mathrm{d}x - \frac{G}{2}P_R = \frac{P_R(l-2G)}{4} \qquad (5\text{-}45)$$

在轨道强度检算中，还可根据轨道受力的不利工况，假定不同的轨枕反力图式，建立相应的计算公式，其计算方法将在 5.5.2 中介绍。

5.3.4　无砟轨道弹性支承叠合梁计算

无砟轨道的受力分析和结构设计方法与有砟轨道不同。目前采用的比较简便的方法是双层或多层弹性地基上叠合梁计算方法。将板状无砟轨道沿线路纵向或横向截取一定宽度，成为纵向或横向截梁，而后用叠合梁理论求解。这种方法比更为精确的板结构或有限元方法简便，而计算结果基本能够满足工程设计要求。

（1）无砟轨道纵向计算

1）计算模型及微分方程

沿线路中心线截取一半轨道，由一股钢轨及其对应的轨道板构成弹性地基上的双层叠合梁模型，如图 5-12 所示。

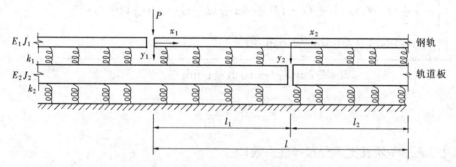

图 5-12　弹性地基上双层叠合梁模型

上层梁为普通有接头钢轨，钢轨接头处忽略夹板的抗弯刚度，简化为铰接。接头处作用在钢轨上的轮载 P，是在静轮载基础上考虑一定的动载系数得到的，一般为静轮载的 2～3.5 倍。在普通铁路上，动轮载一般取为静轮载的 2～2.5 倍；在高速铁路上，动轮载一般取为静轮载的 3～3.5 倍。由于无砟轨道在加强轨道垂向结构强度的同时，对轨道横向强度也有极大的加强，且计算时所取动轮载较大，所以设计中通常不再考虑横向力的影响。

上层钢轨梁与下层轨道板（道床板）梁间，是由扣件简化得到的密布弹簧，其弹簧系数为一组扣件的刚度除以钢轨支点间距。下层梁为半个轨道板，由于无砟轨道须设置温度伸缩缝，所以下层梁通常是有限长的。下层梁支承模拟为密布弹簧，并符合文克尔假定。

建立两个坐标系，第一个坐标系 $x_1 o_1 y_1$ 的原点位于钢轨接头处，第二个坐标系 $x_2 o_2 y_2$ 的原点位于轨道板接缝处，将叠合梁分为两个区段。依据材料力学的知识，可以列出关于图 5-12 所示模型的挠度微分方程组：

$$\begin{cases} E_1 J_1 \dfrac{\mathrm{d}^4 y_{11}}{\mathrm{d} x_{11}^4} + k_1 (y_{11} - y_{22}) = 0 \\[2mm] E_1 J_1 \dfrac{\mathrm{d}^4 y_{12}}{\mathrm{d} x_{12}^4} + k_1 (y_{12} - y_{22}) = 0 \\[2mm] E_2 J_2 \dfrac{\mathrm{d}^4 y_{21}}{\mathrm{d} x_{21}^4} + k_1 (y_{21} - y_{11}) + k_2 y_{21} = 0 \\[2mm] E_2 J_2 \dfrac{\mathrm{d}^4 y_{22}}{\mathrm{d} x_{22}^4} + k_1 (y_{22} - y_{12}) + k_2 y_{22} = 0 \end{cases} \tag{5-46}$$

式中　$E_1 J_1$——单根钢轨的抗弯刚度；

　　　$E_2 J_2$——沿轨道中心线截取的半块轨道板的抗弯刚度；

　y_{11}、y_{12}——分别为区段 l_1、l_2 内钢轨的挠度；

　y_{21}、y_{22}——分别为区段 l_1、l_2 内轨道板的挠度；

　k_1、k_2——分别为钢轨和轨道板单位长度的支承弹簧系数。

2）微分方程组的解

设四阶微分方程组（5-46）的通解为：

$$\begin{cases} y_{11} = A e^{\lambda x} \\[1mm] y_{12} = B e^{\lambda x} \\[1mm] y_{21} = C e^{\lambda x} \\[1mm] y_{22} = D e^{\lambda x} \end{cases} \tag{5-47}$$

将式（5-47）代入式（5-46），得到：

$$\begin{cases} A\lambda^4 + a(A - D) = 0 \\[1mm] B\lambda^4 + a(B - D) = 0 \\[1mm] C\lambda^4 + b(C - A) + c \cdot C = 0 \\[1mm] D\lambda^4 + b(D - B) + c \cdot D = 0 \end{cases} \tag{5-48}$$

式（5-48）中：

$$\begin{cases} a = \dfrac{k_1}{E_1 J_1} \\[2mm] b = \dfrac{k_1}{E_2 J_2} \\[2mm] c = \dfrac{k_2}{E_2 J_2} \end{cases} \tag{5-49}$$

由式 (5-48)、式 (5-49) 可得到:

$$\begin{cases} \dfrac{C}{A} = \dfrac{D}{B} = \dfrac{\lambda^4 + a}{a} \\[2mm] \dfrac{C}{A} = \dfrac{D}{B} = \dfrac{b}{\lambda^4 + b + c} \end{cases} \tag{5-50}$$

由式 (5-50) 可以得到:

$$\lambda^8 + (a+b+c)\lambda^4 + ac = 0 \tag{5-51}$$

令

$$\lambda^4 = \mu$$

则有:

$$\mu^2 + (a+b+c)\mu + ac = 0$$

解得

$$\mu_{1,2} = \frac{1}{2} \left[-(a+b+c) \pm \sqrt{(a+b+c)^2 - 4ac} \right] \tag{5-52}$$

因为 $(a+b+c)^2 - 4ac < (a+b+c)^2$,所以 μ_1、μ_2 恒为负值,令

$$\alpha = \sqrt[4]{\frac{-\mu_1}{4}} \quad \beta = \sqrt[4]{\frac{-\mu_2}{4}} \tag{5-53}$$

因此有:

$$\begin{cases} \lambda^4 + 4\alpha^4 = 0 \\[2mm] \lambda^4 + 4\beta^4 = 0 \end{cases} \tag{5-54}$$

式 (5-54) 即为微分方程组 (5-46) 的特征方程组。解此特征方程组,可得到 4 对共轭复根为:

$$\lambda_{1-2} = (-1 \pm i)\alpha, \lambda_{3-4} = (-1 \pm i)\beta$$
$$\lambda_{5-6} = (1 \pm i)\alpha, \lambda_{7-8} = (1 \pm i)\beta$$

从而,微分方程组 (5-46) 的通解为:

$$
\left.
\begin{aligned}
y_{11} =& A_1 e^{-\alpha x}\cos\alpha x + A_2 e^{-\alpha x}\sin\alpha x + A_3 e^{-\beta x}\cos\beta x + A_4 e^{-\beta x}\sin\beta x \\
&+ A_5 e^{\alpha x}\cos\alpha x + A_6 e^{\alpha x}\sin\alpha x + A_7 e^{\beta x}\cos\beta x + A_8 e^{\beta x}\sin\beta x \\
y_{12} =& B_1 e^{-\alpha x}\cos\alpha x + B_2 e^{-\alpha x}\sin\alpha x + B_3 e^{-\beta x}\cos\beta x + B_4 e^{-\beta x}\sin\beta x \\
&+ B_5 e^{\alpha x}\cos\alpha x + B_6 e^{\alpha x}\sin\alpha x + B_7 e^{\beta x}\cos\beta x + B_8 e^{\beta x}\sin\beta x \\
y_{21} =& C_1 e^{-\alpha x}\cos\alpha x + C_2 e^{-\alpha x}\sin\alpha x + C_3 e^{-\beta x}\cos\beta x + C_4 e^{-\beta x}\sin\beta x \\
&+ C_5 e^{\alpha x}\cos\alpha x + C_6 e^{\alpha x}\sin\alpha x + C_7 e^{\beta x}\cos\beta x + C_8 e^{\beta x}\sin\beta x \\
y_{22} =& D_1 e^{-\alpha x}\cos\alpha x + D_2 e^{-\alpha x}\sin\alpha x + D_3 e^{-\beta x}\cos\beta x + D_4 e^{-\beta x}\sin\beta x \\
&+ D_5 e^{\alpha x}\cos\alpha x + D_6 e^{\alpha x}\sin\alpha x + D_7 e^{\beta x}\cos\beta x + D_8 e^{\beta x}\sin\beta x
\end{aligned}
\right\} \quad (5\text{-}55)
$$

3）钢轨和轨道板挠曲位移和内力计算

依据式（5-50）和式（5-52），令

$$
\left\{
\begin{aligned}
& \frac{C_{1,2,5,6}}{A_{1,2,5,6}} = \frac{D_{1,2,5,6}}{B_{1,2,5,6}} = \frac{\mu_1 + a}{a} = \xi \\[2mm]
& \frac{C_{3,4,7,8}}{A_{3,4,7,8}} = \frac{D_{3,4,7,8}}{B_{3,4,7,8}} = \frac{\mu_2 + a}{a} = \eta \\[2mm]
& \varepsilon = \frac{\eta}{\xi}
\end{aligned}
\right.
\quad (5\text{-}56)
$$

为书写简便，按式（5-18）和式（5-56）将式（5-55）写为：

$$
\left.
\begin{aligned}
y_{11} =& A_1\varphi_1(-\alpha x) - A_2\varphi_3(-\alpha x) + A_3\varphi_1(-\beta x) - A_4\varphi_3(-\beta x) \\
&+ A_5\varphi_1(\alpha x) + A_6\varphi_3(\alpha x) + A_7\varphi_1(\beta x) + A_8\varphi_3(\beta x) \\
y_{12} =& B_1\varphi_1(-\alpha x) - B_2\varphi_3(-\alpha x) + B_3\varphi_1(-\beta x) - B_4\varphi_3(-\beta x) \\
&+ B_5\varphi_1(\alpha x) + B_6\varphi_3(\alpha x) + B_7\varphi_1(\beta x) + B_8\varphi_3(\beta x) \\
y_{21} =& A_1\xi\varphi_1(-\alpha x) - A_2\xi\varphi_3(-\alpha x) + A_3\eta\varphi_1(-\beta x) - A_4\eta\varphi_3(-\beta x) \\
&+ A_5\xi\varphi_1(\alpha x) + A_6\xi\varphi_3(\alpha x) + A_7\eta\varphi_1(\beta x) + A_8\eta\varphi_3(\beta x) \\
y_{22} =& B_1\xi\varphi_1(-\alpha x) - B_2\xi\varphi_3(-\alpha x) + B_3\eta\varphi_1(-\beta x) - B_4\eta\varphi_3(-\beta x) \\
&+ B_5\xi\varphi_1(\alpha x) + B_6\xi\varphi_3(\alpha x) + B_7\eta\varphi_1(\beta x) + B_8\eta\varphi_3(\beta x)
\end{aligned}
\right\}
$$

$$(5\text{-}57)$$

式（5-57）为钢轨和轨道板各截面挠曲位移的表达式。其中 φ_1（·）、φ_3（·）的符号意义同上一节。对位移求二阶导数并乘以截面抗弯刚度，可得到钢轨及轨道板各截面的弯矩表达式：

$$
\begin{aligned}
M_{11} =& 2E_1J_1\big[A_1\alpha^2\varphi_3(-\alpha x)+A_2\alpha^2\varphi_3(-\alpha x)+A_3\beta^2\varphi_3(-\beta x)+A_4\beta^2\varphi_1(-\beta x)\\
&+A_5\alpha^2\varphi_3(\alpha x)-A_6\alpha^2\varphi_1(\alpha x)+A_7\beta^2\varphi_3(\beta x)-A_8\beta^2\varphi_1(\beta x)\big]\\
M_{12} =& 2E_1J_1\big[B_1\alpha^2\varphi_3(-\alpha x)+B_2\alpha^2\varphi_1(-\alpha x)+B_3\beta^2\varphi_3(-\beta x)+B_4\beta^2\varphi_1(-\beta x)\\
&+B_5\alpha^2\varphi_3(\alpha x)-B_6\alpha^2\varphi_1(\alpha x)+B_7\beta^2\varphi_3(\beta x)-B_8\beta^2\varphi_1(\beta x)\big]\\
M_{21} =& 2E_2J_2\big[A_1\bar{\alpha}^2\varphi_3(-\alpha x)+A_2\bar{\alpha}^2\varphi_1(-\alpha x)+A_3\eta^2\varphi_3(-\beta x)+A_4\eta^2\varphi_1(-\beta x)\\
&+A_5\bar{\alpha}^2\varphi_3(\alpha x)-A_6\bar{\alpha}^2\varphi_1(\alpha x)+A_7\eta^2\varphi_3(\beta x)-A_8\eta^2\varphi_1(\beta x)\big]\\
M_{22} =& 2E_2J_2\big[B_1\bar{\alpha}^2\varphi_3(-\alpha x)+B_2\bar{\alpha}^2\varphi_1(-\alpha x)+B_3\eta^2\varphi_3(-\beta x)+B_4\eta^2\varphi_1(-\beta x)\\
&+B_5\bar{\alpha}^2\varphi_3(\alpha x)-B_6\bar{\alpha}^2\varphi_1(\alpha x)+B_7\eta^2\varphi_3(\beta x)-B_8\eta^2\varphi_1(\beta x)\big]
\end{aligned}
$$

$$(5\text{-}58)$$

轨道板纵向弯矩是轨道板截面尺寸及配筋设计的重要参数。位移和弯矩表达式 (5-57) 和式 (5-58) 中，A_1-A_8、B_1-B_8 为待定常数，可由边界条件求得。

为了给无砟轨道的横向计算提供参数，还须计算最大的钢轨支点压力。最大支点压力出现在轮载作用点处的钢轨支点上。设钢轨支点间距为 S，则可计算出最大支点压力为：

$$R_{\max}=\int_{-S/2}^{S/2}k_1(y_{11}-y_{21})\mathrm{d}x \tag{5-59}$$

4）求解待定常数

依据图 5-12 所示的力学模型，可以定出边界条件。在 $x_1=0$ 的钢轨接头处，有：

$$
\left.\begin{aligned}
y_{11}''=0 \quad & y_{11}'''=\frac{P}{2E_1J_1}\\
y_{21}'=0 \quad & y_{21}''=0
\end{aligned}\right\} \tag{5-60}
$$

在 $x_1=l_1$、$x_2=0$ 的轨道板接缝处，有：

$$
\left.\begin{aligned}
y_{11}=y_{12} \quad & y_{11}'=y_{12}'\\
y_{11}''=y_{12}'' \quad & y_{11}'''=y_{12}'''\\
y_{21}''=0 \quad & y_{21}'''=0\\
y_{22}''=0 \quad & y_{22}'''=0
\end{aligned}\right\} \tag{5-61}
$$

在 $x_2=l_2$ 的模型边界处，认为位移和力都已经很小，因此有：

$$
\left.\begin{aligned}
y_{12}=0 \quad & y_{12}'=0\\
y_{22}=0 \quad & y_{22}'=0(\text{模型终点不取在板的接缝处})\\
y_{22}''=0 \quad & y_{22}'''=0(\text{模型终点取在板的接缝处})
\end{aligned}\right\} \tag{5-62}
$$

由上述 16 个边界条件，可以组成 16 个线性方程组，即可求得 A_1-A_8、B_1-B_8 共 16 个待定常数。

（2）无砟轨道横向计算

以轮载作用点为中心，截取一段轨道板或无砟道床，视轨道板为弹性地基上的有限长梁，并拟定钢轨支点设计荷载，以求解轨道板横向弯矩、位移等力学参数。

1）力学模型及微分方程

轨道板横向力学分析的计算模型如图 5-13 所示，梁长为轨道板的宽度，梁宽为钢轨支点间距。梁下为连续弹性支承，弹性系数可依据基础刚度系数和截梁宽度进行计算。梁上作用有两个支点钢轨压力，每个支点压力可取为式（5-59）计算得到的最大支点压力，分布在一个轨底宽 e 的范围内。

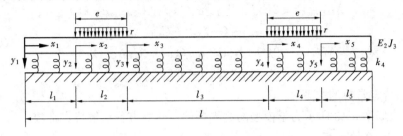

图 5-13　轨道板横向计算截梁模型

根据梁的受力特点，可分为五段，各段内梁挠曲位移满足的偏微分方程：

$$
\begin{cases}
E_2 J_3 \dfrac{\mathrm{d}^4 y_{1,3,5}}{\mathrm{d}x_{1,3,5}^4} + k_4 y_{1,3,5} = 0 \\[4mm]
E_2 J_3 \dfrac{\mathrm{d}^4 y_{2,4}}{\mathrm{d}x_{2,4}^4} + k_4 y_{2,4} = r
\end{cases}
\tag{5-63}
$$

式中　$E_2 J_3$——轨道板横向截梁的抗弯刚度；

　　　$y_{1,3,5}$——轨道板截梁 Ⅰ、Ⅲ、Ⅴ 区段中各断面的挠度；

　　　$y_{2,4}$——轨道板截梁 Ⅱ、Ⅳ 区段中各断面的挠度；

　　　k_4——单位长度截梁的支承弹性系数；

　　　r——钢轨支点压力强度，$r = R_{max}/e$，其中 R_{max} 为最大钢轨支点压力，e 为钢轨压力分布宽度。

2）轨道板挠度及横向弯矩计算

令 $\lambda = \sqrt[4]{\dfrac{k^4}{4E_2 J_3}}$，则微分方程（5-63）的通解为：

$$
\left.
\begin{aligned}
y_{1,3,5} &= C_{1,9,17}\, \mathrm{e}^{\lambda x} \sin\lambda x + C_{2,10,18}\, \mathrm{e}^{\lambda x} \cos\lambda x \\
&\quad + C_{3,11,19}\, \mathrm{e}^{-\lambda x} \sin\lambda x + C_{4,12,20}\, \mathrm{e}^{-\lambda x} \sin\lambda x \\
y_{2,4} &= \frac{r}{k_4} + C_{5,13}\, \mathrm{e}^{\lambda x} \sin\lambda x + C_{6,14}\, \mathrm{e}^{\lambda x} \cos\lambda x \\
&\quad + C_{7,15}\, \mathrm{e}^{-\lambda x} \sin\lambda x + C_{8,16}\, \mathrm{e}^{-\lambda x} \sin\lambda x
\end{aligned}
\right\}
\tag{5-64}
$$

式（5-64）中，$C_1 - C_{20}$ 为待定常数。写为简明表达形式，则轨道板横向挠度与弯矩为：

$$
\left.
\begin{aligned}
y_{1,3,5} &= C_{1,9,17}\varphi_3(\lambda x) + C_{2,10,18}\varphi_1(\lambda x)\\
&\quad - C_{3,11,19}\varphi_3(-\lambda x) - C_{4,12,20}\varphi_1(-\lambda x)\\
y_{2,4} &= \frac{r}{k_4} + C_{5,13}\varphi_3(\lambda x) + C_{6,14}\varphi_1(\lambda x)\\
&\quad - C_{7,15}\varphi_3(-\lambda x) - C_{8,16}\varphi_1(-\lambda x)
\end{aligned}
\right\}
\tag{5-65}
$$

$$
\left.
\begin{aligned}
M_{1,3,5} &= -2E_2 J_3 [C_{1,9,17}\varphi_1(\lambda x) + C_{2,10,18}\varphi_3(\lambda x)\\
&\quad - C_{3,11,19}\varphi_1(-\lambda x) - C_{4,12,20}\varphi_3(-\lambda x)]\\
M_{2,4} &= -2\lambda^2 E_2 J_3 [C_{5,13}\varphi_1(\lambda x) - C_{6,14}\varphi_3(\lambda x)\\
&\quad - C_{7,15}\varphi_1(-\lambda x) - C_{8,16}\varphi_3(-\lambda x)]
\end{aligned}
\right\}
\tag{5-66}
$$

3）待定常数的求解

可依据图 5-13 所示力学模型的边界条件，建立方程求解待定常数。

在 $x_1=0$ 处，有：

$$
y_1'' = 0 \quad y_1''' = 0 \tag{5-67}
$$

在 $x_1=l_1$、$x_2=0$ 处，

$$
\begin{aligned}
y_1 &= y_2 \quad y_1' = y_2'\\
y_1'' &= y_2'' \quad y_1''' = y_2'''
\end{aligned}
\tag{5-68}
$$

在 $x_2=l_2$、$x_3=0$ 处，

$$
\begin{aligned}
y_2 &= y_3 \quad y_2' = y_3'\\
y_2'' &= y_3'' \quad y_2''' = y_3'''
\end{aligned}
\tag{5-69}
$$

在 $x_3=l_3$、$x_4=0$ 处，

$$
\begin{aligned}
y_3 &= y_4 \quad y_3' = y_4'\\
y_3'' &= y_4'' \quad y_3''' = y_4'''
\end{aligned}
\tag{5-70}
$$

在 $x_4=l_4$、$x_5=0$ 处，

$$
\begin{aligned}
y_4 &= y_5 \quad y_4' = y_5'\\
y_4'' &= y_5'' \quad y_4''' = y_5'''
\end{aligned}
\tag{5-71}
$$

在 $x_5=l_5$ 处，

$$
y_5'' = 0 \quad y_5''' = 0 \tag{5-72}
$$

依据上述式（5-67）～式（5-71）中 20 个边界条件，可以建立 20 个线性代数方程组成的方程组，求解这一方程组，可得到式（5-65）等式中的 20 个待定常数。

5.3.5　轮轨接触应力计算

接触应力是在很小的轮轨接触面积出现的局部应力，其量值大大超过钢轨的屈服极限，易于引起头部压溃，形成高低不平的波浪形轨面。在接触应力作用下，脆性较高的钢轨，易于产生头部劈裂和其他种类的钢轨伤损。随着高速、重载铁路的发展，接触应力及其控制日益受到铁路工程界的重视。

根据经典的赫兹接触理论，假定车轮和钢轨是两个互相垂直的弹性圆柱体，两者的接触面是一个椭圆形，最大接触应力 q_0 发生在椭圆形中心。其值为：

$$q_0 = \frac{3P}{2\omega} \tag{5-73}$$

式中　P——两柱体间的压力；

　　　ω——椭圆形面积，等于 πab，a、b 分别为椭圆形的长半轴和短半轴，其值可由下式求出：

$$\begin{cases} a = m \sqrt[3]{\dfrac{3(1-v^2)P}{2E(A+B)}} \\ b = \dfrac{n}{m}a \end{cases} \tag{5-74}$$

式中　v——泊松比，$v=0.25\sim0.30$；

　　　E——钢的弹性模量，$E=20.6\times10^4\,\mathrm{MPa}$；

$$\begin{cases} A = \dfrac{1}{2r_1} \\ B = \dfrac{1}{2r_2} \end{cases} \tag{5-75}$$

式中　r_1、r_2——车轮踏面及钢轨顶面半径；

　　　m、n——与 θ 角有关的系数，$\cos\theta = \dfrac{B-A}{B+A}$，$m$、$n$ 的值可在求得 θ 角后从表 5-6 中查取。

m、n 与 θ 角的关系　　　　　　　　　　表 5-6

θ	30°	35°	40°	45°	50°	55°	60°	65°	70°	75°	80°	85°	90°
m	2.731	2.379	2.136	1.926	1.754	1.611	1.486	1.378	1.284	1.202	1.128	1.061	1.000
n	0.493	0.530	0.567	0.604	0.641	0.678	0.717	0.759	0.802	0.840	0.893	0.944	1.000

沿着椭圆面的法向压应力 q，按半椭圆体规律分布：

$$\frac{q^2}{q_0^2} + \frac{x^2}{a^2} + \frac{y^2}{b^2} = 1 \tag{5-76}$$

轮轨接触产生的剪应力，根据苏联别辽耶夫（Н. М. беляев）教授的研究，最大剪应力发生在轮轨接触面以下的某一深度，其值约为：

$$2\tau \approx 0.63q_0 = 0.63m_0 \sqrt[3]{\frac{PE^2}{r_1^2}} \tag{5-77}$$

在接触面以下发生最大剪应力的深度 h 与半轴 a 及 b 的大小有关。如：

$$\frac{b}{a} = 1 \text{ 时}, h = 0.48a$$

$$\frac{b}{a} = \frac{3}{4} \text{ 时}, h = 0.41a$$

$$\frac{b}{a} = \frac{1}{2} \text{ 时}, h = 0.31a$$

而在接触面上，最大剪应力为：

$$2\tau_1 = n_0 q_0 \tag{5-78}$$

当 $\frac{r_2}{r_1} \leqslant 0.33$ 时，最大剪应力将位于椭圆的中心；若 $\frac{r_2}{r_1} \geqslant 0.33$ 时，则位于椭圆长轴的端点上。式（5-77）、式（5-78）中的 m_0 及 n_0 可从表 5-7 中查出。

由式（5-77）可知，轮轨接触应力与轮载 P 及其轮径大小有关；在固定的轮载之下，加大车轮直径可减小轮轨接触应力。

m_0 及 n_0 值　　　　表 5-7

r_2/r_1	m_0	n_0	r_2/r_1	m_0	n_0
1.00	0.388	0.27	0.40	0.536	0.28
0.90	0.400	0.27	0.30	0.600	0.28
0.80	0.420	0.28	0.20	0.716	0.30
0.70	0.440	0.28	0.15	0.800	0.31
0.60	0.468	0.28	0.10	0.970	0.33
0.50	0.490	0.28			

5.4　轨道结构动力作用的准静态计算法

由于轨道结构存在复杂的随机性及本构关系的非线性，其动力计算参数的确定极为困难，至今仍未有一种公认的动力计算方法。目前在我国可供实用的处理方法是，将轨道的静荷载乘以荷载系数（其中包括速度系数、偏载系数和横向水平力系数）以表征机车车辆和轨道相互作用的综合动力效应，在此基础上将动力问题概化为简单的静力计算。这一处理方法在我国铁路轨道工程界称之为准静态法，是我国铁路轨道强度计算规程所采用的方法。

5.4.1　速　度　系　数

运行于直线区间轨道上的列车，其轮轨之间的动力效应导致钢轨的轮载产生增值，其增值采用速度 α 计算。

速度系数 α 表示动载增量与静轮载之比，若动轮载为 P_d，静轮载为 P_j，则

$$\alpha = \frac{P_d - P_i}{P_j} \quad \text{或} \quad P_d = (1+\alpha) P_j \tag{5-79}$$

速度系数 α 与轨道状态及机车类型等有关，可以通过试验研究确定。各国所采用的速度系数公式不尽相同，一般都是经验公式，大多表示为行车速度的线性或非线性函数。我国采用的速度系数计算式如表 5-8 所示。

速度系数值			表 5-8
牵引类型 速度范围	电力牵引	内燃牵引	
$V \leqslant 160\text{km/h}$	$0.6V/100$	$0.4V/100$	
$V > 160\text{km/h}$	1.0		

注：V 为设计速度（km/h）。

德国铁路采用以下计算动力轮载 P_d：

$$P_d = P_j(1 + t \cdot \bar{s})$$

式中　P_j——轨道设计静轮重；

　　　t——依据所选用的置信概率水平 p，由表 5-9 取值；

　　　$\bar{s}$——表示荷载离散程度的标准差，与轨道状态、行车速度和列车类型有关。

　　　　良好轨道状态　$\bar{s} = 0.1\phi$；

　　　　一般轨道状态　$\bar{s} = 0.2\phi$；

　　　　轨道状态差　　$\bar{s} = 0.3\phi$。

ϕ 为速度系数：

$v \leqslant 60\text{hm/h}$ 时，$\phi = 1$；

$v > 60\text{hm/h}$ 时，客车：$\phi = 1 + \dfrac{v - 60}{380}$；

　　　　　　　　货车：$\phi = 1 + \dfrac{v - 60}{180}$。

			置信概率水平				表 5-9
$t=$	0	1	1.28	1.65	1.96	2	2.33	3
$p=$	0	68.3%	80%	90%	95%	95.5%	98%	99.7%

日本铁路按工况分类确定设计轮重：

（1）常用的正常设计轮重：

$$P_d = P_j \cdot a$$

式中　a——速度系数，高速铁路取 1.5，既有铁路取 1.3。

（2）考虑车轮扁巴为 75mm 长度的不利情况，设计轮重取为：

$$P_d = 3P_j$$

（3）考虑曲线横向力的作用时，采用异常情况的设计轮重，其值取为：

$$P_d = 4P_j$$

5.4.2 偏 载 系 数

通过曲线的列车，由于存在未被平衡的超高（欠超高或余超高）而产生偏

载，致使外轨或内轨动载增加，其增量与静轮载的比值称为偏载系数，用 β 表示，即

$$\beta = \frac{\Delta P}{P_0} = \frac{P_1 - P_0}{P_0} \tag{5-80}$$

式中　P_1——外轨（或内轨）上的轮载；

　　　P_0——静轮载；

　　　ΔP——外轨（或内轨）的偏载量。

以欠超高为例推求 β 的计算公式。如图 5-14 所示，轨道实设超高为 h，未被平衡的离心力 J 与车辆重力 G 形成合力 R，其适应超高为 $h + \Delta h$，将 R 分解为垂直于轨面线的分力 F 和平行于轨面线的分力 F_1，则由静力平衡条件 $\sum M_A = 0$

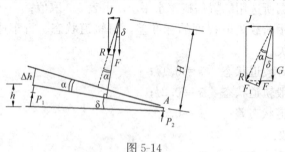

图 5-14

可得

$$P_1 S_1 = F \frac{S_1}{2} + F_1 H$$

可得出：

$$P_1 = \frac{1}{2} F + \frac{H}{S_1} F_1 \tag{5-81}$$

式中　H——车体重心高度，货车一般取 $2.1 \sim 2.3 \mathrm{m}$；

　　　S_1——两钢轨中心线间距。

因图 5-14 中的 α 角度及 δ 角均很小，由此得下列近似关系：

$$F = R \cos\alpha = \frac{G}{\cos(\alpha + \delta)} \cdot \cos\alpha \approx G = 2P_0$$

$$F_1 = F \operatorname{tg}\alpha \approx F \cdot \frac{\Delta h}{s_1} \approx 2P_0 \frac{\Delta h}{s_1} \tag{5-82}$$

将式 (5-82) 代入式 (5-81) 得：

$$P_1 = P_0 + \frac{2P_0 H \Delta h}{S_1^2} \tag{5-83}$$

将式 (5-83) 代入式 (5-80) 得：

$$\beta = \frac{2H \Delta h}{S_1^2} \tag{5-84}$$

可见 β 与车体稳定系数 $n = \dfrac{S_1^2}{2H\Delta h}$ 互为倒数。

若取我国机车最大重心高度 $H = 2300\text{mm}$，并取 $S_1 = 1500\text{mm}$ 代入式（5-84），则偏载系数可表示为欠超高 Δh 的函数。

$$\beta = \frac{2 \times 2300 \Delta h}{1500 \times 1500} = 0.002\Delta h \qquad (5\text{-}85)$$

式中　Δh——曲线欠超高（mm）

5.4.3　横向水平力系数

横向水平力系数 f 是考虑钢轨横向水平力和偏心竖直力联合作用下，钢轨承受横向水平弯曲及扭转，由此引起轨头及轨底的边缘弯曲应力增大而引入的系数，它等于钢轨底部外缘弯曲应力与中心应力的比值，即

$$f = \frac{\sigma_1}{(\sigma_1 + \sigma_2)/2} \qquad (5\text{-}86)$$

式中　σ_1、σ_2——分别为轨底外缘和内缘的弯曲应力；

　　　f——横向水平力系数，可根据不同机车类型及线路平面条件通过试验测定资料的统计分析加以确定，如表 5-10 所示。仅在计算钢轨应力的动弯矩 M_d 中考虑 f 值。

横向水平力系数 f　　　　　表 5-10

线路平面	直线	曲线半径（m）					
		≥2000	800~2000	600	500	400	300
横向水平力系数	1.25	1.3	1.45	1.60	1.70	1.80	2.00

5.4.4　准静态计算公式

用准静态法计算钢轨动挠度 y_d、钢轨动弯矩 M_d 和枕上动压力 R_d 的计算公式如下：

$$y_d = y_j(1 + \alpha + \beta)$$
$$M_d = M_j(1 + \alpha + \beta) \cdot f$$
$$R_d = R_j(1 + \alpha + \beta) \qquad (5\text{-}87)$$

式中　y_j、M_j、R_j——分别为钢轨的静挠度、静弯矩及静态枕上压力。

5.5　轮道部件强度检算

基于上述轨道静态和准静态计算，可以建立轨道部件强度检算方法，其中包括钢轨、轨枕、道床应力以及路基面应力的检算。

5.5.1　钢 轨 应 力 检 算

钢轨应力包括基本应力、局部应力、附加应力和残余应力等。基本应力包括竖直荷载作用下的动弯应力和因温度变化产生的温度应力。局部应力包括车轮踏面与钢轨接触产生的接触应力，螺栓孔周围及钢轨截面发生急剧变化处的集中应力。附加应力有列车牵引制动所产生的钢轨应力、桥梁与无缝线路轨道相互作用产生的钢轨伸缩应力或挠曲应力等。残余应力是指钢轨生产或承受轮载过程中产生的应力。

钢轨动弯应力用下式求取：

$$\sigma_{d1} = \frac{M_d}{W_1}, \ \sigma_{d2} = \frac{M_d}{W_2} \tag{5-88}$$

式中　σ_{d1}、σ_{d2}——分别为轨底最外边缘拉应力和轨头最外边缘压应力；

　　　　W_1、W_2——分别为钢轨底部和头部的断面系数，应根据钢轨类型及垂直磨耗量确定。

钢轨温度应力 σ_t，对普通线路可按表 5-11 取值，对无缝线路应用下式进行计算：

$$\sigma_t = 2.45\Delta T \ \text{（MPa）} \tag{5-89}$$

式中　ΔT——钢轨温度变化幅度（℃）。

钢轨附加应力 σ_f 在桥上无缝线路和道岔无缝线路轨道结构设计时考虑，其计算方法在第 6 章无缝线路轨道设计中介绍。

温度应力 σ_t（MPa）　　　　　　　　　表 5-11

轨型（kg/m）		75	60	50	43
轨长（m）	12.5	34.5	42.5	50	60
	25	41.5	51	60	70

钢轨应力的检算条件为：

轨底　　　　　　　$\sigma_{d1} + \sigma_t + \sigma_f \leqslant [\sigma]$

轨头　　　　　　　$\sigma_{d2} + \sigma_t + \sigma_f \leqslant [\sigma]$　　　　　　　(5-90)

式中　$[\sigma]$——钢轨钢的允许应力，$[\sigma] = \sigma_s/K$，其中 K 是安全系数，$K = 1.25\sim 1.35$；σ_s 是钢轨屈服极限，其设计值见表 5-12。钢轨的断面系数见表 5-13。

5.5.2　轨枕强度检算

(1) 木枕顶面承压应力

对于木枕，应检算其横纹受压应力 σ_s，即

$$\sigma_s = \frac{R_d}{F} \leqslant [\sigma_s] \tag{5-91}$$

式中 σ_s——木枕横纹承压动应力；

      F——轨底或垫板与木枕的接触面积；

      R_d——钢轨对木枕的动压力；

   $[\sigma_s]$——木材横纹允许承压应力：对于松木取 1.4MPa，杉木取 10.4MPa，桦木取 3.9MPa，桉木取 4.2MPa。

我国主要钢种钢轨钢屈服强度（MPa）   表 5-12

钢种	U71Mn、U71MnG	U75V、U75VG、U76CrRE、U77MnCr、U78CrV
σ_s	457	472

各型钢轨断面参数表   表 5-13

钢轨垂直磨耗（mm）	钢轨断面参数	单位	钢轨类型		
			75kg/m	60kg/m	50kg/m
	$b_底$	mm	150	150	132
0	$W_头$	mm³	432000	339400	250000
	$W_底$	mm³	509000	396000	289000
	J	mm⁴	44890000	32170000	20370000
3	$W_头$	mm³	420000	318000	242000
	$W_底$	mm³	496000	385000	283000
	J	mm⁴	43280000	30690000	19460000
6	$W_头$	mm³	405000	291000	230000
	$W_底$	mm³	482000	375000	275000
	J	mm⁴	40890000	28790000	18270000

混凝土枕抗压强度大，一般不检算其承压应力。

（2）混凝土轨枕抗弯强度检算

混凝土轨枕需进行抗弯强度检算，木枕可不进行此项检算。计算混凝土轨枕弯矩时，轨枕视为支承在分段均匀支承或均匀支承基础上的刚性梁（对于重型轨道则采用全部均匀支承的刚性梁）。分别选取道床对轨枕的最不利支承方式，检算轨下截面正弯矩和跨中截面负弯矩。检算轨下截面正弯矩 M_g，采用图 5-15 所示的道床支承方式。

假定轨枕中间部分完全掏空，可得如下 M_g 的检算公式：

$$M_g = K_s \left(\frac{a_1^2}{2e} - \frac{b'}{8} \right) R_d \leqslant [M_g] \tag{5-92}$$

式中 a_1——荷载作用点至枕端距离，取 $a_1 = 50\text{cm}$；

      e——一股钢轨下，轨枕的全支承长度，取 $e = 95\text{cm}$；

      b'——轨下衬垫宽度，一般取轨底宽；

K_s ——轨枕设计系数，取为 1；

[M_g]——轨下截面允许弯矩，与轨枕类型有关，Ⅰ型枕可取为 11.9kN·m，

Ⅱ型枕可取为 13.3kN·m，Ⅲ型轨枕取 18kN·m。

检算中间截面负弯矩 M_c 时，采用图 5-16 所示的道床支承方式，即轨枕中部为部分支承，道床支承反力取全支承时的 $\dfrac{3}{4}$。

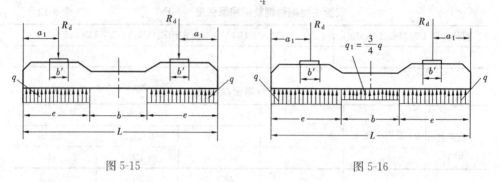

图 5-15   图 5-16

M_c 的检算公式为：

$$M_c = -K_s \frac{3L^2 + 4e^2 - 8a_1e - 12a_1L}{4(3L + 2e)} R_d \leqslant [M_c] \tag{5-93}$$

式中　L ——轨枕长度；

[M_c]——中间截面允许负弯矩，与轨枕类型有关，Ⅰ型枕可取 8.8kN·m，

Ⅱ型枕可取 10.5kN·m，Ⅲ型轨枕取 14kN·m。

对重型及特重型轨道，其轨枕中间截面负弯矩按轨枕基础全部支承图式计算，据式 (5-45) 可得检算中间截面最不利负弯矩计算公式为：

$$M_c = -\left(\frac{L - 4a_1}{4}\right) R_d \leqslant [M_c] \tag{5-94}$$

R_d 原则上可按准静态方法计算而得。考虑到轨枕对钢轨的支承以及道床对轨枕的支承并不是理想的均匀支承，更由于道床坍塌及空吊板的存在，用准静态方法算得的钢轨动压力与实测值有较大的出入。为了保证轨枕的强度，我国铁道科学研究院建议在设计轨枕时 R_d 采用 $0.86 \sim 1.20P$（P 为静轮载）。此外，为了适应重载运输的要求，设计适应 25t 轴重货车运行条件的轨枕，R_d 应采用 125kN。

5.5.3　道床应力分析

(1) 道床顶面应力

道床顶面的应力，无论是沿轨枕纵向还是横向，分布都是不均匀的，压力分布如图 5-17 所示。

道床顶面上的平均压应力可近似取为：

$$\sigma_b = \frac{R_d}{b \cdot e'} \qquad (5\text{-}95)$$

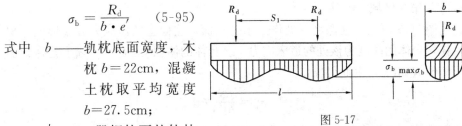

图 5-17

式中 b——轨枕底面宽度，木枕 $b=22\mathrm{cm}$，混凝土枕取平均宽度 $b=27.5\mathrm{cm}$；

e'——一股钢轨下的轨枕

有效支承长度，木枕 $e'=110\mathrm{cm}$，混凝土枕中间部分掏空时，取 $e'=95\mathrm{cm}$（适用 I 型枕）；中间不掏空时 $e'=\frac{3l}{8}+\frac{e}{4}$。当 $l=250\mathrm{cm}$，$e=95\mathrm{cm}$ 时，$e'=117.5\mathrm{cm}$（适用 II 或 III 型枕）。

考虑到实际应力分布的不均匀性，道床顶面上的最大压应力为：

$$\max\sigma_b = m \cdot \sigma_b \qquad (5\text{-}96)$$

式中 m——应力分布不均匀系数，取 $m=1.6$。

（2）道床内部及路基顶面应力

常用的道床应力近似计算法，采用如下假设：

1）道床上的压应力以扩散角 φ 按直线扩散规律从道床顶面传递到路基顶面；

2）不考虑相邻轨枕的影响；

3）道床顶面的压应力是均匀分布的。

道床内部压应力的传递如图 5-18 所示。

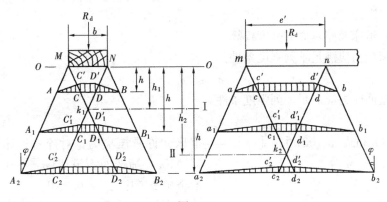

图 5-18

轨枕横向及纵向的压应力扩散线交点分别为 k_1、k_2，距枕底高度分别为 h_1、h_2。由图 5-18 中可求得：

$$h_1 = \frac{b}{2}\cot\varphi; \quad h_2 = \frac{e'}{2}\cot\varphi \qquad (5\text{-}97)$$

式中 φ——压力扩散角，$\varphi=35°$。

根据 h_1、h_2 将道床划分为三个区域，三个区域的应力分别计算。

（A）第一区域 $0 \leqslant h \leqslant h_1$

由图 5-18 可见，在深度 h 处作一水平层面，层面上的压应力分布形成一梯形台体，台体的高度为该处的道床应力 σ_h。台体的体积 $V = b \cdot e' \cdot \sigma_h$ 和道床顶面的压力值 R_d 相等，由此得出：

$$\sigma_h = \frac{R_d}{be'}$$

考虑到道床顶面应力的不均匀性，该区域道床最大应力为：

$$\sigma_h = m \frac{R_d}{be'} \tag{5-98}$$

（B）第二区域 $h_1 < h \leqslant h_2$

在该区域内，道床深度 h 超过 k_1 点，台体的体积 $V = \sigma_h \cdot \overline{A_1 D_1} \cdot \overline{a_1 d_1}$，而 $\overline{A_1 D_1} = 2h \tan\varphi$，$\overline{a_1 d_1} = e'$。因此，该区域道床应力为：

$$\sigma_h = \frac{R_d}{2he' \tan\varphi} \tag{5-99}$$

（C）第三区域 $h > h_2$

在该区域内，道床深度 h 超过 k_2 点，台体的体积 $V = \sigma_h \cdot \overline{A_2 D_2} \cdot \overline{a_2 d_2}$，而 $\overline{A_2 D_2} = \overline{a_2 d_2} = 2h \tan\varphi$。因此该区域道床应力为：

$$\sigma_h = \frac{R_d}{4h^2 \tan^2\varphi} \tag{5-100}$$

路基面应力 σ_r 可根据道床厚度 h 的不同，分别按式（5-96）～式（5-100）进行计算。

（3）道床及路基面的强度检算

道床应力应满足下列强度条件：

$$\sigma_h \leqslant [\sigma_h] \tag{5-101}$$

路基面应力应满足下列强度条件：

$$\sigma_r \leqslant [\sigma_r] \tag{5-102}$$

式（5-101）和式（5-102）中 $[\sigma_h]$ ——道床允许承压应力，对碎石道床 $[\sigma_h] =$
0.5MPa，筛选卵石道床 $[\sigma_h] = 0.4$MPa，
冶金矿渣道床 $[\sigma_h] = 0.3$MPa；

$[\sigma_r]$ ——路基表面允许承压应力，新建线路路基
$[\sigma_r] = 0.13$MPa，既有线路基 $[\sigma_r] =$
0.15MPa。

5.5.4 轨道强度计算实例

（1）计算资料

1）线路及运营条件：新建铁路，曲线半径 $R = 600$m；牵引机车：DF$_4$ 内燃

机车。

2）轨道结构组成：

钢轨：60kg/m，U71Mn 新轨，25m 长标准轨；

轨枕：Ⅱ型混凝土轨枕 1760 根/km；

道床：碎石道砟，面砟 25cm，底砟 20cm；

路基：砂黏土；

钢轨支点弹性系数 D：检算钢轨强度时，取 30000N/mm；检算轨下基础时，取 70000N/mm。

σ_t＝51MPa；不计钢轨附加应力。

（2）轨道各部件强度检算

1）机车通过曲线轨道的允许速度的确定：

新建铁路，允许速度按 $v_{max}=4.3\sqrt{R}$ 计算，由此得 $v_{max}=105$km/h。

2）钢轨强度的检算：

作为计算例题，在这里只进行路基上轨道强度检算，并暂不考虑牵引力（制动力）。

DF_4 内燃机车的两个转向架距离较大，彼此影响很小，可任选一个转向架作为计算。由于三个车轮的轮重和轮距相同，两端的车轮对称，可任选 1、2 轮或 2、3 轮作为计算轮来计算弯矩的当量荷载 $\sum p\varphi_3$。

计算结果见表 5-14。

$\sum p\varphi_3$ 计算值　　表 5-14

计算轮位	计算值	轮 位			$\sum p\varphi_3$
		1	2	3	
1	P（N）	115000	115000	115000	96813
	x（mm）	0	1800	3600	
	kx	0	2.214	4.248	
	φ_3	1	−0.1645	0.0063	
	$p\varphi_3$	115000	−18912	725	
2	P（N）	115000	115000	115000	77176
	x（mm）	1800	0	1800	
	kx	2.214	0	2.214	
	φ_3	−0.1645	0	−0.1645	
	$p\varphi_3$	−18912	115000	−18912	

计算步骤如下：

（A）计算 u 值

计算钢轨强度的 D＝30000N/mm，按无缝线路的要求，轨枕均匀布置，轨

枕间距 $a=1000000/1760=570\text{mm}$，有此可得 $u=D/a=30000/570=52.6\text{MPa}$。

（B）计算 k 值（按式 5-8 ）

$$k=\sqrt[4]{\frac{u}{4EJ}}=\sqrt[4]{\frac{52.6}{4\times2.1\times10^5\times3217\times10^4}}=0.00118\text{mm}^{-1}$$

式中 J——60kg/m 新轨对水平轴的惯性矩，其值为 $3217\times10^4\text{mm}^4$。

（C）计算 $\sum p\varphi_3$

以 1、2 轮分别为计算轮计算 $\sum p\varphi_3$，并选取其中最大值来计算钢轨的弯矩。

由表 5-14 可知，计算轮 1 的 $\sum p\varphi_3=96813$ 为其中的最大值，该值用以计算钢轨静弯矩。

（D）计算钢轨静弯矩 M

$$M=\frac{1}{4k}\sum P\varphi_3=\frac{1}{4\times0.00118}\times96813=20511229\text{N}\cdot\text{mm}$$

（E）计算钢轨动弯矩 M_d

由表 5-8 查取内燃机车计算轨底弯曲应力的速度系数公式为 $\frac{0.4v}{100}$，其计算值 α 为：

$$\alpha=\frac{0.4}{100}\times105=0.42$$

由计算偏载系数 β，式中的 $\Delta h=75\text{mm}$，则

$$\beta=0.002\times75=0.15$$

由表 5-10 选取 $R=600\text{m}$ 的横向水平系数 $f=1.60$。

将上述系数代入式（5-87）计算 M_d，得：

$$M_\text{d}=M(1+\alpha+\beta)f$$
$$=20511229\times(1+0.42+0.15）\times1.60$$
$$=51524207\text{N}\cdot\text{mm}$$

（F）计算钢轨的动弯应力 $\sigma_{1\text{d}}$ 和 $\sigma_{2\text{d}}$

由表 5-13 可查得新轨的 $W_1=396000\text{mm}^3$ 及 $W_2=339400\text{mm}^3$。

再由式（5-88）得：

$$\sigma_{1\text{d}}=\frac{M_\text{d}}{W_1}=\frac{51524207}{396000}=130\text{MPa}$$

$$\sigma_{2\text{d}}=\frac{M_\text{d}}{W_2}=\frac{51524207}{339400}=152.4\text{MPa}$$

由表 5-11 查得 25m 长的 60kg/m 钢轨的温度应力 $\sigma_\text{t}=51\text{MPa}$。

钢轨的基本应力由式（5-90）得：

轨头：$\sigma_{2\text{d}}+\sigma_\text{t}=152+51=203\text{MPa}$

轨底：$\sigma_{1d}+\sigma_t = 130+51 = 181\text{MPa}$

U71Mn 新轨的屈服极限 $\sigma_S = 457\text{MPa}$，安全系数 $K=1.3$，其允许应力为：

$$[\sigma] = \frac{457}{1.3} = 351\text{MPa}$$

上述轨头和轨底的基本应力均小于 $[\sigma]$，符合钢轨的强度检算条件。

3）轨枕弯矩的检算

（A）计算 u 和 k 值

计算轨枕弯矩时，用 $D=70000\text{N/mm}$，由此可得 u 和 k 值：

$$u = \frac{70000}{570} = 123.0\text{MPa}$$

$$k = \sqrt[4]{\frac{u}{4EJ}} = \sqrt[4]{\frac{123}{4 \times 2.1 \times 10^5 \times 3217 \times 10^4}} = 0.00146\text{mm}^{-1}$$

（B）计算轨枕反力的当量荷载 $\sum P\varphi_1$

其结果见表 5-15。

取表中最大的 $\sum P\varphi_1 = 111810\text{N}$。

（C）计算轨枕上动压力 R_d

速度系数按下式计算而得：

$$\alpha = \frac{0.4v}{100} = \frac{0.4 \times 105}{100} = 0.42$$

偏载系数：

$$\beta = 0.002\Delta h = 0.002 \times 75 = 0.15$$

$$R_d = (1+\alpha+\beta)R = (1+0.42+0.15)\frac{ka}{2}\sum P\varphi_1$$

$$= 1.57 \times \frac{0.00146 \times 570}{2} \times 111810 = 73043\text{N}$$

R_d 约为静轮载的 65.3%，作为算例，以此计算值来确定轨枕弯矩。

由式（5-92）计算轨下截面正弯矩。

			$\sum P\varphi_1$ 计算值		表 5-15

计算轮位	计算值	轮　位			$\sum P\varphi_1$
		1	2	3	
1	P （N）	115000	115000	115000	111810
	x （mm）	0	1800	3600	
	kx	0	2.628	5.256	
	φ_1	1	-0.0255	-0.00224	
	$p\varphi_1$	115000	-2932	-258	

续表

计算轮位	计算值	轮 位			$\Sigma P\varphi_1$
		1	2	3	
2	P (N)	115000	115000	115000	109136
	x (mm)	1800	0	1800	
	kx	2.628	0	2.628	
	φ_1	−0.0255	0	−0.0255	
	$p\varphi_1$	−2932	115000	−2932	

$$M_g = \left(\frac{a_1^2}{2e} - \frac{b'}{8}\right)R_d$$

对于 Ⅱ 型轨枕，$L=2500\text{mm}$，$a_1=500\text{mm}$，$e=950\text{mm}$，60kg/m 轨底宽 $b'=150\text{mm}$，代如上式得：

$$M_g = \left(\frac{500^2}{2\times950} - \frac{150}{8}\right) \times 73043$$

$$= 8241365\text{N}\cdot\text{mm} \Rightarrow 8.241\text{kN}\cdot\text{m} < 13.3\text{kN}\cdot\text{m}(\text{通过检算})$$

在计算轨枕中间截面弯矩时，可按式（5-93）和式（5-94）代表的两种不同中部支承方式的计算结果进行比较。

由式（5-93）得：

$$M_c = -\left[\frac{4e^2 + 3L^2 - 12La_1 - 8ea_1}{4(3L+2e)}\right]R_d$$

$$= -\left[\frac{4\times950^2 + 3\times2500^2 - 12\times2500\times500 - 8\times950\times500}{4\times(3\times2500+2\times950)}\right] \times 73043$$

$$= -6915777\text{N}\cdot\text{mm} \Rightarrow |-6.916|\text{kN}\cdot\text{m} < 10.5\text{kN}\cdot\text{m}(\text{通过检算})$$

由式（5-94）得：

$$M_c = -\left(\frac{L-4a_1}{4}\right)R_d = -\frac{2500-4\times500}{4} \times 73043$$

$$= -9130375\text{N}\cdot\text{mm} = -9.130\text{kN}\cdot\text{m}$$

显然，轨枕中部满支承所产生的负弯矩比中部部分支承的负弯矩大 24%。

（D）道床顶面应力的检算：

由式（5-95）计算道床顶面应力。对于 Ⅱ 型轨枕，其中部 600mm 不支承在道床上时，$e'=950\text{mm}$；中部支撑在道床上时，$e'=1175\text{mm}$，$b=275\text{mm}$，所以按照上述两种支承情况可算得道床顶面压应力为：

$$\sigma_\mathrm{b} = \frac{R_\mathrm{d}}{be'}m = \frac{73043}{275 \times 950} \times 1.6 = 0.447\mathrm{MPa}$$

或

$$\sigma_\mathrm{b} = \frac{R_\mathrm{d}}{be'}m = \frac{73043}{275 \times 1175} \times 1.6 = 0.362\mathrm{MPa}$$

上述 $\sigma_\mathrm{b} < [\sigma_\mathrm{b}] = 0.50\mathrm{MPa}$，满足道床强度条件。

（E）路基面道床压应力的检算：

有两个检算道床应力的方案，一是根据已知的道床厚度，检算路基面的道床压应力；或根据路基填料的允许应力反算所需的道床厚度。

第一方案计算方法如下：

由式（5-97）计算 h_1 和 h_2：

$$h_1 = \frac{b}{2}\cot\varphi = \frac{275}{2}\cot\left(\frac{35 \times \pi}{180}\right) = 196.4\mathrm{mm}$$

$$h_2 = \frac{e'}{2}\cot\varphi = \frac{1175}{2}\cot\left(\frac{35 \times \pi}{180}\right) = 839.0\mathrm{mm}$$

由已知条件，道床的计算厚度 $h = 250 + 200/2 = 350\mathrm{mm}$。所以计算厚度在 h_1 和 h_2 之间，应按式（5-99）计算 σ_r，即

$$\sigma_\mathrm{r} = \frac{R_\mathrm{d}}{2he'\tan\varphi} = \frac{73043}{2 \times 3500 \times 1175 \times \tan\left(\frac{35 \times \pi}{180}\right)}$$

$$= 0.13\mathrm{MPa} < [\sigma_\mathrm{b}] = 0.15 \ \mathrm{MPa}$$

第二方案计算如下：

$$h = \frac{R_\mathrm{d}}{2e'\sigma_\mathrm{r}\tan\varphi} = \frac{73043}{2 \times 1175 \times 0.15\tan\left(\frac{35 \times \pi}{180}\right)} = 296\mathrm{mm}$$

所需道床厚度小于设计的道床厚度，通过检算。

（F）轨道部件强度检算结果汇总（表 5-16）

轨道部件强度检算结果一览表　　　　　　　　　　表 5-16

项目	钢轨应力（MPa）	道床应力（MPa）	路基应力（MPa）	检算结果
计算值	轨头 203	中部支承　0.447	0.13	通过
允许值	轨底 181	中部不支承 0.306		
	351	0.500	0.15	

5.6　轮 轨 相 互 作 用

5.6.1　研究意义及发展概况

（1）研究轮轨相互作用的意义

轮轨相互作用系统形成了当代铁路运输的基本特征。轮轨相互作用是铁路科学技术的基础课题。

轮轨相互作用根据计算模型的不同有以下三类：

第一类：研究单轮对于轨道的相互作用。

第二类：研究单个机车或车辆与轨道的相互作用。这一类可称为车辆—轨道耦合动力学。

第三类：研究整个列车与轨道的相互作用。

随着工程意义的不同及其参数取值的可能性，研究人员往往采用不同的计算模型。

轮轨相互作用理论结合试验结果可为线路提速，机车车辆和轨道设计，列车运行安全，线路养护和修理等工程问题提供决策依据。工程经验表明，基于轮轨相互作用理论模型的计算，分析其定性变化规律，再用试验来验证其要点，是研究轮轨相互作用最有效的方法。

（2）轮轨相互作用的计算模型发展概况

20 世纪 40 年代，铁木辛柯采用单自由度集总参数轨道模型分析了正弦荷载作用下的轨道响应问题，如图 5-19 所示。

1972 年，英国莱昂（Lyon）在理论上建立了余弦形及抛物形不平顺的连续弹

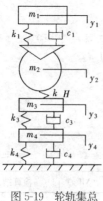

图 5-19　轮轨集总
参数动力模型

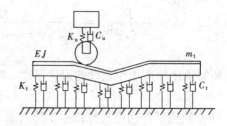

图 5-20　Derby 中心的轮轨动力分析基本模型
K_u、C_u—车辆悬挂刚度与阻尼；K_t、C_t—轨道
支承刚度与阻尼；EJ—钢轨抗弯刚度；m_t—钢
轨单位长质量

性基础上的尤拉梁模型。该模型将车辆简化为具有一系悬挂的轮对，轮轨接触为赫兹非线性接触弹簧模型。轨道基础符合文克尔假定，阻尼为黏滞阻尼，如图5-20所示。

该模型用以分析钢轨接头冲击，计算出高频的 P_1 力和准静态的 P_2 力，如图 5-21 所示。车轮越过钢轨接缝后，$1/4 \sim 1/2$ms 时间出现高频力 P_1，7ms 后出现中频力 P_2。

1974 年，詹金斯（Jenkins）等根据理论分析结合试验研究得出下列近似计算公式：

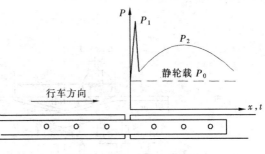

图 5-21　P_1、P_2 力波形图

$$P_1 = P_0 + 2\alpha v \sqrt{\frac{K_H m_e}{1 + m_e/m_u}}$$

$$P_2 = P_0 + 2\alpha v \left(\frac{m_u}{m_u + m_t}\right)^{1/2} \left[1 - \frac{C_t \pi}{4K_t \ (m_u + m_e)}\right] \sqrt{K_t m_u}$$

式中　2α——轮轨不平顺交角（rad），（$2\alpha = \alpha_1 + \alpha_2$）；

　　　m_e——有效轨道质量（kg/m），一般情况可取为 $0.4M$；

　　　$M = m_r + m_s/l$；

　　　m_r——钢轨单位长度质量（kg/m）；

　　　m_s——半根轨枕质量（kg）；

　　　l——轨枕间距（m）；

　　　m_u——簧下质量（kg）；

　　　m_t——当量轨道系统质量（kg）　　$m_t = \dfrac{3}{2k}M$；

　　　K_t——当量轨道系统刚度（N/m）　　$K_t = \dfrac{2}{k}u$；

　　　K_H——线性赫兹接触刚度（N/m）；

　　　C_t——当量轨道系统阻尼（N·s/m），$C_t = \dfrac{2}{k}c$；

　　　v——行车速度（m/s）；

　　　u——轨道基础刚度（N/m²）；

　　　c——轨道基础阻尼（N·s/m²）；

　　　k——轨道的刚比系数（1/m）。

1979 年，英国铁路的牛顿（Newton）和克拉克（Clark）改进了莱昂的设计模型，采用了可以考虑梁的剪切变形和扭转变形的铁木辛柯梁，使 P_1 的计算值与现场的实测值相互吻合。

英国铁路在以上研究基础上，又发现了采用尤拉梁轨道模型的不足，即在高速行车时，模型预测的轨道冲击作用力过高，为此，在尤拉梁的基础上又考虑了轨道的振动，如图 5-22 所示。

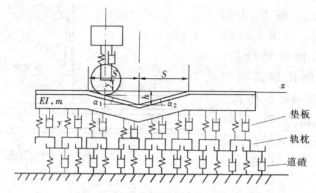

图 5-22 尤拉梁改进模型

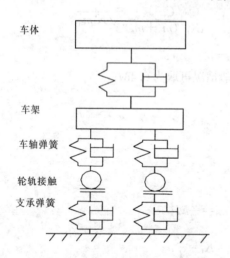

图 5-23 "半车"轨道集总参数模型

日本佐藤裕和佐藤吉彦采用了Sato"半车—轨道"集总参数模型，如图 5-23所示。

国内学者结合列车安全性、高速重载铁路轨道设计等课题研究，建立了车辆—轨道系统耦合振动分析模型。

通过多年的试验研究和工程实践形成以下的认识：

1）关于轨道模型

A. 等效集总参数轨道模型。该模型计算简便，适用于均匀的轨道。

B. 连续弹性基础梁模型与连续点支承梁模型的比较。

两种模型的地基特性均采用文克尔假定。弹性点支承可以较为方便地考虑轨道纵向弹性不均匀情况。在低速时两者计算结果相差不大，在高速时连续弹性基础梁会过高估计轨道动力作用。图 5-24及图 5-25 展示了两种计算模型车轮动压力 $P_{(v)}$ 及其与静载 $P_{(0)}$ 比值的变化情况。

C. 单层点支承梁模型与多层点支承梁模型的比较。

单层点支承梁（将图 5-20 的钢轨基础离散为点支承）仅能反映钢轨作用加速度和作用力，以及轨枕反力；

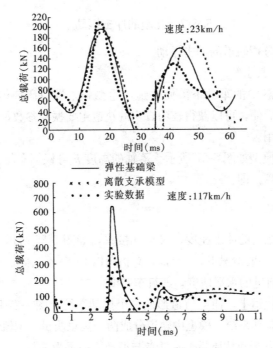

图 5-24　荷载比 $P_{(t)max}/P_0$ 随速度的变化
——两种理论值与实验值的比较

双层点支承梁（将图 5-22 的轨枕离散为单个的轨枕）可反映钢轨及轨枕的作用力及其加速度；

三层点支承梁可反映钢轨及轨枕的作用力及其加速度，还反映道床加速度。

2) 关于车辆模型

采用车辆模型可反映各轮对的相互作用，根据计算分析邻轮对于计算轮位的影响为：在轨道弹性良好的情况下，邻轮对计算轮位处轨道位移影响较大（约 37%），各轮经由钢轨波传递而引起的动力相互作用在 200Hz 的强迫振动频率附近显得十分明显。

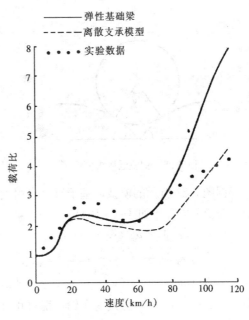

图 5-25　力 $P_{(t)}$ 的时间历程
——两种理论值与实验值的比较

5.6.2　轮轨的冲击振动

(1) 用落轴法分析轨道的冲击振动

1) 计算模型及其求解

落轴法是利用悬空的车轴下落使轨道产生激振，据以研究轨道的冲击振动，其概念明确，计算简便，可以获得较为真实的轨道主要振动参数，在我国和日本的轨道设计中获得应用。

落轴三自由度模型如图 5-27 所示。落轴的高度 h 可根据车轮通过钢轨接头所产生的冲击速度计算，即：

$$h = \frac{v_0^2}{2g} \tag{5-103}$$

式中　v_0——轮轨之间的冲击速度，对于低接头，如图 5-26 所示，$v_0 = (\alpha_1 + \alpha_2) v$；在一般情况下，$\alpha_1 = \alpha_2$，总折角以 2α 表示，有 $v_0 = 2\alpha v$；

　　　v——车轮前进的水平速度，即行车速度。

一旦车轮落在轨道上，便与轨道形成一个振动系统。图 5-27 所示为三自由度有阻尼集总参数的振动系统。模型中轨道分成两个集总质量，钢轨集总质量表示为 m_1，将道床质量附着于轨枕质量上一并参与振动，表示为 m_2。

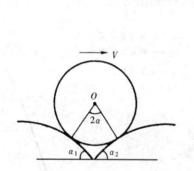

图 5-26　钢轨低接头模型

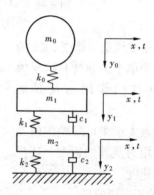

图 5-27　落轴冲击振动计算模型

根据图 5-27 所示的模型，基于每个自由度的动力平衡微分方程，可以列出其自由振动微分方程组如式 (5-104)：

$$\begin{cases} m_0 \ddot{y}_0 + k_0 (y_0 - y_1) = 0 \\ m_1 \ddot{y}_1 + c_1 (\dot{y}_0 - \dot{y}_2) + k_0 (y_1 - y_0) + k_1 (y_1 - y_2) = 0 \\ m_2 \ddot{y}_2 + c_1 (\dot{y}_2 - \dot{y}_1) + c_2 \dot{y}_2 + k_1 (y_2 - y_1) + k_2 y_2 = 0 \end{cases} \tag{5-104}$$

式中　m_0、m_1、m_2——分别为车轮、钢轨和轨下基础（包括轨枕和道床）的集总质量 (kg)；

　　　k_0、k_1、k_2——分别代表轮轨间接触弹簧刚度，钢轨与轨枕间弹性垫层的弹簧刚度和道床与路基的集总弹簧刚度（N/m）；

c_1、c_2——轨下垫层和基础的黏性阻尼系数（N·s/m）。

方程组（5-104）中的质量、弹簧刚度和阻尼系数称为集总参数，可依据下一节所述方法确定。以下是微分方程组的求解：

设　　　　　　　　　　$y_i(t) = A_i \mathrm{e}^{pt}$

则　　　　　　　　$\dot{y}_i = A_i\, p\mathrm{e}^{pt} = py_i(t);$

$$\ddot{y}_i = A_i\, p^2\mathrm{e}^{pt} = p^2 y_i(t)$$

式中　p——振动系数的衰减及频率，一般为复数；

　　　A_i——积分常数（也称待定系数）。

于是，方程组（5-104）可转化为下列矩阵形式：

$$\begin{bmatrix} p^2 m_0 + k_0 & -k_0 & 0 \\ -k_0 & p^2 m_1 - c_0 - k_0 + k_1 & -c_1 p - k_1 \\ 0 & -c_1 p - k_1 & p^2 m_2 + c_1 + c_2 + k_0 + k_2 \end{bmatrix} \begin{bmatrix} A_0 \\ A_1 \\ A_2 \end{bmatrix} = \begin{bmatrix} 0 \\ 0 \\ 0 \end{bmatrix}$$

$$(5\text{-}105)$$

从式（5-105）可得待定系数之比，

$$\begin{cases} \dfrac{A_0}{A_1} = \dfrac{k_0}{p^2 m_0 + k_0}; \\[2mm] \dfrac{A_1}{A_2} = \dfrac{p^2 m_2 + p(c_1 + c_2) + k_1 + k_2}{pc_1 + k_1} = v; \\[2mm] \dfrac{A_0}{A_2} = \dfrac{A_0}{A_1} \cdot \dfrac{A_1}{A_2} = \dfrac{k_0}{p^2 m_0 + k_0} = u \end{cases} \qquad (5\text{-}106)$$

由矩阵论可知，若式（5-106）成立，其系数矩阵的行列式为零，由此可得到特征值 p 的 6 次一元方程，并可求得 p 的三对共轭复根，记为 $p_i = R_i + j\omega_i$，（$i = 1, 2, \cdots, 6$），与之对应的各自由度振动位移函数为：

$$y_k(t) = \sum_{i=1}^{6} A_{ki} \mathrm{e}^{(R_i + j\omega_i)t}, (k = 0, 1, 2) \qquad (5\text{-}107)$$

将 $p_i = R_i + j\omega_i$ 代入式（5-106），则可得 u_i，v_i，（$i = 1, 2, \cdots, 6$），18 个待定系数就转化为 6 个，可根据下列 6 个初始条件确定：

$$y_0\big|_{t=0} = 0, \ y_1\big|_{t=0} = 0, \ y_2\big|_{t=0} = 0;$$

$$\dot{y}_0\big|_{t=0}, \ v_0 = \sqrt{2gh}; \ \dot{y}_1\big|_{t=0} = 0; \ \dot{y}_2\big|_{t=0} = 0;$$

式中 h——落轴高度；

　　　g——重力加速度。

由此可得出轮对、钢轨和轨枕的振动位移函数为

$$
\begin{cases}
y_0(t) = \sum_{i=1}^{6} u_i A_{0i} \mathrm{e}^{(R_i + j\omega_i)t} \\[2mm]
y_1(t) = \sum_{i=1}^{6} v_i A_{1i} \mathrm{e}^{(R_i + j\omega_i)t} \\[2mm]
y_2(t) = \sum_{i=1}^{6} A_{2i} \mathrm{e}^{(R_i + j\omega_i)t}
\end{cases} \tag{5-108}
$$

对式（5-108）求出一阶及二阶导数，得出轮对、钢轨及轨枕的振动速度和加速度。根据不同的落轴高度可求得钢轨和轨枕的振动加速度、速度和位移。同理，落轴高度不变，而变化轨道结构，也可得到与之对应的钢轨和轨枕的振动加速度、速度及位移，并据以分析对比不同轨道结构的振动特性。基于轨道落轴冲击试验结果，可用以评估不同轨道类型的冲击振动参数，以及各设计参数对轨道冲击振动的影响。

2）集总参数计算

为求解图 5-27 的三自由度冲击振动模型，需要用到轨道结构的集总质量和集总刚度。所以轨道结构集总参数的计算也是轨道动力计算的重要组成部分，参数的精确与否直接影响到计算结果的精度。以下介绍参与振动的集总质量和刚度计算方法。

A. 均布质量计算

在计算轨道结构的集总质量之前，首先要计算轨道结构的均布质量。然后根据连续分布质量模型的振动能量与集总质量模型的振动能量相等原理，由均布质量换算成集总质量。以下是均布质量计算。

a. 钢轨均布质量。钢轨均布质量由每米钢轨的质量计算而得。例如，我国铁路目前干线所用的主型轨为 60kg/m 钢轨，其每米的实际质量为 60.64kg/m。此即为钢轨的均布质量。

b. 轨下基础均布质量。

轨下基础均布质量，包括轨枕和道床均布质量。轨枕的均布质量为 $\overline{m}_s$，道床均布质量为 $\overline{m}_b$，轨下基础的均布质量 $\overline{m}_2 = \overline{m}_s + \overline{m}_b$。$\overline{m}_s$ 大小决定于轨枕本身质量和轨枕间距的大小。如现有单根轨枕的质量为 W_s（kg），轨枕间距为 a（m），则单根钢轨下的轨枕的均布质量 m_s 为（kg/m）：

$$
\overline{m}_s = \frac{W_s}{2a} \tag{5-109}
$$

道床参与振动的均布质量为 $\overline{m}_b$（kg/m），可按下式计算：

$$
\overline{m}_b = \frac{d_b \omega A_t C_m}{2\alpha \tan\varphi} \tag{5-110}
$$

式中 w——道床的密度 (kg/m³)；

    d_b——轨枕的平均底宽 (m)；

    A_t——半根轨枕的有效支承面积 (m²)；

    φ——道砟内摩擦角；

    C_m——经验系数，取 1 或略大于 1；

    a——轨枕间距 (m)。

如考虑半枕下参与振动的道床体积呈台体形，则半枕下参与振动的道砟质量为：

$$\overline{m}_b = \frac{wh_b}{a}\left(l_e l_b + h_b \tan\varphi \ (l_e + l_b) + \frac{4}{3}h_b^2 \tan^2\varphi\right) \tag{5-111}$$

式中 l_e、l_b——半枕与道床接触面积的长和宽；

    h_b——道床深度。

B. 均布弹簧刚度计算

仿照集总质量计算的思路，在计算集总刚度前首先计算均布刚度，然后根据荷载作用点位移相等原理计算集总刚度。以下是均布弹簧刚度计算。

a. 轨下垫层均布弹簧刚度计算。

轨下垫层的均布弹簧刚度取决于弹性垫层的材质、垫层厚度和轨枕间距的大小，可按下式计算：

$$\overline{k}_p = \frac{k'_p}{a} \tag{5-112}$$

式中 $\overline{k}_p$——轨下垫层均布弹簧刚度 (N/m²)；可根据运营条件分别采用 100、90、60MN/m² 几种刚度值；

    k'_p——单块轨下垫层的刚度，(N/m)；

    a——轨枕间距。

b. 轨下基础均布弹簧刚度计算。

轨下基础的均布弹性刚度由道床和路基刚度两者串联组合而成，可由下式计算：

$$\overline{k}_2 = \frac{\overline{k}_b \overline{k}_s}{(\overline{k}_b + \overline{k}_s)} \tag{5-113}$$

上式道床的均布弹簧刚度 $\overline{k}_b$ (N/m³) 可由式 (5-114) 计算，路基的均布弹簧刚度 $\overline{k}_s$ (N/m³) 由式 (5-115) 计算：

$$\overline{k}_b = \frac{c \ (l-b) \ E_b}{a\ln\left[\dfrac{l \ (b+ch)}{b \ (l+ch)}\right]} \tag{5-114}$$

式中 a——轨枕间距 (m)；

    E_b——道床弹性模量 (N/m³)；

    l、b——轨枕长度和宽度 (m)；

　　h——道床高度（m）；

　　$c=2\tan\varphi$，其中 φ 为道砟的内摩擦角。

$$\bar{k}_s=\frac{k_0\,(l+ch)\,(b+ch)}{a}\tag{5-115}$$

式中　k_0——路基模量（N/m³），其余符号意义同上式。

　　C. 集总质量和集总刚度计算

　　a. 集总质量。

　　根据弹性地基梁上分布质量的动量 $\bar{T}$ 与集总质量的动量 T 相等的原则，进行集总质量换算，对于弹性地基梁分布质量的运动能量计算式为：

$$T=\frac{\bar{m}}{2}\int_{-\infty}^{\infty}\lfloor v(x)\rfloor^2\mathrm{d}x=\frac{\bar{m}}{2}\int_{-\infty}^{\infty}\left[y_0\mathrm{e}^{-kt}(\cos kx+\sin kx)\right]^2\mathrm{d}x$$

考虑到钢轨的下沉变形曲线对称于荷载作用点，于是有

$$\bar{T}=\frac{1}{2}\bar{m}(\dot{y}_0)^2 2\int_{-\infty}^{\infty}\mathrm{e}^{-2kx}(1+\sin2kx)\mathrm{d}x=\frac{1}{2}\bar{m}(\dot{y}_0)^2\frac{3}{2k}$$

集总质量的运动能量为：　　　　　　$T=\frac{1}{2}m(\dot{y}_0)^2$

　　由 $\bar{T}=T$，可得，

$$m=\frac{3}{2k}\bar{m}\tag{5-116}$$

式中　$\bar{m}$——分布质量；

　　　　m——集总质量；

　　　　k——刚比系数：

$$k=\sqrt[4]{\frac{\bar{u}}{4EJ}}$$

　　　　$\bar{u}$——钢轨基础弹性系数；

　　　　EJ——钢轨刚度。

于是可得到钢轨、轨枕、道床的集总质量 m_r、m_s、m_b 分别为：

$$m_r=\frac{3}{2k}\bar{m}_r;\ \ m_s=\frac{3}{2k}\bar{m}_s;\ \ m_b=\frac{3}{2k}\bar{m}_b$$

　　b. 集总刚度。

　　在轨道集总刚度换算时，以分布质量条件下和集总质量条件下在荷载作用点的钢轨下沉位移量相等为原则进行计算。弹性地基梁分布质量条件下在荷载作用点的钢轨下沉量为：

$$y_0=\frac{P_0}{8EJk^3}=\frac{k}{2\bar{u}}P_0$$

对集总质量模型，荷载作用点的位移为：$y_0 = \dfrac{P_0}{k_0}$

式中　P_0——作用在钢轨上的荷载。两者相等，可得：

$$k_0 = \frac{2}{k}\bar{u} \tag{5-117}$$

于是可得到轨下垫层、轨下基础的集总刚度 k_p、k_2 分别为：

$$k_p = \frac{2}{k}\bar{k}_p \; ; \; k_2 = \frac{2}{k}\bar{k}_2$$

计算无限长梁的刚比系数 k 时，钢轨基础的弹性系数 $\bar{u}$ 可按下式计算：

$$\bar{u} = \frac{\bar{k}_p\,\bar{k}_2}{\bar{k}_p + \bar{k}_2} \tag{5-118}$$

必须指出，为了得出符合工程实际的结果，以上的计算分析需要通过必要的试验验证方可付诸工程应用。

（2）接头冲击振动研究的主要结果

1）冲击荷载的时间历程

利用 Lyon 模型可测算车轮通过离散不平顺时车轮和轨道系统的冲击响应，并可获得车轮作用总荷载，以及钢轨垂向位移和钢轨弯矩等时间历程，如图 5-28 所示。

图 5-28 是机车以（45m/s）即 160km/h 的速度通过低接头的计算结果。由图 5-28（a）所示的总荷载时间历程可知，第一个峰值 P_1 约发生在 0.3～0.4ms 时刻（t 自车轮通过轨缝的瞬时起算），相距轨缝约 13～18mm。由钢轨位移的时间历程 [图 5-28（b）] 可知，当总荷载到达第一个峰值时，钢轨的动态位移才开始发生，即位移的相位滞后于荷载。高频荷载 P_1 力虽然数值很大，但因其作用时间很短，对轨道的影响主要集中在钢轨，尤其是轮轨接触面，未能向下传递到轨枕、道床和路基。P_1 力可引起轨缝区的轨面疲劳破坏和塑性流动、并可导致轨头"核伤"。

由图 5-28（a）可见，第一个波峰消失后，总荷载的变化逐渐缓和。第二个峰值 P_2 的时间历程约为 6.5ms，其作用点距离轨缝约 300mm。由图 5-28（a）、（b）的对比可知，历经约 3ms 的时间之后，钢轨位移几乎与轮轨接触力同步变化。第一个波峰 P_1 消失后，车轮垂向加速度及其钢轨垂向加速度的时间历程迅速趋于一致。

在含有峰值 P_2 的第二个波形中，车轮作用于钢轨的总荷载变化较为缓慢，P_2 力所含的钢轨惯性力不大，因此 P_2 力不仅作用于钢轨，还向下传递到轨枕和道床。P_2 力很大时，不仅引起钢轨的伤损，还将引起接头区轨枕的破裂，道床的粉化和板结，以及路基的塑性变形等。

图 5-28（a）还表示了冲击荷载的一个重要特性：车轮作用于钢轨的总荷载与

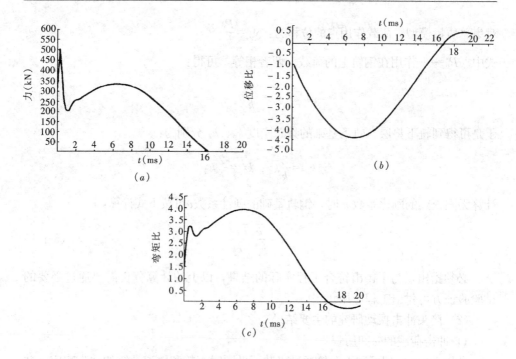

图 5-28　低接头处几处响应的实例

(a) 总载荷；(b) 钢轨总位移对静位移之比；(c) 钢轨总弯矩对静弯矩之比

静荷载之比有可能小于 1，甚至可能等于零。总荷载等于零的瞬间，车轮与钢轨将脱离接触，导致车轮的减载，增加了车轮脱轨的可能性。

2）不同参数对 P_1 和 P_2 力的影响

通过 Lyon 模型的分析，可以发现轨道和车辆参数与 P_1、P_2 力有如下的关系：

A. 增量 (P_1-P_0) 和 (P_2-P_0) 近似正比于 $2\alpha v$（见图 5-29），这里 v 为行车速度，2α 为接头总折角，P_0 是车轮静荷载。由此可见，高速铁路的轨道必须具有很高的平顺性。

B. 车辆簧下质量对 P_1 的影响不大，但簧下质量对增量 (P_2-P_0) 有重大影响，近乎呈线性关系（见图 5-30a）。由此可见，减小簧下质量是控制 P_2 的有效途径。例如将快速和高速机车的轴悬式牵引电动机，改为悬挂于转向架构架或悬挂于车体的方式，可减轻簧下质量。

C. P_1 力与轨道刚度的相关性很小，P_2 则随着轨道刚度的减小而减小（见图 5-30b）。

D. P_1 随着轨道质量的增大而增大，开始增长较快，随后逐渐趋于饱和；P_2 则随着轨道质

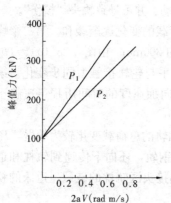

图 5-29　P_1 和 P_2 力随 $2\alpha V$ 的变化

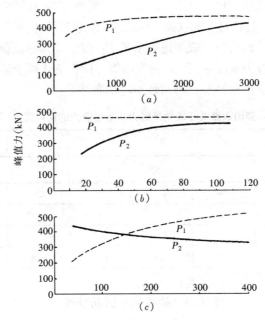

图 5-30 P_1 和 P_2 力随簧下质量、道床刚度
和轨道质量的变化

(*a*) 簧下质量（kg/车轮）；(*b*) 道床刚度
（MN/m/轨枕端）；(*c*) 轨道质量（kg/m/钢轨）

量的增大而减小（见图 5-30*c*）。随着钢轨质量增加，钢轨振动加速度明显减小，而 P_1、P_2 的变化不明显，如图 5-31，因而采用重型钢轨可明显改善轨道工作性能。

E. 车辆一系悬挂对 P_1 的影响甚微，对 P_2 则有一定影响。P_2 随悬挂刚度和阻尼的增大而有所增长。

3）P_1 和 P_2 的许用值

机车车辆总是不断循着大轴重高速度这一客观需要而发展，而轨道的承载能力却往往受到种种因素的制约。因此，可通过 P_1 和 P_2 许用值的合理选择，以指导新型机车车辆的发展，并充分发挥轨道的潜力。

BR（英国铁路）于 20 世纪 70 年代对其机车推荐了下列目标值：新机车在最高速度下所产生的 P_1、P_2，不大于 BR 的 55 级（Deltic）内燃机车 160.9km/h 速度所得的计算结果，见表

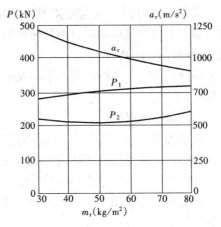

图 5-31   钢轨质量对轮轨动力作用的影响

5-17。计算中采用的总折角为 0.2rad，钢轨基础刚度为 47MN/m。其货车对应的 P_1、P_2 许用值，是针对英国铁路（BR）20 世纪 70 年代初期，在用货车计算所得的结果，并取其最大值。表中还表示了 P_1、P_2 及其静载荷作用下，车轮和钢轨接触面的接触应力 σ_{p1}、σ_{p2} 和 σ_{p0} 的许用值。计算条件取全新车轮和钢轨的名义尺寸，并分别对应锥形和磨耗形两种车轮踏面外形。

英国铁路关于轮轨接触力和接触应力的许用值　表 5-17

车　种	车轮踏面外　形	P_1	P_2	P_1+P_2	σ_{p1}	σ_{p2}	σ_{p0}
		(kN)			(MN/m²)		
机　车	锥　形	480	340	820	2280	2030	
	磨耗形	510	340	850	1470	1280	
货　车	锥　形	400	250	600	2300	2300	1500
	磨耗形	425	250	625	1600	1600	1000

5.6.3　轮轨系统振动特性

根据法国、日本和我国铁路的试验研究，获得如下轮轨系统振动特性：

（1）振动频率

1）车辆振动频率

车辆簧上质量 0～10Hz；

车辆簧下质量 20～25Hz。

2）轨道部分主频率

钢轨部分 1000～3000Hz；

轨枕或轨道板组成的中间质量部分 500～1200Hz；

道床部分 10～250Hz。

其主频不因列车速度变化而改变。数百赫以上的高频振动，自钢轨传递到道床约降至原有值的 1/10。几百赫以下的低频区域内，其振幅则几乎不发生变化。

轨道各部件振动加速度（g）　表 5-18

列车速度（km/h）	钢　轨	轨　枕	道　床
300	400	18	4
140	170	17	4

注：有扁瘢的半轮，140km/h 行车速度钢轨可达 325g 的振动加速度。

（2）振动加速度

轨道各部分对应其振动主频率的加速度见表 5-18。

（3）道床振动加速度与轨下基础设计参数的关系

日本铁路从落轴试验中查明道床振动加速度 a_b 与轨枕胶垫弹性系数 k_1 及轨下基础支承质量 m 有关，而与轮重以及钢轨每延米质量关系不大。a_b 与 k_1、m 有如下的正比关系：

$$a_b \propto \sqrt{k_1} \cdot \frac{1}{\sqrt{m}}$$

（4）轴箱加速度

日本铁路的研究表明，轴箱加速度与列车速度成正比增加，并大致与钢轨的弯曲刚度 EI_x 的平方成正比。

（5）车辆簧下质量

部分车型车辆簧下质量见表5-19。

部分车型车辆簧下质量　　表 5-19

车　　　型	簧下质量（kg）
普通客车 YZ$_{22}$	1350
提速客车 QHSC	1900
四方厂准高速车	1900
长春厂高速车	1400
日本高速车 JR300	1650
普通货车 C$_{62A}$	1200
25t 轴重货车	1145

5.7　车辆转向架稳态通过曲线计算

5.7.1　蠕滑和蠕滑力

转向架通过曲线时，其轮对不可能始终维持纯滚动状态，车轮真实的前进速度并不等于其滚动形成的线速度，车轮相对于钢轨会产生很微小的滑动，即蠕滑，又称为弹性滑动。在轮轨接触面上存在着切向力，这个切向力即蠕滑力与轮轨间蠕滑的大小有关，蠕滑力的方向总是与蠕滑的方向相反。蠕滑的大小以蠕滑率（也可简称蠕滑）表示，蠕滑率用车轮上接触斑和钢轨上接触斑（钢轨与车轮相接触的椭圆）的刚体运动速度加以定义。设钢轨上接触斑沿钢轨纵、横向的刚体运动速度分别为 V'_1 和 V'_2，绕垂直轴的旋转速度为 Ω'_3，车轮踏面上接触斑的刚体运动速度分别为 V_1、V_2 和 Ω_3（如图 5-32 所示），则纵、横向蠕滑率 γ_1、γ_2 和旋转蠕滑率 ω_3 可表示为：

$$\begin{cases} \gamma_1 = \dfrac{2\,(V'_1 - V_1)}{V'_1 + V_1} \\[2mm] \gamma_2 = \dfrac{2\,(V'_2 - V_2)}{V'_1 + V_1} \\[2mm] \omega_3 = \dfrac{2\,(\Omega_3 - \Omega'_3)}{V'_1 + V_1} \end{cases} \tag{5-119}$$

当曲线几何参数一定时，可依据轮对在曲线上的几何位置和运动速度计算出轮轨间的蠕滑率。

当蠕滑较小时，蠕滑力和蠕滑之间存在线性关系；蠕滑较大时，蠕滑力与蠕滑率呈现非线性关系。在线性范围内即小蠕滑的情况下，依据 Kalker 的研究结果，纵、横向蠕滑力 T_1、T_2 和旋转蠕滑力矩 M_3 可表示为：

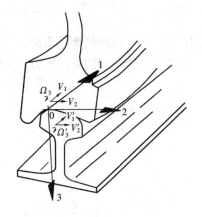

图 5-32　轮轨蠕滑定义图示

$$\begin{cases} T_1 = -f_{11}\gamma_1 \\ T_2 = -f_{22}\gamma_2 - f_{23}\omega_3 \\ M_3 = f_{23}\gamma_2 - f_{33}\omega_3 \end{cases} \tag{5-120}$$

式中　f_{ij}——蠕滑力系数，由式（5-121）确定。

$$\begin{cases} f_{11} = E(ab)C_{11} \\ f_{22} = E(ab)C_{22} \\ f_{23} = E(ab)^{3/2}C_{23} \\ f_{33} = E(ab)^2C_{33} \end{cases} \tag{5-121}$$

式中　a、b——分别为轮轨接触椭圆的长半轴和短半轴；

　　　　E——轮轨材料的弹性模量；

　　　　C_{ij}——无量纲系数，又称 Kalker 系数，可根据 a、b 进行计算并制成表
格以备查用。

旋转蠕滑力的影响较小，在锥形踏面的车轮条件下，一般只有纵、横向蠕滑
的百分之几，因此通常可以忽略不计。

当轮轨间蠕滑较大时，Kalker 的线性蠕滑理论不再适用，蠕滑力与蠕滑率
之间呈非线性关系。Johnson 的研究表明，这一关系为三次曲线。因此，当蠕滑
较大时，首先采用 Kalker 线性理论进行计算，而后采用 Johnson 三次曲线进行
修正。设轮轨间合成蠕滑力 T_R 为：

$$T_R = \sqrt{T_1^2 + T_2^2} \tag{5-122}$$

则蠕滑力的修正系数为：

$$\xi = \begin{cases} 1 - \dfrac{1}{3}\left(\dfrac{T_R}{\mu P}\right) + \dfrac{1}{27}\left(\dfrac{T_R}{\mu P}\right)^2 & （当 \ T_R < 3\mu P） \\[3mm] \dfrac{T_R}{\mu P} & （当 \ T_R \geqslant 3\mu P） \end{cases} \tag{5-123}$$

式中　μ——轮轨间的摩擦系数；

　　　　P——轮轨间的垂向压力，μP 即为轮轨间的最大库仑摩擦力（或最大黏
着力）。

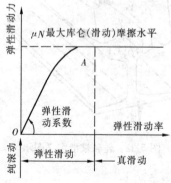

图 5-33　蠕滑力与蠕滑关系曲线

在车轮产生大蠕滑以至打滑的情况下，
蠕滑力趋向饱和，最大的蠕滑力即为库仑
摩擦力。蠕滑力与蠕滑的关系如图 5-33 所
示。图中的原点 O 为车轮纯滚动状态，轮
轨间切向力为零；从 O 点到 A 点之间，轮
轨间处于蠕滑状态，轮轨蠕滑力与蠕滑率
服从 Johnson 三次曲线关系，当蠕滑较小
时，蠕滑力与蠕滑可简化为线性关系；A
点以后，蠕滑力达到饱和，等于库仑摩擦

力，轮轨间出现真滑动。

假设一个具有踏面斜率 λ 的自由轮对在曲线上作纯滚动，轮对中心运动的轨迹称为纯滚动线，纯滚动线与轨道中心线为同心圆。纯滚动线总是位于轨道中心线外侧（图 5-34），相距为：

$$y_0 = -\frac{ar_0}{\lambda R} \tag{5-124}$$

式中　r_0——车轮名义滚动半径；

　　　a——轮对的左右两轮与钢轨接触点之间的距离；

　　　λ——车轮踏面的锥度；

　　　R——线路曲线的半径。

负号表示 y_0 位于曲线中心线外侧。

对于一定的轮对踏面斜率 λ 和一定半径的曲线，纯滚动线的位置是确定的。

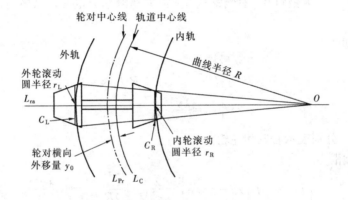

图 5-34　自由轮对滚动位置图

如轮对中心不在纯滚动线上，轮轨之间必然出现蠕滑，从而产生蠕滑力。蠕滑力的大小及方向皆由相对位移 $y^* = y - y_0$ 决定。y 是轮对中心相对线路中心线向外移动的距离，规定向外为负，向内为正。也就是说当轮对中心移向纯滚动线之外时，y^* 为负，此时外轮滚动半径大于纯滚动所需的半径，滚动一周所走距离相对于纯滚动时的位置是超前的。相反，内轮的滚动半径则小于纯滚动时的半径，滚动一周所走的距离相对于纯滚动时的位置是滞后的。由于车轮踏面的锥形效应，此时外轮必将向后滑动，内轮必将向前滑动，因此，外轮所受的纵向蠕滑力与蠕滑方向相反，是向前的，内轮的纵向蠕滑力是向后的。同理，当轮对中心相对线路中心线向外移动的距离较小，y^* 为正时，就会出现与上述相反的情况。无论如何，外轮与内轮上的纵向蠕滑力方向总是相反的，在小蠕滑情况下大小近似相等，形成一个蠕滑力偶。对于大半径曲线，y_0 量值很小，有可能形成一个顺时针方向的力矩，减小轮缘导向力的作用，有利于转向架转向，甚至完全实现轮踏面蠕滑导向。对于较小的半径曲线，除依靠轮踏面蠕滑导向之外，还必须依靠导向轮轮缘力进行导向。

设轮对中心相对线路曲线上中心存在横向偏移 y 和摇头角 ψ，则可计算出车轮上和钢轨上轮轨接触斑的刚体速度。

接触斑的纵向刚体运动速度：

车轮上：左侧（曲线外侧）车轮 $\left(\dfrac{r_0-\lambda y}{r_0}\right)V$，右侧（曲线内侧）车轮 $\left(\dfrac{r_0+\lambda y}{r_0}\right)V$；

钢轨上：左侧钢轨 $\left(1+\dfrac{a}{R}\right)V$，右侧钢轨 $\left(1-\dfrac{a}{R}\right)V$。

接触斑的横向刚体运动速度：

车轮上：左侧车轮 $a\psi V$，右侧车轮 $a\psi V$；

钢轨上：左侧钢轨 0，右侧钢轨 0。根据蠕滑率的定义，纵横向蠕滑率可表达为：

纵向蠕滑率

$$\begin{cases} \gamma_{1r}=-\left(\dfrac{\lambda y}{r_0}+\dfrac{a}{R}\right) \\ \gamma_{1l}=\dfrac{\lambda y}{r_0}+\dfrac{a}{R} \end{cases} \tag{5-125}$$

下角标 r、l 分别表示右轮和左轮。

纵向蠕滑力

$$\begin{cases} T_{1r}=-f_{11}\gamma_{1r}=-f_{11}\left[-\dfrac{\lambda}{r_0}\left(y+\dfrac{r_0 a}{\lambda R}\right)\right]=f_{11}\dfrac{\lambda y^*}{r_0} \\ T_{1l}=-f_{11}\gamma_{1l}=-f_{11}\left[\dfrac{\lambda}{r_0}\left(y+\dfrac{r_0 a}{\lambda R}\right)\right]=-f_{11}\dfrac{\lambda y^*}{r_0} \end{cases} \tag{5-126}$$

横向蠕滑率 $\quad\quad\quad\quad \gamma_{2r}=\gamma_{2l}=\dfrac{\Delta V}{V}=\dfrac{-V\psi}{V}=-\psi$

横向蠕滑力 $\quad\quad\quad\quad F_{2r}=F_{2l}=-f_{22}r_2=f_{22}\psi \tag{5-127}$

ψ 角规定顺时针转为正，逆时针转为负。

5.7.2　转向架稳态通过曲线的力学模型

车辆转向架稳态通过模型，能计算轮轨之间的冲角和轮缘导向力，在较大曲线半径条件下，可反映其平均值的变化关系。目前我国使用两轴转向架居多，因此可采用四自由度转向架稳态曲线通过的力学模型。

四自由度的转向架稳态曲线通过模型，可分别考虑轮缘与轨头侧面接触和不接触两种情况，可考虑车辆转向架的定位刚度，但不计车体对转向架的约束及二系悬挂刚度。其计算表达式较为简洁，同时又能反映转向架与曲线轨道横向相互作用的主要特征。

车辆转向架如图 5-35（a）所示，图中 K_{px}、K_{py} 分别表示一系弹簧的纵向刚度和横向刚度。它反映了我国主型客货车转向架的基本特征。K_b、K_s 是 Wickens 定义的整个转向架的广义剪切刚度和弯曲刚度：

$$\text{剪切刚度} \quad K_s = \frac{\text{由后轮对的横移而作用在前轮对上的横向力}}{\text{后轮对的横移}}$$

$$\text{弯曲刚度} \quad K_b = \frac{\text{由后轮对的偏移而作用在前轮对上的偏转力}}{\text{后轮对的偏转位移}}$$

对于传统式样的转向架，K_b、K_s 可用下列公式计算：

$$\begin{cases} K_b = d^2 K_{px} \\ K_s = \dfrac{d^2 K_{px} K_{py}}{d^2 K_{px} + b^2 K_{py}} \end{cases} \tag{5-128}$$

式中　d——纵向定位弹簧距离之半。Wickens 指出，对于传统式样的转向架，应使之 $K_s < \dfrac{K_b}{b^2}$，目前我国铁路主要类型客、货车均能满足这一条件。

试看图 5-35（b），首先，分析转向架通过时发生轮缘接触的极限条件。一个刚性转向架，轮对纯滚动线偏离轨道中心线的横向位移为：

$$y_0 = \frac{ar_0}{\lambda R} \tag{5-129}$$

式中　λ、r_0、a、R——车轮踏面难度、车轮滚动圆半径、车轮轮距之半和曲线半径

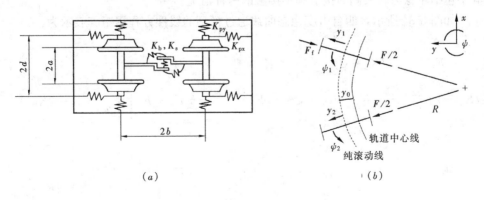

$$(a) \qquad\qquad\qquad (b)$$

图 5-35　车辆转向架及曲线模型

（a）车辆转向架 k_s，k_b；（b）自由稳态曲线通过模型

只要轮对的中心线在横向与纯滚动线相重合，并对准曲线径向位置，车轮踏

面与钢轨之间就不会发生纵向和横向蠕滑。它所描述的是一个自由轮对在曲线上的一种"均衡状态",这时,轮对上既无横向力,也无偏转力矩作用(不计侧旋的影响)。

只要纯滚动线的横向偏移小于轮轨的有效游间,一个自由轮对便可沿纯滚动线通过曲线。然而,如果纯滚动线的横向偏移量超过了轮轨有效游间,则轮对将被迫处于纯滚动线以内的位置,从而导致轮缘与钢轨接触的约束。换言之,若 y_0 等于轮轨之间的游间,便导致轮缘与轨头侧面的接触。一个绝对刚性的两轴转向架,两个轮对自然不可能同时处于纯滚动的径向位置,而只能以"均衡状态"通过曲线。于是,两个轮对必定在横向相对于纯滚动线偏移一个相同的距离,该偏移量为:

$$y_1 = y_2 = \frac{ar_0}{\lambda R}\left(\frac{b^2}{a^2}\right)$$

一个刚性转向架的总偏移量为 y_t,等于 $y_0 + y_1$,即

$$y_t = y_0 + y_1 = \frac{ar_0}{\lambda R}\left(1 + \frac{b^2}{a^2}\right) \tag{5-130}$$

当刚性转向架的总偏移量 y_t 小于轮轨之间的有效游间 y_{fc} 时,不发生轮缘与钢轨接触。$y_t = y_{fc}$ 是极限状态。

通过式(5-130)可确定出转向架通过曲线时,轮缘不接触轨头侧面的最小半径为 R_L。当曲线半径 $R < R_L$ 时,车辆通过将发生轮缘与轨头侧面接触。根据式(5-130)计算,我国主型货车 C62 的转向架为刚性时,$R_L = 930\text{m}$。

由式(5-130)还可看出,刚性转向架不发生轮缘接触的最小曲线半径与蠕滑系数无关。以下通过四自由度的线性模型分析一个柔性转向架稳态通过曲线,其中包括轮缘与轨头侧面接触和不接触的两种情况。

如图 5-34 所示,四自由度稳态曲线通过模型的线性方程用矩阵表示为:

$$\begin{Bmatrix} -K_s & bK_s + 2f & K_s & bK_s \\ bK_s - 2f\dfrac{a\lambda}{r_0} & -b^2K_s - K_b & -bK_s & -b^2K_s + K_b \\ K_s & -bK_s & -K_s & -bK_s + 2f \\ bK_s & -b^2K_s + K_b & -bK_s - 2f\dfrac{a\lambda}{r_0} & -b^2K_s - K_b \end{Bmatrix} \begin{Bmatrix} y_1 \\ \psi_1 \\ y_2 \\ \psi_2 \end{Bmatrix} = \begin{Bmatrix} F_f - \dfrac{F_c}{2} \\ -2K_b\dfrac{b}{R} \\ -\dfrac{F_c}{2} \\ 2K_b\dfrac{b}{R} \end{Bmatrix}$$

$$\tag{5-131}$$

式中　f——横向和纵向蠕滑力系数;

F_c——未被平衡的离心力或向心力;

F_f——轮缘导向力。

当导向力 $F_f = 0$ 时(轮缘与轨头侧面不接触),从式(5-131)可解得与之对应的轮对横向位移 y_1、y_2 和摇头角 ψ_1:

$$y_1 = \dfrac{\dfrac{b}{R}\left[\dfrac{br_0}{\lambda a} + \dfrac{f}{K_s}\right] + \dfrac{bF_c}{4f}\left[\dfrac{bf}{K_b} - 1\right]}{1 + \dfrac{f^2 \lambda a}{K_s K_b r_0}}$$

$$\psi_1 = \dfrac{y_1 + \dfrac{bF_c}{4f}\left[1 - \dfrac{r_0}{\lambda s} - \dfrac{f}{bK_s}\right]}{\dfrac{br_0}{\lambda s} + \dfrac{f}{K_s}} = -\psi_2 - \dfrac{F_c}{2f}$$

$$y_2 = \dfrac{\left[1 - \dfrac{f}{K_s} \cdot \dfrac{\lambda a}{br_0}\right]y_1 + \dfrac{bF_c}{2f}}{1 + \dfrac{\lambda a f}{K_s K_b r_0}}$$

轮缘不与轨头侧面接触的最大曲率由下式计算:

$$\left.\dfrac{1}{R}\right|_{y_1 + y_0 = y_{fc}} = \dfrac{y_{fc}\left[1 + \dfrac{f^2 a \lambda}{K_s K_b r_0}\right] - \dfrac{bF_c}{4f}\left[\dfrac{bf}{K_b} - 1\right]}{\dfrac{r_0}{a\lambda}(a^2 + b^2) + \dfrac{bf}{K_s} + \dfrac{a^2 f^2}{K_s K_b}} \tag{5-132}$$

式中　y_{fc}——轮轨之间的游间之半。

刚性转向架($K_s \to \infty$,$K_b \to \infty$)有下列计算式:

$$y_1 + y_0 = \dfrac{ar_0}{\lambda R}\left(1 + \dfrac{b^2}{a^2}\right) - \dfrac{bF_c}{4f} \tag{5-133}$$

$$y_2 + y_0 = \dfrac{ar_0}{\lambda R}\left(1 + \dfrac{b^2}{a^2}\right) + \dfrac{bF_c}{4f} \tag{5-134}$$

从式(5-133)和式(5-134)两式可知,未被平衡的离心力使刚性转向架向曲线内侧偏转。还可看出,F_c 的存在,使非轮缘接触的曲线半径下降。表 5-20 表示了 C62 货车通过曲线时轮缘与轨头侧面不接触的最小曲线半径。

轨缘不与轨头侧面接触的最小曲线半径 R_L　　　　　表 5-20

序　号	欠超高(mm)	F_c(kN)	R_L(m)
1	0	0	930
2	20	5.2	918
3	40	10.4	903
4	60	15.6	888

从式（5-132）可知，当 $\dfrac{bf}{K_b}<1$ 时，F_c 的存在反而加大了非轮缘接触的曲线半径。纵向定位刚度较小的客车转向架将可能发生这种情况。

当导向力 $F_f\neq0$ 时（轮缘与钢轨接触），从式（5-131）可得出相应的计算公式。虽然在轮对发生大的横向偏移条件下，轮缘与轨头侧面接触的几何关系以及蠕滑力已表现出很强的非线性，但用线性模型仍然能可以作为定性分析的手段。当导向轮对的横向偏移量超过轮轨之间的有效游间时，轮对的横向重力刚度剧增，作为一种近似描述，规定导向轮对的横向偏移量为 $y_1+y_2=y_{fc}$。考虑到大蠕滑条件下将导致蠕滑饱和，计算中应适当降低蠕滑系数 f 值，以使总的蠕滑力不超过轮轨之间的粘着力。为简化计算，可不加区别的对各个方向采用同一等效斜度和蠕滑系数，这样便可得到方程式（5-135）、式（5-136）：

$$\frac{F_f}{4f}=\frac{\dfrac{1}{R}\left[\dfrac{r_0}{\lambda}\left(\dfrac{b}{a}+\dfrac{a}{b}\right)+\dfrac{f}{K_s}\left(1+\dfrac{a^2f}{bK_b}\right)\right]+\dfrac{F_c}{4f}\left[\dfrac{bf}{K_b}-1\right]-\dfrac{y_{fc}}{b}\left[1+\dfrac{f^2\lambda a}{K_sK_br_0}\right]}{\dfrac{bf}{K_b}+\dfrac{f}{bK_b}+\left(\dfrac{r_0}{\lambda a}-1\right)}$$

$$\tag{5-135}$$

$$\psi_1=\frac{y_{fc}-\dfrac{ar_0}{\lambda R}}{\dfrac{br_0}{\lambda a}+\dfrac{f}{K_s}}+\frac{F_c}{4f}\left[2-\frac{1}{\dfrac{r_0}{\lambda a}+\dfrac{f}{bK_s}}\right]-\frac{F_c}{4f}\left[1-\frac{1}{\dfrac{r_0}{\lambda a}+\dfrac{f}{bK_s}}\right] \tag{5-136}$$

$$\psi_2=-\psi_1+\frac{F_f}{2f}-\frac{F_c}{2f} \tag{5-137}$$

$$y_1=y_{fc}-\frac{r_0a}{\lambda R} \tag{5-138}$$

$$y_2=\frac{\left[1-\dfrac{f}{K_s}\dfrac{\lambda a}{br_0}\right]y_1-\dfrac{b}{2f}\,(F_f-F_c)}{\left[1+\dfrac{f}{K_s}\dfrac{\lambda a}{br_0}\right]} \tag{5-139}$$

从式（5-139）可知，随着导向力 F_f 的增大，转向架的第二轮对将朝着偏离外轨的方向偏转，而仅有导向轮的轮缘与轨头侧面接触。研究资料表明，当 $K_s\leqslant K_s^*$ 时，将出现两个轮对的外轮缘同时与轨头侧面接触，其中：

$$K_s^*=\frac{f}{b}\left[\frac{\dfrac{ar_0}{\lambda R}-y_{fc}}{\dfrac{ar_0}{\lambda R}\left(1+\dfrac{b^2}{a^2}\right)-y_{fc}-\dfrac{F_c}{4f}\dfrac{ar_0}{\lambda R}}\right] \tag{5-140}$$

在满足方程式（5-140）的条件下，方程式（5-136）已不再有效。通过计算可知，只有在大半径曲线上车辆以高速通过时，才会产生这种情形。车辆稳态通过曲线计算参数见表 5-21。

货车和客车稳态通过曲线计算参数 表 5-21

参 数 名 称	C62货车	客 车
车轮踏面斜率 λ	0.08	
轮轨之间总游间之半 y_{fc} (mm)	10.0	
轮轨之间摩擦系数 μ	0.4	
横向和纵向蠕滑力系数 f (MN)	6.5	
转向架一系悬挂弹簧纵向刚度 K_{px} (MN/m)	300	5
转向架一系悬挂弹簧横向刚度 K_{py} (MN/m)	300	5
转向架一系悬挂弹簧距离之半 d (m)	0.965	
转向架固定轴距之半 b (m)	0.875	1.2
车轮名义滚动圆半径 r_0 (m)	0.42	0.4575
轮对两接触点之间距离之半 a (m)	0.7465	
车辆总重 W_u (MN)	0.78	0.55

5.8 车辆运行平稳性和安全性评估

车辆运行平稳性和安全性评估，在高速铁路建设和既有线路提速工程中占有重要地位。列车提速之前，必须进行相关的试验测定和理论分析，根据既定的评估方法分别对于机车车辆、轨道结构的运行平稳性和安全性进行评估，确认其达到设计标准后，方可开始提速列车的正式运营。高速铁路的建设与运营管理，也需要经历同样的步骤。下面介绍常用的评估方法和标准。

5.8.1 车辆运行平稳性评估

（1）Sperling 平稳性指标

欧洲铁路联盟（UIC）以及前社会主义国家铁路合作组织（OCЖД）均采用 Sperling 平稳性指标来评定车辆运行的平稳性。Sperling 等人在大量单一频率振动的实验基础上提出影响车辆平稳性的两个重要因素。其中一个重要因素是位移对时间的三次导数，亦即 $\dddot{z} = \dot{a}$（加速度变化率）。若上式两边均乘以车体质量 M_c，并将 $M_c a$ 之积改写为 F，则 $M_c \dddot{z} = \dot{F}$ 或 $\dddot{z} = \dfrac{\dot{F}}{M_c}$。由此可见，$\dddot{z}$ 在一定意义上代表力的变化率。F 的增减变化引起乘客冲动的感觉。

如果车体作简谐振动，$z = z_0 \sin\omega t$，则 $\dddot{z} = -z_0 \omega^3 \sin\omega t$，其幅值为：

$$|\dddot{z}|_{max} = z_0 (2\pi f)^3$$

影响平稳性指数的另一个因素是振动时的动能大小，车体振动时的最大动能为：

$$\frac{1}{2}M_c\dot{z}^2 = \frac{1}{2}M_c(z_0\omega)^2 = \frac{1}{2}M_c(z_0 2\pi f)^2 = E_d$$

故

$$(z_0 2\pi f)^2 = \frac{2E_d}{M_c}$$

Sperling 在确定平稳性指标时，把反映冲动的 $z_0(2\pi f)^3$ 和反映振动动能 $(z_0 2\pi f)^2$ 之乘积 $(2\pi)^5 z_0^3 f^5$ 作为衡量标准来评定车辆运行品质。车辆运行平稳性指数的经验公式为：

$$W = 2.7\sqrt[10]{z_0^3 f^5 F(f)}$$
$$= 0.896\sqrt[10]{\frac{a^3}{f}F(f)} \tag{5-141a}$$

式中　z_0——振幅（cm）；

　　　　f——振动频率（Hz）；

　　　　a——加速度（cm/s²），其值为：

$$a = z_0(2\pi f)^2$$

　　　$F(f)$——与振动频率有关的加权系数。对于垂向振动和横向振动取不同的值。

对于垂向振动的加权系数 $F(f)$：

当 $f = 0.5 \sim 5.9$Hz 时，$F(f) = 0.325 f^2$

当 $f = 5.9 \sim 20$Hz 时，$F(f) = \dfrac{400}{f^2}$

当 $f > 20$Hz 时，$F(f) = 1$

对于横向振动的加权系数 $F(f)$：

当 $f = 0.5 \sim 5.4$Hz 时，$F(f) = 0.8 f^2$

当 $f = 5.4 \sim 26$Hz 时，$F(f) = \dfrac{650}{f^2}$

当 $f > 26$Hz 时，$F(f) = 1$

在工程实际应用中，式（5-141a）用于评估旅客乘坐舒适度。而对于车辆自身运行品质评估的公式则采用：

$$W = 0.896\sqrt[10]{\frac{a^3}{f}} \tag{5-141b}$$

以上的平稳性指标只适用一种频率一个振幅的单一振动。考虑到车辆在线路上运行产生振动的随机性（振动频率和振幅都是随时间变化的），车辆平稳性指标的计算，应将实测的车辆振动加速度记录，通过频率分解，进行频谱分析，求出每段频率范围的振幅值，并计算每一频段的平稳性指标 W_i，然后再求出全部频段总的平稳性指标：

$$W_{\text{tot}} = (W_1^{10} + W_2^{10} + \cdots + W_n^{10})^{0.1}$$

(2) 车辆运行平稳性评估标准

由于客车和货车运送的对象不同，因此对其平稳性指标的要求是不同的。即使用同一种评估方法，世界各国的标准也不相同。

我国对车辆的运行品质，主要用 Sperling 的平稳性指标来评价车辆的平稳性等级。国家标准《铁道车辆动力学性能评定和试验鉴定规范》GB 5599—1985 规定的客车货车平稳性等级见表 5-22。

车辆运行平稳性指标与等级　　　　　表 5-22

平稳性等级	评　　定	平稳性指标 W		
		客　车	机　车	货　车
一　级	优	<2.5	<2.75	<3.5
二　级	良　好	2.5~2.75	2.75~3.10	3.5~4.0
三　级	合　格	2.75~3.0	3.10~3.45	4.0~4.25

注：凡新造的客货车，其平稳性等级不应低于二级标准。

我国《铁道机车动力学性能试验鉴定方法及评定标准》TB/T 2360—1993 及《高速试验列车动力车强度及动力学性能规范》95J01-L，均采用最大加速度 $a_{\max}$ 和司机室振动加权加速度有效值 a_{w} 来评定，标准见表 5-23。

我国机车振动加速度平稳性评定等级　　　　　表 5-23

评价等级	$a_{\max}$（m/s²）		a_{w}（m/s²）	
	垂向	横向	垂向	横向
优	2.45	1.47	0.393	0.273
良　好	2.95	1.96	0.586	0.407
合　格	3.63	2.45	0.840	0.580

当客车运行平稳性按车体平均最大振动加速度来评定时，《铁道车辆动力学性能评定和试验鉴定规范》GB 5599—1985 规定，在运行速度 $v \leqslant 140\text{km/h}$ 时，车体平均最大振动加速度应符合以下要求：

$$\bar{a}_{\max} \leqslant 0.00027v + C \qquad (5\text{-}142)$$

式中　$\bar{a}_{\max}$——客车车体平均最大振动加速度（g）；

v——客车运行速度（km/h）；

C——常数，其取值见表 5-24。

其中，$\bar{a}_{\max}$ 可通过车辆动力学试验记录进行计算，每次记录的分析时段为 6s，在每个分析段中选取一个最大加速度 $a_{i\max}$，若每个速度等级有 m 个分析段，则平均最大加速度为：

$$\overline{a}_{\max} = \frac{\sum\limits_{i=1}^{m} a_{i\max}}{m} (i = 1, \cdots, m)$$

我国在 200~350km/h 轨检车动态不平顺管理标准中，对车体振动加速度实行日常保养、舒适度和补修三级管理，标准见表 5-25。

在高速铁路客车动力学性能评定时，我国车体振动加速度的舒适度标准参考国内外资料可取为：垂向振动加速度 $0.13g$，横向振动加速度 $0.10g$。

客车车体平均最大振动加速度计算常数　　　　表 5-24

评价等级	C	
	垂向	横向
优	0.025	0.010
良　好	0.030	0.018
合　格	0.035	0.025

高速铁路轨道不平顺动态管理标准建议值（半峰值）　　表 5-25

管理标准	车体垂向振动加速度 (g)	车体横向振动加速度 (g)
日常保养	0.10	0.06
舒适度	0.15	0.10
紧急补修	0.20	0.15

5.8.2　车辆运行安全性评估

影响车辆运行安全的因素有车体在弹簧上的倾覆、车辆倾覆以及车轮脱轨等。目前我国高速及提速铁路的轨道运行安全性主要以车轮脱轨安全性来控制。为了保证车辆在线路上安全运行，不发生脱轨等事故，在轨道设计、施工及维护工作中，应采取各种措施保证轮轨之间正常接触，以使车辆与轨道的安全性指标保持在安全范围之内。

车辆以正常工作条件沿轨道直线部分运行时，车轮的踏面部分与钢轨顶面相接触。当车辆进入曲线时，由于横向力的作用（如离心力、风力、横向振动惯性力），致使前轮的轮缘贴靠外股钢轨侧面。如果轮对前进方向相对轨道有正冲角，则轮轨接触点 A 不在其轮对中心线的垂向平面内，轮缘贴靠点 A' 离开垂向平面有一个导前量，如图 5-36 所示。在接触点 A' 处，车轮施以钢轨的横向作用力为 Q。钢轨对车轮的横向反力称为导向力，在导向力作用下轮对连同转向架沿曲线方向前进。在某种特定组合条件下，车轮可能施以钢轨很大的横向力 Q，而对钢轨的垂力 P 却很小，以致车轮在滚动过程中其新的接触点 A' 逐渐移向轮缘顶部，致使车轮逐渐升高。如果轮缘上接触点的位置到达轮缘圆弧面上的拐点，即轮缘根部与中部圆弧连接处轮缘倾角最大的一点，便到达爬轨的临界状态。如果在到达临界状态之前 Q 值减小或 P 值增大，则轮对仍有可能向下滑动，恢复到原有稳定位置。当接触点超过临界状态以后，如果 Q、P 维持原有的大小，则由于轮缘倾角的变小，车轮有可能逐渐爬上钢轨直至轮缘顶部达到钢轨顶面而脱轨。车轮爬上钢轨需要一定时间，这种脱轨方式称为爬轨，一般发生在车辆低速运行时刻。另一种脱轨方式发生在高速运行情况之下，是由于轮轨之间的冲击力造成车轮跳上钢轨，这种脱轨方式称跳轨。另外还因轮轨之间的横向力过大，致使轨距扩宽，车轮落入轨道而脱轨。

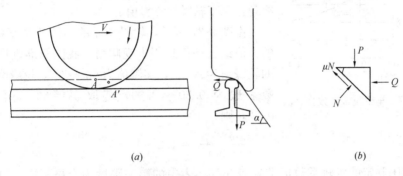

(a) (b)

图 5-36   轮轨接触与作用力

轮对脱轨安全性的评估及其标准有如下几个方面：

（1）根据车轮作用于钢轨的横向力 Q 评定车轮脱轨安全性

设有一车轮，已经开始爬轨并达到临界点（即已到达轮缘倾角最大点），为了简化分析不考虑轮对冲角和轮轨接触点提前量的作用。

取轮缘上轮轨接触斑为割离体，见图 5-36 (b)。作用在接触斑上的车轮垂向力为 P，横向力为 Q，钢轨作用在接触斑上的作用力有法向力 N，钢轨作用于接触斑的摩擦力为 μN，阻止车轮向下滑动。设轮缘角为 α。接触斑在以上各力作用下处于平衡状态，亦即车轮趋于下滑而未能滑动的状况。将作用于接触斑 A 上的力分解为法线方向和切线方向的分量后可求得车轮爬轨的条件：

$$\left.\begin{aligned} P\sin\alpha - Q\cos\alpha &= \mu N \\ N &= P\cos\alpha + Q\sin\alpha \end{aligned}\right\} \tag{5-143a}$$

式中　α——最大轮缘倾角（简称轮缘角）；

　　　μ——轮缘与钢轨侧面的摩擦系数。

解方程式（5-143）可得：

$$\frac{Q}{P} = \frac{\tan\alpha - \mu}{1 + \mu\tan\alpha} \tag{5-143b}$$

上式表示轮对在爬轨临界点的平衡状态。如果 $\dfrac{Q}{P}$ 大于式（5-143b）中右项，车轮有可能爬上钢轨，反之则向下滑动。因而车轮爬轨的条件为：

$$\frac{Q}{P} \geqslant \frac{\tan\alpha - \mu}{1 + \mu\tan\alpha} \tag{5-143b}$$

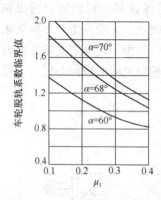

图 5-37　车轮脱轨系数临界值

比值 $\dfrac{Q}{P}$ 称为**车轮脱轨系数**，$\dfrac{\tan\alpha - \mu}{1 + \mu\tan\alpha}$ 为车轮脱轨与不脱轨的临界值，简称车轮脱轨系数临界值。临界值的大小与轮缘角 α 和轮缘与钢轨侧面的摩擦系数 μ 有关。图 5-37 给出不同摩擦系数 μ 和不同轮缘角 α 时车轮脱轨临界值。

由图 5-37 可见，轮缘角 α 的小值及摩擦系数 μ 的大值组合条件易于出现爬轨。我国标准锥形车轮的轮缘角为 $69°12'$，实测值为 $68° \sim 70°$，轮缘摩擦系数一般为 $0.20 \sim 0.30$。若取 $\alpha = 68°$，而 $\mu = 0.32$，则

$$\frac{\tan\alpha - \mu}{1 + \mu\tan\alpha} = 1.2$$

我国制定的脱轨系数标准见表 5-26。表中的第一限度为合格标准，第二限度为增大了安全裕度的标准。另外，《铁道机车动力学性能试验鉴定方法及评定标准》TB/T 2360—1993、《高速试验列车动力车强度及动力学性能规范》95J01—L 以及《高速试验列车客车强度及动力学规范》95J01—M 等所规定的爬轨侧车轮的脱轨系数安全限定值也一并列入表 5-26。

我国脱轨系数安全限定值　　　　　　　　　　　　　　　　表 5-26

指标	GB 5599—1985		TB/T 2360—1993		95J01—L（M）
	第一限度	第二限度	良好	合格	
脱轨系数	≤1.2	≤1.0	0.8	0.9	≤0.8

（2）根据构架力 H 评定轮对脱轨安全性

由于轮轨之间的横向力 Q 难以测量，在提速试验中往往采用轮对与转向架相互作用的构架力 H 来评定轮对的脱轨系数。

试看图 5-38，设有一轮对，其左轮处于爬轨的临界状态，即轮对趋于下滑而未能滑动状态，这时左右钢轨施以左右车轮的摩擦力方向都处于阻止轮对向右滑动的方向。分别取左轮接触斑 A 和右轮接触斑 B 为割离体，左轮作用在接触斑 A 上的垂向力和横向力分别为 P_1、Q_1，右轮作用在接触斑 B 上的垂向力和横向力分别为 P_2、Q_2。左轨作用在接触斑 A 上的力分别为法向力 N_1 和阻止车轮向下滑的摩擦力 $\mu_1 N_1$，右轨作用在接触斑 B 上的力分别为法向力 N_2 和阻止车

轮滑动的摩擦力 $\mu_2 N_2$。由于左右接触斑上的作用力平衡，可以根据 $\mu_2 N_2$ 确定 Q_2 的方向。

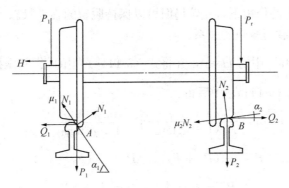

图 5-38 轮对与轨道的接触及相互作用力

由左右轮轨接触斑 A、B 上各力平衡的条件可得：

$$\left.\begin{aligned}\frac{Q_1}{P_1} &= \frac{\tan\alpha_1 - \mu_1}{1 + \mu_1\tan\alpha_1} \\[2mm] \frac{Q_2}{P_2} &= \frac{\tan\alpha_2 + \mu_2}{1 - \mu_2\tan\alpha_2}\end{aligned}\right\} \tag{5-144a}$$

式中　α_1、α_2——分别为左轮轮缘角和右轮踏面倾角；

μ_1、μ_2——分别为左轮轮缘和右轮踏面与钢轨之间的摩擦系数。

左右车轮给左右接触斑的水平力 Q_1、Q_2 是由构架力产生的，由图 5-38 知，$H = Q_1 - Q_2$，于是：

$$\frac{H}{P_1} = \frac{Q_1}{P_1} - \frac{Q_2}{P_1} = \frac{Q_1}{P_1} - \frac{P_2}{P_1}\frac{\tan\alpha_2 + \mu_2}{1 - \mu_2\tan\alpha_2} \tag{5-144b}$$

因 $\tan\alpha_2$ 数值不大，近似取 $\tan\alpha_2 \approx 0$，于是可得轮对脱轨条件：

$$\frac{Q_1}{P_1} \approx \frac{H + \mu_2 P_2}{P_1} \geqslant \frac{\tan\alpha_1 - \mu_1}{1 + \mu_1\tan\alpha_1} \tag{5-144c}$$

$\dfrac{H + \mu_2 P_2}{P_1}$ 称为**轮对脱轨**系数，我国规定 μ_2 取 0.24，同时规定了由侧架力确定的脱轨系数标准。当 H 的作用时间大于 0.05s 时，轮对脱轨系数评估标准为：

容许值：
$$\frac{H + 0.24 P_2}{P_1} \leqslant 1.2$$

安全值：
$$\frac{H + 0.24 P_2}{P_1} \leqslant 1.0$$

（3）根据轮重减载率评定车轮脱轨安全性

以上所分析的轮轨横向力及构架横向力导致脱轨的原因，是横向力 Q_1 大而垂向力 P_1 小的结果。但在实际运行中还发现，在横向力并不很大而一侧车轮严重减载的情况也有脱轨的可能。下面分析轮重严重减载情况。

如果构架力 H 很小，设 $H \approx 0$，而 P_2 很大，P_1 很小，即 $P_2 \gg P_1$，由于某种原因，左轮轮缘可能已处在轮缘角最大点与钢轨接触的状态。由于右轮在很大的踏面摩擦力 $\mu_2 N_2$ 的作用下，左轮仍旧可以保持脱轨的临界状态。从式（5-144a）可以导出轮重减载与脱轨的关系。

令式（5-144a）中的 $H = 0$，并将式（5-144b）中的 $\dfrac{Q_1}{P_1}$ 与摩擦系数和轮缘角之间关系代入式（5-144a）中后得：

$$\frac{P_2}{P_1}\left(\frac{\tan\alpha_2 + \mu_2}{1 - \mu_2\tan\alpha_2} \right) \geqslant \frac{\tan\alpha_1 - \mu_1}{1 + \mu_1\tan\alpha_1} \tag{5-145}$$

令

$$P = \frac{1}{2}(P_1 + P_2)，\Delta P = \frac{1}{2}(P_2 - P_1)$$

于是

$$P_1 = P - \Delta P，P_2 = P + \Delta P \tag{5-146}$$

式中　P——左右车轮平均轮轨垂向力即轮重；

　　　ΔP——轮重减载量。

将式（5-146）的关系代入式（5-145），经整理后得：

$$\frac{\Delta P}{P} \geqslant \frac{\dfrac{\tan\alpha_1 - \mu_1}{1 + \mu_1\tan\alpha_1} - \dfrac{\tan\alpha_2 + \mu_2}{1 - \mu_2\tan\alpha_2}}{\dfrac{\tan\alpha_1 - \mu_1}{1 + \mu_1\tan\alpha_1} + \dfrac{\tan\alpha_2 + \mu_2}{1 - \mu_2\tan\alpha_2}} \tag{5-147}$$

上式中的 $\dfrac{\Delta P}{P}$ 为**轮重减载率**。

当

$$\frac{\Delta P}{P} = \frac{\dfrac{\tan\alpha_1 - \mu_1}{1 + \mu_1\tan\alpha_1} - \dfrac{\tan\alpha_2 + \mu_2}{1 - \mu_2\tan\alpha_2}}{\dfrac{\tan\alpha_1 - \mu_1}{1 + \mu_1\tan\alpha_1} + \dfrac{\tan\alpha_2 + \mu_2}{1 - \mu_2\tan\alpha_2}} \tag{5-148}$$

其值称为**轮重减载率临界值**。

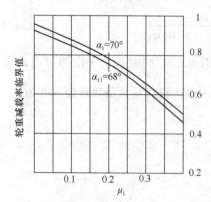

图 5-39　轮重减载率临界值与 μ_1 的关系

当轮重减载率超过其临界值后，轮对有可能脱轨。式（5-148）为轮重减载率临界值计算式。设 $\mu_2 = \dfrac{\mu_1}{1.2}$ 及 $\alpha_2 = \tan^{-1}\left(\dfrac{1}{20}\right)$，若以不同的 α_1、μ_1 代入轮重减载率临界值中，可得如图 5-39 所示的结果。

我国 TB449—76 标准锥形踏面参数处于下列取值范围时，车轮有爬轨的危险，即 $\alpha_1 = 68° \sim 70°$；$\alpha_2 = \tan^{-1}\left(\dfrac{1}{20}\right)$，$\mu_1 = 0.2 \sim 0.25$ 时，所对应的 $\dfrac{\Delta P}{P} \geqslant 0.65$。

我国《铁道车辆动力学性能评定和试验鉴定规范》GB 5599—1985 和《高速

试验列车动力车强度及动力学性能规范》95J01—L 所规定的车辆轮重减载率标准值见表 5-27。

我国减载率安全限定值　　　表 **5-27**

指标	GB 5599—1985		95J01—L（M）
减载率	第一限度	第二限度	
	≤0.65	≤0.60	≤0.6

（4）车轮跳轨的评定标准

我国对轮轨瞬时冲击而导致车轮跳上钢轨的脱轨系数无明确规定。国外规定，当轮轨间横向作用力的作用时间小于 0.05s 时，容许的脱轨系数：

$$\frac{Q_1}{P_1} \leqslant \frac{0.04}{t} \tag{5-149}$$

式中　t——轮轨间横向力作用时间（s）。

（5）轮轨间最大横向力 Q 的标准

轮轨间横向力过大将导致轨距扩宽、道钉拔起或线路严重变形（如轨枕在道床中横向移动或钢轨挤翻等）。轮轨间最大横向力 Q 的限制标准如下：

1）道钉拔起，道钉应力为弹性极限的限度：

$$Q \leqslant 19 + 0.3P_{st} \tag{5-150}$$

2）道钉拔起，道钉应力为屈服极限的限度：

$$Q \leqslant 29 + 0.3P_{st} \tag{5-151}$$

3）线路严重变形的限度：

木轨枕　　　　　$$H \leqslant 0.85\left(10 + \frac{P_{st1} + P_{st2}}{2}\right) \tag{5-152}$$

混凝土轨枕　　　$$H \leqslant 0.85\left(15 + \frac{P_{st1} + P_{st2}}{2}\right) \tag{5-153}$$

式中　　　　Q——轮轨横向力（kN）；

　　　　　　H——轮轴横向力（构架力）（kN）；

P_{st}、P_{st1}、P_{st2}——分别为车轮平均及左轮、右轮静载荷（kN）。

复 习 思 考 题

1. 试述轨道力学分析的基本方法。

2. 试述轨道荷载的种类。

3. 试述轨道结构静力计算的力学模型及其基本计算参数。

4. 已知荷载 P 作用下，钢轨的竖向位移为：

$$y = \frac{Pk}{2u}\varphi_1(kx)$$

如何求得轨枕的反力 R？

5. 已知在荷载 P 作用下，由试验测定获得钢轨支点的位移记录如图 5-40 所示，试估计钢轨支座刚度 D。

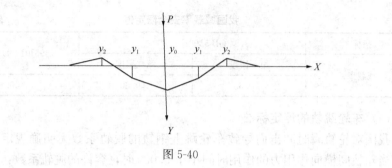

图 5-40

6. 试述轨道结构动力作用的准静态计算法对于钢轨动挠度、钢轨动弯矩及枕上动压力的计算方法。

7. 试述我国对于车辆运行平稳性和安全性的评估方法。车辆运行的安全性和平稳性指标与轨道不平顺状态有何关系。

8. 某工程技术人员对于某新型轨道结构的设计建立了力学计算模型，因其计算参数无从直接获取，故而据其工程经验确定了计算参数，最后采用当今最精确的计算方法得出了计算结果，你认为这个结果可直接用于工程设计吗？这一过程与你过去解算一道结构力学题目有何异同点？请发表你的论证意见（包括论据和结论）。

第6章 无缝线路轨道设计

6.1 概　述

如前所述，无缝线路是一项铁路现代化轨道技术，它具有良好的运营功能和明显的经济效益。根据美国 AREA 统计，无缝线路比普通线路的钢轨寿命延长约 40%；日本铁路发现，采用无缝线路的钢轨（50kg/m 型）更换周期由原来的400Mt 延长到了 500Mt。苏联统计，通过总重 500Mt 以后的钢轨（P65 型）抽换数，降低到原来的 1/3。我国的统计数字表明，无缝线路轨道的钢轨使用寿命延长 1.25 倍。世界各国在高速与快速客运线路上均铺设无缝线路。截至 2016 年10 月，我国铺设的无缝线路占正线延长的 86.3%（正线总延长 17.9 万 km）。国外铺设无缝线路数量统计见表 6-1。

世界各国无缝线路数量统计　　　　　　　　　　　表 6-1

国家	法国	德国	英国	美国	俄罗斯	日本
无缝线路总数 （km）	26457	77425	24600	127497	44900	17826
无缝线路占营运 线路（%）	76.3	97.8%	70.1	47.4	36.2	占新干线 98%

目前，无缝线路轨道常用的结构形式是温度应力式，在两段长钢轨轨道之间设置 2~4 对标准长度钢轨组成缓冲区，如图 6-1 所示。

图 6-1　温度应力式无缝线路轨道布置图

大桥上铺设的无缝线路，在桥梁中间某些部位可设置钢轨温度调节器，以释放其中某个部位的钢轨温度应力。

近年来，随着高速铁路的发展，出现了跨区间无缝线路。这一新型结构形式，取消了长轨条两端的缓冲区，将区间轨道及道岔的全部轨条焊接或胶接成为连续的轨条。如果区间的轨道全部焊接成为连续的轨条，而道岔的轨条不加以焊接，则称为区间无缝线路。

无缝线路轨道需要遵照专门的规范进行设计，并满足相应的设计要求。我国铁路轨道设计规范规定，采用 60kg/m 及以上等级钢轨，Ⅰ、Ⅱ级铁路应按无缝线路设计，其旅客列车设计速度为 200km/h 时，应按跨区间无缝线路设计；采用 50kg/m 钢轨的 Ⅰ、Ⅱ级铁路宜按无缝线路设计。

6.2 长钢轨轴向温度力

6.2.1 完全约束的长钢轨温度力

在长钢轨的温度伸缩变形受到完全约束的条件下，其相应的轴向温度应力为：

$$\sigma_t = E\varepsilon_t \tag{6-1}$$

式中 E——钢轨的弹性模量，其值为 2.1×10^5 MPa；

ε_t——被约束的钢轨应变，与轨温变化幅值 ΔT 有关。

设长度为 l 的钢轨，被约束的伸长量为 Δl，则，

$$\varepsilon_t = \frac{\Delta l}{l} = \frac{\alpha \Delta T l}{l} = \alpha \Delta T \tag{6-2}$$

式中 α——钢轨的线膨胀系数，取 $11.8\times10^{-6}/℃$；

ΔT——轨温变化幅度。

显然，

$$\Delta T = T_s - T \tag{6-3}$$

式中 T_s——钢轨锁定轨温，又称零应力轨温（℃）；

T——钢轨计算温度（℃），高温时，取当地气温加 20℃，低温时取当地气温；长隧道内，最高轨温可按当地最高气温计。全国各地区最高、最低气温见附录 A。

将式（6-2）代入式（6-1）有：

$$\sigma_t = E\alpha \Delta T \tag{6-4}$$

将 E、α 的值代入式（6-4）可得 σ_t（MPa）：

$$\sigma_t = 2.48 \Delta T \tag{6-5}$$

一根钢轨所受轴向温度力 P_t（N）为：

$$P_t = \sigma_t \cdot F = 248 \Delta T F \tag{6-6}$$

式中 F——钢轨断面积（cm²）。

由式（6-5）可知，对于 60kg/m 钢轨，轨温增长 1℃，所对应的约束温度力为 19270N，其余的数值见表 6-2。

钢轨轨温变化 1℃时一般钢轨的温度力　　　　　表 6-2

钢轨类型（kg/m）	断面积（mm²）	温度力（N）
75	9503.7	23760
60	7708	19270

续表

钢轨类型（kg/m）	断面积（mm²）	温度力（N）
50	6580	16450
45	5761	14400
43	5700	14250

式（6-5）表明，钢轨伴随轨温变化的伸缩变形完全受到约束时，其温度应力 σ_t 仅仅与其轨温变化幅度 ΔT 呈线性关系，而与钢轨的长度无关。由此可见，只要能够实现钢轨的完全约束，无缝线路可以任意的增加长度而不会增加钢轨应力。温度应力式无缝线路工程技术正是建立在这个基本原理的基础上。

【**例 6-1**】郑州地区 $T_{max}=63℃$，$T_{min}=-17.9℃$；拟定锁定轨温设计值 $T_s=25℃$，锁定轨温变化范围取 $25℃\pm5℃$，即 $20\sim30℃$，由此得：

最大温升幅度 $\max \Delta T_1 = 63.0-20.0 = 43.0℃$

最大温降幅度 $\max \Delta T_2 = 30.0-(-17.9) = 47.9℃$

对于 60kg/m 钢轨，最大温度压力：

$$\max P_{t1} = 248\max\Delta T_1 F = 248\times43\times77.45 = 808.4\text{kN}$$

最大温度拉力：

$$\max P_{t2} = 248\max\Delta T_2 F = 248\times47.9\times77.45 = 900.5\text{kN}$$

6.2.2 设有缓冲区的长钢轨温度力

（1）长钢轨的约束——线路纵向阻力

长钢轨依赖无缝线路轨道的道床、扣件和接头联结零件阻止其随轨温变化而发生的伸缩，形成其温度变形约束。轨道结构对于长钢轨伸缩变形的约束力就是道床纵向阻力、扣件阻力和接头阻力。设有缓冲区的长钢轨温度力，与线路纵向阻力约束的变化有明显关系。以下介绍线路纵向阻力的变化特性及其设计取值。

1）道床纵向阻力

道床纵向阻力系指道床抵抗轨道框架（钢轨和轨枕组装而成，也称轨排）纵向位移的阻力。处于正常状态下的轨道，单根轨枕的道床纵向阻力随着位移的增大而增加，当位移达到一定量值后，轨枕盒的道砟颗粒之间的啮合被破坏，即使位移继续增加，阻力也不再增大。在正常轨道条件下，在混凝土轨枕位移小于 2mm，木枕位移小于 1mm 的范围，道床纵向阻力近似呈线性增长，位移超过上述限值后，纵向阻力增长缓慢，并趋向饱和，如图 6-2 所示。

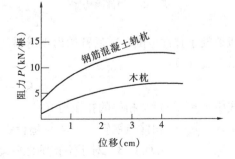

图 6-2 单根轨枕的道床纵向阻力与位移的关系曲线

因此，在无缝线路设计中，道床纵向阻力，以轨枕位移 2mm 所对应的阻力为依据，取为确定的常数。道床纵向阻力可按表 6-3 取值，其中，单根轨枕的道床纵向阻力 Q_L（N）与一股钢轨下单位长度道床的纵向阻力 p（N/cm）有如下关系：

$$p = \frac{Q_L}{2a}$$

式中　a——轨枕间距（cm）。

无缝线路道床纵向阻力 表 6-3

轨道特征		单根轨枕的道床纵向阻力 Q_L（kN）	一股钢轨下单位道床纵向阻力 p（N/cm）		
			1840 根轨枕/km	1760 根轨枕/km	1667 根轨枕/km
混凝土轨枕线路	II 型	10	92	88	
	III 型	12			100
木枕线路		7	64	61	

道床纵向阻力与道床密实度的关系最为显著，此外还与道砟粒径、材质、道床断面、捣固质量及脏污程度有关。道床在清筛松动后纵向阻力明显下降，随着运营时间的推移，可逐渐恢复正常量值。

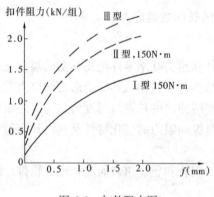

图 6-3　扣件阻力图

2）扣件阻力

扣件阻力是指中间扣件及防爬器抵抗钢轨相对于轨枕沿线路纵向移动的阻力。为使钢轨与轨枕牢固扣着形成轨道框架，有效地约束轨道的温度伸缩位移，在一般情况下，中间扣件阻力必须大于道床阻力。

试验表明，扣件阻力随钢轨纵向位移的增加而增大，并与扣件的类型及其扣压力有关，如图 6-3 所示。

位移小于 1.0mm 时，扣件阻力近似地处于弹性范围，随后开始出现滑移趋势。弹条扣件每个节点的纵向阻力 Q_j，由下式计算：

$$Q_j = 2p\mu \tag{6-7}$$

式中　p——每个扣件的扣压力（kN）；

　　　μ——扣件与钢轨、钢轨与垫板综合摩擦系数。轨下胶垫为橡胶垫板时，μ 取 0.8；对于不锈钢橡胶复合垫板，μ 取 0.5。

当缺乏计算数据时，可综合考虑扣件的工作状态，对弹条型扣件阻力按表 6-4 取值；其他类型扣件的阻力可按表 6-5 取值。

弹条型扣件阻力　　　　　　　　　　表 6-4

扣件阻力 (kN/组) ＼ 扣件类型　　螺母扭矩	Ⅰ 型	Ⅱ 型	Ⅲ 型
80N・m	9.0	9.3	16.0
150N・m	12.0	15.0	16.0

其他类型扣件阻力　　　　　　　　　表 6-5

扣件类型	初始状态扣件扭矩（N・m）		垫板压缩 1mm 时扣件转矩（N・m）		建议采用值 (N)
	70～80	140～150	70～80	140～150	
	每组扣件阻力（N）				
70 型扣件	12500	19000	4220	6750	4000
67 型扣件	10100	18000	6230	9800	6000
K 型扣件	7500	15000			7500
道钉混合型扣件	500				500
防爬器	16000				15000

3）接头阻力

接头阻力是长钢轨两端的接头夹板阻止钢轨伸缩（纵向位移）的阻力，是通过拧紧接头螺帽实现的。不同扭矩条件下的接头阻力见表 6-6。《轨道设计规范》规定，无缝线路接头螺栓扭矩不应低于 900N・m，接头阻力采用 400kN。并规定，正线轨道钢轨接头螺栓应采用 10.9 级及以上高强接头螺栓；站线轨道应采用 8.8 级及以上高强度接头螺栓。高强度螺栓性能见表 6-7。

接 头 阻 力　　　　　　　　　　表 6-6

接头阻力 (kN) ＼ 扭矩（N・m）　　钢轨类型	600	700	800	900	1000	备　　注
50kg/m	300	370	430	490		高强度螺栓 10.9 级 ϕ24mm
60kg/m			490	510	570	高强度螺栓 10.9 级 ϕ24mm
75kg/m	350	430	500	550		高强度螺栓 10.9 级 ϕ24mm

高强度螺栓性能　　　　　　　　　　表 6-7

强度等级	材　　料	抗拉强度（MPa）	屈服强度（MPa）	螺帽标记
10.9 级	20MnSi	1040	940	平头
8.8 级	Q275	830	660	半圆

注：螺栓强度等级说明：
　　第一个数（A）＝$\sigma_b/100$；第二个数（B）＝σ_s/σ_b；其中 σ_b——抗拉强度（MPa），σ_s——屈服强度（MPa）；
　　如：σ_b＝1040MPa，σ_s＝940MPa，则（A）＝1040/100＝10.4≈10，（B）＝940/1040＝0.904≈0.9，该螺栓为 10.9 级。

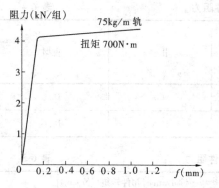

图 6-4 钢轨接头阻力与钢轨位移关系曲线

图 6-4 展示了钢轨接头阻力与钢轨位移的关系。由图可知，接头阻力对于钢轨伸缩位移的约束限制有一个上限值，钢轨温度作用力超过接头阻力之后，随着轨温变化幅度的增长其轨端伸缩位移增加，直至钢轨接头的构造轨缝功能终结，钢轨伸缩位移方才终止。

（2）设置有缓冲区的长钢轨温度力分布

设置有缓冲区的长钢轨，受到接头阻力和道床纵向阻力的约束。若长钢轨的温度力超过了约束其变形的线路阻力，便发生伸缩位移，并伴随有钢轨温度力的释放，形成梯形状的钢轨温度力分布。试看图 6-5，横坐标表示长钢轨的长度，纵坐标表示钢轨温度力 P_t，其正向指向下方表示钢轨压力，长钢轨温度力 P_t 小于接头阻力 R_j 时，P_t 呈矩形分布。当 $P_t > R_j$ 时，钢轨温度力 P_t 呈梯形分布。其

梯形斜边的斜度为 p（道床纵向阻力每单位长度值）。当轨温变化幅度 ΔT 到达最大值 $\max\Delta T$ 时，P_t 的最大值 $\max P_t$ 为：

$$\max P_t = E\alpha(\max\Delta T)F \tag{6-8}$$

在图 6-5 中，梯形两端上部的阴影部分是伴随钢轨收缩而释放的温度力。在设计中，称 L

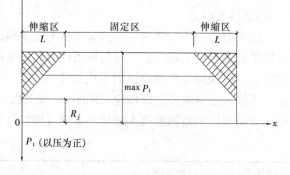

图 6-5 钢轨温度力纵向分布图

长度范围为伸缩区，该区域内，钢轨有纵向位移发生。长钢轨中部无钢轨位移发生的区域称为固定区。伸缩区 L 由下式计算：

$$L = \frac{\max P_t - R_j}{p} = \frac{E\alpha(\max\Delta T)F - R_j}{p} \tag{6-9}$$

式中　R_j——钢轨接头阻力（N）；

　　　　p——道床纵向阻力（N/cm/轨）；

　　$\max\Delta T$——最大轨温变化幅度（℃）。

必须指出，长钢轨的伸缩区在运营中将伴随轨温的变化而伸缩，其道床及扣件的状态易于发生变化，是无缝线路轨道的薄弱环节。

（3）长钢轨的温度力峰

理论分析和运营观测表明，长钢轨的伸缩区随着轨温的反复变化，在高温季节还可能出现钢轨温度力峰，如图 6-6 所示。

图 6-6　长钢轨的温度力峰

长钢轨温度力峰值 P_c 按下式计算：

$$P_c = \frac{\max P_{td} + \max P_{tu}}{2} \tag{6-10}$$

其位置以距离 S 表示：

$$S = \frac{\max P_{td} - \max P_{tu}}{2p} \tag{6-11}$$

式中　$\max P_{td}$——长钢轨固定区最大温度拉力；

　　　$\max p_{tu}$——长钢轨固定区最大温度压力；

　　　p——道床纵向阻力。

长钢轨温度力峰 P_c，在 $\max P_{td} > \max P_{tu}$ 并有轨温反复变化的条件下发生。当 $\max P_{td} = \max P_{tu}$，即锁定轨温取为中间轨温（最高轨温与最低轨温的平均值）时则无温度力峰出现。说明如下。

若长钢轨的锁定轨温 T_s 的设计值高于中间轨温，对应于每年最低与最高轨温的钢轨温度力 $\max P_{td}$、$\max P_{tu}$ 便不会相等，并有 $\max P_{td} > \max P_{tu}$，如图 6-7 所示。长钢轨铺设锁定后，若轨温开始下降，便形成上梯形钢轨温度力分布图，最低轨温时，温度拉力最大值为 $\max P_{td}$，缓冲区长轨端轨缝因长钢轨收缩而达

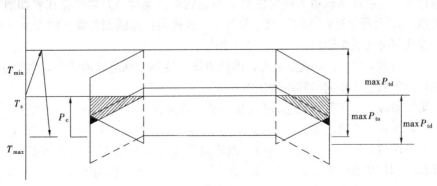

图 6-7　长钢轨温度力变化图

到最大值。此后，随着轨温的回升，长钢轨内部温度拉力在全长范围内开始均匀下降，直至轨温回复至锁定轨温，长钢轨随之伸长，轨缝减小。在此过程中，道床纵向阻力反过来阻止钢轨伸长，由于钢轨受到道床纵向阻力的约束作用，形成斜阴影钢轨温度力分布图形，其黑色三角形部分是释放的钢轨温度力。由于道床纵向阻力的约束，轨温回复至锁定轨温时，长钢轨轨端并不能伸长回复至原有的位置，钢轨温度力也不能完全释放为零应力状态。在此条件下，若轨温继续上升，长钢轨的整个长度范围将均匀增加等量钢轨温度力，直至其中部到达 $\max P_{tu}$ 为止。同理，由于接头阻力及道床纵向阻力的不完全约束作用，长钢轨温度力在钢轨端部随之有部分释放。由于 $\max P_{td} > \max P_{tu}$，与之对应的伸缩区长度也不相同，即最低轨温时伸缩区长度大于最高轨温时伸缩区长度。由钢轨温度力图的几何叠加关系可知，在最高轨温时，梯形两端肩部形成温度力峰。

6.3   无缝线路轨道稳定性计算

6.3.1   无缝线路轨道稳定性概念

处于高温条件下的无缝线路轨道易于发生横向位移，形成线路方向不良，影响列车行驶的平稳性，甚至引发列车脱轨事故。因此，无缝线路轨道稳定性成为铁路运输业普遍关注的问题之一。

无缝线路轨道稳定性主要研究高温条件下轨道横向位移与钢轨温度力的变化规律，并针对轨道及其运营环境条件，确定相应的轨温变化幅度及横向变形位移容许值，制定相应的轨道设计标准及线路维修标准。因而，无缝线路轨道稳定性不应视为单纯的稳定理论问题，而是一个工程技术问题，并应根据普遍的力学原理结合工程实际要求加以处理。

无缝线路轨道在横向受到道床的约束，由于钢轨制造、线路维修、轨温变化及列车运行等原因，导致轨道方向不良，即存在所谓的"轨道原始弯曲"。在上述条件下，无缝线路轨道的横向位移 f 与钢轨温升幅度 ΔT 之间存在着如图6-8的关系。f_0 表示轨道存在的原始弯曲矢度，依横向位移随钢轨温升的变化特征，曲线变化可分为三个阶段：

第一阶段，$O' \rightarrow A$：轨温上升，因轨道横向位移受到道床的约束，轨道保持原始弯曲的状态，横向位移不发生增长。

第二阶段，$A \rightarrow B$：轨道随钢轨温升发生横向位移，轨道的弯曲矢度进一步扩大，习惯称为胀轨阶段。

第三阶段，$B \rightarrow C$（经过 S 点）：钢轨温升超过 ΔT_B 之后，轨道将发生突发性横移，即位移骤然扩大，并可能伴随有轻微响声，习惯称为跑道。

在普遍的力学原理中，对于存在原始弯曲（初始缺陷）的受压杆件，其受力

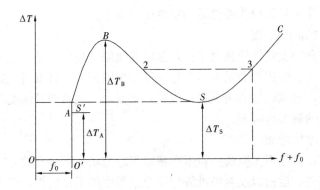

图 6-8　轨道横向位置与钢轨温升幅度关系曲线

平衡状态曲线有如图 6-9 所示的形状，极值点 B 对应着压杆失稳。从实用的观点出发，各国铁路工程界趋向于采取以下两个稳定性判别准则来处理无缝线路稳定性问题：

（1）安全温升法

苏联米辛柯（Мищенко）、美国柯尔（Kerr）等人主张采用值 ΔT_s 作为控制无缝线路稳定性设计的取值，ΔT_s 称为安全温升，如图 6-9 所示。以安全温升判别无缝线路稳定性，其主要出发点是：当钢轨温升幅值小于 ΔT_s 时，无论轨道的原始弯曲以及外

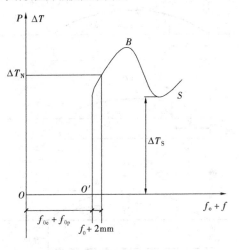

图 6-9　受压杆件受力平衡状态曲线

力作用所引起的横向变形积累扩展到何等程度，其轴向温度压力不会超过 B 点，线路也不会发生胀轨跑道。

（2）极限状态法

我国铁道部颁布的统一无缝线路稳定性计算公式规定，由钢轨温升所引起的轨道横向位移最大值不得超过 2mm，该值所对应的钢轨温升幅度 ΔT_N 为容许温升幅度，如图 6-9 所示。其主要出发点是：轨道横向位移超过 2mm 时，将易于形成轨道横向变形积累，增大钢轨弯曲矢度，逐渐降低无缝线路的稳定性，最后导致无缝线路胀轨跑道。

6.3.2　影响无缝线路稳定性的因素

试验研究及运营经验表明，影响无缝线路稳定性的主要因素有：钢轨的温升幅度、轨道原始不平顺、道床横向阻力以及轨道框架刚度等。前两项是促使无缝线路轨道失稳的因素，后两项是保持稳定性的因素。另外，道床纵向阻力和中间

扣件的抗扭转作用对无缝线路轨道稳定性影响较小。

（1）钢轨的温升幅度

钢轨的温升幅度是钢轨相对于锁定温度的轨温升高值。已如上述，随着轨温的升高，长钢轨不断积累的温度压力超过某个极限值后，轨道将丧失稳定，横向变形迅速增长，形成轨道方向不良，危及行车安全。钢轨温升幅度的增长是无缝线路丧失稳定的最关键因素。

（2）轨道原始弯曲

轨道原始弯曲是指无缝线路轨道在钢轨零应力状态下固有的方向不平顺。钢轨的焊接、制造、运输以及养护维修等作业过程中的不良后果，都可导致轨道的原始弯曲。轨道原始弯曲通常包括塑性原始弯曲和弹性原始弯曲。塑性原始弯曲是钢轨在轧制、运输、焊接和铺设过程中形成的塑性变形，呈现钢轨轴线不平直。弹性原始弯曲是在温度力和列车横向力的反复作用下产生的，钢轨弹性原始弯曲的特点是积蓄有弹性形变位能。

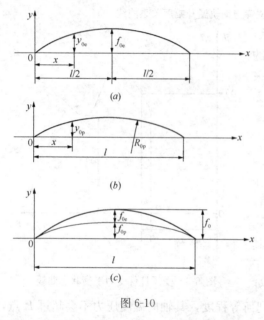

图 6-10

轨道的原始弯曲呈现有各种形状，有单波形，也有多波形。根据我国铁路轨道的现场观测，多为单波形，多波形出现的概率较小。研究表明，轨道原始弯曲采用单波形正弦曲线所获得的无缝线路稳定性解答偏于安全，故弹性原始弯曲的变形曲线形式可近似采用正弦函数描述，如图 6-10（a）所示，其坐标公式为：

$$y_{0e} = f_{0e} \sin \frac{\pi x}{l} \tag{6-12}$$

式中　f_{0e}——弹性原始弯曲矢度；

　　　l——弹性原始弯曲波长。

塑性原始弯曲可采用圆曲线描述，如图 6-10（b）所示，并以下列近似坐标公式计算：

$$y_{0p} = \frac{(l-x)x}{2R_{0p}} \tag{6-13}$$

式中　l——塑性原始弯曲波长；

　　　R_{0p}——塑性原始弯曲半径，即

$$R_{\mathrm{op}} = \frac{l^2}{8f_{0\mathrm{p}}}$$

$f_{0\mathrm{p}}$ ——塑性原始弯曲矢度。

由塑性原始弯曲和弹性原始弯曲所组成的原始弯曲如图 6-10 （c） 所示。

由弹性原始弯曲的表示式 （6-13） 可知，当 $f_{0\mathrm{e}}$ 及 l 两个参数确定后，弹性原始弯曲的形状便得以确定。原始弯曲是轨道实际存在的一种几何状态，其特征参数 $f_{0\mathrm{e}}$ 及 l 可以通过调查观测由数理统计方法加以确定。由于 $f_{0\mathrm{e}}$ 及 l 是相互对应相互依存的，故而必须同时调查 l 对应的 $f_{0\mathrm{e}}$。调查研究和工程经验表明，采用比值 $\dfrac{f_{0\mathrm{e}}}{l^2}$ 可反映轨道原始弹性弯曲形状的基本特征。塑性原始弯曲也可采用同样的统计方法。基于这一思想，在后续的理论分析中，比值 $\dfrac{f_{0\mathrm{e}}}{l^2}$ 及 $R_{0\mathrm{p}}$ 将视为一个定值。

根据无缝线路现场观测和统计分析，轨道原始弯曲特征可取 $\dfrac{f_0}{l^2} = 2.103 \times 10^{-6}\ \mathrm{cm}^{-1}$，$f_0 = f_{0\mathrm{e}} + f_{0\mathrm{p}}$，如图 6-10 （c） 所示，其中 $\dfrac{f_{0\mathrm{p}}}{l^2}$ 占 $\dfrac{f_0}{l^2}$ 的 83%。

（3）道床横向阻力

道床抵抗轨道框架横向位移的阻力称为道床横向阻力，它是防止无缝线路胀轨跑道，保证无缝线路稳定性的主要因素。铁路工程经验表明，在稳定轨道框架的因素中，道床的贡献约为 65%，钢轨约为 25%，扣件约为 10%。

道床横向阻力的构成是：道床肩部的阻力占 20%～30%，轨枕两侧占 20%～30%，轨枕底部占 50%。为使道床横向阻力达到设计要求，不仅要求道床断面符合标准尺寸，还应捣固紧密，其道床密实度应达到 $1.7\mathrm{g/cm}^3$。

道床对每根轨枕的横向阻力 Q_0，可用试验方法获得。试验表明 Q_0 与轨枕横向位移 f 呈非线性关系，如图 6-11 所示。

道床横向阻力 Q_0 与轨枕类型、道床断面尺寸、道砟材料及其密实度有关。由图 6-11 可见，混凝土宽轨枕线路横向道床阻力最高，混凝土轨枕线路次之，木枕线路最低。根据美国和英国铁路的试验研究，在同类轨道的条件下，经过长期运营密实稳定的道床横向阻力最大，机械捣固后阻力显著减小。密实道床的阻力—位移曲线，在起始阶段，阻力随位移增长，

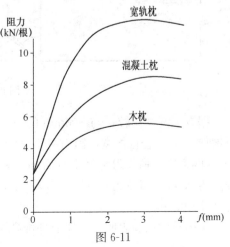

图 6-11

超过横向阻力顶点后，道床即遭破坏，阻力显著下降。松软的道床，其阻力最低，当阻力达到较大量值后，将维持缓慢增长的趋势，如图 6-12 所示。

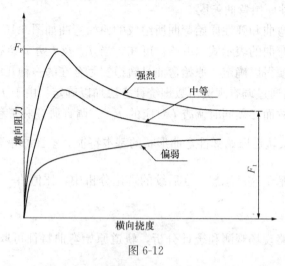

图 6-12

道床肩宽对于道床横向阻力有一定的影响，轨枕横移将挤动砟肩的道砟棱体，形成破裂面，如图 6-13 所示。砟肩的宽度必须覆盖这一破裂面，以保证具有较大的阻力。破裂面的顶宽用下式计算：

$$b = H\tan\left(45° + \frac{\varphi}{2}\right)$$

式中 H——轨枕端部高度；

φ——摩擦角，一般 $\varphi = 35° \sim 50°$。

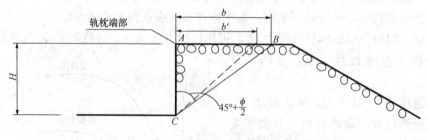

图 6-13

据有关测试比较，与 300mm 的肩宽相比，肩宽增加到 500mm 时，阻力值可增加 16%，若再加宽，阻力将不再增加。日本铁路认为，砟肩宽度超过 40～60cm 的道床，横向阻力将不再增加。因此，有关国家对砟肩宽度规定了限值：美国为 0.5m；日本为 0.55m；苏联为 0.45m；我国普通线路为 0.3m，无缝线路为 0.4～0.5m。

国内外的试验表明，道床肩部堆高可提高道床横向阻力。砟肩堆高比砟肩加宽效果更明显，并可节约道砟。这项措施为国内外无缝线路广泛采用。我国铁路砟肩一般堆高 0.15m，法国铁路堆高 0.1m，呈三角形，阻力值增加 10%～15%；日本铁路堆高 0.1m，呈三角形，每根轨枕的横向阻力由 6000～7000N 提高到 10000N；英国和法国的砟肩堆高已列为无缝线路道床断面标准。英国还规定：凡半径小于 800m 的曲线，肩宽 350～600mm，并堆高砟肩。

标准道床对每根轨枕的横向阻力 Q_0（N）与道床单位横向阻力 q（N/cm）有下列关系：

$$q = \frac{Q_0}{a} \tag{6-14}$$

式中　a——轨枕间距（cm）。

通过试验研究，可得出 q 与轨道横向位移 f 的如下关系式：

$$q = q_0 - c_1 f^z + c_2 f^n \tag{6-15}$$

式中　　q——道床单位横向阻力（N/cm）；

q_0——道床单位横向阻力的初始值（$f = 0$ 时）（N/cm），其值见表 6-8；

c_1、c_2、z、n——参数，其值参见表 6-8。

c_1、c_2、z、n 值　　　　　　　　　　　　表 6-8

线 路 特 征		q_0	c_1	c_2	z	n	附　　注
木枕	道床肩宽 40cm	12.4	215.0	296.0	1.0	2/3	轨枕配置为 1840 根/km
	道床密实，标准断面	20.0	8.0	60.0	1.7	1/3	
混凝土枕	道床肩宽 40cm	15.0	444.0	583.0	1.0	3/4	
	道床密实，标准断面	22.0	38.0	110.0	1.5	1/3	

宽枕道床横向阻力可采用如下表达式：

$$q = q_0 - c_1 f + c_2 f^{1/2} \tag{6-16}$$

式中参数见表 6-9。

式 (6-16) 中参数值　　　　　　　　　　表 6-9

轨 道 特 征		q_0	c_1	c_2
宽枕 1760 根/km	道床密实，标准断面	4.8	1440	36000
宽枕 1760 根/km	刚垫沙，未回填	4.0	532	3890
宽枕 1760 根/km	垫沙回填后 44 小时	2.5	1260	6410

（4）轨道框架刚度

轨道框架刚度 EJ_y 反映轨道框架抵抗横向弯曲的能力。轨道框架刚度越大，抵抗横向弯曲变形的能力就越强。轨道框架刚度是两股钢轨的横向水平刚度及钢轨与轨枕节点间的阻矩抵抗横向弯曲能力的总和。

轨道框架的水平刚度可取为：

$$EJ_y = \beta EJ \tag{6-17}$$

式中　β——轨道框架刚度的换算系数；

　　　EJ——两根钢轨的横向水平刚度（N·cm²）；

对于木枕轨道，由于使用普通道钉，节点阻矩可视为零，即 β 值取为 1。

对于混凝土轨枕轨道，因其中间扣件的扣压力较大，EJ_y 比之木枕轨道高出50%以上，但因扣件扭矩作用增值对于计算结果影响不明显，出于偏安全的考虑，采用 $\beta = 1$。

6.3.3　计算模型及其求解

（1）计算模型的建立

如前所述，无缝线路轨道出现的原始弯曲大多数是单波形的，如图 6-14 所示。轨道原始不平顺的总长度以 l_0 表示，随着钢轨轴向压力的增长，其中 l 长度范围内将发生新的横向位移增量，并以虚线表示，其位移变形矢度为 f，与之对应的原始弯曲矢度为 f_0，线路曲率半径 R 所对应的矢度是 f_r。根据力学分析原理可取出 l 长度范围的一段轨道作为脱离体，分析无缝线路轨道稳定性，于是得到如图 6-15 所示的力学计算模型，并建立下列基本假定：

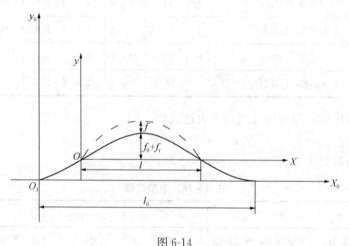

图 6-14

1）视轨道为置于道床介质中的压杆，其原始弯曲由弹性原始弯曲 y_{0e} 及塑性原始弯曲 y_{0p} 两部分组成（见图 6-16），其中：

$$y_{0e} = f_{0e} \sin \frac{\pi x}{l} \tag{6-18}$$

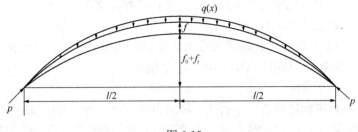

图 6-15

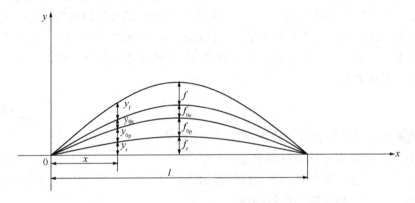

图 6-16

$$y_{0p} = \frac{(l-x)x}{2R_{0p}} \tag{6-19}$$

式中　f_{0e} ——原始弯曲变形矢度；

　　　R_{0p} ——塑性原始弯曲半径；

　　　l ——原始弯曲波长。

2）对于半径为 R 的圆曲线轨道有坐标公式：

$$y_r = \frac{(l-x)x}{2R}$$

考虑原始塑性弯曲的圆曲线，其合成曲率为：

$$\frac{1}{R'} = \frac{1}{R} + \frac{1}{R_{0p}} \tag{6-20}$$

3）道床单位横向阻力 q（N/cm）与轨道的横向位移有下列关系：

$$q = q_0 - c_1 y_f^z + c_2 y_f^n \tag{6-21}$$

式中　q_0、c_1、c_2、z、n ——已知参数，由试验及统计分析确定；

　　　y_f ——轨道横移量（cm）。

4）由轨温变化引起的轨道横向位移为：

$$y_f = f \sin \frac{\pi x}{l} \tag{6-22}$$

式中　　f ——轨温变化引起的横向变形矢度，其容许值为 0.2cm;

　　　　l ——轨道变形波长。

5）扣件的节点阻矩对轨道横向弯曲刚度的影响用 β 表示，轨道横向刚度表示为 βEJ_y，其中 EJ 是两根钢轨的横向水平刚度。

（2）计算模型求解

无缝线路轨道稳定性属于不精确求解的力学命题，通常运用势能法求解。由势能驻值原理可知，结构体系处于平衡状态时其势能取驻值。无缝线路轨道稳定性问题的求解，可以在假定轨道横向变形形状的基础上，计算出轨道结构体系在钢轨温度压力作用下的势能，从而将势能表达成为位移参数的函数。由上述基本假定可知，轨道横向变形位移函数 y_f 可以通过位移参数 f 来表示。设轨道的总势能为 Π，并表示为位移参数 f 的函数 $\Pi(f)$。根据势能驻值原理，轨道结构体系的力学平衡方程为：

$$\frac{\partial \Pi(f)}{\partial f} = 0 \tag{6-23}$$

轨道结构的总势能 Π 由以下三部分能量组成：

A_1 ——钢轨温度压力所做的功；

A_2 ——轨道框架抵抗弯曲变形所做的功；

A_3 ——道床横向阻力所做的功。

于是有：

$$\frac{\partial \Pi(f)}{\partial f} \equiv \frac{\partial A_1}{\partial f} - \frac{\partial A_2}{\partial f} - \frac{\partial A_3}{\partial f} = 0 \tag{6-24}$$

以下分别进行分析计算：

1）钢轨温度压力 P 所作的功 A_1

在温度压力 P 作用之下，线路产生弯曲变形，由两端向中间收缩，设 Δl 为轨道变形后引起的长度变化，则温度压力 P 做的功为：$A_1 = P \cdot \Delta l$。Δl 为变形后的弧弦差 Δl_T 减去变形前的弧弦差 Δl_0。变形前的弧弦差（Δl_0）是考虑到线路在承受温度压力 P 以前，固有原始弯曲（包括弹性弯曲及塑性弯曲）形成的钢轨弧弦差，即

$$\Delta l_0 = \int_0^l \mathrm{d}\Delta l = \int_0^l (\mathrm{d}s - \mathrm{d}x) = \int_0^l \sqrt{1 + (y'_0)^2}\,\mathrm{d}x - \int_0^l \mathrm{d}x \approx \frac{1}{2}\int_0^l (y'_0)^2\,\mathrm{d}x$$

式中

$$y_0 = y_{0e} + y_{0p} + y_r$$

同理，线路承受温度压力 P 后，曲线中点产生横向位移 f，线路变形曲线为 $y_f = f\sin\dfrac{\pi x}{l}$，其弧弦差为：

$$\Delta l_T = \frac{1}{2}\int_0^l (y'_s)^2\,\mathrm{d}x$$

其中

$$y_s = y_f + y_{0e} + y_{0p} + y_r$$

故　$A_1 = P \cdot \Delta l = P[\Delta l_T - \Delta l_0] = P\left\{\dfrac{1}{2}\displaystyle\int_0^l (y_s')^2 \mathrm{d}x - \dfrac{1}{2}\displaystyle\int_0^l (y_0')^2 \mathrm{d}x\right\}$

$\qquad = P\left\{\dfrac{1}{2}\displaystyle\int_0^l \left[f\sin\dfrac{\pi x}{l} + f_{0e}\sin\dfrac{\pi x}{l} + \dfrac{1}{R'}\dfrac{(l-x)x}{2}\right]'^2 \mathrm{d}x\right.$

$\qquad\quad\left. -\dfrac{1}{2}\displaystyle\int_0^l \left[f_{0e}\sin\dfrac{\pi x}{l} + \dfrac{1}{R'}\dfrac{(l-x)x}{2}\right]'^2 \mathrm{d}x\right\}$

$\qquad = P\left\{\dfrac{1}{2}\displaystyle\int_0^l \left[\dfrac{\pi^2}{l^2}(f^2 + 2f\cdot f_{0e})\cos^2\dfrac{\pi x}{l} + \dfrac{\pi}{l}f\dfrac{1}{R'}(l-2x)\cos\dfrac{\pi x}{l}\right]\mathrm{d}x\right\}$

$\qquad = P\left\{\dfrac{1}{2}\left[\dfrac{\pi^2}{l^2}(f^2 + 2f\cdot f_{0e})\dfrac{l}{2} + \dfrac{\pi}{l}f\dfrac{4}{R'}\dfrac{l^2}{\pi^2}\right]\right\}$

$\qquad = P\left[\dfrac{\pi^2}{4l}(f^2 + 2f\cdot f_{0e}) + \dfrac{4l}{\pi R'}\right]$

由此得：$\dfrac{\partial A_1}{\partial f} = \dfrac{P}{2}\left[\dfrac{\pi^2}{l}(f + f_{0e}) + \dfrac{4l}{\pi R'}\right]$　　　　　　　　　　(6-25)

2）轨道框架抵抗弯曲变形所做的功 A_2

由材料力学可知，梁抵抗弯曲变形功 $A_2 = \displaystyle\int M\dfrac{\mathrm{d}\theta}{2}$，其中 M 为梁所受弯矩，θ 为梁轴线挠曲的转角。而 $M = EIy''$，$\mathrm{d}\theta = y''\mathrm{d}x$（其中 EJ_y 是梁的抗弯刚度，y 是梁轴线的挠度）。轨道抵抗弯曲变形功由两部分组成，第一部分是抵抗弹性原始弯曲的内力矩 M_{0e} 对轨道变形转角所做的功；第二部分是抵抗温度压力所致弯曲变形的内力矩 M_f 所做的功。当 M_f 做功时，原有的 M_{0e} 也继续做功。所以，轨道框架抵抗弯曲变形的功 A_2 为：

$$A_2 = \dfrac{1}{2}\int_0^l M_f \mathrm{d}\theta_f + \int_0^l M_{0e}\mathrm{d}\theta_f$$

式中　$\mathrm{d}\theta_f$——对应 M_f 之转角微分，即

$$\mathrm{d}\theta_f = y_f''\mathrm{d}x = (y_s - y_0)''\mathrm{d}x$$
$$M_f = \beta EJ y_f'' = \beta EJ (y_s - y_0)''$$
$$M_{0e} = \beta EJ (y_0 - y_{0p})''$$

则

$$y_0 = y_{0e} + y_{0p}$$
$$A_2 = \dfrac{1}{2}\int_0^1 \beta EJ\left[(y_s - y_0)''\right]^2 \mathrm{d}x + \int_0^1 \beta EJ (y_0 - y_{0p})''(y_s - y_0)''\mathrm{d}x$$

因　$y_f = y_s - y_0 = f\sin\dfrac{\pi x}{l}$；$(y_s - y_0)'' = -f\dfrac{\pi^2}{l^2}\sin\dfrac{\pi x}{l}$；

$\left[(y_s - y_0)''\right]^2 = f^2\dfrac{\pi^4}{l^4}\sin^2\dfrac{\pi x}{l}$

$y_{0e} = y_0 - y_{0p} = f_{0e}\sin\dfrac{\pi x}{l}$；$(y_0 - y_{0p})'' = -f_{0e}\dfrac{\pi^2}{l^2}\sin\dfrac{\pi x}{l}$

故　$A_2 = \dfrac{\beta EJ}{2}\displaystyle\int_0^1 f^2\dfrac{\pi^4}{l^4}\sin^2\dfrac{\pi x}{l}\mathrm{d}x + \beta EJ\displaystyle\int_0^1 \left(-f_{0e}\dfrac{\pi^2}{l^2}\sin\dfrac{\pi x}{l}\right)\left(-f\dfrac{\pi^2}{l^2}\sin\dfrac{\pi x}{l}\right)\mathrm{d}x$

$$= \frac{\beta EJ f^2 \pi^4}{2l^4} \cdot \frac{l}{2} + \frac{\pi^4}{l^4} \beta EJ f \cdot f_{0e} \cdot \frac{l}{2}$$

$$= \frac{\beta EJ \pi^4}{2l^3} \left(\frac{f^2}{2} + f \cdot f_{0e} \right)$$

由此得

$$\frac{\partial A_2}{\partial f} = \frac{\beta EJ \pi^4}{2l^3} (f + f_{0e}) \tag{6-26}$$

3）道床横向阻力所做的功 A_3

在轨道发生横向变形的范围内，道床横向阻力 q 随着轨枕的横向位移量而变化，不仅在轨道横向是变量，沿着线路方向也是变量，因此

$$A_3 = \int_0^l \int_0^{y_f} q \mathrm{d}y_f \mathrm{d}x \tag{6-27}$$

将式 (6-21) 的 q 表达式代入上式得到：

$$A_3 = \int_0^l \left[\int_0^{y_f} (q_0 - c_1 y_f^z + c_2 f_f^z) \mathrm{d}y_f \right] \mathrm{d}x$$

$$= \int_0^l \left[q_0 y_f - \frac{c_1 y_f^{z+1}}{z+1} + \frac{c_2 y_f^{n+1}}{n+1} \right] \mathrm{d}x$$

$$= q_0 \int_0^l f \sin \frac{\pi x}{l} \mathrm{d}x - \frac{c_1}{z+1} f^{z+1} \int_0^l \sin^{z+1} \frac{\pi x}{l} \mathrm{d}x + \frac{c_2 f^{n+1}}{n+1} \int_0^l \sin^{n+1} \frac{\pi x}{l} \mathrm{d}x$$

$$= \frac{2}{\pi} l q_0 f - \frac{c_z c_1}{z+1} f^{z+1} l + \frac{c_n c_2 f^{n+1} l}{n+1}$$

由此得

$$\frac{\partial A_3}{\partial f} = \left[\frac{2}{\pi} q_0 - c_z c_1 f^z + c_n c_2 f^n \right] l \tag{6-28}$$

式中
$$c_n = \frac{2^n}{\pi} \cdot \frac{\Gamma\left(\frac{n}{2} + 1\right) \cdot \Gamma\left(\frac{n}{2} + 1\right)}{\Gamma(n+2)} \qquad (\text{适用于 } n = n、z)$$

其中 $\Gamma(\cdot)$ 是 Γ 函数。

将式 (6-25)、式 (6-26)、式 (6-28) 代入式 (6-24)，则有

$$\frac{P}{2} = \left[\frac{\pi^2}{l} (f + f_{0e}) + \frac{4l}{\pi R'} \right] - \frac{\beta EJ \pi^4}{2l^3} (f + f_{0e})$$

$$- \left[\frac{2}{\pi} q_0 - c_z c_1 f^z + c_n c_2 f^n \right] l = 0$$

得

$$P = \frac{\beta EJ \pi^2 \dfrac{(f + f_{0e})}{l^2} + \dfrac{4}{\pi^3} \left[q_0 - \dfrac{\pi}{2} (c_z c_1 f^z - c_n c_2 f^n) \right] l^2}{f + f_{0e} + \dfrac{4l^2}{\pi^3 R'}}$$

令

$$Q = q_0 - \frac{\pi}{2}(c_z c_1 f^z - c_n c_2 f^n) \tag{6-29}$$

则

$$P = \frac{\beta E J \pi^2 \dfrac{(f + f_{0e})}{l^2} + \dfrac{4}{\pi^3} Q l^2}{f + f_{0e} + \dfrac{4}{\pi^3 R'} l^2} \tag{6-30}$$

式（6-30）中的 Q（N/cm）称为等效道床阻力。

由结构稳定理论可知，式（6-30）表示了无缝线路轨道在钢轨轴向温度压力 P 作用下的平衡状态，因 $\beta E J$、Q、f 均为已知量，故平衡状态曲面 P 依赖于 f_{0e}、f_{0p}、l 三个未知参量。基于现场观测数据的统计分析，在三个未知量中已知 $\dfrac{f_{0p}}{l^2}$、$\dfrac{f_{0e}}{l^2}$ 各为一个常数。其中

$$\frac{f_{0p}}{l^2} = \frac{1}{8R_{0p}} \tag{6-31a}$$

令

$$t = \frac{f_{0e}}{l^2} \tag{6-31b}$$

求式（6-30）在满足式（6-31a）及式（6-31b）的条件极值（极小值）可得到：

$$l^2 = \frac{\omega + \sqrt{\omega^2 + \left(\dfrac{4Q}{\pi^3} - \dfrac{\omega t}{f}\right) \cdot f \beta E J \pi^2}}{\dfrac{4Q}{\pi^3} - \dfrac{\omega t}{f}} \tag{6-32}$$

式中　P——两根钢轨计算温度压力（N）；

　　　E——钢轨弹性模量，取 2.1×10^5 MPa；

　　　J——两股钢轨对垂直中和轴线的惯性矩：

50kg/m 钢轨 $J = 2 \times 377 = 754\,\text{cm}^4$；

60kg/m 钢轨 $J = 2 \times 524 = 1048\,\text{cm}^4$；

75kg/m 钢轨 $J = 2 \times 665 = 1330\,\text{cm}^4$；

　　　β——轨道框架刚度系数，取为 1；

　　　l——轨道弯曲波长（cm）；

　　　f_{0e}——轨道弹性弯曲矢度（cm）；

以 $\dfrac{f_0}{l^2}$ 表示表示轨道原始弹性弯曲的相对曲率（cm^{-1}），可采用 $\dfrac{f_0}{l^2} = 2.103 \times 10^{-6}\,\text{cm}^{-1}$，其中塑性弯曲占 83%，弹性弯曲占 17%；

　　　f——轨道弯曲变形矢度，采用 0.2cm；

　　　$\dfrac{1}{R_{0p}}$——轨道塑性原始弯曲曲率（cm^{-1}）；

R——曲线轨道半径（cm）；

Q——等效道床阻力，可取 8.43N/cm；

$\dfrac{1}{R'} = \dfrac{1}{R} + \dfrac{1}{R_{0p}}$（其中取 $\dfrac{1}{R_{0p}} = 8 \times 0.83 \times 2.103 \times 10^{-6}\,\text{cm}^{-1}$）；

$t = \dfrac{f_{0e}}{l^2}$（取 $t = 0.17 \times 2.103 \times 10^{-6}\,\text{cm}^{-1}$）；

$\omega = \beta EJ \pi^2 \left(t + \dfrac{4}{\pi^3 R'} \right)$。

式（6-30）及式（6-32），是基于我国 1978 年铁道部发布的无缝线路稳定性统一计算公式的改进形式。改进的无缝线路稳定性统一计算公式纳入《铁路轨道极限状态法设计暂行规范》、《铁路无缝线路设计规范》、《铁路轨道设计规范》、《京沪高速铁路设计暂行规定》、《新建时速 200km 客货共线铁路设计暂时规定》以及《秦沈客运专线跨区间无缝线路暂行规定》等设计规范或规范性文件，广泛应用于铁路工程设计。

6.3.4　无缝线路轨道稳定性计算例题

已知：60kg/m 钢轨，Ⅲ型枕，1667 根·km^{-1}，曲线半径 $R = 900\text{m}$，$Q = 84.3\text{N} \cdot \text{cm}^{-1}$，轨道弯曲变形矢度 $f = 0.2\text{cm}$。试计算无缝线路轨道温度压力 P 及容许温度压力 $[P]$。

（1）计算原始弯曲参数：

轨道原始弯曲曲率为 $\dfrac{f_0}{l^2} = 2.103 \times 10^{-6}\,(\text{cm}^{-1})$，$f_0 = f_{0p} + f_{0e}$，其中塑性弯曲占 83%，弹性弯曲占 17%。

轨道原始塑性弯曲曲率：

$$\dfrac{1}{R_{0p}} = 8 \times \dfrac{f_{0p}}{l^2} = 8 \times \dfrac{0.83 \times f_0}{l^2} = 8 \times 0.83 \times 2.103 \times 10^{-6} = 1.4 \times 10^{-5}\,\text{cm}^{-1}$$

（2）换算曲率：

$$\dfrac{1}{R'} = \dfrac{1}{R} + \dfrac{1}{R_{0p}} = \dfrac{1}{90000} + 1.4 \times 10^{-5} = 2.51 \times 10^{-5}\,\text{cm}^{-1}$$

轨道原始弹性弯曲曲率：

$$t = \dfrac{f_{0e}}{l^2} = 0.17 \times \dfrac{f_0}{l^2} = 0.17 \times 2.103 \times 10^{-6} = 3.575 \times 10^{-7}\,\text{cm}^{-1}$$

（3）计算：$\omega = \beta EJ \pi^2 \left(t + \dfrac{4}{\pi^3 R'} \right)$

$$= 1 \times (2.1 \times 10^7 \times 2 \times 524) \times 3.14^2$$

$$\times \left(3.575 \times 10^{-7} + \dfrac{4}{3.14^3} \times 2.51 \times 10^{-5} \right)$$

$$= 7.813 \times 10^5\,\text{N} \cdot \text{cm}$$

其中：轨道框架刚度系数 β，取 1。

钢轨钢的弹性模量 E，取 $2.1 \times 10^5 \text{MPa} = 2.1 \times 10^7 \text{N/cm}^2$。

两根钢轨截面对垂直轴的惯性矩 J，60kg/m 钢轨，取 $2 \times 524 \text{cm}^4$。

（4）计算：

$$l^2 = \frac{\omega + \sqrt{\omega^2 + \left(\frac{4Q}{\pi^3} - \frac{\omega t}{f}\right) \cdot f\beta EJ\pi^2}}{\frac{4Q}{\pi^3} - \frac{\omega t}{f}} = \frac{7.813 \times 10^5}{\dfrac{4 \times 84.3}{3.14^3} - \dfrac{7.813 \times 10^5 \times 3.575 \times 10^{-7}}{0.2}}$$

$$+ \frac{\sqrt{(7.813 \times 10^5)^2 + \left(\dfrac{4 \times 84.3}{3.14^3} - \dfrac{7.813 \times 10^5 \times 3.575 \times 10^{-7}}{0.2}\right) \times 0.2 \times 2.1 \times 10^7 \times 2 \times 524 \times 3.14^2}}{\dfrac{4 \times 84.3}{3.14^3} - \dfrac{7.813 \times 10^5 \times 3.575 \times 10^{-7}}{0.2}}$$

$$= 1.8878 \times 10^5 \text{cm}^2$$

（5）计算：$f_{0e} = t \cdot l^2 = 3.575 \times 10^{-7} \times 1.8878 \times 10^5 = 0.0675 \text{cm}$

（6）计算：

$$P = \frac{\beta EJ\pi^2 \cdot \dfrac{f + f_{0e}}{l^2} + \dfrac{4}{\pi^3}Ql^2}{f + f_{0e} + \dfrac{4}{\pi^3}\left(\dfrac{1}{R'}\right)l^2}$$

$$= \frac{2.1 \times 10^7 \times 2 \times 524 \times 3.14^2 \times \dfrac{0.2 + 0.0675}{1.8878 \times 10^5} + \dfrac{4 \times 84.3 \times 1.8878 \times 10^5}{3.14^3}}{0.2 + 0.0675 + \dfrac{4}{3.14^3} \times 2.51 \times 10^{-5} \times 1.8878 \times 10^5}$$

$$= 2.6868 \times 10^6 \text{N}$$

（7）计算容许温度压力：$[P] = \dfrac{P}{K} = \dfrac{2.6868 \times 10^6}{1.3} = 2.0668 \times 10^6 \text{N}$

其中，安全系数 K，取 1.3。

6.4 路基上的无缝线路轨道设计

6.4.1 一 般 规 定

（1）据铁路轨道设计规范的规定，Ⅰ、Ⅱ 级铁路采用 60kg/m 及以上等级钢轨时，应按无缝线路轨道设计；旅客列车设计行车速度为 200km/h 时，应按跨区间无缝线路设计；采用 50kg/m 钢轨时，宜按无缝线路设计。

（2）无缝线路轨道长钢条及缓冲区钢轨的接头夹板连接应采用高强度螺栓；

道岔、钢轨伸缩调节器及胶接绝缘接头所用钢轨应与相连钢轨同轨型、同钢种；半径不大于 800m 的曲线地段及大坡道地段，宜采用全长淬火钢轨或高强度钢轨。

（3）有砟轨道铺设无缝线路地段的曲线半径不应小于 300m，困难条件下半径小于 300m 的地段应进行单独设计，并采取轨道加强措施。

（4）铺设在连续长大坡道、制动坡段及行驶重载列车坡段的无缝线路，必要时应采取轨道加强措施。连续长大坡道不宜设置钢轨伸缩调节器和有缝钢轨接头。

（5）最大轨温变化幅度超过 100℃ 的严寒地区铺设无缝线路应单独设计，必要时可采用大调高量扣件，并采取轨道加强措施。

6.4.2　设　计　参　数

（1）最高轨温应按当地历年最高轨温加 20℃ 计，长隧道内最高轨温可按当地历年最高轨温计。最低轨温按当地历年最低轨温计。各地区历年最高、最低轨温见附录 A。

（2）扣件及有砟道床的设计参数应满足下列要求：

1）正线上的无缝线路轨道缓冲区钢轨接头螺栓应采取 10.9 级高强度接头螺栓，螺母应采用 10 级高强螺母，垫圈应采用单层弹簧垫圈。

2）接头螺栓扭矩不应小于 900N·m，接头阻力应采用 400kN。

3）弹条扣件每个节点的纵向阻力 Q_j 按式（6-7）计算。

4）有砟轨道结构的扣件纵向阻力应大于道床纵向阻力，但桥上小阻力扣件除外。

5）有砟轨道道床稳定状态的主要参数不应低于表 6-10 的规定值。

道床稳定状态参数指标（平均值）　　　　　　　表 6-10

速度（km/h）		80<V≤120	120<V≤200	200<V
指　标	轨枕类型	Ⅱ型	Ⅲ型	Ⅲ型
道床横向阻力（kN/枕）		≥9	≥10	≥12
道床纵向阻力（kN/枕）		≥10	≥12	≥14
道床支承刚度（kN/mm）		≥70	≥100	≥120
道床密度（g/cm³）		≥1.7	≥1.7	≥1.75

注：铁路改建采用Ⅱ型枕且 120<V≤160 时，道床稳定状态参数可采用：横向阻力 9kN/枕，纵向阻力 11kN/枕，支承刚度 70kN/mm，道床密度 1.7g/cm³。

6.4.3 容许轨温变化幅度计算

无缝线路轨道的容许轨温变化幅度，包括容许温升、容许温降变化幅度。容许温升变化幅度由无缝线路轨道稳定性及钢轨受压强度两个条件控制，设计中应采取其不利值；容许温降幅度由钢轨受拉强度条件控制。

(1) 由轨道稳定性条件计算容许温升幅度

按下式由轨道稳定性计算容许温升 $[\Delta T_u]$：

$$[\Delta T_u] = \frac{[P]}{2E\alpha F} \tag{6-33}$$

式中　E——钢轨钢弹性模量，$E = 2.1 \times 10^5$ MPa；

F——钢轨断面积；

α——钢轨钢线膨胀系数；

$[P]$——无缝线路轨道稳定性容许温度压力：

$$[P] = \frac{P}{k}$$

P——轨道稳定性计算温度压力（N），按式（6-30）、式（6-33）计算；

k——安全系数，一般取 $1.25 \sim 1.3$。

(2) 由钢轨强度条件计算容许温升、温降幅度。不失一般性，列出由钢轨强度确定容许温降 $[\Delta T_d]$ 的计算式：

$$[\Delta T_d] = \frac{[\sigma] - \sigma_d - \sigma_f}{E\alpha} \tag{6-34}$$

式中　E、α——同前；

$[\sigma]$——钢轨容许应力（MPa），按轨道强度计算法取值；

σ_d——钢轨动弯应力计算值（MPa）；

计算容许温升幅度 $[\Delta T_u]$ 时，取最大压应力；

计算容许温降幅度 $[\Delta T_d]$ 时，取最大拉应力；

σ_f——线路大坡道的制动地段，需考虑制动应力，可根据有关线路牵引计算设计资料取值。

6.4.4 设计锁定轨温确定

无缝线路设计锁定轨温是钢轨温度应力为零的轨温设计值；应根据当地气象资料，无缝线路的容许温升、容许温降，并考虑一定的修正量计算确定。

设计锁定轨温可根据下式进行计算：

$$T_s = \frac{T_{max} + T_{min}}{2} + \frac{[\Delta T_d] - [\Delta T_u]}{2} \pm \Delta T_k \tag{6-35}$$

式中　T_s——设计锁定轨温（℃）；

T_{max}——当地历年最高轨温（℃）；

T_{min}——当地历年最低轨温（℃）；

$[\Delta T_u]$——轨道允许温升（℃）；

$[\Delta T_d]$——轨道允许温降（℃）；

ΔT_k——修正值，一般为 0～5℃。

设计锁定轨温确定后，尚应进行检算。考虑到无缝线路施工铺设中锁定轨温控制的可操作性，一般容许施工锁定轨温相对于设计锁定轨温 T_s 有 ±5℃ 的波动；桥上或寒冷地区的无缝线路，当 $[\Delta T_d] + [\Delta T_u] - (T_{max} - T_{min}) < 10℃$ 时，容许波动值可取 ±3℃。因此施工锁定轨温的上限 T_m 及下限 T_n 分别为：

$$T_m = T_s + (3 \sim 5)℃ \tag{6-36a}$$

$$T_n = T_s - (3 \sim 5)℃ \tag{6-36b}$$

同时，施工锁定轨温上、下限应满足下列条件：

$$T_m - T_{min} \leqslant [\Delta T_d] \tag{6-36c}$$

$$T_{max} - T_n \leqslant [\Delta T_u] \tag{6-36d}$$

长钢轨最大温度力 $\max P_t$ 应按下式计算：

$$\max P_t = EF\alpha(\max\Delta T) \tag{6-37a}$$

式中　$\max\Delta T$——相对于施工锁定轨温变化上、下限的轨温差；

　　　$E、F、\alpha$——钢轨弹性模量、截面积、线膨胀系数。

长钢轨最大温度拉力：

$$\max P_{t1} = EF\alpha(T_m - T_{min}) \tag{6-37b}$$

长钢轨最大温度压力：

$$\max P_{t2} = EF\alpha(T_{max} - T_n) \tag{6-37c}$$

此外，设计锁定轨温还应满足下列规定：跨区间无缝线路和区间无缝线路，相邻单元轨节的锁定轨温之差不应大于 5℃；同一区间单元轨节的最大锁定轨温与最低锁定轨温之差不应大于 10℃；左右两股钢轨锁定轨温之差，行车速度高于 160km/h 时不应大于 3℃，160km/h 及以下时，不应大于 5℃。

6.4.5　伸缩区长度计算

伸缩区长度 L（m）由下式计算：

$$L = \frac{\max P_t - R_j}{p} \tag{6-38}$$

式中　$\max P_t$——钢轨最大温度拉力或压力（kN）；

　　　R_j——接头阻力，采用 400kN；

　　　p——每股钢轨单位长度线路纵向阻力（kN/m）。

根据我国的运营经验，在设计中伸缩区的长度宜按 100m 计。

6.4.6　缓冲区预留轨缝计算

无缝线路缓冲区宜设置 2～4 对缓冲轨，缓冲轨采用普通标准长度钢轨，缓冲区构造如图 6-17 所示。其中部如设有胶接绝缘接头，相邻缓冲轨之间的轨缝 Δ_1 应保持不变，其值宜为 8～10mm。需要计算的预留轨缝应为长轨条与缓冲轨之间的轨缝 Δ。预留轨缝应保证在最高轨温时两轨端不顶紧（其轨缝大于或等于零），在最低轨温时轨缝不应超过构造轨缝（18mm），以使螺栓不受弯剪作用。对于普通无缝线路、跨区间无缝线路及区间无缝线路均应计算缓冲区预留轨缝。

预留轨缝与轨端的伸缩量有关，其值按下述方法计算。

图 6-17　缓冲区示意图

（1）轨端伸缩量计算

1）长轨端伸缩量计算

不失一般性，以长钢轨伸长量为例加以说明。

试看最高轨温条件下长钢轨温度力分布图 6-18，取长轨条左端伸缩区分析其伸长量。由于长钢轨受到不完全约束，伸缩区长度 L 范围内钢轨温度力的释放导致了长轨条端部的伸长。梯形部分是积蓄在钢轨内部的温度力，而梯形肩部上的三角形部分是被释放的钢轨温度力。

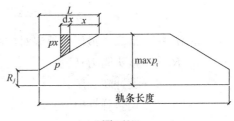

图 6-18

取 L 范围内某一钢轨微分段 $\mathrm{d}x$，设单位长度道床纵向阻力为 p，x 处所释放的钢轨温度力为 px。若钢轨最大温度压力为 $\max P_t$，接头阻力为 R_j，钢轨的断面积为 F，钢轨弹性模量为 E，则微分段 $\mathrm{d}x$ 的伸长量为：

$$\mathrm{d}\lambda_1 = \frac{px}{EF}\mathrm{d}x$$

伸缩区 L 范围的轨端伸长量为：

$$\lambda_1 = \int_0^L \frac{px}{EF}\mathrm{d}x = \frac{pL^2}{2EF} \tag{6-39}$$

将式（6-38）代入式（6-39）得：

$$\lambda_1 = \frac{(\max P_t - R_j)^2}{2EFp} \tag{6-40}$$

由式（6-40）可知，长轨端伸长量等于长钢轨温度力图所释放的面积除以 EF。

2）缓冲轨伸缩量计算

　　基于以上的分析，缓冲轨一端的伸长量可通过其温度力图释放的面积除以 EF 来计算。

　　缓冲轨长度较小，在最高轨温时形成如图 6-19 所示的温度力图，其一端释放的温度力图面积为 S，则对应的伸长量 λ_2 为：

$$\lambda_2 = \frac{S}{EF}$$

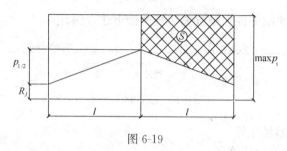

图 6-19

　　通过计算可以得到 λ_2 的计算公式为：

$$\lambda_2 = \frac{1}{2EF}\left[(\max P_t - R_j)l - \frac{1}{4}pl^2\right] \tag{6-41}$$

式中　$\max P_t$——最高（最低）轨温对应的长钢轨温度力；

　　　　R_j——接头阻力；

　　　　l——缓冲轨长度；

　　　　E——钢轨弹性模量；

　　　　F——钢轨断面积。

　　(2) 缓冲区预留轨缝计算

　　缓冲区内的轨缝 Δ_1 按常规线路轨缝设置。缓冲区标准轨与长轨之间的轨缝必须进行单独设计。其轨缝值 Δ（mm）应满足下列条件：

$$\Delta' < \Delta < \Delta'' \tag{6-42}$$

式中　Δ'——轨温升高时，保证轨缝不顶严的预留轨缝值；

　　　　Δ''——轨温降低时，保证接头轨缝不超过构造轨缝的控制值。

　　Δ' 由下式计算：

$$\Delta' = \lambda_1' + \lambda_2' \tag{6-43}$$

式中　λ_1'、λ_2'——最高轨温时，长轨端与缓冲轨端的伸长量。

　　Δ'' 由下式计算：

$$\Delta'' = \delta_0 - \lambda'' \tag{6-44}$$

式中　δ_0——构造轨缝（18mm）；

　　　　λ''——最低轨温时，长轨端与缓冲轨端收缩量 λ_1''、λ_2'' 之和，即

$$\lambda'' = \lambda_1'' + \lambda_2''$$

　　长轨条端部伸长量 λ_1' 或收缩量 λ_1'' 按式（6-40）计算，并用 λ_1 表示，即

$$\lambda_1 = \frac{(\max P_t - R_j)^2}{2EFp}$$

式中 $\max P_t$——长钢轨固定区的最大温度力（N）分别按升温或降温计算，即

升温：钢轨最大温度拉力取 $\max P_{t1} = EF\alpha\,(T_s - T_{min})$；

降温：钢轨最大温度压力取 $\max P_{t2} = EF\alpha\,(T_{max} - T_s)$；

    T_s——设计锁定轨温；

    T_{min}——当地最低轨温；

    T_{max}——当地最高轨温。

缓冲区标准长度钢轨轨端的伸长量 λ_2' 或收缩量 λ_2''，按式（6-41）计算，并用 λ_2 表示，即

$$\lambda_2 = \frac{1}{2EF}\left[(\max P_t - R_j)l - \frac{1}{4}pl^2\right]$$

式中 $\max P_t$——长钢轨固定区最大温度力，分别按温升或降温计算。

（3）缓冲区预留轨缝计算例题

北京地区铺设 60kg/m 钢轨无缝线路，$R_j = 400$kN，$\delta_0 = 18$mm，$p = 10$kN/m，缓冲轨长度 $l = 25$m。

北京地区最高轨温：$T_{max} = 62.6$℃，北京地区最低轨温：$T_{min} = -22.8$℃。

轨道强度允许温降 $[\Delta T_d] = 89.9$℃，轨道稳定性允许温升 $[\Delta T_u] = 73.8$℃。

1）设计锁定轨温 T_s 计算

$$T_s = \frac{T_{max} + T_{min}}{2} + \frac{[\Delta T_d - \Delta T_u]}{2} \pm \Delta T_k$$

$$= \frac{62.6 - 22.8}{2} + \frac{89.9 - 73.8}{2} \pm (0 \sim 5)$$

$$= 28 \pm (0 \sim 5)℃$$

其中：修正值 ΔT_k，本题取为 -3，得出锁定轨温 T_s 为 25℃。

最大温升幅度 $\max\Delta T_1 = 62.6 - 25.0 = 37.6$℃

最大温降幅度 $\max\Delta T_2 = 25.0 - (-22.8) = 47.8$℃

2）对于 60kg/m 钢轨

最大温度压力：$\max P_{t1} = E\alpha\max\Delta T_1 F = 247.8 \times 37.6 \times 77.45 = 7.216 \times 10^5$N

        $= 721.6$kN

最大温度拉力：$\max P_{t2} = E\alpha\max\Delta T_2 F = 47.8 \times 47.8 \times 77.45 = 9.173 \times 10^5$N

        $= 917.3$kN

3）长轨条一端部伸长量 λ_1'

$$\lambda_1' = \frac{(\max P_t - R_j)^2}{2EFp}$$

$$= \frac{(721.6 - 400)^2}{2 \times 2.1 \times 10^8 \times 77.45 \times 10^{-4} \times 10} = 0.0032\text{m} = 3.2\text{mm}$$

其中：钢轨钢的弹性模量 E，取 $2.1\times10^5\,\mathrm{MPa}=2.1\times10^8\,\mathrm{kN/m^2}$；

$60\,\mathrm{kg/m}$ 钢轨断面积 $F=77.45\times10^{-4}\,\mathrm{m^2}$。

缓冲轨一端伸长量 λ'_2

$$\lambda'_2=\frac{1}{2EF}\Big[(\max P_t-R_j)\cdot l-\frac{1}{4}pl^2\Big]$$

$$=\frac{1}{2\times2.1\times10^8\times77.45\times10^{-4}}\Big[(721.6-400)\times25-\frac{1}{4}\times10\times25^2\Big]$$

$$=0.002\mathrm{m}$$

$$=2.0\mathrm{mm}$$

$$\lambda'=\lambda'_1+\lambda'_2=3.2+2.0=5.2\mathrm{mm}$$

4）长轨条一端缩短量 λ''_1

$$\lambda''_1=\frac{(\max P_t-R_j)^2}{2EFp}$$

$$=\frac{(917.3-400)^2}{2\times2.1\times10^8\times77.45\times10^{-4}\times10}=0.0082\mathrm{m}=8.2\mathrm{mm}$$

缓冲轨一端缩短量 λ''_2

$$\lambda''_2=\frac{1}{2EF}\Big[(\max P_t-R_j)\cdot l-\frac{1}{4}pl^2\Big]$$

$$=\frac{1}{2\times2.1\times10^8\times77.45\times10^{-4}}\Big[(917.3-400)\times25-\frac{1}{4}\times10\times25^2\Big]$$

$$=0.0035\mathrm{m}$$

$$=3.5\mathrm{mm}$$

$$\lambda''=\lambda''_1+\lambda''_2=8.2+3.5=11.7\mathrm{mm}$$

5）预留轨缝计算

由 $\Delta\geqslant\lambda'$ 得 $\Delta\geqslant5.2\mathrm{mm}$；

由 $\Delta\leqslant\delta_0-\lambda''$ 得 $\Delta\leqslant18-11.7=6.3\mathrm{mm}$；

计算预留轨缝为：$5.2\mathrm{mm}<\Delta<6.3\mathrm{mm}$，本设计取 $\Delta=6\mathrm{mm}$。

6.4.7 长轨条布置

（1）普通无缝线路长轨条布置应符合下列规定：

1）长轨条长度不应小于 200m；

2）下列地段宜单独布置长轨条，并在其两端设置缓冲区：

（A）车站内线路；

（B）设有普通绝缘接头的每个自动闭塞区间；

（C）小半径曲线地段；

（D）其他特殊地段。

（2）跨区间无缝线路和区间无缝线路的长轨条布置应满足下列要求：

1) 单元轨节的布置，应根据线路条件、工点情况、施工工艺及养护维修等因素综合研究确定。区间单元轨节长度宜为 1000～2000m，最短不应小于 200m。

2) 下列地段宜单独设计为一个或数个单元轨节：

(A) 无缝道岔、钢轨伸缩调节器及其前后线路；

(B) 长大桥梁及两端线路护轨梭头范围之内；

(C) 长度超过 1000m 的隧道；

(D) 小半径曲线地段。

(3) 无缝线路缓冲区宜根据计算设置 2～4 对同类型定尺长为 25m 的钢轨。

(4) 平交道口范围不应设置无缝线路缓冲区和伸缩区。无缝线路伸缩区设置在有护轨的桥梁上时，长轨条接头宜设在护轨梭头范围以外。

(5) 单元轨节始、终端左右股钢轨接头相错量不应大于 100mm。

(6) 工地焊接接头不应设置在不同轨道结构过渡段以及不同线下基础过渡段范围内，并距离桥台边墙和桥墩不应小于 2m。

(7) 钢轨焊接质量应符合国家现行标准《钢轨焊接》TB/T 1632 的规定。

(8) 绝缘接头应采用胶接绝缘接头，其技术性能应符合下列规定：

1) 胶接绝缘接头宜采用工厂化制作，其性能应符合国家现行标准《铁路胶接绝缘钢轨技术条件》TB/T 2975—2010 的规定；

2) 胶接绝缘钢轨长度不宜小于 12.5m；

3) 左右两股钢轨的绝缘接头应成对铺设，且绝缘接头轨缝绝缘端板距离轨枕边缘不宜小于 100mm。

6.5 桥上无缝线路

6.5.1 桥上无缝线路的附加力

桥上无缝线路设计除计算长钢轨的温度力作用之外，还应计算桥上纵向附加力作用，包括：伸缩力、挠曲力、断轨力及制动力。

(1) 伸缩力

梁跨结构因温度变化而伸缩。在明桥面上，梁跨结构翼缘的这种纵向变形（即伸缩位移），受到梁轨间联结的约束，使钢轨产生纵向附加力的作用。在有砟桥上，道床也对梁、轨间的相对位移产生约束阻力，使钢轨形成附加纵向力。伴随温度变化，因梁轨相对位移而产生的钢轨纵向附加力称之为伸缩力。

(2) 挠曲力

在列车荷载作用下，梁跨结构因挠曲引起梁轨相对位移而产生的钢轨纵向附加力称之为挠曲力。

(3) 制动力

如果列车在桥上制动，列车制动引起钢轨伸缩而产生的纵向附加力称为制动附加力。

以上钢轨纵向附加力通过梁轨相互作用而传递于梁跨结构和固定支座，致使桥梁墩台承受附加水平力作用并产生弹性变形，发生墩顶纵向位移。

（4）断轨力

因桥上长钢轨折断，引起桥跨结构与长钢轨相对纵向位移而产生的纵向力称为断轨力。断轨力通过梁、轨间的约束传递于墩台的固定支座。

6.5.2　伸缩力、挠曲力计算方法

（1）计算假定

桥上无缝线路伸缩力、挠曲力的计算，采用下列基本假定：

1）桥梁固定支座是理想的铰支座，不计活动支座对梁体纵向位移的影响；

2）梁体温度变化仅为单方向的升温和降温，不考虑梁温升降的交替变化；

3）计算挠曲力时，简支梁按两跨梁上布置列车荷载计算，连续梁在边跨（1跨）或固定支座至梁端的多跨梁上布置荷载计算；

4）不考虑伸缩力、挠曲力的相互影响，伸缩力、挠曲力分别计算。

（2）基本方程式

1）力学平衡微分方程

在钢轨计算长度范围内，截取微段长度 dx，其所受之力如图 6-20 所示。

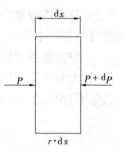

图 6-20　钢轨微段
受力示意图

由力的平衡条件得：$P + dP = P + r \cdot dx$

$$dP = r \cdot dx$$

$$\frac{dP}{dx} = r \qquad (6\text{-}45)$$

dx 的变形量 dy：

$$dy = \frac{P}{EF} dx \qquad (6\text{-}46)$$

对式（6-46）取微分，得：

$$\frac{dP}{dx} = EFy'' \qquad (6\text{-}47)$$

由式（6-45）、式（6-47）得：

$$EFy'' = r \qquad (6\text{-}48)$$

式中　E——钢轨钢的弹性模量；

　　　　F——钢轨的截面积；

　　　　r——线路纵向阻力（取扣件阻力与道床纵向阻力二者之中最小值）；

y——钢轨位移。

2）变形协调方程

A. 第一变形协调方程

一般情况下，在梁跨某个部位存在梁、轨相对位移为零（即轨、梁的位移量相等）的点，由此建立梁轨变形协调方程：

$$z = y - \delta = 0$$

即：
$$y = \delta \tag{6-49}$$

式中　z——梁、轨相对位移；

y——钢轨的位移；

δ——梁的纵向位移。

计算伸缩力时，梁的纵向位移 δ：

$$\delta = \alpha \cdot \Delta T \cdot x - \frac{P_H}{K} \tag{6-50}$$

式中　α——梁的线膨胀系数；

ΔT——梁温度差（梁体温度变化幅度）（℃）；

x——计算点距梁固定支座的距离（cm）；

P_H——作用在墩台顶的纵向附加力（N）；

K——墩台顶纵向水平线刚度（N/cm）。

计算挠曲力时，梁的纵向伸缩量 δ：

$$\delta = \Delta - \frac{P_H}{K} \tag{6-51}$$

式中　Δ——梁在列车活荷载作用下，梁部上翼缘的纵向位移。

其他符号同式（6-50）。

B. 第二变形协调方程

位于无缝线路固定区的桥梁，在伸缩力和挠曲力的分布范围内，钢轨拉伸和压缩变形的代数和应为零，其变形协调方程式为：

$$\Sigma y = 0 \tag{6-52}$$

3）边界条件

在无缝线路固定区，发生钢轨位移的起点及终点，其位移及钢轨附加力均为零，即存在下列边界条件：

A. $y = 0$

B. $P = 0$

式（6-49）和式（6-52）是计算伸缩力、挠曲力的基本方程式，将式（6-48）、式（6-50）或式（6-51）代入式（6-49）、式（6-52）组成的方程组，采用解析或数值法（包括有限元法）求解，即可求得钢轨位移量和附加纵向力。

（3）伸缩力计算例题

在桥上无缝线路设计中，本例题线路纵向阻力取为常数，由式（6-45）可知，其长钢轨的纵向附加力是呈折线变化的，线路阻力 r 在各梁跨的梁、轨位移相等点发生方向变化，与之对应的钢轨纵向附加力图的斜率也发生改变。作为伸缩力计算例题，拟定简支梁的伸缩力变化如图 6-21 所示，并可通过逐步试算的方法求解，具体说明如下：

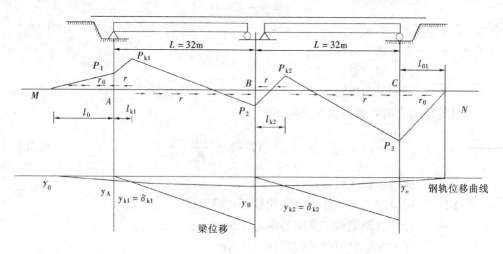

图 6-21　伸缩力变化图

图（6-21）为 $2\times32\mathrm{m}$ 上承式钢板梁桥，桥上扣件布置为 1—2—1（表示每隔两个扣件，松开一个扣件，以减小桥上长钢轨的纵向阻力），桥上线路阻力 r $=86\mathrm{N/cm}$，桥两端线路阻力 $r_0=64\mathrm{N/cm}$，桥梁日温度差 25℃，$50\mathrm{kg/m}$ 钢轨，钢轨截面积 $F=65.8\mathrm{cm}^2$，轨钢弹性模量 $E=2.1\times10^7\mathrm{N/cm}^2$。不计墩顶位移。求简支梁无缝线路钢轨伸缩附加力及钢轨位移。

计算从第一跨固定端开始，先假定一个 l_0 值，根据温度力图逐步计算钢轨的位移，并根据梁轨位移协调条件计算出各跨梁轨位移相等的位置 l_{ki} 值，在此基础上，最后验算钢轨的变形协调条件是否成立，若条件不满足，则重新设定 l_0 值继续上述计算步骤，直至钢轨第二变形协调条件满足为止。

设 $l_0=2060\mathrm{cm}$

对应于 A 点伸缩力 $P_1=r_0l_0=64\times2060=131840\mathrm{N}$

设第一跨内梁、轨位移相等的点 K_1 距离固定端为 l_{K1}，计算梁 K_1 截面的位移为：

$$\delta_{K1}=\alpha\cdot\Delta T\cdot l_{K1} \tag{a}$$

式中　δ_{K1}——梁 K_1 截面位移；

　　　l_{K1}——梁 K_1 截面至固定支座距离；

　　　α——梁的线膨胀系数。

计算 K_1 点钢轨的位移：

$$y_{K1} = \frac{S_{K1}}{EF} = \frac{r_0 l_0^2 / 2 + (P_1 + P_1 + r l_{K1}) \, l_{K1} / 2}{EF} \tag{b}$$

式中 S_{K1}——K_1 点之左钢轨伸缩附加力图的面积之和。

根据第一变形协调条件 $y_{K1} = \delta_{K1}$ 并代入式（a）、式（b）两式得：

$$\alpha \cdot \Delta T \cdot l_{K1} = \frac{r_0 l_0^2 / 2 + (P_1 + P_1 + r l_{K1}) \, l_{K1} / 2}{EF} \tag{c}$$

将已知参数代入上式得：

$$86 l_{K1}^2 - 550520 l_{K1} + 27.16 \times 10^7 = 0$$

$$l_{K1} = 539 \text{cm}$$

$$P_{K1} = P_1 + r l_{k1} = 131840 + 86 \times 539 = 178194 \text{N}$$

将 l_{K1}、P_1 的计算值代入式（b），计算 K_1 点钢轨位移：

$$\begin{aligned} y_{K1} &= \frac{S_{K1}}{EF} = \frac{r_0 l_0^2 / 2 + (P_1 + P_1 + r l_{K1}) \, l_{K1} / 2}{EF} \\ &= \frac{1}{2 \times 2.1 \times 10^7 \times 65.8} \left[64 \times 2060^2 + (131840 + 178194) \times 539 \right] \\ &= 0.159 \text{cm} \end{aligned}$$

计算 B 截面 P_2 及 y_B：

$$P_2 = P_{K1} - r (L - l_{K1}) = 178194 - 86 \times (3200 - 539) = -50652 \text{N} \text{（压力）}$$

$$\begin{aligned} y_B &= y_{K1} + \frac{(P_{K1} - P_2) / r \cdot (P_{K1} + P_2) / 2}{EF} = y_{K1} + \frac{1}{2EFr} (P_{K1}^2 - P_2^2) \\ &= 0.159 + \frac{178194^2 - (-50652)^2}{2 \times 2.1 \times 10^7 \times 65.8 \times 86} \\ &= 0.282 \text{cm} \end{aligned}$$

求第二跨梁、轨位移相等点 K_2 至固定支座的距离：

设 K_2 点距离固定端为 l_{K2}。

K_2 点的钢轨位移为：
$$y_{K2} = y_B + \frac{P_2 + P_{K2}}{2EF} \cdot l_{K2} \tag{d}$$

$$P_{K2} = P_2 + r \cdot l_{K2}$$

K_2 点的梁位移为：$\delta_{K2} = \alpha \cdot \Delta T \cdot l_{K2}$ \hfill (e)

根据 K_2 点的平衡条件 $y_{K2} = \delta_{K2}$ 并代入式（d）、式（e）得：

$$\alpha \cdot \Delta T \cdot l_{K2} = y_B + \frac{P_2 + P_{K2}}{2EF} \cdot l_{K2} \tag{f}$$

将已知参数代入上式得：

$$86 l_{K2}^2 - 916566 l_{K2} + 7.79 \times 10^8 = 0$$

解方程得：
$$l_{K2} = 931 \text{cm}$$

$$P_{K2} = P_2 + r l_{K2} = -50652 + 86 \times 931 = 29414 \text{N}$$

将已知的计算值代入式（d），计算 K_2 点的钢轨位移为：

$$y_{K2} = y_B + \frac{P_2 + P_{K2}}{2EF} \cdot l_{K2} = 0.282 + \frac{-50652 + 29414}{2 \times 2.1 \times 10^7 \times 65.8 \times 86} \times 931 = 0.277 \text{cm}$$

计算 C 截面 P_3 及 y_c：

$$P_3 = P_{K2} - r(L - l_{K2}) = 29414 - 86 \times (3200 - 931) = -165720 \text{N}$$

$$y_C = y_{K2} + \frac{1}{2EFr}(P_{K2}^2 - P_3^2) = 0.277 + \frac{29414^2 - (-165720)^2}{2 \times 2.1 \times 10^7 \times 65.8 \times 86} = 0.165 \text{cm}$$

计算 N 点的钢轨位移 y_{01}：

$$y_{01} = y_C - \frac{P_3 l_{01}}{2EF} = y_C - \frac{P_3 \cdot |P_3|}{2EFr_0}$$

$$= 0.165 - \frac{(165720)^2}{2 \times 2.1 \times 10^7 \times 65.8 \times 64} = -0.0097 \text{cm}$$

可得到 $l_{01} = \dfrac{P_3}{r_0} = \dfrac{165720}{64} = 2589 \text{cm}$

凡 $|y_{01}| \leqslant 0.01 \text{cm}$，可满足工程精度要求。现 $|y_{01}| = 0.0097 \text{cm} < 0.01 \text{cm}$，无需继续试算。

（4）挠曲力计算例题

1）列车荷载作用下简支梁纵向位移计算

梁跨结构在列车荷载作用下发生挠曲，致使其翼缘发生纵向位移。对于上承式简支梁，一般需计算其上翼缘的位移。

以下以简支梁为例，说明列车荷载作用下，梁体上翼缘纵向位移计算方法。

将列车荷载化为等代均布荷载 q，如图 6-22（a）所示。

试看图 6-22，承受均布荷载 q 的简支梁，由材料力学得知，任一截面的转角为：

$$\theta_x = \int \frac{M_x M_0}{E_1 J} dx \tag{6-53}$$

由于 $M_x = q\dfrac{lx}{2} - q\dfrac{x^2}{2}$，$M_0 = 1$（见图 6-23），通过边界条件 $\theta\big|_{\frac{l}{2}} = 0$ 得到：

$$\theta_x = \frac{q}{24E_1 J}(6lx^2 - 4x^3 - l^3) \tag{6-54}$$

梁上任意截面上缘纵向位移由下式求取：

$$\Delta_x = h_1 \theta_x + h_2 \theta_l \tag{6-55}$$

式中 h_1、h_2——梁的上下缘至中和轴距离；

　　　　θ_l——在 $x = l$ 时梁固定端的截面转角；

　　　　$h_2 \theta_l$——梁的纵向平移值；

　　　　q——换算均布荷载；

　　　　E_1——梁跨结构材料的弹性模量；

　　　　J——梁的换算惯性矩，$J = \dfrac{\Sigma J_n l_n}{l}$，其中 l_n 为 $J = J_n$ 的分段长度。

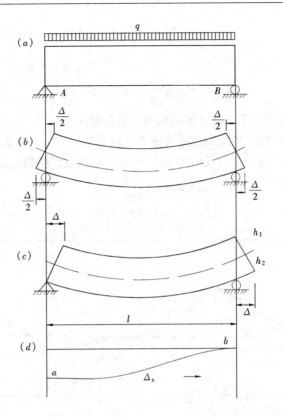

图 6-22 上承简支梁上缘位移计算图

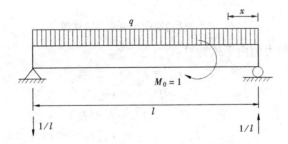

图 6-23 上翼缘各截面转角计算图

当 $h_1 \neq h_2$ 时，

$$\Delta_x = \frac{ql^3 h_1}{24E_1J}(6C^2 - 4C^3 - 1) + \frac{ql^3 h_2}{24E_1J} \tag{6-56}$$

其中，$C = \dfrac{x}{l}$，其值可等于 0.01、0.02……，表示将梁跨截成若干小段，计算各段点的 Δ_x 值，各段之中的位移视为线性变化。

当 $h_1 = h_2$ 时

$$\Delta_x = \frac{qh}{24E_1J}(3lx^2 - 2x^3)$$

同理可得

$$\Delta_x = \frac{qhl^3}{24E_1J}(3C^2 - 2C^3) \qquad (6-57)$$

2）单跨加载条件下，简支梁挠曲力计算例题

为叙述方便，现以单跨简支梁挠曲力（活动端迎车）计算为例进行说明，其钢轨挠曲力及梁、轨位移曲线如图 6-24 所示。本例取线路阻力为常数。

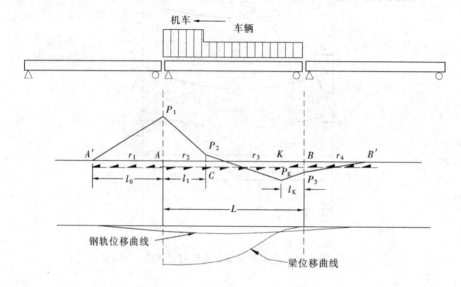

图 6-24 活动端迎车挠曲力计算图

图中各点挠曲力值由下式计算：

$$P_1 = r_1 \cdot l_0$$
$$P_2 = P_1 - r_2 \cdot l_1$$
$$P_K = P_2 - r_3(L - l_1 - l_K)$$
$$P_3 = P_K + r_3 \cdot l_K$$

式中　r_1——$A'A$ 段轨面无载情况下，线路纵向阻力；

　　　r_2——机车下 AC 段无缝线路纵向阻力；

　　　r_3——车辆下 CB 段无缝线路纵向阻力；

　　　r_4——BB' 段轨面无载情况下，线路纵向阻力。

钢轨各段的变形量由下式计算：

$A'A$ 段：$y_1 = \dfrac{P_1 l_0}{2EF}$

AC 段：$y_2 = \dfrac{(P_1 + P_2) \, l_1}{2EF}$

CK 段：$y_3 = \dfrac{(P_2 + P_K)(L - l_1 - l_K)}{2EF}$

KB 段：$y_4 = \dfrac{(P_k + P_3) \, l_k}{2EF}$

BB' 段：$y_5 = \dfrac{P_3 \cdot \left| \dfrac{P_3}{r_4} \right|}{2EF} = \dfrac{P_3 \cdot |P_3|}{2EFr_4}$

梁、轨位移相等点 K 的钢轨位移：

$$y_K = y_1 + y_2 + y_3$$

变形协调条件：

不计墩顶位移，注意到式（6-51）得出 $\delta_x = \Delta_x$，故变形协调条件为：

$$\delta_K = y_1 + y_2 + y_3$$
$$\Sigma y = y_1 + y_2 + y_3 + y_4 + y_5 = 0$$

以上两个方程包含两个未知数 l_0、l_K，可以通过数值方法求解，从而可计算出挠曲力和钢轨位移。计算方法与伸缩力计算基本相同。

K 点的梁体纵向位移可通过下列近似的方法计算：

由计算结果可知，梁的上翼缘纵向位移为非线性曲线，为了计算方便，将梁的位移曲线分为若干近似线性变化段，间距为 2m，梁上各分段点的位移表示为 δ_0，δ_1，$\cdots\delta_{i-1}$、δ_i，$\cdots$

梁在任一截面 K 的位移由下式计算：

$$\delta_\xi = \delta_i - \frac{\delta_i - \delta_{i-1}}{C} l'_\xi$$

式中　　δ_i、δ_{i-1}——相邻于 ξ 点的梁体纵向位移；

$\qquad\quad$ l'_ξ——ξ 点至 i 点的距离；

$\qquad\quad$ C——分段长度（2m）。

以下是挠曲力计算参数及其计算步骤：

已知上承式钢板梁桥，跨度 32m，扣件布置为 1-6-1，机车荷载位于桥梁固定端。

当 $C = 2$m 时，梁的上翼缘纵向位移计算值见表 6-11。

<table>
<tr><td colspan="9" align="center">纵 向 位 移 计 算 值</td><td align="right">表 6-11</td></tr>
<tr><td>距活动端距离（m）</td><td>0</td><td>2</td><td>4</td><td>6</td><td>8</td><td>10</td><td>12</td><td>14</td><td>16</td></tr>
<tr><td>位移（mm）</td><td>0</td><td>0.11</td><td>0.42</td><td>0.91</td><td>1.54</td><td>2.28</td><td>3.11</td><td>4.00</td><td>4.92</td></tr>
<tr><td>距活动端距离（m）</td><td>18</td><td>20</td><td>22</td><td>24</td><td colspan="2">26</td><td>28</td><td>30</td><td>32</td></tr>
<tr><td>位移（mm）</td><td>5.48</td><td>6.73</td><td>7.56</td><td>8.30</td><td colspan="2">8.93</td><td>9.42</td><td>9.73</td><td>9.84</td></tr>
</table>

当扣件布置为 1—6—1 时，线路阻力取 $r_1 = 46$N/cm，$r_2 = 138$N/cm，$r_3 = 39$N/cm，$r_4 = 46$N/cm，取 $l_1 = 750$cm。

计算从固定端开始：

设 $l_0 = 2230.0$cm

则，$P_1 = r_1 l_0 = 46 \times 2230 = 102580$N

$$y_1 = \frac{P_1 l_0}{2EF} = \frac{102580 \times 2230}{2 \times 2.1 \times 10^7 \times 65.8} = 0.083 \text{cm}$$

$$P_2 = P_1 - r_2 l_1 = 102580 - 138 \times 750 = -920 \text{N}$$

$$y_2 = \frac{(P_1 + P_2) l_1}{2EF} = \frac{(102580 - 920) \times 750}{2 \times 2.1 \times 10^7 \times 65.8} = 0.0276 \text{cm}$$

现在来判断 l_1 截面处与梁轨位移相等点 K 的相对位置。由表 6-11 可知，当计算截面距活动端距离 $l_1 = 24$m 时，梁的位移 $\delta_i = 0.83$cm，可以估计其钢轨位移 y_i 稍大于 $y_2 = 0.0276$cm（y_2 的位置对应于 $l_i = L - l_1 = 24.5$m）。但是 $\delta_i > y_i$，从而可以判断梁、轨位移相等点 K 在 P_2 以右。

继续试算 $l_i = 600$cm 处的钢轨位移：

$$y_i = y_1 + y_2 + y'_i = y_1 + y_2 + \frac{(P_2 + P_i)}{2EF} (L - l_1 - l_i)$$

$$P_i = P_2 - r_3 (L - l_1 - l_i)$$

$$y_i = 0.083 + 0.0276 + \frac{-920 \times 2 - 39 \times (3200 - 750 - 600)}{2 \times 2.1 \times 10^7 \times 65.8} \times (3200 - 750 -$$

$$600)$$

$$= 0.061 \text{m}$$

$l_i = 400$cm 处的钢轨位移：

$$y_{i-1} = y_1 + y_2 + y'_{i-1}$$

$$= 0.083 + 0.0276 + \frac{-920 \times 2 - 39 \times (3200 - 750 - 400)}{2 \times 2.1 \times 10^7 \times 65.8}$$

$$\times (3200 - 750 - 400)$$

$$= 0.05 \text{cm}$$

由表 6-11 查得 δ_i 与以上 y_i 对照可得：

$$l_i = 600 \text{cm 时}, \quad \delta_i = 0.091 \text{cm} > y_i$$

$$l_i = 400 \text{cm 时}, \quad \delta_{i-1} = 0.042 \text{cm} < y_{i-1}$$

所以，在 $l_i = 600 \sim 400$cm 之间存在梁、轨位移相等点 K。

梁、轨位移相等的点 K 的钢轨位移：

$$y_K = y_1 + y_2 + y_3 = 0.083 + 0.0276 + \frac{(P_2 + P_K)}{2EF} (L - l_1 - l_K)$$

$$= 0.1106 + \frac{2P_2 - r_3 (L - l_1 - l_K)}{2EF} (L - l_1 - l_K)$$

梁、轨位移相等的点 K 的梁位移：

$$\delta_K = \delta_i - \frac{\delta_i - \delta_{i-1}}{C} l'_K = 0.091 - \frac{0.091 - 0.042}{200} (600 - l_K)$$

根据变形协调条件 $\delta_K = y_K$ 可建立一元二次方程，解方程得 $l_K = 443\text{cm}$，从而计算得出：

$$P_K = -920 - 39 \times (3200 - 750 - 443) = -79193\text{N}$$

$$y_K = 0.1106 + \frac{(-920 - 79193)}{2 \times 2.1 \times 10^7 \times 65.8} \times (3200 - 750 - 443) = 0.0524\text{cm}$$

$$P_3 = -79193 + 39 \times 443 = -61916\text{N}$$

$$y_3 = \frac{(P_k + P_3)}{2EF} l_K = \frac{(-79193 - 61916)}{2 \times 2.1 \times 10^7 \times 65.8} \times 443 = -0.023\text{cm}$$

$$y_4 = \frac{P_3 \cdot \mid P_3 \mid}{2EFr_4} = \frac{-(61916)^2}{2 \times 2.1 \times 10^7 \times 65.8 \times 46} = -0.03\text{cm}$$

$\Sigma y = y_1 + y_2 + y_3 + y_4 + y_5 = y_K + y_4 + y_5 = 0.0524 - 0.023 - 0.03 = -0.0006\text{cm}$

凡 $\mid \Sigma y \mid \leqslant 0.001\text{cm}$，可满足工程精度要求。现 $\mid \Sigma y \mid = 0.0006\text{cm} < 0.001\text{cm}$，无需继续试算。

6.5.3 桥上无缝线路设计

（1）基本参数

1）梁温度差按以下规定取值：

有砟轨道混凝土梁：15℃

无砟轨道混凝土梁：30℃

钢梁：25℃

2）有砟轨道线路（每轨）纵向阻力取值应符合以下规定：

（A）桥上无缝线路采用与桥梁两端路基无缝线路一致的轨道结构。

计算伸缩力，纵向阻力取 70N/cm，也可按附录 A 取值。

计算挠曲力，轨面无载时，纵向阻力取 70N/cm；轨面有载时，机车下纵向阻力取 110N/cm，车辆下纵向阻力取 70N/cm。

计算断轨力，纵向阻力取 110N/cm。

（B）轨道结构与桥梁两端路基无缝线路不同的桥上无缝线路，其扣件的扣压力以及摩擦系数低于路基无缝线路时，线路纵向阻力 r（N/cm）值应按下式计算：

$$r = 2\xi P\mu/a \tag{6-58}$$

式中 ξ——线路纵向阻力系数：

计算伸缩力，ξ 取 0.65；

计算挠曲力，轨面无载时，ξ 取 0.65；轨面有载时，机车下阻力系数 ξ 取 1.0，车辆下阻力系数 ξ 取 0.65；

计算断轨力，ξ 取 1.0。

P——单个扣件的扣压力（N）；

μ——钢轨与轨下胶垫的综合摩擦系数：

　　轨下胶垫为橡胶垫板时，μ取 0.8；

　　轨下胶垫为不锈钢复合胶垫或钢轨与铁垫板直接接触时，μ取 0.5；

a——轨枕间距（cm）。

3）无砟轨道线路（每轨）纵向阻力计算应符合以下规定：

（A）钢梁桥上采用 K 形分开式扣件，扣件布置形式为 1（紧）-n（松）-1（紧）（螺母扭力矩 80～120N·m），线路纵向阻力 r（N/cm）值应按下式计算：

$$r = \xi(P_1 + nP_2)/(n+1)a \qquad (6\text{-}59)$$

式中　ξ——线路纵向阻力系数：

　　计算伸缩力，ξ取 0.75；

　　计算挠曲力，轨面无载时，ξ取 0.75；轨面有载时，机车阻力系数 ξ 取 1.15，车辆下阻力系数 ξ 取 0.75；

　　计算断轨力，ξ取 1.0；

P_1——扣紧轨底的 K 形扣件节点阻力，取 7500kN；

P_2——不扣紧轨底的 K 形扣件节点阻力，取 500kN；

a——轨枕间距（cm）。

（B）混凝土桥梁无砟轨道，线路纵向阻力 r（N/cm）值应按下式计算：

$$r = 2\xi P\mu/a \qquad (6\text{-}60)$$

式中　ξ——线路纵向阻力系数：

　　计算伸缩力，ξ取 0.75；

　　计算挠曲力，轨面无载时，ξ取 0.75；轨面有载时，机车下阻力系数 ξ 取 1.15，车辆下阻力系数 ξ 取 0.75；

　　计算断轨力，ξ取 1.0；

P——单个扣件的扣压力（N）；

μ——钢轨与轨下胶垫的综合摩擦系数：

　　轨下胶垫为橡胶垫板时，μ取 0.8；

　　轨下胶垫为不锈钢复合胶垫或钢轨与铁垫板直接接触时，μ取 0.5；

a——轨枕间距（cm）。

（2）桥上无缝线路纵向附加力计算规定

1）位于 60kg/m 无缝线路固定区的等跨混凝土简支梁，其相邻桥墩纵向水平线刚度之差小于较小墩的 50％时，伸缩力可按表 6-12 取值；采取中-活载设计的桥梁，挠曲力按表 6-13 取值；采用 ZK 标准活载设计的桥梁，挠曲力按表 6-14 取值。

位于无缝线路伸缩区的简支梁，伸缩力 T_1（N）按下式计算：

$$T_1 = r \times L \tag{6-60}$$

式中　r——伸缩区纵向阻力（N/cm）；

　　　L——简支梁的跨度（cm），若 L 大于无缝线路伸缩区长度，L 取用伸缩区长度。

在连续梁的一端设置钢轨伸缩调节器时，伸缩力 T_1（N）按下式计算：

$$T_1 = r \times L \tag{6-61}$$

式中　r——伸缩区纵向阻力（N/cm）。

　　　L——连续梁的联长（cm），若 L 大于无缝线路伸缩区长度，L 取用伸缩区长度。

在连续梁的中部或两端设置钢轨伸缩调节器时，无缝线路作用在连续梁桥墩的伸缩力可不计。

位于无缝线路固定区的连续梁，其伸缩力与挠曲力应根据桥上无缝线路设计规定专门计算。

2）位于无缝线路固定区的简支梁桥，断轨力 T_3（N）按下式计算：

$$T_3 = r \times L \tag{6-62}$$

式中　r——固定区线路阻力（N/cm）；

　　　L——简支梁的跨度（cm），若 L 大于伸缩区长度，L 取用伸缩区长度。

若在连续梁中部设置钢轨伸缩调节器，断轨力按下式计算：

$$T_3 = r \times L/2 \tag{6-63}$$

式中　r——线路纵向阻力（N/cm）。

　　　L——连续梁联长（cm），若 $L/2$ 大于无缝线路断轨所形成的伸缩区长度，$L/2$ 取用断轨的伸缩区长度。

固定区单股钢轨作用于桥梁的伸缩力　　　　　　　　　　表 6-12

梁型	跨度(m)	桥墩刚度(kN/cm·线)	轨道结构	伸缩力（kN）	
				桥台（固定支座）	桥墩
混凝土简支梁	≤12	150	混凝土枕	55	10
	16	200	混凝土枕	70	10
	20	250	混凝土枕	85	15
	24	400	混凝土枕	95	25
	32	500	混凝土枕	115	35
	40	750	混凝土枕	135	45

设计荷载采用中一活载时，单股钢轨作用于桥梁的挠曲力　表 6-13

梁型	跨度 (m)	梁高 (m)	桥墩刚度 (kN/cm·线)	轨道结构	车前墩台挠曲力 (kN)	
					桥台（固定支座）	桥墩
T 形混凝土简支梁	12	1.61	150	混凝土枕	20	5
	16	1.96	200	混凝土枕	30	10
	20	2.06	250	混凝土枕	40	15
	24	2.16	400	混凝土枕	60	25
	32	2.56	500	混凝土枕	90	45

设计荷载采用 ZK 标准活载时，单股钢轨作用于桥梁的挠曲力　表 6-14

跨度及梁型	梁高 (m)	轨道结构	车前墩台挠曲力 (kN)	
			桥台（固定支座）	桥墩
16m 双线 T 梁	1.6	混凝土枕	30	5
20m 单线箱梁	2.0	混凝土枕	35	10
20m 双线箱梁	2.0	混凝土枕	35	10
24m 单线箱梁	2.2	混凝土枕	50	20
24m 双线箱梁	2.2	混凝土枕	50	20
32m 单线箱梁	2.7	混凝土枕	65	35
32m 双线箱梁	2.6	混凝土枕	65	35

（3）允许温升计算

桥上无缝线路允许温升应根据线路稳定性计算确定，并考虑无缝线路纵向力的影响。

桥上无缝线路允许温升 ΔT_u 按下式计算：

$$\Delta T_u = \frac{[P] - 2\Delta P}{2EF\alpha} \tag{6-64}$$

式中　$[P]$ ——桥上无缝线路允许温度压力；

　　　ΔP ——桥上无缝线路伸缩压力、挠曲压力中的较大值；

　　　E ——钢轨钢的弹性模量；

　　　α ——钢轨钢的线胀系数；

　　　F ——钢轨截面面积。

（4）允许温降计算

桥上无缝线路允许温降由钢轨强度检算确定，并考虑无缝线路纵向力的影响。允许温降 ΔT_d 按下式计算：

$$\Delta T_d = \frac{[\sigma] - \sigma_d - \sigma_f}{E\alpha} \tag{6-65}$$

式中　E ——钢轨钢的弹性模量；

α——钢轨钢的线胀系数；

$[\sigma]$——钢轨的允许应力；

σ_d——列车活载作用下轨底边缘动弯应力；

σ_f——桥上无缝线路钢轨最大纵向附加应力（不包括温度应力，取伸缩拉应力、挠曲拉应力中的最大值并考虑制动力）。

（5）设计锁定轨温计算

桥上无缝线路设计锁定轨温应根据气象资料、允许温降、允许温升计算确定，并应满足桥上无缝线路断缝检算要求。同时还应满足无缝线路相邻单元轨节间的锁定轨温差不大于 5℃，同一设计锁定轨温无缝线路区段内单元轨节的最高与最低锁定轨温差不大于 10℃。

桥上无缝线路设计锁定轨温按式（6-36）计算，同时应按下式检算钢轨断缝 λ：

$$\lambda = \frac{EF\,(\alpha \cdot \Delta T)^2}{r} \leqslant [\lambda] \tag{6-66}$$

式中　ΔT——无缝线路最大温降（$\Delta T = T_m - T_{min}$）；

r——线路纵向阻力；

E——钢轨钢的弹性模量；

α——钢轨钢的线胀系数；

$[\lambda]$——钢轨折断允许断缝值；一般取 70mm，条件困难时可取 90mm。

（6）单元轨节布置

桥上无缝线路由一个或若干个单元轨节组成，并应与桥梁两端路基无缝线路焊联，使之成为区间无缝线路的一部分，在连续梁的两端设置钢轨伸缩调节器时，单元轨节宜按联分段；在连续梁的跨中或一端设置钢轨伸缩调节器时，单元轨节的长度可根据线路条件等因素确定。

（7）钢轨伸缩调节器设置

钢轨伸缩调节器的设置部位与数量应视温度跨度、桥梁墩台及线路设计条件，采用工程类比方法确定。

温度跨度是指桥墩相邻两联梁（含简支梁）固定支座间的距离，或与桥台毗邻的桥墩固定支座至桥台挡砟墙间的距离。

温度跨度大于 100m 的钢梁，温度跨度大于 180m 的混凝土连续梁，应当考虑是否需要设置一组或多组钢轨伸缩调节器。

钢轨伸缩调节器不应设置在曲线半径 $R \leqslant 1500m$ 的曲线上，也不宜设置在竖曲线上。

两端设置钢轨伸缩调节器的大跨度钢桁连续梁，桥面系未设置活动纵梁时，K 形扣件全部扣紧轨底；桥面系设置活动纵梁时，K 形扣件扣紧轨底的长度宜为全联长度的 1/3。

（8）纵向力组合及墩台检算

1）纵向力组合

铺设无缝线路的桥梁墩台除按桥梁设计有关规定进行检算外，还应增加纵向力组合作用下的检算。

桥上无缝线路纵向组合原则是：

（A）同一股钢轨的伸缩力、挠曲力、断轨力相互独立，不作叠加；

（B）伸缩力、挠曲力、断轨力不与同线的离心力或制动力等组合；

（C）伸缩力、挠曲力归属于主力荷载，断轨力归属于特殊荷载。

桥梁墩台设计荷载按除《铁路桥涵设计规定》TB 10002.1～5—99 规定组合外，所增加的纵向力各种组合应符合表 6-15 的规定。

纵向力组合   表 6-15

墩台类型	序号	荷载分类	纵向力组合
单线墩台	1	主力 无车	① 恒载＋两股钢轨伸缩力 ② 恒载＋两股钢轨挠曲力 ① 与②比较取大值
	2	主力＋特殊荷载 无车	恒载＋一股钢轨伸缩力＋另一股钢轨断轨力
双线墩台	1	主力 双线无车	① 恒载＋四股钢轨伸缩力 ② 恒载＋四股钢轨挠曲力 ① 与②比较取大值
	2	主力＋纵向附加力 一线有车 一线无车	恒载＋一线活载＋一线列车制动力或牵引力 ＋另一线两股钢轨伸缩力或挠曲力较大值 ＋其他纵向附加力
	3	主力＋特殊荷载 双线无车	恒载＋一线一股钢轨断轨力＋另一股钢轨伸缩力 ＋另一线两股钢轨伸缩力或挠曲力较大值
	4	主力＋特殊荷载 一线无车 一线有车	恒载＋一线一股钢轨断轨力＋另一股钢轨伸缩力 ＋另一线活载

2）墩台检算

铺设无缝线路的桥梁，应进行支座、墩身及基础的检算，并检算桥墩线刚度。

简支梁桥墩顶纵向水平线刚度应不小于表 6-16 的规定。

简支梁桥台顶纵向水平线刚度不宜小于 3000kN/cm·双线。

简支梁桥墩顶纵向水平线刚度限值　　表 6-16

桥墩/桥台	跨度（m）	最小水平线刚度（kN/cm）	
		双线	单线
桥墩	≤12	100	60
	16	160	100
	20	190	120
	24	270	170
	32	350	220
	40	550	340
	48	720	450
桥台		3000	1500

注：高架车站到发线有效长度范围内双线桥梁墩台的最小水平线刚度限值按表内单线最小水平线刚度
　　的 2 倍取值。

6.5.4　长大跨度桥上无缝线路设计

随着我国铁路建设尤其是高速铁路建设的大规模推进，跨区间无缝线路获得广泛应用，长大跨度桥梁地段必须铺设无缝线路。由于长大跨度桥梁与无缝线路相互作用的力学行为十分复杂，致使其桥梁结构和轨道结构的功能可靠性评估十分困难，故而必须在综合工程设计经验和试验研究的基础上，通过轨道、线路和桥梁等专业相互配合进行专门设计，以保证桥梁和无缝线路轨道工程的正常运作。由此可见，长大跨度桥上无缝线路设计是铁路工程建设的关键技术之一。在这里，长大跨度桥是指温度跨度较大的桥梁结构。

根据所设计的结构进行桥上无缝线路检算是设计的一项重要内容。为此，必须分析其力学机理及其影响因素，确定检算的项目和检算方法，并制定相应的技术条件，以使所设计的结构满足安全性、舒适性和耐久性的要求。

（1）检算项目

桥上无缝线路设计中应检算梁轨相互作用所致轨道的受力和变形，轨道专业的检算项目主要包括钢轨强度、轨道稳定性、梁轨相对位移以及断缝值等；桥梁专业还包括墩台附加力作用下墩台结构检算等。

在长大跨度桥梁无缝线路的设计验算中，若无缝线路钢轨强度、稳定性、断缝值以及桥梁墩台受力等任何一项指标不能满足要求，且通过设置小阻力扣件、调整设计锁定轨温、改变梁跨布置或梁型以及优化墩台刚度等措施仍无法满足设计要求；或所致设计方案的墩台结构尺寸明显增大，可考虑设置钢轨伸缩调节器。

（2）影响检算结果的主要因素

桥上无缝线路设计检算主要受钢轨强度条件控制，主要包括：温度应力、动弯应力、伸缩附加应力（或挠曲附加应力）、制动（牵引）附加应力等项内容。在设计中应注意以下因素对桥上无缝线路设计的影响。

1）温度跨度

当线路条件确定后，钢轨强度计算主要与伸缩附加力有关，而伸缩附加力又与温度跨度相关；一般温度跨度越大，伸缩附加力越大，故而温度跨度是影响桥上无缝线路是否设置钢轨伸缩调节器的重要指标。在设计中控制桥梁的温度跨度，可有效减少伸缩调节器的设置。

2）气候条件

由于气候条件直接影响锁定轨温以及轨温变化幅度，从而影响钢轨温度力、断缝值以及稳定性的检算结果；随着轨温变化幅度的增大，钢轨温度力、断缝值随之增大，而轨道稳定性降低。相同温度跨度的长大桥梁，在温差较小地区不需要设置钢轨伸缩调节器，而在温差较大地区则可能需要设置。同样，很多小半径曲线桥上无缝线路在温差较小地区可以铺设，而在温差较大地区不适合铺设；故而必须因地制宜地选择合适的线路和桥梁设计方案。

3）运营条件

在这里，线路运营条件可通过列车轴重、速度以及线路曲线半径来表示，运营条件主要影响钢轨动弯应力。一般地，列车轴重越大、速度越高，线路半径越小，钢轨动弯应力越大。由于货车与高速客车的轴重、行车速度差别较大，故应分别取其不利值进行验算。此外，凡属重载铁路，不仅因其大轴重所致钢轨动弯应力增大，且所采用 ZH 活载图示计算得到的桥上无缝线路挠曲附加力、制动附加力以及梁轨相对位移也随之增大。在此设计条件下，其桥梁形式、温度跨度以及墩顶纵向水平刚度等都需要提出新的标准，因而对重载铁路长大桥上无缝线路的设计理论应加强研究。

4）制动（牵引）力

以往按《新建铁路桥上无缝线路设计暂行规定》（铁建设函［2003］205号）的规定（以下简称"暂规"）所设计的结构，桥上无缝线路钢轨强度检算中不考虑制动力作用，致使许多长大桥上无缝线路较易于满足其检算要求而未能设置钢轨伸缩调节器。但其后发布的《铁路无缝线路设计规范》TB 10015—2012 中明确规定钢轨强度检算需考虑制动力，使之铺设钢轨伸缩调节器的桥梁温度跨度限值降低很多；加之该规范中无砟轨道混凝土桥梁的温差设计值由原"暂规"20℃变为30℃，致使桥上无砟轨道无缝线路铺设钢轨伸缩调节器的桥梁温度跨度也进一步降低。

（3）小阻力扣件及钢轨伸缩调节器设置

小阻力扣件的设置应符合下列规定：

1）无缝线路按标准扣件的条件检算不能满足规范要求时，可设置小阻力扣件。

2）小阻力扣件的铺设部位及其长度应通过计算确定。

3）桥上无缝线路固定区设置小阻力扣件地段应进行钢轨断缝检算。

4）小阻力扣件应设置在钢轨伸缩调节器伸缩轨一侧。

钢轨伸缩调节器的设置应符合下列规定：

1）在钢轨伸缩调节器的设计中，线路、桥梁和轨道应进行系统设计，减小钢轨伸缩调节器的设置。

2）钢轨伸缩调节器应根据线路设计速度、线路平面条件、轨道类型、钢轨伸缩量等合理选型。

3）钢轨伸缩调节器范围内的轨道刚度应与其两端轨道刚度一致。

4）钢轨伸缩调节器的布置应符合下列规定：

（A）高速铁路线路，其钢轨伸缩调节器应设置在直线地段；特殊情况下经技术经济比较需设置在曲线地段的，也不可设置在缓和曲线地段。非属高速铁路的线路，其钢轨伸缩调节器应设置在直线地段。

（B）钢轨伸缩调节器不可设置在不同轨下构筑物之上，也不可设置在轨道结构过渡段范围内。

（C）钢轨伸缩调节器基本轨始端和尖轨跟端焊接接头距离梁缝、钢梁横梁、支座中心不应小于 2m。

5）钢轨伸缩调节器伸缩预留量应符合下列规定：

（A）伸缩预留量应考虑温度变化产生的梁体及钢轨伸缩量，并考虑列车活载作用于桥梁而引起的梁体、钢轨纵向位移及牵引（制动）力作用于轨道可能产生的爬行量。

（B）无缝线路设计锁定轨温范围内铺设钢轨伸缩调节器时，其伸缩预留量应按设计伸缩量的 1/2 计。

（C）钢轨伸缩调节器不在无缝线路设计锁定轨温范围内铺设时，其伸缩预留量可按下式计算：

$$\Delta l = a/2 + \alpha l_s (T - T_s)$$

式中 Δl ——铺设钢轨伸缩调节器时，基本轨伸缩预留量；

     a ——钢轨伸缩调节器设计伸缩量；

     α ——钢轨钢线膨胀系数；

     l_s ——无缝线路伸缩区长度；

     T ——铺设钢轨伸缩调节器时的钢轨温度；

     T_s ——施工锁定轨温。

6.6　道岔区无缝线路设计

6.6.1　道岔区无缝线路的结构特征

道岔区无缝线路的钢轨接头实施焊接或胶接，并将其与区间无缝线路焊联为一体便形成跨区间无缝线路。道岔区无缝线路在我国也称为无缝道岔。

无缝道岔与其两端线路的焊联形式有两种：一种是无缝道岔与毗邻的直股及侧股线路全部焊联；另一种是仅与直股线路焊联，而与侧股线路不焊联（其连接接头为鱼尾板螺栓接头）。

无缝道岔辙叉与长钢轨的焊联也有其特殊之处，基本上有两种方法：一种是采用普通钢轨拼装的组合式辙叉，可采用铝热焊与区间长钢轨焊联；另一种是将锰钢辙叉两端预先焊联一过渡块，该过渡块钢材属奥氏体组织，既能与高锰钢焊接又能与普通材质钢轨焊接。奥地利、法国铁路等拥有该技术，我国已研发制成高锰钢可焊接辙叉。

为保持无缝道岔处于良好状态，以发挥其正常功能，其导轨、辙叉、心轨、翼轨的扣件扭矩应保持 $120\sim150\mathrm{N\cdot m}$；尖轨及其前后各 50m 范围内的基本轨扣件扭矩应保持在 $60\sim80\mathrm{N\cdot m}$。间隔铁结构应采取直径为 27mm 的 10.9 级螺栓，锰钢辙叉接头采用 24mm 的 10.9 级螺栓，扭矩应保持 $700\sim900\mathrm{N\cdot m}$。

6.6.2　无缝道岔的钢轨附加力和位移

由于无缝道岔与其两端的长钢轨相焊联，在温度效应的作用下，导轨（引导列车进入道岔侧向线路的钢轨）与尖轨相连接的一端有伸缩位移发生，为限制尖轨和导轨的过量伸缩以保持道岔信号锁闭装置的工作可靠性，在提速道岔的尖轨跟端部位设置限位器结构，如图 6-25、图 6-26 所示，其 π 形部件固定于转辙器基本轨，T 形部件固定于尖轨，设置于距尖轨跟端 1800mm 处。π 形部件与 T 形部件之间预留有间隙，两个间隙相等。当尖轨位移超过限定值之后，限位器结构

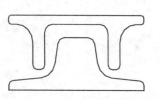

图 6-25　限位器结构示意图

图 6-26　限位器结构原貌

的一端间隙消失，并约束尖轨的伸缩位移，致使转辙器的基本轨和导轨受到附加纵向力作用，也使限位器的联结螺栓受到剪切应力作用。

为分析辙叉结构的受力与位移，试看图 6-27，其导轨的温度伸缩作用经由翼轨传至辙叉的连接结构，而可动心轨的温度伸缩作用，则经由心轨传至辙叉的连接结构，致使辙叉的连接螺栓受到剪切作用。其中，无缝道岔基本轨的附加力对无缝道岔轨道的稳定性和强度有重要影响；限位器的附加力、导轨的位移、辙叉的附加力及其可动心轨的位移，对于道岔部件的强度及其道岔系统功能的可靠性有重要影响，是无缝道岔结构设计的重要控制参数。为此世界各国进行了相关的试验研究，制定相应的设计参数和计算方法，以实现无缝道岔附加力及其变形的控制。可动心轨式无缝道岔附加力及其位移如图 6-28 所示，其中 O 点为尖轨限位器的位置。基本轨在限位器附近的附加温度力最大（$\Delta P_{jf}=P_j+P_0$），世界各国的取值略有不同：按基本轨附加温度力与基本温度力（无缝线路固定区温度力）的比值，其中法国为 0.4，德国 0.2～0.414，日本 0.35；我国秦沈客运专线试验研究项目的试验值为 0.4。秦沈客运专线综合试验科技攻关项目线路专业总报告（铁道部科学研究院印，2004.6）建议，38 号道岔为 035～0.45；18 号道岔为 0.3～0.4。

图 6-27　可动心轨辙叉结构

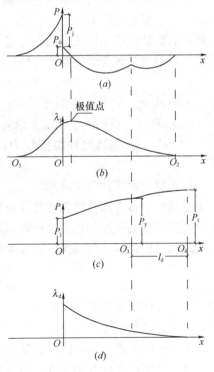

图 6-28　可动心轨无缝道岔附加力及其位移图
(a) 基本轨附加力；(b) 基本轨位移；
(c) 导轨温度力；(d) 导轨位移

世界有关国家开展了无缝道岔结构分析的研究，欧洲铁道研究所基于纵向列车荷载下无缝线路的爬行机理研究，建立了无缝道岔有限元分析模型。日本铁路在 20 世纪 80 年代基于"两轨相互作用"原理，分析了无缝道岔的受力和变形。

近年来，国内轨道工程界提出了多种无缝道岔计算理论，主要有固定辙叉二次松弛法、"两轨相互作用"计算方法、当量阻力系数法、有限单元法以及基于广义变分原理的计算方法等。

6.6.3　路基地段道岔区无缝线路设计及检算

目前，我国道岔区无缝线路设计主要侧重于道岔钢轨强度、道岔区无缝线路稳定性、道岔部件强度以及钢轨伸缩位移四个检算项目。

（1）道岔钢轨强度检算

无缝道岔的钢轨强度检算，在式（6-35）中的附加应力 σ_f 应计及基本轨附加力的作用，其附加应力值 σ_{jf} 可按下式计算：

$$\sigma_{jf} = \frac{\Delta P_{\max}}{F}$$

式中　σ_{jf}——基本轨最大附加应力（MPa）；

　　$\Delta P_{\max}$——基本轨最大附加力（N）。

（2）有砟轨道道岔区无缝线路稳定性检算

有砟轨道道岔区无缝线路稳定性可按下式进行检算：

$$2(\max P_t + \max \Delta P) \leqslant [P]$$

式中　$\max P_t$——钢轨最大温度压力；

　　$\max \Delta P$——道岔基本轨最大纵向附加压力；

　　$[P]$——钢轨允许温度压力，可参考区间无缝线路稳定性公式进行计算。

（3）无缝道岔部件强度检算

无缝道岔中传力部件的强度检算包括尖轨跟端限位器（间隔铁）连接螺栓剪切强度检算以及心轨跟端连接螺栓剪切强度检算。

尖轨跟端限位器（间隔铁）连接螺栓剪切强度可按下式检算：

$$\tau = \frac{4T}{\pi d^2} \leqslant [\tau]$$

式中　τ——螺栓剪切强度；

　　d——限位器螺栓直径；

　　T——限位器（间隔铁）连接螺栓承受的最大剪力；

　　$[\tau]$——螺栓允许剪切应力，10.9 级高强度螺栓可取 415MPa。

心轨跟端连接螺栓剪切强度可按下式检算：

$$\tau = \frac{4T'}{\pi d^2} \leqslant [\tau]$$

式中 τ——螺栓剪切强度；

d——间隔铁螺栓直径；

T'——心轨跟端连接螺栓承受的最大剪力；

$[\tau]$——螺栓允许剪切应力，10.9 级高强度螺栓可取 415MPa。

（4）道岔钢轨位移伸缩检算

道岔钢轨位移伸缩检算包括尖轨尖端相对基本轨位移检算以及可动心轨尖端相对翼轨位移检算。

尖轨尖端相对基本轨位移可按下式检算：

$$\Delta l_{\max} \leqslant [\Delta l']$$

式中 $\Delta l_{\max}$——尖轨尖端相对基本轨位移（mm），$\Delta l_{\max} = f_0 + \alpha l_0 \Delta T_{\max} - f_j$；

f_0——尖轨跟端位移（mm）；

l_0——尖轨自由伸缩长度（mm）；

f_j——尖轨尖端基本轨位移（mm）；

$\Delta T_{\max}$——最大轨温差（℃）；

α——钢轨钢线膨胀系数，取 $1.18 \times 10^{-5}/℃$；

$[\Delta l']$——尖轨尖端容许相对位移（mm）。

可动心轨尖端相对翼轨位移可按下式检算：

$$\Delta l_{0\max} \leqslant [\Delta l'']$$

式中 $\Delta l_{0\max}$——可动心轨尖端相对翼轨位移（mm），$\Delta l_{0\max} = f_T + \alpha l_1 \Delta T_{\max}$；

f_T——可动心轨跟端位移（mm）；

l_1——可动心轨自由伸缩长度（mm）；

$[\Delta l'']$——可动心轨尖端容许相对位移（mm）。

6.6.4 桥上道岔区无缝线路设计

（1）桥上道岔区无缝线路设计

1）铺设无缝道岔的桥梁结构应符合下列规定：

A. 桥梁上部结构宜采用大刚度的结构形式，并具有良好的整体性和稳定性，以满足稳定列车运行安全性和旅客乘坐舒适性的需求。

B. 桥梁与轨道结构应进行系统设计，应根据不同的轨道结构形式，在桥面预留连接装置和设备安装位置，并设置性能良好的防、排水设施。

C. 正线道岔区桥梁梁部应采用连续结构，"孔跨"宜采取等跨布置，最大跨度不宜大于 48m，大于 48m 时应进行单独设计；相邻两联连续梁桥之间宜布设一跨及以上简支梁桥。

D. 站线道岔区桥梁梁部宜采用连续结构。

2）桥上道岔布置应符合下列规定：

A. 正线道岔不应跨越梁缝，道岔始端、终端至梁缝距离不应小于 18m。

B. 站线道岔不宜跨越梁缝；困难条件下跨越梁缝时，道岔尖轨尖端、尖轨跟端、心轨尖端、心轨跟端至梁缝的最小距离应满足道岔和桥梁结构安全以及道岔转换设备正常使用等要求。

（2）桥上道岔区无缝线路检算

桥上道岔区无缝线路应基于梁轨相互作用原理制定计算模型，并确定合理的计算参数进行检算。道岔与桥梁相互作用力包括伸缩力、挠曲力、牵引（制动）力和断轨力，计算中应考虑道岔导轨与基本轨、道岔与桥梁之间的相互作用。桥上道岔区无缝线路检算应符合下列规定：

1）桥上道岔区无缝线路钢轨强度、稳定性应按钢轨强度和稳定性检算方法进行相应检算。

2）对于采用限位器和间隔铁的道岔，应根据限位器、间隔铁连接螺栓的受力，进行限位器、间隔铁连接螺栓剪切强度检算，必要时采取加强措施。

3）桥上道岔区无缝线路除进行尖轨位移、心轨位移检算之外，尚需控制道岔转辙器、辙叉与桥梁的相对位移，并进行相应检算。

4）桥上道岔区无缝线路钢轨断缝应按钢轨断缝检算方法进行检算。

5）铺设无缝道岔的桥梁墩台除按桥梁设计有关规定进行检算外，还应考虑桥上无缝道岔附加力的影响。

6.7　特殊地段无缝线路设计

（1）小半径曲线无缝线路设计

1）小半径曲线地段无缝线路设计，应考虑钢轨所承受的温度力的径向分力和列车通过曲线时所产生的横向水平力的影响，可适当提高锁定轨温，并加强轨道结构。

2）小半径曲线地段宜单独铺设为一个单元轨节，通过采用钢轨热处理钢轨等措施减轻外轨侧磨和内轨波磨，延长钢轨使用寿命。

3）位于桥上的小半径曲线无缝线路设计，其墩台检算还应考虑温度力的横向分力。

4）为了保证无缝线路稳定性，小半径曲线地段应增加道床肩宽、提高砟肩堆高、增加轨枕根数，必要时加设防胀挡板。

（2）长大坡道上无缝线路设计

1）长大坡道上铺设无缝线路，其钢轨强度和无缝线路稳定性检算应考虑列车荷载的纵向分力及制动力的影响。

2）长大坡道上铺设无缝线路应确保道床密实、砟盒饱满，并增加轨枕根数、定期复紧扣件以加强线路锁定。

3）长大坡道上无缝线路设计应尽可能延长无缝线路的轨条长度。

4）临近大坡道变坡点地段和反向坡道地段应增设位移观测桩。

（3）严寒地区无缝线路设计

1）严寒地区应采用温度应力式无缝线路。

2）严寒地区铺设无缝线路，应加强轨道结构以扩大容许温升，并合理确定设计锁定轨温，以扩大无缝线路铺设范围。

3）严寒地区铺设无缝线路宜采用大调高量扣件，以减少养护维修时的起道捣固工作量。

复 习 思 考 题

1. 无缝线路有何优良功能？说明其工程应用难点。

2. 试述温度应力式无缝线路的工程技术特征，跨区间无缝线路的结构特征。

3. 绘制设有缓冲区的长钢轨温度力图，标明固定区最大温度力 $\max P_t$、道床纵向阻力 p、接头阻力 R_j，并列出固定区温度力 $\max P_t$ 及伸缩区长度 L 的计算式。

4. 试述我国无缝线路稳定性的工程判别方法。它与材料力学的压杆稳定性判别方法有何不同？

5. 试述影响无缝线路稳定性的因素。

6. 已知：60kg/m 钢轨，Ⅲ型轨枕，1667 根·km^{-1}，曲线半径 $R=800m$，$Q=84.3N·cm^{-1}$，轨道弯曲变形矢度 $f=0.2cm$。试计算无缝线路轨道温度压力 P 及容许温度压力 $[P]$？

7. 如何确定无缝线路缓冲区预留轨缝？

8. 何谓无缝线路设计锁定轨温？在设计中如何确定？

9. 列出桥上无缝线路设计的附加力，并解释名词：桥上无缝线路伸缩力、挠曲力。

10. 桥上无缝线路设置小阻力扣件有何作用？对于轨道的功能有无影响？

11. 试述桥上设置钢轨温度调节器的功能及工程应用难点。

12. 桥上无缝线路设计如何检算容许温升 ΔT_u 和容许温降 ΔT_d？如何检算桥上无缝线路断缝条件？

13. 道岔区无缝线路钢轨受力与位移有何特征？结构设计有何相应的工程技术措施？

第7章 线路维护与管理

7.1 我国线路维护管理体制

7.1.1 线路的破坏与线路修理

如前所述，铁路轨道在自然环境和机车车辆动力荷载的作用下，几何形位将发生一系列变化，其变化可分为弹性变形和永久变形两类。轨道的弹性变形是指荷载或作用（如温度）释放后，其变形量得以恢复；而轨道永久变形是不能自行恢复的，如轨面的不均匀磨耗以及道床不均匀沉陷所引起的轨道几何不平顺等。轨道的不平顺将导致轮轨相互作用的加剧，削弱轨道的强度和稳定性，从而降低列车运行的舒适性，并形成轨道永久变形的积累及轨道几何形位的劣化。永久变形的积累超过一定限度后，将成为事故隐患，危及铁路行车安全。因此，必须通过线路的经常维护和定期的修理，及时消除轨道的永久变形，恢复轨道的正常状态，使之符合规定的技术标准，以确保列车按规定的速度，安全、平稳和不间断运行。轨道结构的工作过程是一个边运营、边破坏、边修理的过程，这也是轨道结构有别于一般工程结构的显著工作特征。

需要指出，由于铁路轨道结构与路基同属一个相互联系的线路工程结构系统，并由同一组织机构维护管理，故而铁路管理部门将轨道和路基系统的维护管理统称为线路修理与管理，或线路维护与管理。本章着重介绍其中轨道维护与管理的有关内容。

7.1.2 线路修理工作分类

我国将线路修理分为大修、中修和维修，铁路工务部门称其为修程。线路大修的任务是彻底消除线路永久变形，对线路的损耗部分实行周期性的更新和修理，恢复或提高线路设备的正常功能。其主要工作内容是全面更换钢轨、清筛并补充道床、更换失效轨枕等。线路中修是两次大修之间的作业，以消除线路的永久变形为主要目标，其主要工作内容是加强道床，解决道床不洁及强度不足问题，同时更换失效轨枕。在两次大修之间，一般进行 2~3 次中修。线路维修是在大、中修间或两次中修间进行消除一般线路病害或计划预防性的工作或作业。线路维修工作依其工作性质又可分为综合维修、经常保养和临时补修。

7.1.3 线路维护组织管理形式

线路大、中修由各铁路局或铁路（集团）公司工务部门委派线路设计和施工专业机构组织实施。线路维修由工务段组织实施。工务段管辖范围（以正线延长里程计），单线约为 500～700km，双线约为 800～1000km。山区铁路或管辖范围内设有枢纽或编组站时，应适当减少其管辖的里程数。

线路维修管理组织实行线路检查与修理分离形式，即实行线路的专业检查与机械化集中修理，以实现"检查"与"维修"的异体监督。

工务段下设的线路维修管理组织有：线路车间、检查监督车间及综合机修车间。根据需要还可设机械化维修、道口及路基等车间。工务段负责综合维修的大型养路机械作业项目。

检查监督车间按规定的项目及其周期，进行设备检查和分析。

线路车间负责安全生产的组织实施。线路车间下设线路工区和机械化维修工区：其下属线路工区执行线路设备巡检、临时补修及故障处理；其下属机械化维修工区执行综合维修、配合大机维修作业及经常保养。

综合机修车间负责钢轨与道岔焊补、养路机械的维修保养、工具制作与修理以及线路配件修理等工作。

7.2 线 路 修 理 周 期

世界铁路将线路修理及其周期视为一项重要的技术决策。随着铁路运输业的发展，各国铁路普遍地设立专门机构研究线路作业组织和工艺，并在强化轨道结构的基础上，结合各国铁路的运营经验和试验研究成果，制定了相应的线路修理决策系统。其主要特征是：

（1）根据不同线路等级和轨道结构类型，按规定的周期进行线路作业；

（2）采用大型综合性线路机械，在"天窗"时段内进行线路作业并注重提高"天窗"利用率及其综合经济效益。线路大修施工封锁"天窗"应不少于 180min，线路中修应不少于 150min。

线路修理周期不仅是技术问题，也是一项政策性很强的工作，我国为确定线路大修周期开展了大量研究工作，并以钢轨使用寿命作为确定线路大修周期的依据。我国线路修理周期见表 7-1，修理周期以通过总重（Mt·km/km）计，通过总重 $W_{累计}$ 式按（7-1）计算：

$$W_{累计} = \Sigma W_{年} \tag{7-1}$$

式中　$W_{年}$——年通过总重（Mt·km/km），按式（7-2）计算。

$$W_{年} = \frac{10^3 W_{运} + [(n_{货} + n_{货双} + n_{单} + n_{路})W_{货机} + (n_{客} + n_{客双})W_{客机}]L}{10^6 L}$$

$$\tag{7-2}$$

式中　$W_年$——铁路线路单位长度一年内通过的总质量（Mt・km/km）；

　　　$W_运$——区段各种运输总量（kt・km）；

　　　L——区段长度（km）；

　　　$n_货$——区段年开行货物列车列数（列）；

　　　$n_{货双}$——区段年开行货物列车列数中双机牵引列数（列）；

　　　$n_单$——区段年单机走行次数（列）；

　　　$n_路$——区段年路用车开行次数（列）；

　　　$W_{货机}$——该区段主要货物列车的机车整备重（t）；

　　　$n_客$——区段年开行旅客列车列数（列）；

　　　$n_{客双}$——区段年开行旅客列车列数中的双牵引列数（列）；

　　　$W_{客机}$——该区段主要旅客列车的机车整备重（t）。

铁路线路大、中修及综合维修周期表　　　　表 7-1

轨道条件			周期（通过总重）(Mt・km/km)		
轨型	轨枕	道床	中修	大修	综合维修
75kg/m 无缝线路	混凝土枕	碎石	400~500	1000	120~180
75kg/m 普通线路	混凝土枕	碎石	350~400	700	60~90
60kg/m 无缝线路	混凝土枕	碎石	300~400	700/800	100~150
60kg/m 普通线路	混凝土枕或木枕	碎石	300~350	600	50~75
50kg/m 无缝线路	混凝土枕或木枕	碎石	300	550	70~100
50kg/m 普通线路	混凝土枕或木枕	碎石	250	450	40~60
43kg/m 普通线路	混凝土枕或木枕	碎石	160	250	30

注：当钢轨累计疲劳损伤平均达到 2~4 根/km 时，应安排线路大修。

7.3　线 路 设 备 大 修

7.3.1　线路设备大修分类

铁路线路设备大修分类规定如下：

（1）线路大修（工程数量以千米计）：

1）线路换轨大修；

2）铺设无缝线路前期工程；

3）铺设无缝线路。

线路因钢轨疲劳伤损或轨型不符合要求，不能适应当前或近期铁路运输需要时，必须全面更换新钢轨。

线路换轨大修时，不能铺设无缝线路的区段，采用普通轨道结构形式，列为换轨大修工程件名；能够铺设无缝线路的区段，必须采用无缝线路轨道结构形式，并大力发展全区间或跨区间无缝线路，按施工阶段分别列为铺设无缝线路前期工程和铺设无缝线路。

（2）线路中修（以千米计）。

（3）成段更换再用轨（以千米计）。

（4）成组更换新道岔和新岔枕（以组计）。

（5）成段更换新混凝土枕或再用混凝土枕（以根计）。

（6）成段铺设混凝土宽枕（以根计）。

（7）成段更换混凝土枕扣件（以根计）。

原有轨枕扣件变形，或扣压力不足，或需要改变扣件类型的线路区段，可列为成段更换混凝土枕扣件工程件名。

（8）道口大修（以万元计）。

（9）其他大修（以万元计）。

7.3.2　线路设备大修工作内容

（1）线路换轨大修主要工作内容

1）校正、改善线路纵断面和平面。

2）全面更换新钢轨及配件，更换桥上钢轨伸缩调节器及不符合规定的护轨，更换绝缘接头及钢轨接续线。

3）更换失效轨枕、严重伤损的混凝土枕及扣件，补足轨枕配置根数，有条件时应将线路上木枕地段成段更换为混凝土枕（另列工程件名）。

4）清筛道床，补充道砟，改善道床断面，改换天然级配卵石道床或砂道床为碎石道床。整治基床翻浆冒泥地段。

5）成组更换新道岔和新岔枕（另列工程件名）。

6）安装轨道加强设备。

7）整修路肩、路基面排水坡，清理侧沟，清除路堑边坡弃土。

8）整修道口。

9）抬高因线路大修需要抬高的道岔、桥梁，加高有砟桥挡砟墙。

10）补充、修理并刷新由工务部门管理的各种线路标志、信号标志、钢轨纵向位移观测桩及备用轨架。

11）回收旧料，清理场地，设置常备材料。

（2）铺设无缝线路前期工程主要工作内容

1）校正、改善线路纵断面和平面。

2）抽换轻伤持续发展的钢轨及配件。

3）均匀轨缝，螺栓涂油，整修、补充防爬设备，锁定线路。

4）更换失效轨枕、严重伤损的混凝土枕及扣件，补充轨枕配置根数，有条件时应将线路上木枕地段成段更换为混凝土枕（另列工程件名）。

5）清筛道床，补充道砟，改善道床断面，改换天然级配卵石道床或砂道床为碎石道床。整治基床翻浆冒泥地段。

6）整修道岔。

7）整修路肩、路基面排水坡，清理侧沟，清除路堑边坡弃土。

8）整修道口。

9）抬高因线路大修需要抬高的邻线道岔、桥梁，加高有砟桥挡砟墙。

10）补充、修理并刷新由工务部门管理的各种线路标志、信号标志、钢轨纵向位移观测桩及备用轨架。

11）回收旧料，清理场地，设置常备材料。

（3）铺设无缝线路工程主要工作内容

1）焊接、铺设新钢轨及扣件，更换桥上钢轨伸缩调节器及不符合规定的护轨，焊接、铺设胶结绝缘钢轨和无缝线道岔并按设计锁定轨温锁定线路，埋设钢轨纵向位移观测桩。

2）整修线路（调整轨距，整正扣件，方正接头轨枕），安装轨道加强设备。

3）整修道口。

4）回收旧料，清理场地，设置常备材料。

（4）线路中修主要工作内容

1）校正线路纵断面和平面。

2）清筛道床，补充道砟，改善道床断面，改换天然级配卵石道床或砂道床为碎石道床。整治基床翻浆冒泥地段。

3）抽换轻伤持续发展的钢轨及失效连接零件，均匀轨缝，螺栓涂油，整修、补充防爬设备，锁定线路。

4）对无缝线路进行应力放射，按设计锁定轨温锁定线路并做好记录。

5）更换失效轨枕及失效扣件，修理伤损轨枕。

6）整修道岔，抽换失效岔枕。

7）整修道口。

8）整修路肩、路基面排水坡，清理侧沟，清除路堑边坡弃土。

9）补充、修理并刷新由工务部门管理的各种线路标志、信号标志、钢轨纵向位移观测桩及备用轨架。

10）回收旧料，清理场地，设置常备材料。

有关线路设备大修的其他工程件名的工作内容从略，如有需要可参考《铁路线路修理规则》。

7.4 线 路 维 修

铁路线路维修分为综合维修、经常保养和临时补修。

综合维修是根据线路变化的规律和特点，以全面改善轨道弹性、调整轨道几何形位和更换、整修失效零部件为重点，按周期、有计划地对线路进行综合修理，以恢复线路的标准技术状态。

经常保养是根据线路变化情况，全年度在线路全长范围内进行有计划、有重点地养护，以保持线路质量处于均衡状态。

临时补修是及时整修超过临时补修容许偏差管理值及其他不良处所的临时修理，以保证行车平稳和安全。

综合维修计划应根据规定的综合维修周期和线路设备修理总量计算办法，结合线路大中修计划和线路设备实际状态，因地制宜地安排。

线路修理总量 X_k 按下式计算：

$$X_k = \frac{L^2 \times W_{年}}{\sum l \times G} \tag{7-3}$$

式中 L——正线延展长度（km）；

$W_{年}$——年通过总重（Mt·km/km），按式（7-2）计算；

l——每一种钢轨的延展长度（km）；

G——各种修程的修理周期（Mt·km/km），按表7-1取用。

（1）线路（含道岔）综合维修基本内容

1）根据线路状态适当起道，木枕地段全面捣固；混凝土枕地段，撤除调高垫板，全面捣固或重点捣固；混凝土宽枕地段，垫砟与垫板相结合整平轨道。

2）改道、拨道，调整线路、道岔各部尺寸，全面拨正曲线。

3）清筛轨枕盒不洁道床和边坡土垄，处理道床翻浆冒泥，补充道砟和整理道床。

4）更换、方正和修理轨枕。

5）调整轨缝，整修、更换防爬设备，整治线路爬行，锁定线路、道岔。

6）矫直钢轨硬弯，焊补、打磨钢轨，综合整治接头病害。

7）采用打磨列车，有计划地进行钢轨、道岔预防性或修理性打磨。

8）整修、更换和补充连接零件，并有计划地涂油。

9）整修路肩，疏通排水设备，清除道床杂草和路肩杂草。

10）整修道口及其排水设施，修理、补充和刷新标志，收集旧料。

11）其他预防和整治病害工作。

（2）线路（含道岔）经常保养基本内容

1) 根据轨道几何尺寸超过经常保养容许偏差管理值的状态，成段地整修线路。

2) 处理道床翻浆冒泥，均匀道砟和整理道床。

3) 更换和修理、轨枕。

4) 调整轨缝，锁定线路。

5) 更换伤损钢轨，焊补、打磨钢轨和整治接头病害。

6) 有计划地成段整修扣件，进行扣件和接头螺栓涂油。

7) 进行无缝线路应力放散，断缝原位焊复或插入短轨焊复。

8) 整修防沙、防雪设备和整治冻害。

9) 整修道口，疏通排水设备，清除道床杂草和路肩杂草。

10) 季节性工作、周期短于综合维修的单项工作和其他工作。

（3）线路（含道岔）临时补修的主要内容

1) 整修轨道几何尺寸超过临时补修容许偏差管理值的处所。

2) 更换重伤钢轨和达到更换标准的伤损夹板，更换折断的接头螺栓和护轨螺栓。

3) 调整严重劣化的轨缝。

4) 进行无缝线路地段钢轨折断、重伤钢轨和重伤焊缝的处理。

5) 疏通严重淤塞的排水设备，处理严重冲刷的路肩和道床。

6) 整修严重劣化的道口设备。

7) 垫入或撤出冻害垫板。

8) 其他需要临时补修的工作。

7.5　轨道几何形位的检测与管理

7.5.1　轨道几何形位检测

（1）轨道几何形位检测的作用

如前所述，为了保证列车运行的平稳性、舒适性和安全性，必须对轨道几何形位实施严格地控制。为了实现线路修理工作的科学管理，必须采取有效的检测手段，及时掌握轨道几何形位的变化，以便在分析轨道形位变化的基础上，合理安排轨道的修理工作，以使轨道经常处于良好的运营状态。

（2）检测分类及其内容

轨道几何形位的检测分为静态检测与动态检测两类。

静态检测项目有：线路的轨距、水平、高低、轨向、三角坑共五个项目。

动态检测项目有：除包括静态检测项目外，还需要检测车体垂向振动加速度和横向振动加速度，共七个项目。

（3）检测制度和检测周期

1）静态检测

静态检测制度：

由工务段检查监控车间（或线路车间）对工务段所辖线路设备进行月度周期性检查，线路车间（或线路工区）参加月度周期性检查，并执行监控车间检查内容以外的检查工作。

工务段长、副段长、指导主任、检查监控车间主任、线路车间主任及线路工长，应定期检查线路、道岔及其他线路设备，并重点检查薄弱处，具体办法由铁路局规定。

检查周期：

正线线路和道岔，每月检查 2 次；其他线路和道岔，每月检查 1 次。

曲线正矢，每月至少检查 1 次。

无缝线路轨条位移，每月观测 1 次。

钢轨焊接接头表面质量及平直度，每半年检查 1 次。

2）动态检测

允许速度大于 200km/h 的线路，轨道检查车和综合检测列车交替检查，平均每 5d 一遍。

允许速度小于 200km/h 的线路，铁路总公司轨道检查车定期检查；铁路局轨道检查车，每月检查不少于 2 遍（含铁路总公司轨道检查车检查），对其中年通过总重 $25 \times 10^6 \sim 80 \times 10^6$ t 以内的正线每月检查 1 遍；年通过总重小于 2×10^6 t 的正线每季检查 1 遍；对于线路状态较差的线路可适当增加检查遍数。

工务段长（或副段长）、指导主任及线路车间主任，应使用添乘仪对管内正线每月至少检查 1 遍。

7.5.2 轨道几何形位管理

（1）轨道几何不平顺的类型

依照轨道几何不平顺对行车形成的影响，可归纳为下述类型：

（A）短波不平顺（$l <$ 数米）。这种不平顺与轨面的凹凸不平及轨道的支承不均匀性有关，易于激发行车噪声及轮重变化，可通过打磨钢轨（特别是打磨焊接接头）和消除轨枕"空吊板"以降低其不利影响。为此，世界各国对轨面不平顺均作出严格规定，表 7-2 列举了四个国家高速线路的限值。

（B）中波不平顺（数米 $< l \leqslant 40$m）。这种不平顺不利于行车平稳性，可通过控制 10m 弦长不平顺以消除或降低其不利影响。

（C）长波不平顺（20m $< l \leqslant 120$m）。这种不平顺主要影响旅客舒适性，可通过控制长波不平顺以消除或降低其不利影响。

轨面不平顺的规定限值   表 7-2

项目 \ 国别	日 本	德 国	法 国	中 国 (200km/h专线)
轨面不平顺	±0.4mm/2m	0.4mm/1m	0.2mm/1m	—
焊接接头不平顺	+0.3mm/1m −0.1mm/1m	+0.3mm/1m 0mm/1m	0.2mm/1m	+0.3mm/1m 0mm/1m

研究表明，长波不平顺激发的振动可能与列车蛇行自激振动产生共振，从而降低乘车舒适度。为此，随着铁路运营速度的提高，长波不平顺的管理日益受到世界各国的关注。

当列车以速度 v 运行时，可能使列车产生横向共振摇摆的线路横向不平顺敏感波长 l 为：

$$l = \frac{v}{3.6f} \tag{a}$$

式中 v——行车速度（km/h）；

l——线路不平顺敏感波长（m）；

f——车体横向自振频率。例如中国目前采用的车体横向自振频率为 $1\sim1.5$ Hz，日本 100 系高速车体的横向自振频率为 1.2Hz。

线路横向不平顺敏感波长   表 7-3

v (km/h) \ f	1Hz	1.2Hz	1.5Hz
50	14	12	9
60	17	14	11
70	19	16	13
80	22	19	15
90	25	21	17
100	28	23	19
120	33	28	22
140	39	32	26
160	44	37	30
200	56	46	37
220	61	51	41
250	69	58	46
300	83	69	56

表 7-3 列出各种行车速度情况下对应于车体自振频率的线路不平顺敏感波

长。由表列数据可知，每一速度都对应一个敏感波长，当列车行驶速度较低时，敏感波长不平顺与维修作业管理标准值相接近，故通过正常维修已得到控制。在高速行车条件下，未能得到控制的线路不平顺敏感波长，便激发车体共振，增大车体横向加速度，致使旅客感到不适。因此，高速铁路不但应注意控制 10m 左右的线路不平顺，也应注意消除相应敏感波长的线路不平顺，以提高旅客的舒适性。例如日本高速铁路在行车速度 200km/h 条件下观测得到，45～55m 的不平顺波长为影响列车左右摇摆的最不利波长，与表 7-3 数据基本吻合。为此，提出了 40m 弦长不平顺的维修标准：高低±7mm/40m，方向±6mm/40m。

（2）线路动态不平顺管理方式及评定标准

1）管理方式

如前所述，我国的线路不平顺管理采取静态不平顺管理与动态不平顺管理相结合的方法。日常养护维修是保持线路静态平顺性的手段，而线路静态平顺性是保证行车条件下线路动态平顺性的基础。因此，必须做好线路的静态检查和养护维修工作。

线路的动态检查由轨道检查车来实现。按照轨道检查车检测数据分析与运用方法的不同，参照《轨道几何状态动态检测及评定》标准 TB/T 3355—2014 的规定，线路动态不平顺的管理方式分为两类：即峰值管理和均值管理。

峰值管理，是按线路局部不平顺划分不平顺等级，以保证行车安全和舒适度为目标。

均值管理，是对线路区段整体不平顺状态进行管理，以保证线路质量均衡为目标。

2）评定标准

（A）峰值管理

现以我国行车速度 250km/h 以下线路的管理方法为例进行说明。按照线路动态检测评定的七个项目（轨距、水平、高低、轨向、三角坑、车体垂直振动加速度和横向振动加速度），各项偏差划分为 4 个等级，并制定相应的扣分标准：Ⅰ级为保养标准，每处超限扣 1 分；Ⅱ级为舒适度标准，每处扣 5 分；Ⅲ级为临时补修标准，每处扣 100 分；Ⅳ级为限速标准，每处扣 301 分。各级偏差管理值（峰值）见表 7-4。凡局部峰值不超过Ⅰ级门槛值的不扣分；局部峰值在Ⅰ、Ⅱ之间的归属为Ⅰ级，如此类推。

基于上述规定，按每千米为单位，计算扣分总数，以此评定线路动态不平顺状态。

每千米扣分总数 S 按下式计算

$$S = \sum_{i=1}^{4} \sum_{j=1}^{M} K_i C_{ij} \tag{7-4}$$

式中　S——每千米扣分总数（各级、各项偏差扣分的总和）；

K_i——各级偏差的扣分数；

C_{ij}——各检查项目各级偏差的个数；

M——参与评分的项目数。

凡每千米线路扣分总数在 50 分以内的为优良；51～300 分为合格；300 分以上为失格。

160km/h＜v≤250km/h 线路轨道几何状态局部峰值动态运营管理值   表 7-4

项 目		经常保养	舒适度	临时补修	限速（160km/h）
偏差等级		Ⅰ级	Ⅱ级	Ⅲ级	Ⅳ级
轨距（mm）		+4 −3	+6 −4	+8 −6	+12 −8
水平（mm）		5	8	10	13
三角坑（基长 3m）（mm）		4	6	8	10
复合不平顺（mm）		7	9		
高低（mm）	波长 1.5～42m	5	8	11	14
轨向（mm）		5	7	8	10
高低（mm）	波长 1.5～70m	6	10	15	
轨向（mm）		6	8	12	
车体垂向加速度（m/s²）		1.0	1.5	2.0	2.5
车体横向加速度（m/s²）		0.6	0.9	1.5	2.0
轨距变化率（基长 3m）（%）		1.0	1.2		

注：1. 表中管理值为轨道不平顺实际幅值的半峰值；

2. 水平限值不包括曲线按规定设置的超高值及超高顺坡量；

3. 扭曲限值包括缓和曲线超高顺坡形成的扭曲量；

4. 车体垂向加速度采用 20Hz 低通滤波，车体横向加速度Ⅰ、Ⅱ级标准采用 0.5～10Hz 带通滤波处理的值进行评判，Ⅲ、Ⅳ级标准采用 10Hz 低通滤波处理的值进行评判。

5. 避免出现连续多波不平顺和轨向、水平逆向复合不平顺。

（B）均值管理

均值管理是评价线路整个区段整体质量的方式。英国采用均方差管理，日本采用概率分位值管理，我国采用标准差管理。

线路区段整体不平顺（均值管理）的动态质量用轨道质量指数（TQI）评定。在检查中，区段均值评价以整千米为单位，采集高低（左右股）、轨向（左右股）、轨距、水平、三角坑等七项偏差数据，按计算区段长（200m）算出各项标准差 σ_i，七项标准差之和即为轨道质量指数（TQI）；每千米扣分总数为 5 个计算区段的 TQI 扣分值之和。

$$T = \sum_1^5 T_{200} \tag{7-5}$$

式中　T——每千米扣分数；

　　　T_{200}——单个 TQI 计算单元的扣分数。

轨道质量指数（TQI）按下式计算：

$$TQI = \sum_{i=1}^{7} \sigma_i \qquad (7\text{-}6)$$

$$\sigma_i = \sqrt{\frac{1}{N}\sum_{j=1}^{N}(x_{ij}-\overline{x_i})^2} \qquad (b)$$

式中　σ_i——七项几何偏差的标准差；

　　　$\overline{x_i}$——各项几何偏差在计算单元区段中连续采样点的幅值 x_{ij} 的算术平均值，高低和轨向采用 1.5～42m 波长数据计算；

　　　N——采样点的个数（200m 单元区段中 $n=800$）。

我国 160km/h$<v\leqslant$250km/h 客货共线铁路轨道质量指标（TQI）的管理值见表 7-5。凡总扣分为 0 分，代表线路"均衡"，无需维修；总扣分 0～100 分列为"计划"，应适时进行修理；凡总扣分在 100 分以上，应"优先"列入维修计划，尽快安排修理。

160km/h$<v\leqslant$250km/h 线路轨道指数（TQI）管理值　　表 7-5

项目	高低	轨向	轨距	水平	三角坑	TQI
管理值	1.4×2	1.0×2	0.9	1.1	1.2	8.0

（3）高速铁路动态不平顺管理

高速铁路动态不平顺管理标准中，考虑了轨道动态不平顺 1.5～120m 波长，其值在高速条件下对于旅客舒适度具有敏感的影响。轨道动态不平顺的检查项目规定为：轨距、水平、轨向、高低、扭曲、车体垂向振动加速度、车体横向加速度、轨距变化率等。我国高速铁路轨道不平顺的管理经验表明，轨道检查应以动态检查为主，动、静态检查相结合。利用轨道检查车、车载式线路检查仪以及人员添乘等方式，进行线路检查与检测，及时掌握线路的动态数据，进而有针对性地进行静态检查。高速铁路线路轨道动态质量容许偏差管理值见表 7-6、表 7-7。管理方法如前所述。

250km/h$<v\leqslant$350km/h 线路轨道几何状态局部峰值动态运营管理值　　表 7-6

项目	经常保养	舒适度	临时补修	限速（200km/h）
偏差等级	Ⅰ级	Ⅱ级	Ⅲ级	Ⅳ级
轨距（mm）	+4 −3	+6 −4	+7 −5	+8 −6
水平（mm）	5	6	7	8

续表

项 目		经常保养	舒适度	临时补修	限速（200km/h）
三角坑（基长 3m）（mm）		4	6	7	8
高低（mm）	波长 1.5～42m	5	6	8	10
轨向（mm）		4	5	6	7
高低（mm）	波长 1.5～120m	7	9	12	15
轨向（mm）		6	7	10	12
复合不平顺（mm）		6	8	—	—
车体垂向加速度（m/s²）		1.0	1.5	2.0	2.5
车体横向加速度（m/s²）		0.6	0.9	1.5	2.0
轨距变化率（基长 3m）（‰）		1.0	1.2	—	—

注: 1. 表中管理值为轨道不平顺实际幅值的半峰值；

2. 水平限值不包括曲线按规定设置的超高值及超高顺坡量；

3. 扭曲限值包括缓和曲线超高顺坡形成的扭曲量；

4. 车体垂向加速度采用 20Hz 低通滤波，车体横向加速度Ⅰ、Ⅱ级标准采用 0.5～10Hz 带通滤波处理的值进行评判，Ⅲ、Ⅳ级标准采用 10Hz 低通滤波处理的值进行评判；

5. 复合不平顺系指水平和轨向逆向复合不平顺，按水平和 1.5～42m 轨向代数差计算，避免出现连续多波不平顺。

250km/h＜v≤350km/h 线路轨道指数（*TQI*）管理值（mm）　　表 7-7

项目	高低	轨向	轨距	水平	三角坑	*TQI*
管理值	0.8×2	0.7×2	0.6	0.7	0.7	5.0

（4）轨道不平顺功率谱密度

对于行车速度高于 200km/h 的客运专线，为了保证行车的平稳性、舒适性和安全性，在严格实行轨道不平顺峰值管理与均值管理的基础上，还必须考虑波长较大的不平顺及其幅值对于高速行车的敏感影响，并设定专项评估标准。为此，我国高速铁路动态不平顺管理项目增加了轨距不平顺变化率管理值。目前各国铁路如欧洲各国、日本以及美国等，对此广泛采用轨道不平顺谱密度管理方法。我国秦沈客运专线对大于 30m 的波长管理设定有下列特别要求：

1）轨道高低、轨向变化波长 30m 以上的轨道不平顺，由轨道检查车检查，当其高低变化幅度达到 11mm 或轨向变化幅值达 8mm 时，应有计划进行整治。

2）轨道高低、轨向变化波长 30m 以上的轨道不平顺，采用轨道不平顺功率谱密度函数表示，即：

高低不平顺　　　　　$$S_V(\Omega) = \frac{A_V \Omega_c^2}{(\Omega^2 + \Omega_r^2)(\Omega^2 + \Omega_c^2)} \tag{7-7a}$$

方向不平顺　　　　　$$S_A(\Omega) = \frac{A_A \Omega_c^2}{(\Omega^2 + \Omega_r^2)(\Omega^2 + \Omega_c^2)} \tag{7-7b}$$

水平不平顺　　$S_{\mathrm{c}}(\Omega) = \dfrac{A_{\mathrm{V}} b^{-2} \Omega_{\mathrm{c}}^2 \Omega^2}{(\Omega^2 + \Omega_{\mathrm{r}}^2)(\Omega^2 + \Omega_{\mathrm{c}}^2)(\Omega^2 + \Omega_{\mathrm{s}}^2)}$ 　　　　(7-7c)

截断频率　　　　　$\Omega_{\mathrm{c}} = 0.8246 \mathrm{rad} \cdot \mathrm{m}^{-1}$

$\Omega_{\mathrm{r}} = 0.0206 \mathrm{rad} \cdot \mathrm{m}^{-1}$

$\Omega_{\mathrm{s}} = 0.4380 \mathrm{rad} \cdot \mathrm{m}^{-1}$

下限系数（合格标准）

$A_{\mathrm{A}} = 2.119 \times 10^{-7} \mathrm{m} \cdot \mathrm{rad}$

$A_{\mathrm{V}} = 4.032 \times 10^{-7} \mathrm{m} \cdot \mathrm{rad}$

上限系数（优良标准）

$A_{\mathrm{A}} = 6.125 \times 10^{-7} \mathrm{m} \cdot \mathrm{rad}$

$A_{\mathrm{V}} = 1.08 \times 10^{-6} \mathrm{m} \cdot \mathrm{rad}$

轨道不平顺功率谱密度管理值见表 7-8。

轨道不平顺功率谱密度管理值　　　　　　　　　　表 7-8

敏感波长	高　低		轨　向	
	上限	下限	上限	下限
28m	46	124	24	71
33m	66	176	34	100
35m	74	198	39	113
42m	108	288	57	163
44m	118	317	62	180
48m	141	377	74	214
56m	191	512	100	290
60m	219	586	115	333

注：表中单位：$\mathrm{mm}^2/(1/\mathrm{m})$。

　　轨道不平顺功率谱密度是一个重要概念，在轨道的维修管理以及轮轨动力学研究中有广泛应用，在这里特作以下简要说明：

　　对轨道不平顺幅值随时间 t 的变化作一次观测，所得到的函数是 $x(t)$，称为随机过程的样本函数，在时间域 $[-T, T]$ 内对 $x(t)$ 进行下列计算：

$$W_{\xi} = \lim_{T \to \infty} \frac{1}{2T} \int_{-T}^{T} |x(t)|^2 \mathrm{d}t \qquad (7-8)$$

式中，W_{ξ} 称为轨道不平顺函数 $x(t)$ 的平均功率。若 $x(t)$ 比拟为某个纯电阻电路的电压变化，该电路的电阻值为 1Ω，则上述积分表示 $x(t)$ 在 $[-T, T]$ 时间域内的总能量，而 W_{ξ} 则是相应的平均功率。于是，W_{ξ} 值可用以评价轨道平顺度的优劣，W_ξ 值大，表明轨道平顺度差。

为满足高速铁路轨道不平顺管理的需求，不仅需要掌握不平顺的波长，还需要掌握不平顺所对应的幅值；为此需要将轨道不平顺的时间函数转变为频率的函数表达式。

首先，将随机过程的样本函数 $x(t)$，任意截取一段，长度为 $2T$，并记为 $x_T(t)$。称 $x_T(t)$ 为 $x(t)$ 的截断函数，即：

$$x_T(t) = \begin{cases} x(t), & |t| \leqslant T \\ 0, & |t| > T \end{cases} \qquad (7\text{-}9)$$

对 $x(t)$ 进行下述运算，得到一个频率函数 $X_T(\omega, T)$：

$$X_T(\omega, T) = \int_{-\infty}^{\infty} x_T(t) e^{-j\omega t} \mathrm{d}t = \int_{-T}^{T} x_T(t) e^{-j\omega t} \mathrm{d}t \qquad (7\text{-}10)$$

式中　ω——圆频率，$\omega = 2\pi f$，f 由式（a）计算；

$j = \sqrt{-1}$。

同时有：

$$x_T(t) = \frac{1}{2\pi} \int_{-\infty}^{\infty} X_T(\omega, T) e^{j\omega t} \mathrm{d}\omega \qquad (7\text{-}11)$$

式（7-10）称为 $x_T(t)$ 的傅里叶（Fourier）变换，式（7-11）称为 $X_T(\omega, T)$ 的傅里叶逆变换。

式（7-10）代入式（7-9），通过数学运算可得到：

$$W_\xi = \lim_{T\to\infty} \frac{1}{2T} \int_{-T}^{T} |x(t)|^2 \mathrm{d}t = \frac{1}{2\pi} \int_{-\infty}^{\infty} \lim_{T\to\infty} \frac{1}{2T} |X_T(\omega, T)|^2 \mathrm{d}\omega$$

$$(7\text{-}12)$$

由于 $x(t)$ 是随机过程的一个样本函数，每一个样本函数的出现都是随机的；因此 $x(t)$ 和 $x_T(t)$ 都是随机函数。

至此，平均功率 W_ξ 的表达式已变为频率 ω 的表达式，被积函数是 $\frac{1}{2T}|X_T(\omega, T)|^2$，若将其视为一条曲线，则平均功率 W_ξ 就等于此曲线下的面积的极限再除以 2π，而 $\lim_{T\to\infty} \frac{1}{2T}|X_T(\omega, T)|^2$ 恰好就是其面积的线密度函数，故称为功率谱密度。

注意到 W_ξ 是随机过程样本函数的平均功率。根据随机过程理论，为了计算随机过程的平均功率，应对其 ξ 所有的实验结果取其统计平均，即对其 W_ξ 取数学期望可得到随机过程的平均功率 W，并由下式计算：

$$W = E(W_\xi) = \frac{1}{2\pi} \int_{-\infty}^{\infty} \lim_{T\to\infty} \frac{1}{2T} E[|X_T(\omega, T)|^2] \mathrm{d}\omega \qquad (7\text{-}13)$$

由此可知，随机过程的功率谱密度为

$$G_x(\omega) = \lim_{T\to\infty} \frac{1}{2T} E[|X_T(\omega, T)|^2] \qquad (7\text{-}14)$$

在这里应注意到，随机过程的功率谱密度 $G_x(\omega)$ 已不再具有随机性，而是频率 ω 的确定函数。功率谱密度 $G_x(\omega)$ 从频率的角度描述了随机过程 $X(t)$ 统计平均规律，表示了 $X(t)$ 的平均功率分布的情况，但没有包含随机过程 $X(t)$ 任何相位信息，如图 7-1 所示。

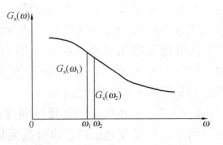

图 7-1　轨道不平顺谱密度示意图

由于轨道不平顺的频率 ω 与其波长有对应关系，其功率谱密度 $G_x(\omega)$ 与轨道不平顺幅值 $X_T(\omega, T)$ 平方的期望值有关，故其功率谱密度同时包含了轨道不平顺波长及其平均幅值的分布信息。通过实时轨道不平顺谱密度与标准谱密度对比，可发现轨道不平顺的平均变化状况。

7.5.3　轨道检查车

轨道检查车是我国铁路用以检查轨道几何不平顺，发现线路病害，指导线路养护维修，保障行车安全的重要线路检查设备。

1985 年我国从美国 ENSCO 公司购进的 T-10 轨检车体现了当时世界上最先进的技术，其鲜明特点是以小型计算机为核心，用光电伺服测量系统测量轨距、轨向，并将检测装置安装在轨距吊梁上，从而构成检测原理简单的复杂机械系统。

1997 年我国研制了 GJ-4 型轨检车，检测速度 160km/h。2001 年研制了 GJ-5 型轨检车，检测速度不小于 200km/h，检测项目包括高低、轨向、轨距、水平（超高）、三角坑、曲率等；钢轨断面可检测轨头磨耗；钢轨短波不平顺方面，可检测钢轨波浪和表面擦伤；加速度检测包括车体、轴箱加速度；轮轨力检测包括轮轨横向力、垂直力、脱轨系数以及减载率等；线路环境检测包括线路周边视频环境和地面标志（桥、涵、道口、道岔等）。GJ-4 和 GJ-5 型轨检车是我国轨道检测设备的主要型号。2012 年研制了 GJ-6 型轨道检测系统，检测速度 380km/h；其中轨向、高低检测项目还包括了截止波长 120m 的长波不平顺。国外有法国、英国和美国采用惯性基准法，最高检测速度 320km/h；意大利则在高速时采用惯性基准法，低速时采用弦测法。

7.6　大型养路机械

7.6.1　大型养路机械发展状况

（1）国外发展状况

20 世纪 50～60 年代，工业发达国家以替代线路主要工序的人工作业为目标，首先发展诸如铺轨、道床清筛、铺砟、道床配型、捣固及起道等机械设备。进入20世纪60年代以后，随着世界各国的经济发展，各种运输方式对铁路的垄断地位提出了挑战。在此剧烈竞争的历史条件下，20世纪60年代中期，国际上出现了高速铁路和重载铁路，客运列车的速度超过了200km/h；货运列车的轴重增加到20t以上；大功率机车提高了单机的牵引力；出现了"万吨列车"；旅客列车以其良好的舒适性和周全的服务——列车的平稳运行、便捷的车内外无线通信以及良好的通风、空调、隔声设施，从而提高了铁路的客运竞争力。同时，对于线路结构的运行品质和线路作业的要求也进一步提高，致使维护周期缩短、作业量加大。这一形势的出现迫使各国铁路和机械制造厂商积极研究线路作业的新工艺，改造旧的线路机械，以适应高速、重载线路发展的需求。从此，出现了一批成套的大型和小型机械，现代化科学技术在其中获得广泛应用（如计算机技术、自动化控制、激光、红外线、光电液压技术以及新材料等），整机结构趋向重型化，机械化程度和效率不断提高。各国制造业的激烈竞争致使养路机械换代的周期缩短，诸如捣固车、清筛机、大修列车、轨检车、钢轨打磨车等大型机种每3～5年便出现一次更新。最为瞩目的是出现了以高新技术装备的养路机械群。

从20世纪80年代初以来，在世界运输业的竞争中，高速和重载铁路延展长度不断增加，引发了养路机械行业更加激烈的竞争，促使养路机械更趋向大型化、高效化、智能化。

在线路更新作业中，西方国家普遍采用分开式的工艺。干线铁路一般开设5～10h以上的"天窗"，采用大修列车分别回收和铺设钢轨及轨枕（扣件由人工铺设和回收），随之清筛道床，补充道砟，最后由联合作业机组完成整形、捣固、起拨道、抄平及稳定道床等作业工序；撤除"天窗"后，列车可按正常速度运行，无需减速。其时所开发的新一代大修列车，名义效率达500～550km/h。如瑞士马蒂萨公司的P90LS型，效率为530m/h（机组全长44.62m，质量110t）。奥地利普拉塞公司根据客户的铁路技术要求，为意大利、法国和澳大利亚分别生产了SUM1000I、SVM1000和SMD80G型更新列车，效率视"天窗"时间而定，平均为500km/h。20世纪80年代后期，澳大利亚天勃公司采用了马蒂萨公司P90LS型设计技术，生产了P811S型大修列车，从而也参与了同类机械的国际竞争。

半个世纪以来，各国铁路线路作业机械化的发展已使经济发达国家的线路作业机械化程度达90%左右；线路作业每千米用工量仅为半个世纪前的几十分之一。所用现代化大、中、小型线路机械（包括各种大型机械动力装置的功率在1000kW以上、质量大于200t、自行速度达100km/h以及小型手提式、质量只有几千克的手动机具）大约有100多个品种，其中不乏高技术机械设备。线路作业机械化水平已成为衡量各国铁路现代化程度的一项重要标志。

（2）国内发展概况

我国铁路发展大型养路机械起步较晚，20世纪80年代初引进少量国外机械试用，90年代方形成规模。近20年来，大型养路机械在维护和改善主要干线线路质量、提速扩能、保证行车安全以及促进工务修制改革等方面都取得了显著的成效，大型养路机械已成为我国铁路线路维修中不可缺少的重要设备。与此同时，借鉴国外的经验，结合我国铁路的实践，也确立了我国铁路大型养路机械的发展模式，并且形成了具有中国特色的管理体系。目前，发展大型养路机械已列入我国铁路主要技术政策，并且确立为代表我国铁路技术进步的一个重要标志，我国铁路大型养路机械已进入了持续、规范发展的新阶段。

目前，昆明机械厂、宝鸡工程机械厂为我国铁路大型养路机械的制造基地。在产品结构上，昆明厂以生产线路大、维修机械为主；宝鸡厂以生产牵引、钢轨打磨、专用机械为主。近几年来，我国成功地引进了奥地利普拉塞公司D08-32型捣固车和RM80型清筛机的制造技术。在消化吸收国外先进技术的基础上，我国自行研制了道床稳定车和配砟整形车。

7.6.2 我国目前使用的主要大型养路机械

（1）D09-32型连续式自动抄平起拨道捣固车

D09-32型连续式自动抄平起拨道捣固车（以下简称D09-32型捣固车）是目前世界上最先进的线路捣固机械，具有较高的作业精度和效率，为我国繁忙铁路干线的线路维修带来显著的效益，如图7-2所示。捣固车局部图如图7-3所示。

D09-32型捣固车由转向架、车架、牵引装置、前后司机室、捣固装置、枕端夯实装置、起拨道装置、工作小车和动力轮对、测量系统、液压系统、电气系统、气动系统、动力传动系统、制动系统及材料小车等部分组成，是结构先进的自行式、多功能线路机械，集机、电、液、气于一体，采用了电液伺服控制、自动检测、微机控制和激光准直等先进技术，具有操作简便、性能良好、作业高效的特点。

图 7-2　D09-32型连续式自动操
平起拨道捣固车

图 7-3　捣固车局部图

D 09-32 型捣固车作业条件 表 7-9

项 目	作业条件	项 目	作业条件
钢轨	50kg/m、60kg/m、75kg/m	线路最大坡度	33‰
轨枕	木枕或混凝土枕	最小作业曲线半径	250m
道床	碎石道床	最小运行曲线半径	180m
作业线路	单线或线间距 4m 及以上的复线与多线	环境温度	−10～+50℃
轨距	1435mm	特殊环境	可在雨天和夜间及风沙、灰尘严重的环境中作业
线路最大超高	150mm		

D09-32 型捣固车主要技术性能 表 7-10

项 目	性能参数	项 目	性能参数
外形尺寸	长 26500mm 宽 2990mm 高 3600mm	作业走行制动方式	液压制动
		作业效率	1500～1800m/h
		最大起道量	150mm
转向架芯盘距	13800mm	最大拨道量	±150mm
转向架轴距	1800mm	捣固深度	560mm（由轨顶向下）
材料车轴至后转向架中心距离	7500mm	横向水平作业精度	±2mm
轮径	Φ840mm	纵向高低作业精度	4mm（直线 10m 距离两侧点间高差）
车钩中心高	（880±10）mm（距轨面）	拨道作业精度	2mm（16m 弦 4m 距离两点正矢最大差值）
质量	约 63.5t		
最高双向自行速度	90km/h	起道顺坡率	≤0.1%
最高联挂运行速度	100km/h	测量系统精度	1mm
自运行制动方式	空气排风制动，一次缓解，缓解时间＜10s	柴油机功率	235kW
单车紧急制动距离	≤400m（以 80km/h 运行）	传动方式	液力传动（高速运行）
			液压传动（作业走行）

D09-32 型捣固车为双枕连续作业式捣固车，在封锁线路条件下，可连续地进行轨道拨道、起道抄平、钢轨两侧枕下道砟捣固及枕端道砟夯实等作业。利用车上测量系统，可对作业前、后线路的轨道几何参数进行测量及记录，并可通过控制系统，按设定的轨道几何参数进行作业。

D09-32 型捣固车作业条件见表 7-9，主要技术性能见表 7-10。

（2）SRM80 型全断面道砟清筛机

SRM80 型全断面道砟清筛机（简称 SRM80 型清筛机），如图 7-4 所示，是我国引进奥地利 Plasser&Theuere 公司 RM80 型全断面道砟清筛机制造技术并进行国产化生产的大型养路机械，属线路大修的主型机械。

SRM80 型清筛机由转向架、车架、牵引装置、前后司机室、挖掘装置、筛分装置、道砟运输装置、污土输送装置、提轨装置、液压系统、电气系统、气动系统、动力传动系统及制动系统等部分组成，是一种先进的

图 7-4　SRM80 型全断面道砟清筛机

自行式线路机械，集机、电、液、气于一体，具有操作简便、性能良好、作业高效的特点。

SRM80 型清筛机在封锁线路条件下，通过穿入轨排下的挖掘链运动，实现全断面道砟的挖掘，经筛分装置筛分后，清洁道砟回填至道床，污土抛至规定区域。对线路翻浆冒泥地段的不洁道砟可进行全抛作业。本机为全液压传动，区间运行和作业走行均为液控无级调速。

SRM80 型清筛机作业条件见表 7-11，主要技术性能见表 7-12。

SRM80 型清筛机作业条件　　　　　　　　　　　　表 7-11

项　　目	作业条件	项　　目	作业条件
钢轨	50kg/m、60kg/m、75kg/m	线路最大坡度	33‰
轨枕	木枕或混凝土枕	最小作业曲线半径	250m
道床	碎石道床	最小运行曲线半径	180m
轨距	1435mm	特殊环境	可在雨天和夜间及风沙、灰尘严重的环境中作业
环境温度	−10～+50℃		

SRM80 型清筛机主要技术性能　　　　　　　　　　表 7-12

项　　目	性能参数	项　　目	性能参数
外形尺寸	长 31345mm	质量	88t
	宽 3150mm	最高双向自行速度	80km/h
	高 4740mm	最高联挂运行速度	100km/h
转向架芯盘距	23000mm	作业走行速度	0～1000m/h
转向架轴距	1830mm	自运行制动方式	空气排风制动，一次缓解，缓解时间<10s
轮径	Φ900mm		
车钩中心高	(880±10) mm（距轨面）	筛分装置驱动功率	43kW
单车紧急制动距离	≤400m（以 80km/h 运行）	筛网有效面积	25m²
作业效率	650m³/h	筛网层数	3 层
挖掘装置形式	五边形封闭耙链式	筛孔尺寸	75/45/25mm（上/中/下）
挖掘装置功率	277kW	最大筛分能力	650m³/h
挖掘深度	1000mm（由轨顶向下）	柴油机功率	2×348kW
挖掘宽度	4030～5030mm	传动方式	液压传动

（3）WD-320 型动力稳定车

WD-320 型动力稳定车是我国借鉴国外先进技术而研发的国产大型养路机械，如图 7-5 所示，目前已成为我国铁路线路大修、维修、提速线路改造和新线建设作业机组中的重要配套设备之一。

WD-320 型动力稳定车由转向架、车架、牵引装置、前后司机室、中间顶棚、稳定装置、测量系统、液压系统、电气系统、气动系统、动力传动系统及制动系统等部分组成，集机、电、液、气于一体，采用了电液伺服控制、自动检测、微机控制等先进技术，具有操作简便、性能良好、作业高效的特点。

WD-320 型动力稳定车在封锁线路的条件下，模拟列车运行对轨道产生的压力和振动等综合作用，达到密实道床的效果，通过其稳定装置施加垂直压力于钢轨上，并产生强烈的水平振动，使道床均匀下沉，迅速增强线路的横向阻力和道床的整体稳定性，从而提高线路维修作业后放行列车的限制速度。

WD-320 型动力稳定车作业条件见表 7-13，主要技术性能见表 7-14。

图 7-5　WD-320 型动力稳定车

WD-320 型动力稳定车作业条件 　　　　　　　　表 7-13

项　　目	作业条件	项　　目	作业条件
钢轨	50kg/m、60kg/m、75kg/m	线路最大坡度	33‰
轨枕	木枕或混凝土枕	最小作业曲线半径	180m
道床	碎石道床	最小运行曲线半径	100m
作业线路	单线或线间距 4m 及以上的复线或多线	环境温度	−10～+50℃
轨距	1435mm	特殊环境	可在雨天和夜间及风沙、灰尘严重的环境中作业
线路最大超高	150mm		

WD-320型动力稳定车主要技术性能　　　　　表7-14

项　　目	性能参数	项　　目	性能参数
外形尺寸	长18942mm 宽2700mm 高3970mm	最高双向自行速度	80km/h
		最高联挂运行速度	100km/h
		作业走行速度	0～2.5km/h
转向架芯盘距	12000mm	自运行制动方式	空气排风制动，一次缓解，缓解时间＜10s
转向架轴距	1500mm		
轮径	Φ840mm	单车紧急制动距离	≤400m（以80km/h运行）
车钩中心高	（880±10）mm（距轨面）	传动方式	液力传动（高速运行） 液压传动（作业走行）
质量	60t	柴油机功率	348kW

（4）SPZ-200型双向道床配砟整形车

SPZ-200型双向道床配砟整形车（简称SPZ-200型配砟车）是我国借鉴国外先进技术而研发的国产大型养路机械，目前已成为全国铁路线路大维修、提速线路改造和新线建设作业机组中的重要配套设备之一，如图7-6所示。

SPZ-200型配砟车由走行机构、车架、牵引装置、司机室、工作装置、液压系统、电气系统、气动系统、动力传动系统及制动系统等部分组成。

图7-6　SPZ-200型双向道床配砟整形车

SPZ-200型配砟车在封锁线路的条件下，可以进行正、反两个方向的作业，通过中犁的不同组配和侧犁转角的适当调整，完成道床的配砟、整形，以使道床布砟均匀。道床断面按技术要求的规定成形，其清扫装置可清扫作业过程中残留于轨枕及扣件上的道砟，经收集后通过输送带移送至道床边坡，达到线路外观整齐美观的效果。

SPZ-200型配砟车作业条件见表7-15，主要技术性能见表7-16。

SPZ-200 型配砟车作业条件　　　　　　　　　　　　表 7-15

项　目	作业条件	项　目	作业条件
钢轨	50kg/m、60kg/m、75kg/m	线路最大坡度	33‰
轨枕	木枕或混凝土枕	最小作业曲线半径	120m
道床	碎石道床	最小运行曲线半径	100m
作业线路	单线或线间距 4m 及以上的复线或多线	环境温度	−10～+50℃
		连续工作时间	≤6h
轨距	1435mm	特殊环境	可在雨天和夜间及风沙、灰尘严重的环境中作业
线路最大超高	150mm		

SPZ-200 型配砟车主要技术性能　　　　　　　　　　表 7-16

项　目	性能参数	项　目	性能参数
外形尺寸	长 13508mm 宽 3025mm 高 3900mm	最高双向自行速度	80km/h
		最高联挂运行速度	100km/h
		作业走行速度	0～12km/h
轮径	Φ 840mm	自运行制动方式	空气排风制动，一次缓解，缓解时间＜10s
轴距	5500mm		
车钩中心高	（880±10）mm（距轨面）	单车紧急制动距离	≤400m（以 80km/h 运行）
每侧最大作业宽度	3.3m（由轨道中心起）	传动方式	液压传动
质量	28t	柴油机功率	348kW

（5）CD 08-475 型道岔捣固车

CD 08-475 型道岔捣固车是引进国外制造技术并进行国产化生产的大型养路机械，填补了我国制造大型道岔捣固机械的空白。

CD 08-475 型道岔捣固车由转向架、车架、牵引装置、前后司机室、多方向捣固装置、枕端夯实装置、起拨道装置、工作小车和动力轮对、测量系统、液压系统、电气系统、气动系统、动力传动系统、制动系统及材料小车等部分组成。CD 08-475 型道岔捣固车是一种结构先进的自行式、多功能线路机械，集机、电、液、气于一体，采用了电液伺服控制、自动检测、微机控制和激光准直等先进技术，可对道岔和线路实行捣固作业，具有操作简便、性能良好、作业高效的特点。

CD 08-475 型道岔捣固车在封锁线路条件下，能在单线、复线、多线及复线转辙、道岔和交叉区间进行轨道拨道、起道抄平、钢轨两侧枕下道砟捣固和枕端道砟夯实等作业。利用车上测量系统，可测量记录作业前、后线路及道岔的几何参数，并可通过控制系统，按设定的线路及道岔几何参数进行作业。

CD 08-475 型道岔捣固车作业条件见表 7-17，主要技术性能见表 7-18。

CD 08-475 型道岔捣固车作业条件 表 7-17

项　　目	作业条件	项　　目	作业条件
钢轨	50kg/m、60kg/m、75kg/m	线路最大超高	150mm
轨枕	木枕或混凝土枕	线路最大坡度	33‰
道床	碎石道床	最小作业曲线半径	180m
作业线路	单线或线间距 4m 及以上的复线、多线和复线转辙、道岔及交叉区间	最小运行曲线半径	180m
		环境温度	−10～+50℃
轨距	1435mm	特殊环境	可在雨天和夜间及风沙、灰尘严重的环境中作业

CD 08-475 型道岔捣固车主要技术性能 表 7-18

项　　目	性能参数	项　　目	性能参数
外形尺寸	长 33550mm	材料车轴至后转向架中心距离	5050m
	宽 3000mm	材料车前后轴距	8500m
	高 3700mm	轮径	Φ910mm
转向架芯盘距	14000mm	纵向高低作业精度	4mm（直线 10m 距离两侧点间高差）
转向架轴距	1800mm		
车钩中心高	(880±10) mm（距轨面）	横向水平作业精度	±2mm
最高双向自行速度	90km/h	测量系统精度	1mm
最高联挂运行速度	100km/h	拨道作业精度	±2mm（16m 弦 4m 距离两点正矢最大差值）
柴油机功率	348kW		
质量	约 96t	起道顺坡率	≤0.1%
作业走行制动方式	液压制动	自运行制动方式	空气排风制动，一次缓解，缓解时间<10s
作业效率　平直线路	0～500m/h		
作业效率　12 号单道岔	不超过 35min	单车紧急制动距离	≤400m（以 80km/h 运行）
最大起道量	150mm	传动方式	液力传动（高速运行）
最大拨道量	±150mm		
捣固深度	560mm（由轨顶向下）		液压传动（作业走行）

（6）PGM-48 型钢轨打磨列车

PGM-48 型钢轨打磨列车是在引进国外钢轨打磨列车制造技术的基础上国产化生产的新型养路机械，如图 7-7 所示。

PGM-48 型钢轨打磨列车由控制车、生活车和动力车三节车组成。控制车和动力车分别位于列车的两端，生活车位于中部。控制车由司机室、主动力室、辅助发电机室、电气控制室四部分组成；动力车由司机室、动力室、物料间、电气控制室四部分组成；生活车由卧室、厨房间、盥洗间、休息娱乐室四部分组成。

PGM-48 型钢轨打磨列车由转向架、车架、牵引装置、打磨装置、防火装置、检测系统、液压系统、电气系统、气动系统、动力传动系统及制动系统等部分组成。

PGM-48 型钢轨打磨列车的控制系统先进，并集机、电、液、气及计算机技术于一体，主要用于消除波磨、擦伤和剥离等钢轨伤损，及新线钢轨的预防性打磨。它可通过廓形和波磨测量系统获得钢轨的磨损状况，或设定打磨参数，并将测量结果或设定参数输入计算机控制系统，实现打磨小车上磨头的偏转、横移和加压等动作的控制，完成钢轨的打磨作业。

PGM-48 型钢轨打磨列车作业条件见表 7-19，主要技术性能见表 7-20。

图 7-7　PGM-48 型钢轨打磨车

PGM-48 型钢轨打磨列车作业条件　　　　表 7-19

项　　目	作业条件	项　　目	作业条件
轨距	1435mm	线路最大坡度	33‰
线路最大超高	150mm	最小运行曲线半径	110m
环境温度	−10～+40℃	特殊环境	可在雨天和夜间及风沙、灰尘严重的环境中作业

PGM-48 型钢轨打磨列车主要技术性能　　　　表 7-20

项　　目	性能参数	项　　目	性能参数
外形尺寸	长 63200mm	最高双向自行速度	80km/h
	宽 2900mm	最高联挂运行速度	100km/h
	高 4630mm	作业走行速度	1.6～24km/h
控制车、动力车芯盘距	15790mm	磨头数量	48 个
生活车芯盘距	17780mm	砂轮直径	Φ254mm
转向架固定轴距	1828mm	打磨电机功率	22kW
轮径	Φ840mm	磨头横向调节量	±50mm
车钩中心高	(880±10) mm（距轨面）	磨头摆角调节量	−50°～+45°
柴油机功率	910kW	磨头与钢轨纵向夹角	2°
主发电机功率	680kW	每遍平均打磨深度	0.2mm
辅助发电机机功率	80kW	质量	约 256t

复 习 思 考 题

1. 试述线路修理工作分类及修理周期。
2. 试述我国线路维护组织管理形式。
3. 试述轨道不平顺的类型。
4. 试述轨道不平顺的管理方式。
5. 何谓轨道动态不平顺峰值管理与均值管理? 其管理目标是什么?
6. 试述我国大型养路机械的使用概况。
7. 车辆转向架和车体的振动都是由轨道不平顺所引起的吗? 请提出你的论据和结论?

第8章 轨道交通噪声与振动及其控制

8.1 控制轨道交通噪声与振动的意义

空气污染、水污染及噪声污染构成当代环境的三种主要污染。列车运行产生噪声与振动，不但对铁路自身的设备、旅客和工作人员产生不利影响，而且对周边环境和居民也产生干扰甚至影响社会稳定。为保持社会经济的可持续发展，轨道交通建设与运营必须考虑环境保护问题。日本与法国铁路在高速铁路建设初期，由于未能重视铁路噪声问题，受到沿线居民的投诉，造成经济损失。因此，研究噪声与振动的发生规律并采取相应的对策以降低其影响，对于推动社会经济的可持续发展、提高铁路及城市轨道交通运输系统的竞争力都有重要意义。

8.2 噪声与振动的基本知识

8.2.1 噪声与振动的传播

振动与噪声是密切相关的，它们都以波的形式传播，声波传播能量的方式是依靠动量传播，而振动能量的传播则靠物质的移动。

振动与噪声的传播有两种：

纵波：也称疏密波或 P 波 (Primary wave)，是以物质或空气的疏密压缩来传播的，其传播速度最快。

横波：也称切变波或 S 波 (Secondary wave)，其传播速度较慢，约为 P 波速度的 40%～60%左右。其破坏作用大于 P 波。

日本高铁利用 P 波所产生的信号截断高铁系统电源，避免 S 波形成的破坏作用，从而保证高铁系统的运营安全。

声音在空气中的传播一般是以纵波方式传播，振动在固体中的传播既有纵波传播也有横波传播。

由于振动与噪声相关，因此在制定治理计划时，往往采取综合整治措施。但振动与噪声又有所不同，因而治理时也需针对其特性采取不同的措施。

8.2.2 噪声的表征与度量

(1) 表征噪声的物理量

轨道结构振动时，在通过空气传播的人耳可闻声形成之前，结构振动产生的声音称为结构声或固体声。振动产生的同时，伴随着固体声的传播和噪声的辐射。通常人们用一些物理量对各种声音进行评价，有声功率、声强和声压三个物理量。

1）声压（p）

声压是指某瞬时，介质中的压强相对于无声波时压强的改变量，记为 p，单位为 N/m^2 或 Pa。任一点的声音是随时间而变化的，每一瞬时的声压称瞬时声压。某一段时间内瞬时声压的均方根为有效声压。如未说明，通常所说的声压即为有效声压。

2）声功率

声功率是描述声源性质的物理量，由于它不像声压那样随着离开声源的距离加大而减小，因此，国际标准化组织（简称 ISO）推荐测试噪声源的声功率。声功率反映的是单位时间内声源向外辐射的总能量，即：

$$W = \frac{E}{\Delta t} \tag{8-1}$$

式中　W——能量（W）。

3）声强

声强是单位面积上的声功率，即：

$$I = \frac{W}{\Delta S} = \frac{E}{\Delta t \Delta S} \tag{8-2}$$

式中　I——声强（W/m^2）。

声压与声强有关，在自由声场中，声强与声压的平方成正比，而与介质密度 ρ 和声速 c 的乘积成反比，即：

$$I = \frac{p^2}{\rho c} \tag{8-3}$$

声强与声压幅值的平方成正比，因而它和声压一样也随着离开声源距离的加大而减小。此外，声强还与传声媒质的性质有关，例如在空气和水中有两列具有相同频率、相同速度幅值的声波，这时，水中的声强要比空气中的声强约大 3600 倍。

（2）噪声的物理量度

1）声压级

声压级是声压的度量。人耳对声音的感觉与声音的声压和频率有关。因此，在确定声音强弱时，既要考虑声压的大小，也要考虑其对应的频率。人耳的可闻声压范围为 $2×10^{-5}\ Pa$ 的弱音到 $2×10^3\ Pa$ 的强音，可闻频率范围为 20～20000Hz。20Hz 以下的振动称次声，20000Hz 以上的振动称超声。次声和超声都是人耳所不能听到的。大多数生产噪声的频率，是在 60～10000Hz 的范围，处于人耳的听觉灵敏区。

人耳对 1000Hz 纯音的听阈声压是 2×10^{-5} Pa，相当于一个大气压力的 50 亿分之一；飞机的强力发动机发出的声音高达 10^2 Pa，属于人耳能短时忍受的最大声压，只相当于一个大气压的千分之几。从人耳刚刚能听到的微弱声音到难以忍受的强烈噪声，声压相差数百万倍，仅相当一个大气压的几十亿分之一到几千分之几。显然，直接用声压作单位来衡量声音的大小很不方便。为此，人们考虑到对如此广阔的能量范围使用对数标度的可能性；另一方面，从声音的接收来看，人耳有一个很奇怪的特点，即当耳朵接收到声振动以后，主观上产生的响度感觉与声压的绝对值不成正比，而近似地与声压的对数成正比。因此，声学上普遍使用对数标度来度量声压，称为声压级，其定义是声压平方与 1000Hz 纯音的听阈声压平方比值的对数，单位是贝尔。但贝尔是一个很大的单位，用起来不方便。因此，取 1/10 贝尔作为常用单位，这就是分贝，其计算式为：

$$L_p = 10\lg\frac{p^2}{p_0^2} = 20\lg\frac{p}{p_0} \tag{8-4}$$

式中　L_p——声压级（dB）；

　　　p——声压（Pa）；

　　　p_0——基准声压，在空气中 $p_0 = 20\mu\mathrm{Pa}$；在水中，$p_0 = 1\mu\mathrm{Pa}$。

为了使读者对声压和声压级的概念有一个直观的了解，表 8-1 给出几种常见声源的声压和声压级。

从式（8-4）可以看出，声音的叠加不是声压叠加，而是声压的平方叠加，即能量的叠加。假如有两个声压级分别为 L_{p1} 和 L_{p2} 的声音叠加，根据分贝加法求总声压级 L_p 如下：

$$L_{p1} = 10\lg\frac{p_1^2}{p_0^2};L_{p2} = 10\lg\frac{p_2^2}{p_0^2}$$

$$L_p = 10\lg\left(\frac{p_1^2}{p_0^2} + \frac{p_2^2}{p_0^2}\right) = 10\lg(10^{0.1L_{p1}} + 10^{0.1L_{p2}})$$

$$= 10\lg\{10^{0.1L_{p1}}[1 + 10^{0.1(L_{p2}-L_{p1})}]\} = L_{p1} + 10\lg(1 + 10^{0.1\Delta}) \tag{8-5}$$

式中　$\Delta = L_{p1} - L_{p2},L_{p1} > L_{p2}$。

几种典型声源的声压和声压级 表 8-1

声压（Pa）	声压级（dB）	声源及环境	声压（Pa）	声压级（dB）	声源及环境
2×10^{-5}	0	刚刚能听到的声音	2×10^{-1}	80	公共汽车内
6.3×10^{-5}	10	寂静的夜晚	6.3×10^{-1}	90	水泵房
2×10^{-4}	20	微风轻轻吹动树枝	2	100	轧机附近
6.3×10^{-4}	30	轻声耳语	6.3	110	矫直机旁
2×10^{-3}	40	疗养院房间	2×10	120	大型球磨机附近
6.3×10^{-3}	50	机关办公室	6.3×10	130	锻锤工人操作岗位
2×10^{-2}	60	普通讲话	2×10^2	140	飞机强力发动机旁
6.3×10^{-2}	70	繁华街道			

如果把式 8-5 中的 $\Delta L_p = 10\lg (1+10^{0.1\Delta})$ 作为 Δ 的函数画成图表（图 8-1），即可很容易地算出总声压级。例如 $L_{p1} = 97dB$，$L_{p2} = 93dB$，$\Delta = L_{p1} - L_{p2} = 4dB$，查图 8-1，得 $\Delta L_p = 1.5dB$，故 $L_p = 97 + 1.5 = 98.5dB$。由图 8-1 可知，当两个声压级相差 10dB 以上时，叠加后的总声压级基本上等于较高的那个声压级 L_p，这时对应的 ΔL_p 值已经是微不足道的了，可以忽略不计。因此，在测量机械设备的噪声时，本底噪声对测量结果的影响是可以修正的。同理，在有多种噪声同时存在的情况下，首先治理其中较强的噪声源，会收到显著的效果。反之，如果先从弱噪声源入手，噪声状况就会看不出有什么改善。

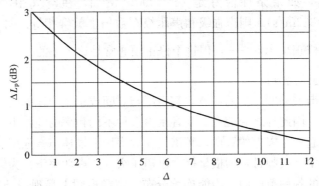

图 8-1 声压级加法计算图表

2）声功率级

声功率的度量采用声功率级。

以 1pW（10^{-12}W）为基准，定义声功率级为：

$$L_w = 10\lg \frac{W}{W_0} \tag{8-6}$$

式中 L_w——声功率级（dB）。

表 8-2 给出了几种典型声源的声功率和声功率级。

几种典型声源的声功率和声功率级 表 8-2

声功率 (W)	声功率级 (dB)	声 源 及 环 境	声功率 (W)	声功率级 (dB)	声 源 及 环 境
10^{-9}	30	轻声耳语	10^{-1}	110	离心风机（风量 3500m³/min）旁
10^{-5}	70	普通讲话	10	130	球磨机附近
10^{-4}	80	高声喊叫	10^2	140	螺旋桨飞机附近
10^{-3}	90	G4-73-11. No9D 通风机旁	10^4	160	喷气式飞机附近
10^{-2}	100	LGA30-3500-1 罗茨风机旁			

3）声强级

声强的度量采用声强级。

声强级是以 1000Hz 纯音的听阈声强值 1pW/m² 为基准定义的，即：

$$L_i = 10\lg \frac{I}{I_0} \qquad (8\text{-}7)$$

听阈声强是与听阈声压相对应的声强。声强级和声压级之间满足下列关系：

$$L_i = L_p + 10\lg \frac{400}{\rho c} \qquad (8\text{-}8)$$

式中　L_p——声强级（dB）；

　　　　ρ——传声媒质的密度（kg/m^3）；

　　　　c——传声媒质的声速（m/s）。

在测量时，如果条件恰好是 $\rho c = 400$（例如，在空气中，0℃时，$\rho = 1.2 kg/m^3$，$c = 332 m/s$），则声强级和声压级在数值上就会相等。对于一般情况，两者相差一个修正项 $10\lg \frac{400}{\rho c}$，但这个修正项通常是比较小的。

4）噪声的频谱分析

声源作简谐振动所产生的声波，其声压与时间成正弦曲线的关系，它只具有单一频率成分，因此称之为纯音。复音是由多种不同频率的纯音组成的声波，在听觉上可以引起一个以上的音调，频谱是在频率域上描述声音强度变化规律的曲线，一般以频率（或频带）为横坐标，以声压级（或声功率级）为纵坐标。

在可听声的频率范围内，声能连续分布，在频谱图上呈现一条连续的曲线，称为连续谱（见图 8-2）；若声能间断分布，在频谱图上呈现一系列分离的竖直线段，则称为离散谱（见图 8-3）。

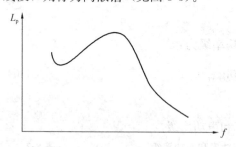

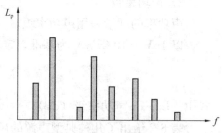

图 8-2　连续谱　　　　　　　　　　　图 8-3　离散谱

工业噪声一般是由频率和强度不同的多种成分杂乱无章地组成的，其频谱有连续谱、离散谱，也有二者的混合谱。机械振动所产生的噪声频谱通常与机械结构参数（如机器的转速）有密切关系，因此频谱分析成为噪声源识别的有力工具。

有的机械设备高频率的声音较多，听起来尖叫刺耳，例如电锯、铆钉枪等，其辐射的噪声主要成分在 1000Hz 以上，属于高频噪声。有的机器辐射的噪声低频成分较多，主要能量集中分布在 500Hz 以下，听起来低沉闷响，这种噪声属于低频噪声，例如空压机、汽车的噪声。主要频率成分在 500～1000Hz 范围内的噪声称为中频噪声，例如高压风机、水泵的噪声；频谱中能量比较均匀地分布在 $125\sim2000\mathrm{Hz}$ 范围内的噪声，称为宽带噪声，例如柴油机、轴流风机的噪声。

噪声的频率可为 $20\sim2\times10^4\mathrm{Hz}$，高声和低音的频率相差 10^3 倍。在一般情况下，没有必要对工业噪声逐一频率地进行分析。为便于实际应用，一般将这一宽广的频率变化范围划分为若干小段，称为频带。一般只需测出各频率的噪声强度便可绘出噪声频谱图。每一频带的上限值为 f_u，下降值为 f_d，$\Delta f = f_\mathrm{u} - f_\mathrm{d}$ 称为带宽。噪声测量滤波器的截止频率以 f_u 和 f_d 为上下限，并有倍频带、1/2频带及1/3频带三种滤波器。一般对 n 倍频带作如下定义：

$$f_\mathrm{u}/f_\mathrm{d} = 2^n$$

当 $n=1$ 时，$f_\mathrm{u}/f_\mathrm{d}=2$，即截止频率上下限之比为 $2:1$，这样的频率比值所确定的频程称为倍频程，其频带称为倍频带。因此，当 $n=1/2$ 时，称为1/2倍频带。目前，各种噪声测量中经常使用1/3倍频带。频带的上下限 f_u、f_d 与其中心频率（几何平均频率）f_0 有下列关系：

$$f_0 = \sqrt{f_\mathrm{u} f_\mathrm{d}}$$

由此式可得到倍频带和1/3倍频带宽 Δf 分别为：

$$n = 1 \text{ 时}, \Delta f = f_\mathrm{u} - f_\mathrm{d} = 0.707 f_0$$
$$n = 1/3 \text{ 时}, \Delta f = f_\mathrm{u} - f_\mathrm{d} = 0.23 f_0$$

表 8-3 列出倍频程中心频率及频率范围。1/3倍频程中心频率及频率范围见表 8-4。在噪声测量中，作出噪声按倍频程的声压分布曲线，即为倍频程频谱分析，由此可直观了解噪声的概略特性。使用1/3倍频程频谱分析方法可得到更详细的噪声频谱特性。

倍频程中心频率及频率范围 表 8-3

中心频率 （Hz）	31.5	63	125	250	500	1000	2000	4000	8000	16000
频率范围 （Hz）	22~45	45~90	90~180	180~355	355~710	710~1400	1400~2800	2800~5600	5600~11200	11200~22400

1/3倍频程中心频率及频率范围 表 8-4

中心频率（Hz）	频率范围（Hz）	中心频率（Hz）	频率范围（Hz）	中心频率（Hz）	频率范围（Hz）
50	45~56	400	355~450	3150	2800~3550
63	56~71	500	450~560	4000	3550~4500
80	71~90	630	560~710	5000	4500~5600
100	90~112	800	710~900	6300	5600~7100
125	112~140	1000	900~1120	8000	7100~9000
160	140~180	1250	1120~1400	10000	9000~11200
200	180~224	1600	1400~1800	12500	11200~14000
250	224~280	2000	1800~2240	16000	14000~18000
310	280~355	2500	2240~2800		

8.3 噪声的危害与评价

8.3.1 噪声的危害

噪声有多方面的严重危害，必须引起人们的足够重视，分述如下：

(1) 噪声引起听力损伤

大量的研究表明，噪声危害人的听力，发生高频听阈损伤，甚至于耳聋或耳鼓膜破裂。噪声对于听力危害的程度，与噪声的形式、强度、频率及暴露的时间密切相关。

人们进入噪声环境中，感到刺耳难受，停留一段时间再离开噪声环境，感到听觉变得迟钝，原来能听见的轻微的声音也听不见了，就是说听力下降（或听阈上移）了。但只要离开噪声环境休息一段时间，人的听觉就会逐渐恢复原状，这种现象称为暂时性听力偏移，或听觉疲劳。它只是暂时性的生理现象，听觉器官没有受到损害。若长年累月在强噪声条件下工作，内耳听觉器官经常受到强噪声刺激，这种听觉疲劳就会固定下来，不能再恢复正常，就产生了永久性的听力下降或听阈偏移。这种现象称为噪声性耳聋。

图 8-4 给出了我国卫生部门调查的连续暴露 30 年、听力损伤率与噪声强度的关系曲线。由图可见，90dB（A）环境中暴露 30 年，语言听力损伤率为 6.4%；95dB（A）环境中为 18.9%；100dB（A）环境中为 29.3%。统计分析表明，工作环境噪声超过 90dB（A）以后，语言听力损伤率急剧增加。

国际标准化组织（ISO）规定把 500、1000、2000Hz 听力损伤量（以分贝表示）的算术平均值达到 25dB 作为耳聋标准，因为这时即使面对面谈话也会感到听觉困难。

以上介绍的是慢性耳聋，另外还有一种暴振性耳聋，它是由于高强噪声使得内耳鼓膜破裂，导致双耳完全失聪成为永久性耳聋。

(2) 噪声引起疾病

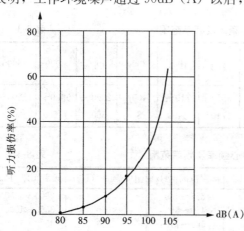

图 8-4 噪声强度与语言听力损伤关系

在噪声影响下，可能诱发疾病，并与个人的体质、噪声的强弱和频率的大小有关。噪声作用于人的中枢神经系统，致使人的基本生理过程，即大脑皮层的兴奋与抑制的平衡失调，导致条件反射异常，感到疲劳、头昏脑胀等。如果这种平衡失调得不到及时恢复，久而久之，就形成牢固的兴奋灶，导致神经衰弱症。

噪声作用于中枢神经系统，还影响人的其他器官。噪声可使交感神经系统紧张，从而产生心跳加速、心律不齐、心电图 ST-T 段波升高、血管痉挛、血压升高；在噪声作用下会产生胃功能紊乱，引起肠胃机能阻滞、消化分泌异常、胃酸酸度降低、胃蠕动减退等，其结果引起消化不良、食欲不振、恶心呕吐、体质减弱等。

（3）噪声对其他方面的影响及危害

噪声影响人们的休息和睡眠，试验表明：在 40~45 dB（A）的噪声刺激下，进入睡眠的脑电波就出现觉醒反应；60dB（A）的噪声可使 70% 的人从睡眠状态中惊醒，可见噪声对人的睡眠影响是相当严重的。

噪声干扰语言：噪声干扰人们的谈话、听广播、打电话、上课、开会等。在强噪声的车间里，人们无法用语言表达思想，特别是危险报警声信号被掩盖时，往往发生事故。

噪声降低劳动生产率：在强噪声环境工作时，人们心情烦躁，容易疲劳，反应也迟钝，致使工作效率大大降低。在噪声刺激下，人们的注意力不易集中，影响工作进度，降低工作质量，易出差错，甚至引发事故。

噪声对建筑物和仪器设备也有危害。当大型喷气飞机以超声速低空掠过时，由空气冲击波所引起的强烈噪声会使地面建筑物受到很大损伤，烟囱倒塌，建筑物破坏（如墙壁开裂以及窗玻璃破碎等）。

在强噪声作用下，材料因噪声疲劳而引起裂纹甚至断裂，灵敏的自动遥控精密仪表设备因受到噪声损害而失灵。

8.3.2 噪声的测量

（1）噪声的测量

1）响度与响度级

人们经常谈到的声音大小是以耳朵的感受而言。虽然采用声压级可表示声音的强弱，但人耳所感受的声响不只是与声压级有关，也与频率有关。也就是说，声压级相同而频率不同的声音听起来可能不一样响，声音的响度是声压级和频率的函数。响度级是表示响度的主观量，它以 1000Hz 的纯音为基准。当噪声听起来与该纯音一样响时，就把这个纯音的声压级称为该噪声的响度级，单位为方（phon）。例如，一个噪声与声压级是 85dB 的 1000Hz 纯音一样响，则该噪声的响度级就是 85 方。

以 1000Hz 纯音为标准，测出整个听觉频率范围纯音的响度级，称为等响曲线（简称为 ISO 曲线），如图 8-5 所示。

等响曲线族中每一条曲线相当于声压级和频率不同而响度相同的声音。最下面的曲线是听阈曲线，最上面的曲线是痛阈曲线，中间是人耳可以听到的正常声音。

从等响曲线可以看出，当声压级小而频率低时，声压级和响度级差别很大。如声压级为 40dB、频率为 50Hz 低频声是听不见的，而声压级为 40dB 的 80Hz 声音的响度是 20phon，可以听见。

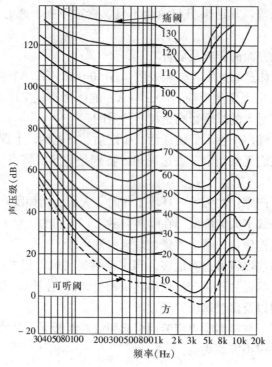

图 8-5　等响曲线

响度级是一个相对量，不能直接进行加减运算，为了计算绝对值和百分比，引入一个响度单位宋（sone）。1sone 是频率为 1000Hz、声压级为 40dB 的纯音的感觉反应量，即：40phon 为 1sone。响度级每增加 10phon，响度相应改变 1 倍，50phon 为 2sone，60phon 为 4sone，等等。响度 S 和响度级 L_s 之间的关系为：

$$S = 2^{\frac{L_S-40}{10}} \qquad (8\text{-}9)$$

用响度（或称响度指数）表示声音的大小，可以直接算出声响增加或减小的百分比。但是响度是不能直接测量的，测试获得的一般为声压级 L_p。如何由测出的声压级计算响度级和响度呢？下面介绍响度的一种近似计算方法，步骤如下：

1）测出噪声的频带声压级 L_{pi}；

2）由图查出各频带级所相应的响度指数 S_i（见图 8-6）；

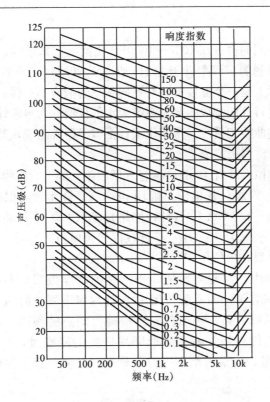

图 8-6 响度指数（sone）

3）求出各频带中最大的响度指数 S_{max}；

4）求总响度 $S = \alpha \sum_{i=1}^{n} S_i + (1-\alpha) S_{max}$，这里系数 α 与所选频带有关，对于倍频程，$\alpha = 0.3$；对于 1/2 倍频程，$\alpha = 0.2$；对于 1/3 倍频程，$\alpha = 0.15$。

某次测试获得的倍频带声压及相应的响度指数表　　　　　表 8-5

中心频率（Hz）	63	125	250	500	1000	2000	4000	8000
声压级（dB）	42	40	47	54	60	58	60	72
响度指数（sone）	0.16	0.37	1.44	2.84	4.8	52.2	7.0	17.5

【例 8-1】对某设备进行测量，用倍频程分析仪测量的结果与相应的响度指数如表 8-5 所示，总响度为多少？

【解】$S = 0.3 \times (0.16 + 0.37 + 1.44 + 2.84 + 4.8 + 5.2 + 7.0 + 17.5) + 0.7 \times 17.5$
　　　$= 24.04 \text{sone}$

对应的响度级为：　　　　$L_s = 10 \dfrac{\lg S}{\lg 2} + 40 = 85.88 \text{phon}$

2）计权网络（俗称挡）

如前所述，人耳对声音强弱的感觉主要取决于声音的强度，但也与频率有关，在衡量声音的强弱时，必须考虑到人耳的这一特性，使之所得出的结果与人耳的感觉相一致。

人耳对于声强相同的声音在 1000～4000Hz 之间听起来最响，随着频率的降低或升高，响度越来越弱，频率低于 20Hz 或高于 20kHz 的声音人耳一般听不见。因此，人耳实际上是一个滤波器，对不同频率的响应不一样。

根据人耳的等响特性而制成的测量声级大小的仪器称为声级计。它的频率响应分别与人耳的等响曲线相适应。常用声级计由电子器件组成，其频响曲线由频率计权网络即特殊滤波器来完成。

计权网络若是模拟人耳对 40phon 纯音（低声级）的等响曲线称为 A 计权网络，测出的值称为 A 声级，其单位一般用 dB（A）表示。类似地还有 B 计权（中等声级）和 C 计权（高声级）。B 计权网络是模拟人耳对 70phon 纯音的等响曲线，称为 B 声级，表示为 dB（B）。C 计权网络是模拟人耳对 100phon 纯音的等响曲线，称为 C 声级，单位用 dB（C）表示。

在实际噪声控制中，常常要预估降噪措施的降噪效果，一般吸声、隔声或隔振的效果与频率有关，而实际使用中 A 计权网络测量的 A 声级是宽频带的。因此为了预估降噪效果，必须首先测量被控制点的噪声，然后做 1/3 倍频程谱分析，获得线性声级，减去采取降噪措施的降噪量，再减去由表 8-6 给出的 A 计权修正量，将最后结果进行分贝求和，便获得了降噪处理后的 A 声级。

A、B、C 计权修正量　　　　　　　　　　　　　表 8-6

频　率 （Hz）	A 计权修正 （dB）	B 计权修正 （dB）	C 计权修正 （dB）	频　率 （Hz）	A 计权修正 （dB）	B 计权修正 （dB）	C 计权修正 （dB）
10	−70.4	−38.2	−14.3	500	−3.2	−0.3	0
12.5	−63.4	−33.2	−11.2	630	−1.9	−0.1	0
16	−56.7	−28.5	−8.5	800	−0.8	0	0
20	−50.5	−24.2	−6.2	1000	0	0	0
25	−44.7	−20.4	−4.4	1250	+0.6	0	0
31.5	−39.4	−17.1	−3.0	1600	+1.0	0	−0.1
40	−34.6	−14.2	−2.0	2000	+1.2	−0.1	−0.2
50	−30.2	−11.6	−1.3	2500	+1.3	−0.2	−0.3
63	−26.2	−9.3	−0.8	2150	+1.2	−0.4	−0.5
80	−22.5	−7.4	−0.5	4000	+1.0	−0.7	−0.8
100	−19.1	−5.6	−0.3	5000	+0.5	−1.2	−1.3
125	−16.1	−4.2	−0.2	6300	−0.1	−1.9	−2.0
160	−13.4	−3.0	−0.1	8000	−1.1	−2.9	−3.0
200	−10.9	−2.0	0	10000	−2.5	−4.3	−4.4
250	−8.6	−1.3	0	12500	−4.3	−6.1	−6.2
315	−6.6	−0.5	0	16000	−6.6	−8.4	−8.5
400	−4.8	−0.5	0	20000	−9.3	−11.4	−11.2

（2）噪声的评价

人们工作的环境，有可能是稳态的噪声（噪声的强度和频率基本不随时间变化）环境，也可能是非稳态的噪声环境。例如，某人处于稳态噪声 85dB（A）

下工作 8h，而另一个人处于噪声 85dB（A）下工作 3h，95dB（A）下工作 1h，75dB（A）下工作 4h，这人就是处于一种非稳态的噪声环境下。如何来评价这两个人谁受到的噪声干扰大？这就需要将非稳态噪声折算成等效连续 A 声级，才能进行比较。

等效连续 A 声级的定义是：某段时间内的非稳态噪声的 A 声级，用能量平均的方法，以一个连续不变的 A 声级来表示该段时间内噪声的声级。用公式表示就是：

$$L_{eq} = 10 \lg \frac{\int_0^T 10^{\frac{L_A}{10}} \mathrm{d}t}{T} \qquad (8\text{-}10)$$

式中，L_{eq} 称为等效连续 A 声级，单位 dB（A）；L_A 为测得的 A 声级；T 为噪声暴露时间。当测量值 L_A 是非连续离散值时，上式可改写为：

$$L_{eq} = 10 \lg \frac{\sum_i 10^{\frac{L_{Ai}}{10}} t_i}{\sum_i t_i} \qquad (8\text{-}11)$$

式中 L_{Ai} 表示第 i 段时间内的 A 声级，t_i 就是第 i 段时间。

假如时间 t_i 很分散，可利用下述近似计算的方法。把一段时间内（比如一个工作日）的 A 声级从小到大排列，并略去小声级（78.5dB（A）以下的声级），第一段规定用中心声级 80dB（A）代替 78.5～82.5dB（A），其余各段以此类推，相邻段中心声级相差 5dB（A），列出段数和相应的中心声级和暴露时间，见表 8-7。

各段中心声级和暴露时间　　　　　　　　　　表 8-7

段　数 n	1	2	3	4	5	6	7	8
中心声级 L_{Ai}（dB）	80	85	90	95	100	105	110	115
暴露时间 t_n（min）	t_1	t_2	t_3	t_4	t_5	t_6	t_7	t_8

对应上表的等效连续 A 声级为：

$$L_{eq} = 80 + 10 \lg \frac{\sum_n 10^{\frac{n-1}{2}} t_n}{\sum_n t_n} \qquad (8\text{-}12)$$

对于等时间间隔取样，若时间划分的段数为 N，则一段时间内的等效连续 A 声级为：

$$L_{eq} = 10 \lg \frac{\sum_{i=1}^N 10^{\frac{L_{Ai}}{10}}}{N} \qquad (8\text{-}13)$$

非稳态噪声的大规模调查已经证明，等效连续 A 声级与人的主观反应有很好的相关性。不少国家的噪声标准中，都规定用等效连续 A 声级作为评价指标。

【例 8-2】某人一天工作 8h，其中 4 小时在 90dB（A）的噪声下工作，3h 在 85dB（A）的噪声下工作，1h 在 80dB（A）的噪声下工作，计算每小时的等效连续 A 声级。

【解】
$$L_{eq} = 10\lg \frac{10^{\frac{90}{10}} \times 4 + 10^{\frac{85}{10}} \times 3 + 10^{\frac{80}{10}} \times 1}{4+3+1} = 82.4 \text{（dB（A）}$$

由于人们在夜间对噪声比较敏感，近年来在等效连续 A 声级的基础上又提出了昼夜等效 A 声级的概念来评价环境噪声。对于夜里 22：00 起到次日晨 6：00 之间的声压级，作了附加 10dB（A）的处理。昼夜等效 A 声级可以表示为：

$$L_{dn} = 10\lg \frac{16 \times 10^{\frac{L_d}{10}} + 8 \times 10^{\frac{L_n+10}{10}}}{24} \tag{8-14}$$

式中，L_{dn} 称为昼夜等效 A 声级；L_d 为白天 16 个小时（6：00—22：00）的等效连续 A 声级；L_n 表示昼夜 8 个小时（22：00—6：00）的等效连续 A 声级。

A 声级、等效连续 A 声级和昼夜等效 A 声级广泛用于环境噪声、交通噪声、车间噪声等领域的评价。

我国《铁路边界噪声限值及其测量方法》GB-12525—90 标准规定如表 8-8。

我国京沪高速铁路边界噪声标准建议限值见表 8-9。

铁路边界噪声限值　表 8-8

项　　目	等效声级 L_{eq} [dB（A）]
昼　　间	70
夜　　间	70

注：铁路边界系指距铁路外侧轨道中心线 30m 处。

京沪高速铁路边界噪声标准建议限值 [dB（A）]　表 8-9

L_{eq}, 24	L_{max}
70	89

注：1. 此建议值只适用于京沪铁路上的列车运行噪声，不包括机车鸣笛噪声；
2. 表中等效声级（L_{eq}）作为环境噪声目标控制值，最大声级（L_{max}）作为高速铁路技术设计目标控制值；
3. 建议限值为距外侧轨道中心线 30 米处地面上的声级；
4. 评价量为等效声级 L_{eq}，24 及列车通过时的最大声级 L_{max}。

国外高速铁路噪声级如表 8-10 所示。由此表可见，目前国外高速铁路噪声级，法国最高，德国其次，日本最低。

国外高速铁路噪声级 [单位：dB（A）]　表 8-10

国　家	车速 (km/h)	L_{max} 20 世纪 80 年代	L_{max} 20 世纪 90 年代	国　家	车速 (km/h)	L_{max} 20 世纪 80 年代	L_{max} 20 世纪 90 年代
日　本	200	87	67	法　国	200	90*	87
	250	90*	73		270	97	92
	300	92*	77		300	97	94
德　国	200	86	84				
	250	90	87				
	300	93	90				

* 为计算值，其余均为实测值。

注：测点距铁路中心线 25m，距地面高度为 1.2m。

8.4 振动的危害与评价

8.4.1 振动的危害

环境中存在着各种各样的振动现象，如轮轨相互作用产生的振动，集电系统的振动等。振动是噪声的主要来源，同时，振动还通过基础传向各方，如轮轨系统的振动以弹性波的形式传向轨下基础和路基，并向外辐射，在近距离内可能形成危害。环境科学所指的振动污染是指对人体及生物带来有害影响的振动。振动会引起人体内部器官的振动或共振，导致疾病的发生，危害人体健康，甚至危及生命安全。振动污染是一种不可忽略的公害。

8.4.2 振动的评价

（1）振动与振动级

描述振动的物理量有：频率、位移、速度和加速度。

无论振动的方式多么复杂，通过傅里叶方法总可以离散成若干个简谐振动的形式，因此我们只分析简谐振动的情况。

简谐振动的位移：

$$x = A\cos(\omega t - \phi) \tag{8-15}$$

式中　A——振幅；

　　$\omega = 2\pi f$——角频率；

　　　　t——时间；

　　　　ϕ——初始相位角。

简谐振动的速度：

$$v = \frac{\mathrm{d}x}{\mathrm{d}t} = \omega A\cos\left(\omega t - \phi + \frac{\pi}{2}\right) \tag{8-16}$$

简谐振动的加速度：

$$a = \frac{\mathrm{d}^2 x}{\mathrm{d}t^2} = \omega^2 A\cos(\omega t - \phi + \pi) \tag{8-17}$$

速度相位相对于位移导前 $\pi/2$，加速度相位则导前 π。加速度的单位为 m/s²，有时也用重力加速度 g 表示。

振动加速度级定义为：

$$L_a = 20\lg \frac{a_e}{a_{ref}} \tag{8-18}$$

式中　a_e——加速度的有效值，对于简谐振动，加速度有效值为加速度幅度的

　　　　$\dfrac{1}{\sqrt{2}}$倍；

a_{ref}——加速度参考值，国外一般取 $a_{ref} = 1 \times 10^{-6}$ m/s²，而我国习惯取 $a_{ref} = 1 \times 10^{-5}$ m/s²。

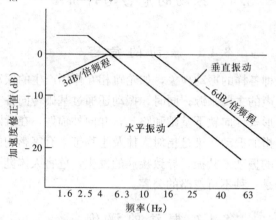

图 8-7　等感度曲线（ISO）

人体对振动的感觉与振动频率的高低、振动加速度的大小及其在振动环境中暴露时间长短有关，也与振动的方向有关。综合上述因素，国际标准化组织建议采取如图 8-7 所示的等感度曲线。振动级定义为修正的加速度级，用 L'_a 表示：

$$L'_a = 20 \lg \frac{a'_e}{a_{ref}} \tag{8-19}$$

式中　a'_e——修正的加速度有效值，可通过下式计算：

$$a'_e = \sqrt{\sum a_{fe}^2 \cdot 10^{\frac{c_f}{10}}} \tag{8-20}$$

式中　a_{fe}——频率为 f 的振动加速度有效值；

　　　c_f——表 8-11 的修正值。

垂直与水平振动的修正值　　　　　　　　　　表 8-11

中心频率（Hz）	1	2	4	8	16	31.5	63
垂直方向修正值（dB）	−6	−3	0	0	−6	−12	−18
水平方向修正值（dB）	3	3	−3	−9	−15	−21	−27

【例 8-3】频率为 2Hz、8Hz 和 16Hz 的三种频率成分均以加速度 0.1m/s² 振动，求其加速度级和振动级。

【解】（1）加速度级

$$a'_e = \sqrt{\sum a_{fe}^2} = \sqrt{3 \times 0.1^2} = \sqrt{3} \times 0.1 \text{m/s}^2$$

$$L'_a = 20 \lg \frac{a'_e}{a_{ref}} = 20 \lg \frac{\sqrt{3} \times 0.1}{10^{-5}} = 85 \text{dB}$$

（2）垂直振动级

$$a'_e = \sqrt{0.1^2 \times 10^{-0.3} + 0.1^2 \times 10^0 + 0.1^2 \times 10^{-0.6}} = 0.1323 \text{m/s}^2$$

$$L'_a = 20\lg \frac{a_e}{a_{ref}} = 20\lg \frac{0.1323}{10^{-5}} = 82.4\text{dB}$$

（3）水平振动级

$$a_e = \sqrt{0.1^2 \times 10^{0.3} + 0.1^2 \times 10^{-0.9} + 0.1^2 \times 10^{1.5}} = 0.147\text{m/s}^2$$

$$L_a = 20\lg \frac{a_e}{a_{ref}} = 20\lg \frac{0.147}{10^{-5}} = 83.35\text{dB}$$

（2）振动的评价标准

人体对振动的感觉是：刚感到振动是 $0.003g$，不愉快感是 $0.05g$，不可容忍感是 $0.5g$。振动有垂直与水平之分，人体对垂直振动比之水平振动更敏感。我国规定的"城市区域环境振动标准"如表 8-12 所示。

GB 10070—88 规定的城市各类区域铅垂向振动标准值（单位：dB）　表 8-12

适用地带范围	昼间（dB）	夜间(dB)	适用地带范围	昼间（dB）	夜间(dB)
特殊住宅区	65	65	工业集中区	75	72
居民文教区	70	67	交通干线道路两侧	75	72
混合区、商业中心区	75	72	铁路干线两侧	80	80

我国京沪高速铁路环境振动标准建议限值见表 8-13。

京沪高速铁路环境振动标准建议限值（单位：dB）　　表 8-13

列车速度≥200km/h	列车速度＜200km/h
Vlzmax：86	Vlz 平均：80

注：1. 表中标准建议限值为地面振动 Z（垂向）振动级 Vlz；

2. 只适用于京沪高速铁路沿线城市区域，距外侧轨道中心线 30 米处（室外）地面上的振级；

3. 表中 Z（垂向）振动级最大值（Vlzmax）作为高速铁路技术设计目标控制值；

4. 对于高速铁路城市区域沿线运行速度低于 200km/h 的地段，执行 GB 10070—88 中的相关标准，即评价量为 20 趟列车振动的平均值（Vlz 平均）。

国际标准化组织（ISO）制定了相应振动对人体影响的评价标准：即 ISO2631。该标准确定了下述三种评价界限。

1）疲劳—工效降低界限。当振动作用于人体时，使人感到疲劳，工作效率降低。疲劳—工效降低界限规定了以 $1\sim80\text{Hz}$ 频率范围作用在人体上的垂直振动加速度和横向振动加速度的极限值。该极限值的大小与振动频率和承受振动的时间有关，并绘制了相应的曲线，如图 8-8 所示。

图中的部分最小值为（频率 $4\sim8\text{Hz}$）：

人体承受 8h 振动　　垂直振动加速度 $\leqslant 0.315\text{m/s}^2$；

水平振动加速度 $\leqslant 0.224\text{m/s}^2$。

人体承受 4h 振动　　垂直振动加速度 $\leqslant 0.53\text{m/s}^2$；

水平振动加速度 $\leqslant 0.355\text{m/s}^2$。

确定了保障工作效率的"疲劳—工效降低界限"后，即可依此制定其他两个

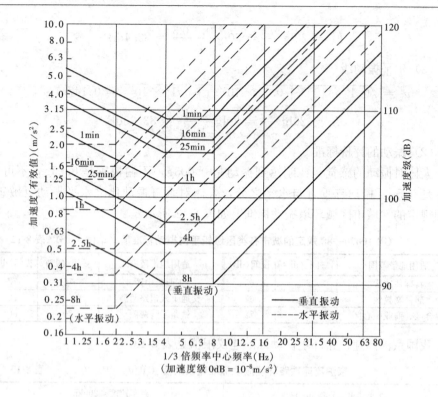

图 8-8   疲劳—工效降低界限

评价标准。

2）舒适感降低界限。把"疲劳—工效降低界限"的相应值除以 3.15 即成为保障舒适的"舒适感降低界限"。

3）暴露极限。当人处于较强的振动环境中，就会影响人的安全和健康，因此需制定保障安全与健康的振动"暴露极限"。把上述"疲劳—工效降低界限"的相应值提高一倍，就成为振动的"暴露极限"。

上述评价标准，也可用以评价我国铁路运营轮轨振动对铁路工作人员和旅客产生的不利影响。

8.5   轨道交通噪声的特点

列车运营产生的振动与噪声主要源于三个方面：机车的轰鸣声和集电系统的噪声；列车运行时产生的空气动力噪声；轮轨相互作用产生的振动与噪声。

国外试验研究表明，高速铁路所辐射的噪声有别于普通铁路。在列车速度低于 240km/h 的条件下，轮轨噪声对沿线环境影响较大；列车速度高于 240km/h之后，空气动力噪声和集电系统的噪声增大，与轮轨噪声共同成为主要的噪声源。以上各种噪声源所占总能量的成分，随着速度而变化。日本新干线的试验研究表明：速度低于 240km/h 时，轮轨噪声为主要噪声源，约占总噪声能量 40% 以上；当列车速度高于 300km/h 时，轮轨噪声、集电系统噪声及空气动力噪声共同成为主要噪声源，各占 30% 左右，详见表 8-14。

日本新干线高速铁路各种噪声源强度（单位：dB（A））　　表 8-14

噪 声 源	列车车速（km/h）							
	240		300		350		400	
	L_{max}	比例（%）	L_{max}	比例（%）	L_{max}	比例（%）	L_{max}	比例（%）
轮轨噪声	64	40	67	30	69～70	25	72	20
集电系统噪声	62	25	68	30	72	40	74～75	40
空气动力噪声	60～62	20	66～67	30	70～71	25	74	30
桥梁结构物噪声	<60	15	63	10	66	10	69	10
总噪声级	68		72～73		76		79	

注：测点距铁路中心线 25m，高于地面 1.2m；高架结构 8～10m；整体（吸声）道床；2m 高声屏障。

铁路环境振动在有砟轨道线路具有明显的"速度"效应，即随着列车速度的提高，振动有较大幅度的增加。我国试验研究表明：在 18m 处，当列车速度大于 150km/h，Vlzmax 值将超过 80dB；在 30m 处，当列车速度大于 200km/h，Vlzmax 值将超过 80dB；当列车速度达到 240km/h～275km/h，其 Vlzmax 值将超过 83dB～85dB。根据分析，列车速度达到 300km/h，Vlzmax 值将超过目标控制值 86dB，必须进一步采取有效的减振措施，以满足环境要求。

多年来人们致力于轮轨噪声的预测研究，已有多种预测公式，其中常用的是根据列车速度预测轮轨噪声 A 声级的 Lotz 公式：

（1）无缝线路轨道

$$L_A = 74 + 30\log \frac{v}{v_0} \tag{8-21}$$

式中　L_A——A 声级噪声（dB）；

　　　v——列车行车速度（km/h）；

　　　v_0——参照速度，$v_0 = 60$km/h。

L_A 值为距轨道中心线 30m 远的噪声级，使用上式时其列车长度需大于 90m。

（2）有缝线路轨道

$$L_A = 81 + 30\log \frac{v}{v_0} \tag{8-22}$$

符号意义及使用条件同无缝线路。

由上列公式算得的噪声数据与实测结果相差不超过 ±6dB。但对高速列车尚待研究以作出适当修正。

（3）隧道内线路轨道

$$L_A = 102 + 30\log\frac{v}{v_0} \pm 6 \tag{8-23}$$

式中，±6 表示若为无缝线路−6dB，有缝线路+6dB。其他符号意义同前。

列车经过桥梁时的噪声高于线路。在距轨道中心线 30m，高度为 1.2~1.6m 的测量点的试验结果表明：无砟钢桥的噪声比线路噪声高 10~15dB，无砟混凝土桥比线路高 5~10dB，而有砟混凝土桥则比线路噪声仅高出 0~5dB。

列车通过车站时的噪声约为 85dB，列车通过地下铁道车站的噪声为 80~85dB，但有的地铁车站噪声峰值可达到 95dB，美国纽约地铁车站甚至高达100~115dB，已接近人耳的痛阈。地下铁路的振动与噪声可通过地下土壤传递到地铁附近的建筑物，可能引起建筑物内居民的抱怨。

8.6　轨道交通噪声的控制

轨道交通的噪声控制主要从两方面着手，一是主动降噪，即降低噪声源强度的声级；另一方面是被动降噪，可采用吸声、隔声等方法，增大噪声在传播过程中的衰减量。本书着重介绍主动降噪。根据国内外的试验研究结果，可列出主要的降噪治理措施及效果，如表 8-15 所示。

高速铁路降噪的主要治理措施及效果 ［单位：dB（A）］　　表 8-15

噪声源	类　别	降　噪　措　施	降噪效果
轮　轨噪声源	滚动噪声	减少车轮踏面的凹凸不平顺；降低轮轨的接触刚度；减小轮轨振动；采用弹性车轮；轨顶面打磨；采用重型钢轨；降低轨道弹性系数；采用有砟轨道；轨道面吸声处理	5~10
	撞击噪声	采用盘形制动；装设防滑器减少车轮踏面擦伤；减少踏面波状磨耗；采用焊接长钢轨及跨区间无缝线路；减少轨顶面的波状磨耗；定期修复钢轨接头塌陷	4~6
	尖啸声	改善转向架导向性能；轮缘涂油；采用直线线路	
		设置声屏障	6~10
集电系统噪声源	滑动噪声	减少弓头振动；加强接触线与滑板间的润滑	4~5
	电弧噪声	减少离线；采用低噪声绝缘子	
	受电弓气动噪声	受电弓形状的最佳化；加装受电弓罩及形状的最佳化；受电弓位置的最佳化	
空气动力性噪声源		机车头部流线型化；车体表面的无凸起、平滑化；采用车裙	2~15
桥　梁噪声源	结构噪声	采用混凝土结构；选择合理的主梁结构形式；有砟桥面；道砟下铺橡胶垫层；桥面吸声处理；采用整体结构	5~15

　　20 世纪 70 年代以来，日本、德国、法国、英国以及苏联等国家对铁路及交通环境振动源、传播强度、频率特性及传播规律等进行调查分析和现场试验研究，取得了大量的数据和资料，并对高速铁路的线路、桥梁及隧道的减振提出了许多已经实施和待研究的措施。尤其是日本，对新干线铁路环境振动保护问题的研究与防治开展得较早，研究试验广泛深入，效果也好，取得了许多成果，保证了高速铁路的顺利发展。

　　日本新干线减振措施主要有下列三个方面：

　　(1) 车辆对策

　　减轻车辆轴重有明显效果，轴重由 16t 降到 11.3t，Z 振级平均值在 12.5m 和 25m 处降低 3dB 左右。

　　(2) 结构物的措施

　　采用重大而刚性的梁式结构桥，比早期框构桥在 15m 和 30m 处的 Z 振级分别小 6dB 和 4dB 左右。

　　(3) 轨道的措施

　　1) 降低轨道弹性系数

　　主要是采用弹性轨枕和道砟垫层，这两种措施对频率的依存关系十分相似，在 20Hz 以下减振效果不明显（如图 8-9），在 50Hz 以上减振效果增加到 5～10dB。由于新干线（除隧道区段外）环境振动的主要频率成分是 16～20Hz，因此全频域（指 Z 振级频域）范围内的振动级约降低 2～3dB。

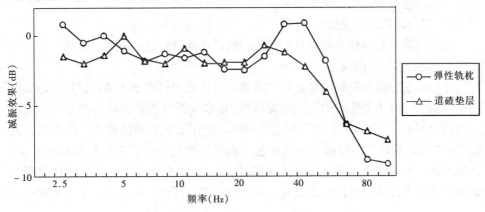

图 8-9　日本高架桥区段弹性轨枕、道砟垫层减振效果例

　　采用板式轨道的高架线路，其结果是在桥柱旁约有 5dB 左右的减振效果，但在离开 10m 以远的地方，未见效果。图 8-10 所示是以普通轨枕板为基准，各种减振轨枕板（A 型、G 型及双重型）减振效果与频率的关系，可见减振 A 型在 80Hz 以上，G 型和双重型在 40Hz 以上有一定的效果，其中双重型减振效果最佳。

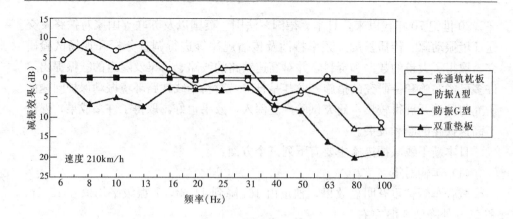

图 8-10 日本各种板式轨道减振效果比较例

2）提高轨道参振质量

降低轨道的弹性系数是将具有弹性的材料插入钢轨、垫板、轨枕或道砟下部，使轨道的支承弹性化。对于比较软化的线路，其效果不明显，如软土路基区段等，减振效果欠佳。

提高轨道参振质量有降低噪声的效果，钢轨由 50kg/m 提高到 60kg/m，减振效果约为 3dB。

此外，在既有线的软土路基地段轨道正下方的路堤中，设置立体补强材料以强化路基，也取得一定的减振效果。

3）提高轨道的平顺性

如采用焊接长钢轨及钢轨打磨等改善轨道平顺性可达到减振的目的。

4）地基的减振措施

主要是在振源和防振对象之间的地基中，设置沟槽或地下墙，以阻断地基振动的传播，又称为"防振沟"、"防振墙"。日本在既有铁路曾经有过试验，而新干线尚无实例。1985 年德国联邦铁路（DB）也作了这方面的试验，取得同样的结论："其减振的作用仅限于沟的附近，离线路更远的点没有明显的减振效果，其他问题，有待进一步试验研究。"据资料报道，防振沟的设计，日本通过模型试验，进行了探索，但因轨道及其本身的维护存在问题，尚未达到实用化程度。

复 习 思 考 题

1. 试述噪声与振动的危害。控制轨道交通噪声与振动有何意义？
2. 试述噪声与振动的传播方式。
3. 试述表征噪声的物理量及其度量方法。
4. 噪声如何测量和评价？
5. 轨道的振动如何评价？
6. 试述轨道交通噪声的特点。轨道交通噪声的控制方法有哪些？

第9章 轨道结构可靠性设计

9.1 概 述

9.1.1 结构设计的不定性

工程结构采用各种构件组合成为一定形状的整体，用以承受和传递可能发生的荷载作用，完成规定的使用功能。公路与铁路桥梁、隧道，铁路轨道与公路路面，工业与民用建筑的承重结构，港口码头，水利堤坝，海上平台以及机场跑道等均属于工程结构的范畴。由于工程结构的施工和使用环境条件变化多样，致使结构设计原始条件存在诸多的不确定因素，这些不确定因素通常称之为设计的不定性。

工程结构设计的不定性表现在设计参数的随机性，设计参数统计的不确定性，以及计算模型的不确定性等各个方面。

（1）设计参数的随机性

设计参数的随机性普遍存在。工程结构的荷载，如铁路轨道结构的列车荷载，铁路桥梁结构的列车荷载、风荷载，公路桥梁结构的车辆荷载，钢梁的几何尺寸及混凝土结构的强度等都具有随机性。设计参数的随机性可采用概率论与数理统计方法进行分析。

（2）设计参数统计的不确定性

获取设计参数有多种途径。直接通过试验测试获取设计参数是常用的方法，但试验的结果存在偏差；设计主管单位或设计规范编制组，往往需要通过某种途径获取原始数据，但提供这些数据的单位或个人则可能提供对其有利的数据，致使这样的数据不一定是完整真实的；于是设计参数存在统计的不确定性。

（3）计算模型的不确定性

结构设计计算模型的不确定性是由于当代人类认识水平的局限性所致的设计知识不足，致使结构设计计算模式、荷载模型以及结构强度模型等偏离真实状况；譬如以线性结构代替非线性结构，以理想的结构约束代替非理想约束等。

综上所述，结构设计中存在诸多不确定因素，基于不确定性的结构设计存在风险。在传统的设计方法中，采用安全系数来处理这一问题。安全系数反映了工程设计人员对于结构设计不定性的经验判断以及安全与费用之间的综合权衡。为使安全系数更为接近实际，一方面工程界在各自的专业领域里随着工程经验积累不断地改进其安全系数的取值，如铁路桥梁的安全系数早期英国推荐取值为6，而英国桥梁规范（BS5400），大多数构件的安全系数平均值降至3左右。另一方面，一些结构设计还将单一安全系数分解成三系数（即超载、匀质及工作条件系数），以便于更为细致地分别考虑结构荷载、材料性能及工作条件等方面的不确定因素。同时，还从结构实际发生的失效模式多样性这一工程背景出发，提出了极限状态的概念，工程界称之为极限状态设计法。

基于概率的分项系数极限状态结构设计也称为结构可靠性设计或结构概率法设计，是在划分结构安全等级的基础上，根据所设计结构的安全等级，运用结构可靠性理论和方法来确定其分项系数的取值。采用结构可靠性设计的主要优点是可以更为全面地考虑影响结构可靠性诸因素的随机变异性，使之设计的工程结构更加合理。同时，由于实现了结构可靠性的概率度量，相同结构类型的可靠度之间具有可比性。利用这一性质便可根据各类结构的不同特点恰当地划分安全等级，并具体规定各级工程结构的可靠度水准，从而实现安全、适用、耐久及经济等方面的综合平衡。在此基础上，对于新型结构设计，可为方案决策提供结构可靠度水准的信息。对于所设计的同类结构则可通过可靠度校准、调整既有结构设计的可靠度，使之同类结构在不同荷载条件下具有较佳的可靠度一致性，从而获得明显的经济效益。例如，基于概率设计的英国桥梁规范（BS5400）的钢结构部分，与其前身BS153相比，通过分析可节约钢材6%。

由于结构可靠性设计具有上述的优越性，因而在现代工程结构设计中具有广阔的发展前景。基于概率的分项系数设计所形成的工程结构设计规范也便于同国际性设计规范（ISO系列）接轨，有利于提高我国铁路建筑业的国际竞争力。

9.1.2　结构可靠性设计的应用和发展概况

（1）国外结构可靠性设计的应用和发展概况

自从20世纪50年代提出了可靠性的科学定义以来，可靠性工程作为一门边缘性的工程学科受到重视，至今已有60余年历史。在此期间，可靠性工程广泛应用于航空、航天、冶金、石油化工、造船、医疗、土木工程、交通运输、食品加工等各个工业部门，其发展之迅速，应用之广泛，远非一般科学所能比拟。1969年7月美国阿波罗宇宙飞船成功地登上月球，NASA将可靠性工程技术列入其三大技术成就之一。1981年美国的E. Henlen和日本的H. Kumamoto指出："在过去的10年内，几乎没有什么科学应用像安全、风险和可靠性分析那样得到惊人的发展和推广，可能只有环境科学和计算机技术是例外。"

1967~1974年工程界对于结构可靠性理论的应用产生了兴趣，基于概率的结构设计进入实用阶段。在此期间有弗罗伊詹特（1947）、约翰逊（A. I. Johnson，1966）、费里·博吉斯和卡斯登赫特（J. Ferry-Borges，and M. Castanheta，1971）以及洪华生（A. H-S. Ang，1973）等人先后发表《结构安全》与《结构强度、安全和经济》以及《结构风险和可靠度设计》的论文和著作。1967 年，柯乃尔 (C. A. Cornell) 提出了实用的一次二阶矩可靠指标计算公式。1973 年，林德 (N. C. Lind) 将柯乃尔可靠指标变换为一组荷载与抗力系数表达式，提出了分项系数的概念。这种近似方法将结构可靠度分析与现行的多系数设计方法联系起来，从而进一步推动了结构可靠性设计的实际应用。

1973 年国际标准化组织"建筑结构设计依据委员会"（ISO/TC98）提出了《检验结构安全度总则》（ISO2394），该文件业经多次修改，确定为《结构可靠性设计总原则》（ISO—2394），并不断推出新的版本（现行 2015 年版）。

1974 年第一部基于概率极限状态设计的行业规范出版，这就是加拿大标准协会（Canadian Standards Association）制定的《冷弯型钢建筑设计标准》（Standards for the Design of Cold-Formed Steel Members in Buildings）。1974 年以后，基于概率的结构设计法形成了一批设计规范并在应用中得到发展。1975 年，加拿大首先制订了以可靠性为基础的极限状态设计统一标准，并相继编制了《安大略省公路桥梁设计规范》和加拿大国家标准《公路桥梁设计》有关专业设计规范。1976 年，由欧洲混凝土委员会（CEB）、国际预应力混凝土协会、欧洲钢结构协会（CECM）、国际建筑研究与文献委员会（CIB）、国际预应力混凝土协会（FIP）、国际桥梁与结构工程协会（IABSE）以及国际材料与结构试验研究所联合会（RILEM）等组成的国际结构安全度联合委员会（JCSS），在吸取大量科研成果的基础上编制了《结构统一标准规范的国际体系》的第一卷"各类结构和材料的共同统一规则"，该规范是制定各类结构和材料专业规范的共同基础。《结构统一标准规范的国际体系》共有六卷，除以上之外的其他各卷是共同统一规则应用于混凝土与预应力混凝土、钢结构、钢和混凝土混合结构、砖石结构、木结构以及地基与基础等专业的设计规范。《结构统一标准规范的国际体系》第一卷附录中采用拉克维茨（R. Rackwitz）和费斯勒（R. Fiessler）提出的理论，将一次二阶矩可靠性理论推广应用于相关性设计变量和任意分布设计变量，从而将一次二阶矩可靠性设计理论推向了更高阶段。1977 年，联邦德国国家土建规范委员会的建筑安全度工作委员会根据《结构统一标准规范的国际体系》共同统一原则编制并发布了《确定建筑物安全度的基础》。1977 年，建筑工业研究与信息协会（CIRIA）提出《结构规范安全与实用可靠性系数建议》。1978 年，北欧五国（丹麦、芬兰、冰岛、挪威、瑞典）的建筑委员会（NKB）也制定了《结构荷载与安全度设计规范的建议》。1981 年，由加拿大标准协会（CSA）制定的《冷弯形钢建筑设计标准》提出了新的版本。1983 年，加拿大安大略交通运输部制定了《安大略公路桥梁设计规范》（OHBDC）。

1985 年，欧洲钢结构协会编制了《钢结构的疲劳设计规范》。

2010 年欧共体已形成统一的结构设计《欧洲规范》EN1990-1999，共 10 卷。其中基础性规范是《结构设计基础》（EN1990：2002），内容包括设计基本原则和方法，作用及其组合，以及作用分项系数推荐值。

美国国家标准协会制定了《房屋及其他结构最小设计荷载》规范 AN-SIA58.1—1982。该标准新近又由美国土木工程师学会（ASCE）推出新的版本，编号为 ASCE7-95。美国各州公路和运输工作者协会（AASHTO）制订了《AASHTO 荷载抗力系数桥梁设计规范》（1994），该规范已先后发布了 4 个版本（最新 2007 年版）。AASHTO 由美国与加拿大各州公路及其运输部门组成，该规范得到世界各国的广泛采用。

苏联 1988 年制定了国家标准《结构与基础可靠性计算原则》Гост27751—88。

英国标准协会制定了英国桥梁设计规范 BS5400（自 1978～1984 年陆续出版）。

（2）我国结构可靠性设计的应用和发展概况

我国早期有一批学者开始了结构可靠性的应用研究。1960 年赵国藩院士提出采用概率安全系数与经验系数相结合的方法，设计钢筋混凝土结构构件。在随机变量服从正态分布的条件下，推导了辅助安全系数（相当于现在的中心安全系数）表达式，并讨论了安全指标（相当于失效概率）的取值问题，是一次二阶矩理论在我国应用的开始。1962 年中国土木工程学会开展了安全度问题的讨论。

20 世纪 70 年代，中国铁道科学研究院姚明初教授研究了在铁路列车不稳定重复荷载作用下的钢筋混凝土轨枕可靠度设计理论，提出了混凝土轨枕按使用安全度设计的概率设计方法，建立了可供实用的一次二阶矩设计表达式，有力地推动了结构可靠度设计在我国的应用。与此同时，我国在制定工业与民用房屋建筑、公路和铁路桥梁、水利水电工程以及港口工程等规范时，也对安全度问题做了大量的工作。为统一设计规范并推动结构可靠度设计的应用，1978 年成立了工业与民用房屋建筑各规范的《建筑结构设计统一标准》编委会和专题研究组，组织有关单位开展了大量的试验研究工作。1984 年诞生了我国第一部结构可靠性设计规范《建筑结构设计统一标准》GBJ 68—84。20 世纪 90 年代我国形成了工程结构可靠度设计的规范体系，在世界结构可靠性应用的研究领域居重要地位，该规范体系可分为以下三个层次：

第一层次是国家标准《工程结构可靠性设计统一标准》GB 50513。该标准由中国建筑研究院会同建设部、铁道部、交通部及水电部所属的设计、科研、高等院校等单位共同编制而成，作为我国房屋建筑、铁路、公路、港口及水利水电等部门制订工程结构设计规范的共同准则。

第二层次是我国房屋建筑、铁路、公路、港口及水利水电五大部门的结构可靠度设计统一标准，由以上各部门依据其工程结构的特点，遵照《工程结构可靠度设计统一标准》GB 50513—92）的准则编制而成，作为各部门编制其专业规范的共同准则。

属于该层次的规范有：建设部主编《建筑结构可靠度设计统一标准》GB

50068，铁道部主编《铁路工程结构可靠度设计统一标准》GB 50216，交通部主编《公路工程结构可靠度设计统一标准》GB/T 50283，交通部主编《港口工程结构可靠度设计统一标准》GB 50158，能源部、水利部主编《水利水电工程结构可靠度设计统一标准》GB 50199。

第三层次是五大部门依据其第二层次中的结构可靠度设计统一标准所制定的专业设计规范。

依据《建筑结构可靠度设计统一标准》GB 50068 编制和修订的建筑结构专业规范有：《建筑结构荷载规范》GB 50009、《混凝土结构设计规范》GB 50010、《钢结构设计规范》GB 50017、《砌体结构设计规范》GB 50003 以及《建筑结构抗震设计规范》GB 50011 等。

依据《公路工程结构可靠度设计统一标准》GB/T 50283 的准则制定的公路专业设计规范有：《公路钢筋混凝土及预应力混凝土桥涵设计规范》JTG D62 等。

依据《铁路工程结构可靠性设计统一标准》GB 50216 的准则制定的铁路专业设计规范有：桥梁、隧道、路基以及轨道等极限状态法设计规范。如今，规范管理部门正组织铁路工程结构极限状态法设计标准转轨的实施工作。

9.2　结构可靠度基本概念

9.2.1　结构可靠度定义

结构可靠性的定义是：结构在规定的时间内，规定的条件下，完成预定功能的能力。结构可靠性的概率度量称为结构可靠度。因此，结构可靠度可定义为结构在规定的时间内，在规定的条件下，完成预定功能的概率。上述"规定的时间"，在结构可靠度设计中称为设计基准期。在此期间内，结构设计规定的各项功能要求均被满足。结构使用时间超过设计基准期之后，结构功能的可靠度可能随之降低，无法满足预定的功能要求。结构设计所取用的荷载与材料强度等量值，与设计基准期的长短都有关系。如设计基准期 100 年和 50 年的桥梁设计，其列车荷载、风荷载及洪水流量等设计参数应取用不同的设计值。设计基准期一般采用"年"为单位，但也可视设计对象的不同，取用与之相适应的计量单位。譬如，铁路轨道结构设计，可采用"列车通过总重（t）"作为设计基准期的单位。

结构设计基准期的确定应考虑结构耐久性条件，处于腐蚀和冻融循环条件下的钢结构、混凝土或钢筋混凝土结构对此尤应重视。工程中通常采用"设计寿命"来表示结构耐久性的期望延续时间，所选定的结构设计基准期一般应等于或小于其"设计寿命"。结构的"设计寿命"是世界混凝土科学的重大理论技术课题。

国际标准《结构可靠性总原则》ISO 2394 列出了设计寿命举例，见表 9-1。

设计寿命举例   表 9-1

结构和结构构件类别	设计寿命
临时性结构	<5 年
有效短设计工作寿命期的结构和结构构件	<25 年
一般房屋建筑	25～75 年
有效设计工作寿命期的结构（如大桥）	50～150 年

我国《铁路工程结构可靠度设计统一标准》及基于概率的《铁路桥梁设计规范》规定桥梁的设计基准期为 100 年。《公路工程结构可靠度设计统一标准》规定的公路桥梁设计基准期为 100 年，水泥混凝土路面不大于 30 年，沥青混凝土路面不大于 15 年。《建筑结构设计统一标准》规定房屋建筑为 50 年。《港口工程结构可靠度设计统一标准》规定港口工程建筑为 50 年。英国桥梁设计规范 BS 5400 规定的桥梁设计基准期是 120 年。美国各州公路和运输工作者协会（AASHTO）制定《美国公路和桥梁设计规范》规定桥梁的设计基准期为 75 年。

结构可靠度与其设计"规定的条件"有关。结构设计"规定的条件"包括结构的施工（制造、运输、安装）及使用条件。使用条件包括：结构承受的荷载、环境温度与湿度、大气与水流的腐蚀、冻融以及结构物的维护方式等。在不同的施工与使用条件下结构的可靠度是不同的。

结构的功能应满足下列四项要求：

（1）承受施工和预期使用中可能出现的各种作用；

（2）在承受各种预期作用的条件下具有预定的工作性能；

（3）在正常维护条件下具有足够的耐久性；

（4）在偶然事件（如地震、列车脱轨等）发生后，能保持必要的整体稳定性。

以上第（1）、（4）两项关系到人身安全，属于安全性要求，一般通过强度、稳定等条件来校核；第（2）项属于结构适用性要求；第（3）项属于结构耐久性要求。结构可靠性包括安全性、适用性及耐久性，不可将结构可靠性与安全性等同起来，应注意加以区分。

9.2.2 结构设计的极限状态与极限状态方程

结构功能的状态随着设计变量取值的不同而变化。为了判别结构的功能是否得到满足，必须建立一个判别基准，在可靠度设计中，这个判别基准就是极限状态。一般而言，倘若结构整体或部分功能状态的变化超越某一基准状态，致使其不能满足设计规定的功能要求，这一基准状态视为该功能的极限状态。结构的极限状态通常采用约束值来表示，如结构的应力或变形限值等。

结构设计借助功能函数进行极限状态的数学描述，结构的功能函数由一组基本设计变量构成，并表示为：

$$Z = g(X_1, X_2, \cdots, X_n) \tag{9-1}$$

式（9-1）中，$X = (X_1, X_2, \cdots, X_n)$ 称为结构设计的基本变量，可以是荷载、材料或岩土的性能参数以及几何参数等。

结构的功能状态可分别表示为：

$$Z \begin{cases} < 0, & \text{失效状态} \\ = 0, & \text{极限状态} \\ > 0, & \text{可靠状态} \end{cases} \tag{9-2}$$

其中结构功能的极限状态表示为：

$$Z \equiv G(X_1, X_2, \cdots, X_n) = 0 \tag{9-3}$$

式（9-3）称为结构设计的极限状态方程，是结构可靠与失效边界的数学描述，也是结构可靠度分析的基本出发点。极限状态方程可以是线性的或者是非线性的。

我国《工程结构可靠度设计统一标准》GB 50153 和《铁路工程结构可靠度设计统一标准》GB 50216 等，将结构的极限状态分为承载能力极限状态和正常使用极限状态两类。

（1）承载能力极限状态，是指结构或结构构件达到最大承载能力或达到不适于继续承载的较大变形的状态。

（2）正常使用极限状态，是指结构或结构构件达到使用功能的某一容许极限状态。譬如，铁路无缝线路轨道横向变形的容许限值，可归属于正常使用极限状态的数学描述。

9.2.3　结构可靠度计算的多重积分法

基于结构可靠度的定义，可以建立结构可靠度的概率表达式。由式（9-2）可知，功能函数 $Z > 0$ 表示结构处于可靠状态，该事件的概率就是结构可靠度 P_S，可表示为：

$$P_S = P(Z > 0) \tag{9-4}$$

结构失效概率 P_f 表示为：

$$P_f = P(Z \leqslant 0) = 1 - P_S \tag{9-5}$$

如果功能函数 $Z = g(X_1, X_2, \cdots, X_n)$ 的联合概率密度函数 $f_Z(z)$ 及其均值和标准差可以确定，且 X_1，X_2，$\cdots$，X_n 是相互独立的，便可通过多重积分的方法计算概率分布函数 $F_Z(z)$，即：

$$F_Z(z) = \int \cdots \int_{(g(x_1, x_2, \cdots, x_n) < 0)} f_{x_1}(x_1) f_{x_2}(x_2) \cdots f_{x_n}(x_n) \mathrm{d}x_1 \cdots \mathrm{d}x_n \tag{9-6}$$

一旦确定了 $F_Z(z)$，便可计算失效概率 P_f：

$$P_f = F_Z(0) = \int_{-\infty}^{0} f_Z(z)\mathrm{d}z \tag{9-7}$$

试看下述简单的举例分析。设功能函数 Z 有两个相互独立的随机变量 R 和 S，其中 R 代表结构的抗力，S 代表结构的荷载效应，其相应的概率分布函数为 $F_R(r)$ 和 $F_S(s)$，概率密度函数为 $f_R(r)$ 和 $f_S(s)$，结构的功能函数为：

$$Z \equiv g(R, S) = R - S \tag{9-8}$$

试以图 9-1 作为分析 $R < S$ 失效事件中的一个样本。设荷载随机变量 S 落在 s 的邻域区间 $\mathrm{d}s$ 内，其概率为 $f_S(s)\mathrm{d}s$；同时考虑抗力 $R < S$ 事件，其发生的概率为 $F_R(s) = \int_0^s f_R(s)\mathrm{d}r$。于是，两个事件同时发生的概率为 $F_R(s) \cdot f_S(s)\mathrm{d}s$。将其在 R 和 S 的整个值域进行积分便可得到结构的失效概率 P_f，即：

$$P_f = P(Z \leqslant 0) = P(R < S)$$

$$= \int_{-\infty}^{\infty} F_R(s)f_S(s)\mathrm{d}s \tag{9-9}$$

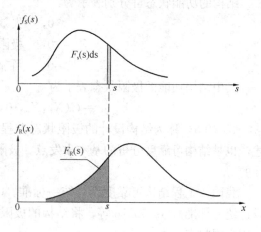

图 9-1

同理可得到 P_f 的另一表达式：

$$P_f = P(Z \leqslant 0) = \int_{-\infty}^{\infty}[1 - F_S(r)]f_R(r)\mathrm{d}r \tag{9-10}$$

【例 9-1】 设结构设计的功能极限状态方程为：

$$Z = R - S$$

式中 R，S 是相互独立随机变量，R 表示材料强度，S 表示截面应力。

S 为指数分布：

密度函数为 $f_S(s) = \lambda \cdot e^{-\lambda X}$ $(s \geqslant 0)$，分布函数为 $F_S(x) = 1 - e^{-\lambda X}$；其均值 $\mu_S = \dfrac{1}{\lambda}$；标准差 $\sigma_S = \dfrac{1}{\lambda}$；$\mu_S = \sigma_S = 5000\mathrm{N/cm^2}$；$R$ 为正态分布，$N(\mu_R, \sigma_R)$：$\mu_R = 10000\mathrm{N/cm^2}$，$\sigma_R = 1000\mathrm{N/cm^2}$；由式（9-10）可计算构件的失效概率 P_f：

$$P_f = P(Z \leqslant 0) = \int_0^{\infty}[1 - F_S(x)]f_R(x)\mathrm{d}x$$

$$= \int_0^{\infty} e^{-\lambda X} \cdot \left(\frac{1}{\sqrt{2\pi}\sigma_R} \cdot \exp\left[-\frac{1}{2}\left(\frac{x - \mu_R}{\sigma_R}\right)^2\right]\right)\mathrm{d}x$$

$$= \left\{\int_0^{\infty} \frac{1}{\sqrt{2\pi}\sigma_R} \cdot \exp\left[-\frac{1}{2}\left(\frac{x - \mu_R + \lambda\sigma_R^2}{\sigma_R}\right)^2\right]\mathrm{d}x \right\} \cdot \exp\left[\frac{1}{2}(\lambda\sigma_R)^2 - \lambda\mu_R\right]$$

$$= \exp\left[\frac{1}{2}(\lambda\sigma_R)^2 - \lambda\mu_R\right]$$

$$\therefore \quad \lambda\sigma_R = \frac{1}{\sigma_S}\sigma_R = \frac{1000}{5000} = 0.2$$

$$\lambda\mu_R = \frac{1}{\mu_S}\mu_R = \frac{1000}{5000} = 2$$

$$\therefore \quad P_f = \exp\left(\frac{1}{2} \times 0.2^2 - 2\right) = 0.138$$

$$P_s = 1 - P_f = 0.862$$

结构可靠度性研究及其工程实践经验表明，当失效概率 $P_f < 10^{-5}$ 时，功能函数 Z 的概率分布 $F_Z(z)$ 的分布形式对于 P_f 有很敏感的影响，采用不同的 $F_Z(z)$ 概率分布函数，会引起 P_f 值在几个数量级的范围内变化。当失效概率 $P_f \geqslant 10^{-3}$ 时，P_f 值对于 $F_Z(z)$ 的分布形式是很不敏感的，合理的假定功能函数 Z 的概率分布形式，P_f 值的计算结果大致都在同一数量级的范围之内，对于工程结构可靠度评估而言已足够精确。综上所述，结构功能函数概率分布所需要的精确程度必须根据失效概率 P_f 的大小来确定。

9.2.4 结构可靠度与可靠指标

从理论上来说，通过结构功能函数概率密度的积分可以计算出结构的失效概率。值得注意的是，以上计算结构可靠度的简单实例并不多见。在实际的工程问题中，基本变量真实的概率分布函数往往难以确定，非线性功能函数所对应的概率分布多重积分也变得极为复杂。鉴于大多数工程问题所要求的是能具有一致的相对尺度来衡量结构的安全性。因此，基于工程试验或观测获取基本变量的样本数据，运用数理统计方法，结合必要的工程经验判断来确定基本变量的概率分布函数及其统计参数，将成为工程结构可靠度分析与评估的主要方法。

在工程应用中，结构可靠度通过结构可靠指标来表达，以下阐述结构可靠指标的概念。

设结构的功能函数 Z 的概率密度为 $f_Z(z)$，则结构失效概率 P_f 可通过下式计算：

$$P_f = P(Z \leqslant 0)$$

$$= \int_{-\infty}^{0} f_Z(Z)\mathrm{d}Z = F_Z(0) \quad (9\text{-}11)$$

图 9-2 (a) 概率密度曲线分布函数为 $F_Z(Z)$，阴影部分的面积为 P_f，是事件 $Z < 0$ 的概率，$Z = 0$ 是失效边界。

设结构抗力 R，荷载 S 是相互独立的正态随机变量，并分别表示为：

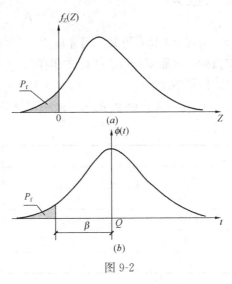

图 9-2

$$N(\mu_R, \sigma_R), \; N(\mu_S, \sigma_S);$$

由概率论可知，功能函数 $Z=R-S$ 遵从正态分布 $N(\mu_Z, \sigma_Z)$；

其中：

$$\mu_Z = \mu_R - \mu_S$$

$$\sigma_Z = \sqrt{\sigma_R^2 + \sigma_S^2}$$

注意到 Z 是正态分布，并对式（9-11）的积分变量 Z 作标准化变量置换，即：

$$t = \frac{Z - \mu_Z}{\sigma_Z}$$

$Z=0$ 是失效边界，故失效概率 P_f 可表示为：

$$P_f = P\left(t \leqslant -\frac{\mu_Z}{\sigma_Z}\right) = \int_{-\infty}^{-\frac{\mu_Z}{\sigma_Z}} \phi(t)\,\mathrm{d}t = \Phi\left(-\frac{\mu_Z}{\sigma_Z}\right) \tag{9-12}$$

可靠度为：

$$P_S = 1 - P_f = \Phi\left(\frac{\mu_Z}{\sigma_Z}\right) \tag{9-13}$$

式中 $\Phi(\cdot)$、$\phi(\cdot)$ ——分别表示标准正态分布函数和概率密度。

由图 9-2 (b) 可知，标准正态分布概率密度函数在 $t = -\dfrac{\mu_Z}{\sigma_Z}$ 以左的阴影部分面积等于失效概率 P_f。

令：

$$\beta = \frac{\mu_Z}{\sigma_Z} = \frac{\mu_R - \mu_S}{\sqrt{\sigma_R^2 + \sigma_S^2}} \tag{9-14}$$

则可靠度为：

$$P_S = \Phi(\beta) \tag{9-15}$$

由式（9-15）可知，可靠度 P_S 可表示为 β 的函数，β 称为可靠指标或结构可靠指标；可靠度与可靠指标之间存在一一对应的关系。工程中采用可靠指标来衡量结构可靠度。

由 $P_f = 1 - \Phi(\beta)$ 的关系式可以计算出 P_f 与 β 的对应关系，如表 9-2。

表 9-2

P_f	β	P_f	β
0.5	0	10^{-3}	3.10
0.16	1.00	10^{-4}	3.72
0.10	1.28	10^{-5}	4.25
0.05	1.65	10^{-6}	4.75
0.01	2.33		

依据上述概念,可计算得到相互独立基本变量为对数正态分布的可靠指标:

设结构的抗力与荷载 R、S 遵从对数正态分布;

R 的均值和标准差为 μ_R、σ_R;S 的均值和标准差为 μ_S、σ_S。

结构的极限状态方程可表示为:

$$\frac{R}{S} = 1 \tag{9-16}$$

或

$$\ln R - \ln S = 0$$

功能函数表示为:

$$Z = \ln R - \ln S$$

由概率论可知,Z、$\ln R$、$\ln S$ 都遵从正态分布。

其可靠指标由下式计算:

$$\beta = \frac{\mu_Z}{\sigma_Z}$$

式中

$$\mu_Z = \mu_{\ln R} - \mu_{\ln S}$$

$$= \left[\ln \mu_R - \frac{1}{2} \ln(1 + \delta_R^2) \right] - \left[\ln \mu_S - \frac{1}{2} \ln(1 + \delta_S^2) \right]$$

$$= \ln \left(\frac{\mu_R}{\mu_S} \cdot \sqrt{\frac{1 + \delta_S^2}{1 + \delta_R^2}} \right)$$

$$\sigma_Z^2 = \sigma_{\ln R}^2 + \sigma_{\ln S}^2 = \ln(1 + \delta_R^2) + \ln(1 + \delta_S^2)$$

$$= \ln \left[(1 + \delta_R^2)(1 + \delta_S^2) \right]$$

其中

$$\delta_R = \frac{\sigma_R}{\mu_R} ; \quad \delta_S = \frac{\sigma_S}{\mu_S}$$

从而得到:

$$\beta = \frac{\ln \left(\dfrac{\mu_R}{\mu_S} \cdot \sqrt{\dfrac{1 + \delta_S^2}{1 + \delta_R^2}} \right)}{\sqrt{\ln \left[(1 + \delta_R^2)(1 + \delta_S^2) \right]}} \tag{9-17}$$

当满足 $\delta_R \approx \delta_S$;或满足 $\delta_R < 0.3$ 且 $\delta_S < 0.3$ 的条件时,上式可进一步简化为:

$$\beta \approx \frac{\ln\left(\dfrac{\mu_R}{\mu_S}\right)}{\sqrt{\delta_R^2 + \delta_S^2}} \tag{9-18}$$

9.3 结构可靠指标的计算方法

9.3.1 概　　述

结构设计的极限状态方程一般可概括为线性和非线性表达式两类，以下分别进行讨论。

（1）线性极限状态方程的可靠指标

设其线性极限状态方程为

$$Z \equiv a_0 + \sum_{i=1}^{n} a_i X_i = 0; \ (i = 1 \sim n) \tag{9-19}$$

式中，a_0 和 a_i 是常数。

假定基本变量 $X_i(i = 1 \sim n)$ 是相互独立的，则功能函数 Z 的均值为：

$$\mu_Z = a_0 + \sum_{i=1}^{n} a_i \mu_{X_i}; \ (i = 1 \sim n)$$

标准差为：

$$\sigma_Z = \sqrt{\sum_{i=1}^{n} (a_i \sigma_{X_i})^2}; \ (i = 1 \sim n)$$

式中　μ_{X_i}、σ_{X_i}——基本变量 $X_i(i = 1 \sim n)$ 的均值及标准差。

比照式（9-14）所定义的可靠指标，则

$$\beta = \frac{\mu_Z}{\sigma_Z} = \frac{a_0 + \sum_{i=1}^{n} a_i \mu_{X_i}}{\sqrt{\sum_{i=1}^{n} (a_i \sigma_{X_i})^2}} \tag{9-20}$$

如 $X_i(i-1 \sim n)$ 遵从正态分布，其结构失效概率的计算式为：

$$P_f = 1 - \Phi(\beta) = 1 - \Phi\left(\frac{a_0 + \sum_{i=1}^{n} a_i \mu_{X_i}}{\sqrt{\sum_{i=1}^{n} (a_i \sigma_{X_i})^2}}\right) \tag{9-21}$$

式（9-20）表明，结构可靠指标的计算只需要用到设计变量的平均值和标准差，相当于随机变量的一阶矩和二阶矩。因此式（9-20）计算可靠度的方法又称为一次二阶矩方法。

（2）非线性极限状态方程的可靠指标

对于非线性功能函数的可靠度指标计算，从工程实用的观点出发，一般是将非线性功能函数进行近似线性化处理。具体的做法是将功能函数 $G(X)$ 展开成为 Taylor 级数并取其线性项作为的 $G(X)$ 近似函数，从而按照线性功能函数条件来计算可靠度指标。计算结构可靠指标则仍然是采用基本变量的一阶矩和二阶矩信息，因而仍属于一次二阶矩方法。早期的近似线性化方法是将非线性功能函数 $G(X)$ 在其均值点处展开为 Taylor 级数。但工程实际应用和研究分析表明，对于同一命题，随着功能函数所取用的表达式不同，与之对应的可靠度指标计算结果可能出现显著的差异（见下一节）。为了避免此类问题的发生，需要在"失效面"上的某一点展开功能函数 $G(X)$。以下分别进行说明。

9.3.2 一次二阶矩均值法

早期的一次二阶矩方法，对于非线性功能函数的结构可靠度分析，是将其在均值点展开为 Taylor 级数，并取线性项作为近似函数来计算结构可靠指标，也称为一次二阶矩均值法。

设极限状态方程：

$$Z \equiv g(X_1, X_2, \cdots, X_n) = 0$$

其中，$X_i(i = 1 \sim n)$ 是相互独立的基本变量，则 $(X_1, X_2, \cdots, X_n)$ 的均值为 $(\mu_{X_1}, \mu_{X_2}, \cdots, \mu_{X_n})$。

将功能函数 $g(X_1, X_2, \cdots, X_n)$ 在其均值点展开为 Taylor 级数并取线性项，即

$$Z \equiv g(X_1, X_2, \cdots, X_n) \approx g(\mu_{X_1}, \mu_{X_2}, \cdots, \mu_{X_n}) + \sum_{i=1}^{n} (X_i - \mu_{X_i}) \frac{\partial g}{\partial X_i}\Big|_{\mu_{X_i}}$$

$$(9\text{-}22)$$

式中，$\dfrac{\partial g}{\partial X_i}\Big|_{\mu_{X_i}}$ 表示对功能函数求偏导数，并在各基本变量均值点取值。

由式（9-22）得到 Z 的均值为：

$$\mu_Z = g(\mu_{X_1}, \mu_{X_2}, \cdots, \mu_{X_n}) \tag{9-23}$$

标准差为：

$$\sigma_Z = \sqrt{\sum_{i=1}^{n} \left(\frac{\partial g}{\partial X_i}\Big|_{\mu_{X_i}} \sigma_{X_i} \right)^2} \tag{9-24}$$

用一次二阶矩法计算，其可靠指标为：

$$\beta = \frac{\mu_Z}{\sigma_Z} = \frac{g(\mu_{X_1}, \mu_{X_2}, \cdots, \mu_{X_n})}{\sqrt{\sum_{i=1}^{n} \left(\frac{\partial g}{\partial X_i}\Big|_{\mu_{X_i}} \sigma_{X_i} \right)^2}} \tag{9-25}$$

【例 9-2】圆形截面直杆的设计公式为：

$$f_Y \geqslant \frac{P}{\frac{\pi}{4} D^2}$$

其功能函数可表示为：

$$Z \equiv g(R,D) = \frac{\pi}{4}D^2R - P$$

结构功能的极限状态方程为：

$$Z \equiv \frac{\pi}{4}D^2R - P = 0$$

已知基本变量的统计值：拉力荷载 $P=100\text{kN}$，为常量；材料抗拉强度 R 的均值和标准差为：$\overline{R}=290\text{MPa}$，$\sigma_R=25\text{MPa}$；杆的直径 D 的均值和标准差为：$\overline{D}=0.03\text{m}$，$\sigma_D=0.003\text{m}$。

直杆的可靠指标 β 计算如下：

在本例中 P 为常量无变异性，R 和 D 是随机变量。

功能函数 $g(R,D)$ 在 R、D 的均值点取线性化近似表达式，有

$$g(R,D) \approx \left(\frac{\pi}{4}(\mu_D)^2\mu_R - P\right) + (D-\mu_D) \times \left.\frac{\partial g}{\partial D}\right|_{\mu_{X_i}} + (R-\mu_R)\left.\frac{\partial g}{\partial R}\right|_{\mu_{X_i}}$$

$$\text{(9-26)}$$

式中，$\left.\dfrac{\partial g}{\partial D}\right|_{\mu_{X_i}}$、$\left.\dfrac{\partial g}{\partial R}\right|_{\mu_{X_i}}$ 表示功能函数 $g(\cdot)$ 对 D、R 的偏导数在其均值点取值。根据本例题的参数，其值为：

$$\left.\frac{\partial g}{\partial R}\right|_{\mu_{X_i}} = \frac{\pi}{4}(\overline{D})^2 = \frac{\pi}{4} \times 0.03^2 = 7.069 \times 10^{-4}$$

$$\left.\frac{\partial g}{\partial D}\right|_{\mu_{X_i}} = \frac{\pi\overline{D}}{2} \cdot \overline{R} = \frac{\pi}{2} \times 0.03 \times 290 \times 10^6 = 13.67 \times 10^6$$

由式（9-26）得到功能函数线性近似的平均值为：

$$\mu_Z = \left(\frac{\pi}{4}(\mu_D)^2\mu_R - P\right) = \frac{\pi}{4} \times 0.03^2 \times 290 \times 10^6 - 10^5 = 105.0 \times 10^3$$

功能函数的方差为：

$$\text{Var}(Z) = \left(\left.\frac{\partial g}{\partial D}\right|_{\mu_{X_i}}\right)^2 \cdot (\sigma_D)^2 + \left(\left.\frac{\partial g}{\partial R}\right|_{\mu_{X_i}}\right)^2 \cdot (\sigma_R)^2$$

$$= (13.67 \times 10^6)^2 \cdot (0.003)^2 + (7.069 \times 10^{-4})^2 \cdot (25 \times 10^6)^2$$

$$= 1995.176 \times 10^6$$

结构可靠指标为：

$$\beta = \frac{\mu_Z}{\sigma_Z} = \frac{\mu_Z}{\sqrt{\text{Var}(Z)}} = \frac{105.0 \times 10^3}{\sqrt{1995.176 \times 10^6}} = \frac{105.0 \times 10^3}{44.667 \times 10^3} = 2.35$$

如果变换极限状态方程为：

$$Z = g(f_Y, D) = R - \frac{4P}{\pi D^2} = 0$$

计算得出的可靠指标是 $\beta=3.93$，与以上的 $\beta=2.35$ 有显著差别。这就是均

值二阶矩方法存在的问题：随着极限状态方程形式的变化，其可靠指标的解答不是唯一的。为了解决这个问题，研究提出了一次二阶矩验算点法。

9.3.3 结构可靠指标的几何测度——验算点法

哈索菲尔（Hasofer）、林德（Lind）和迪特拉夫森（Ditlevesen）等学者提出，将结构极限状态方程表示为一个失效曲面，该曲面与约化坐标原点的最小距离可作为可靠指标的测度。其后，奚诺梓克 Shinozuka（1983）的分析表明，失效状态曲面至约化坐标原点的最小距离与可靠指标的表达式是具有一致性。借助几何测度所建立的可靠指标计算方法称为"验算点法"。

（1）线性极限状态方程可靠指标的几何测度

为了阐明可靠指标的几何测度方法，在此首先引入"约化变量"的概念。

设结构功能的极限状态方程为：

$$Z \equiv R - S = 0 \tag{9-27a}$$

式中，R、S 是相互独立的基本变量。

设 R 的约化变量为 Y_R，S 的约化变量为 Y_S，分别表示为：

$$Y_R = \frac{R - \mu_R}{\sigma_R} \tag{9-28}$$

$$Y_S = \frac{S - \mu_S}{\sigma_S} \tag{9-29}$$

式中 μ_R、σ_R——基本变量 R 的均值和标准差；

μ_S、σ_S——基本变量 S 的均值和标准差。

将式（9-28）、式（9-29）两式代入式（9-27a），得到以约化变量表示的极限状态方程：

$$\sigma_R Y_R - \sigma_S Y_S + \mu_R - \mu_S = 0 \tag{9-27b}$$

极限状态方程式（9-27b）是一条直线，将约化变量 Y_R、Y_S 所构成的二维平面分割为失效区和安全区，如图 9-3

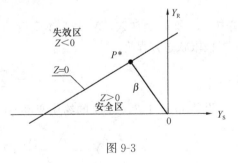

图 9-3

所示。因而极限状态方程式（9-27b）所表示的直线是一条失效边界线。

将式（9-27b）两边除以 $-\sqrt{\sigma_R^2 + \sigma_S^2}$，可得到：

$$Y_R \left(-\frac{\sigma_R}{\sqrt{\sigma_R^2 + \sigma_S^2}} \right) + Y_S \cdot \frac{\sigma_S}{\sqrt{\sigma_R^2 + \sigma_S^2}} - \frac{\mu_R - \mu_S}{\sqrt{\sigma_R + \sigma_S}} = 0 \tag{9-27c}$$

将上式与下列直线的法线式相比较，即

$$Y_R \cos\theta_R + Y_S \cos\theta_S - \overline{OP^*} = 0 \tag{9-27d}$$

得到

$$\cos\theta_R = -\frac{\sigma_R}{\sqrt{\sigma_R^2 + \sigma_S^2}} \tag{9-30a}$$

$$\cos\theta_S = \frac{\sigma_S}{\sqrt{\sigma_R^2 + \sigma_S^2}} \tag{9-30b}$$

$$\overline{OP^*} = \frac{\mu_R - \mu_S}{\sqrt{\sigma_R + \sigma_S}} = \beta \tag{9-31}$$

其中 $\cos\theta_R$、$\cos\theta_S$ 是法线 $\overline{OP^*}$ 对于各坐标向量的方向余弦。

由式（9-31）可知，β 可表示为约化变量坐标系原点 O 至极限状态直线的最小距离 $\overline{OP^*}$。其中 P^* 为垂足，而 $\cos\theta_R$ 及 $\cos\theta_S$ 是法线 $\overline{OP^*}$ 对约化变量坐标向量的方向余弦。

上述分析表明，引入约化变量的概念，可以通过空间解析几何的概念将可靠指标的计算与结构可靠性测度相联系。极限状态直线 $Z=0$ 作为失效边界将 $Y_S - Y_R$ 坐标平面划分为安全区和失效区，约化变量坐标系原点 O 至失效边界的最小距离 $\overline{OP^*}$ 可以作为可靠性的测度，其值等于可靠指标 β，并表示为式（9-31）。P^* 点称为"设计验算点"，或"验算点"。

上述结论可以推广到多变量线性功能函数的可靠指标分析。

线性功能函数一般表达式可表示为：

$$g(\boldsymbol{X}) = a_0 + \sum_{i=1}^{n} a_i X_i \tag{9-32}$$

式中，a_0 和 a_i 是常数，X_i 是基本变量。

极限状态方程为：

$$g(\boldsymbol{X}) = a_0 + \sum_{i=1}^{n} a_i X_i = 0 \tag{9-33a}$$

设 $X_i (i = 1, 2, \cdots, n)$ 的约化变量为：

$$Y_i = \frac{X_i - \mu_{X_i}}{\sigma_{X_i}}, \quad (i = 1, 2, \cdots, n)$$

极限状态方程式（9-33a）可变换为约化变量表示，即：

$$g(\boldsymbol{X}) = a_0 + \sum_{i=1}^{n} a_i (\sigma_{X_i} Y_i + \mu_{X_i}) = 0 \tag{9-33b}$$

以三个基本变量为例，上式可表示为：

$$a_0 + a_1 (\sigma_{X_1} Y_1 + \mu_{X_1}) + a_2 (\sigma_{X_2} Y_2 + \mu_{X_2}) + a_3 (\sigma_{X_3} Y_3 + \mu_{X_3}) = 0 \tag{9-34}$$

　　在约化变量 Y_1、Y_2、Y_3 的坐标系中，其极限状态平面如图 9-4 所示。

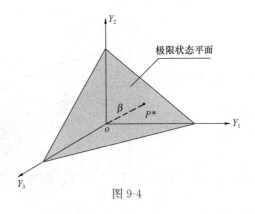

图 9-4

　　在图 9-4 中，约化变量坐标原点至失效平面的最小距离 $\overline{OP^*}$ 等于可靠指标 β。一般地，如 $X_i(i=1\sim n)$ 是相互独立的基本变量，则可靠指标可表示为多维空间的失效超平面至约化变量坐标系原点的最小距离，并可采用下式表示，即：

$$\beta = \frac{a_0 + \sum_{i=1}^{n} a_i \mu_{X_i}}{\sqrt{\sum_{i=1}^{n} (a_i \sigma_{X_i})^2}}$$

　　如 $X_i(i=1\sim n)$ 遵从正态分布，其结构失效概率的计算式以式（9-21）表示，即：

$$P_f = 1 - \Phi(\beta) = 1 - \Phi\left(\frac{a_0 + \sum_{i=1}^{n} a_i \mu_{X_i}}{\sqrt{\sum_{i=1}^{n} (a_i \sigma_{X_i})^2}}\right)$$

$$P_s = \Phi(\beta) = \Phi\left(\frac{a_0 + \sum_{i=1}^{n} a_i \mu_{X_i}}{\sqrt{\sum_{i=1}^{n} (a_i \sigma_{X_i})^2}}\right)$$

（2）非线性极限状态方程可靠指标的几何测度

对于非线性功能函数的极限状态方程：

$$Z \equiv g(X_1, X_2, \cdots, X_n) = 0$$

其中：$X_i(i=1\sim n)$ 是相互独立的基本变量。

引入约化变量 $Y_i(i=1\sim n)$，并表示为：

$$Y_i = \frac{X_i - \mu_{X_i}}{\sigma_{X_i}}; (i=1\sim n)$$

将约化变量 Y_i 代入极限状态方程，则失效曲面边界可表示为：

$$g(\sigma_{X_1} X_1 + \mu_{X_1} \sigma_{X_2} X_2 + \mu_{X_2}, \cdots, \sigma_{X_n} X_n + \mu_{X_n}) = 0$$

图 9-5 表示 Y_1、Y_2 两个约化变量的坐标系，失效边界 $g(Y_1, Y_2)=0$ 将 $Y_1 O Y_2$ 坐标系中的平面划分为安全区与失效区，据其靠近或离开原点 O 的相对位置，其安全区 $g(Y_1, Y_2)>0$ 的范围随之缩小或扩大。于是，系统的安全或失效状态将

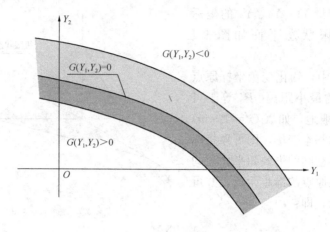

图 9-5

由失效边界相对于约化坐标系 Y_1OY_2 原点 O 的位置来确定。Hasofer，Lind 和 Ditlevesen 指出，失效状态可由约化变量坐标原点 O 至失效边界的最小距离来表示。Shinozuka 的研究指出，约化变量坐标原点 O 至失效表面距离最小的点位是最可能的失效点。因而，在某种近似意义上来说，这个最小距离可作为结构可靠性的测度。研究表明，将功能函数 $g(X)$ 在其失效表面的某一点 $(x_1^*, x_2^*, \cdots, x_n^*)$ 展开为 Taylor 级数并取其线性项来计算可靠度指标，其值与 Shinozuka 所定义的最小距离表达式完全一致。Taylor 级数的展开点 $(x_1^*, x_2^*, \cdots, x_n^*)$，也即是以上所称的"设计验算点"或"最可能失效点"。

以下对约化变量非线性功能函数的一次二阶矩公式进行说明。

设非线性功能函数为：

$$Z = g(X_1, X_2, \cdots, X_n)$$

在失效面上选择验算点 x_i^* $(i = 1 \sim n)$，将 $Z = g(X_1, X_2, \cdots, X_n)$ 展开为 Taylor 级数并取线性项，得到线性化近似极限状态方程：

$$Z \approx g(x_1^*, x_2^*, \cdots, x_n^*) + \sum_{i=1}^{n} (X_i - x_i^*) \cdot \left(\frac{\partial g}{\partial X_i}\right)_* = 0 \quad (9\text{-}35a)$$

式中的导数 $\left(\frac{\partial g}{\partial X_i}\right)_*$ 在 x_i^* $(i = 1 \sim n)$，取值。

因 x_i^* $(i = 1 \sim n)$，在失效面上，故：

$$g(x_1^*, x_2^*, \cdots, x_n^*) = 0 \quad (9\text{-}36)$$

于是式 (9-35a) 成为：

$$Z \equiv g(X_1, X_2, \cdots, X_n) \approx \sum_{i=1}^{n} (X_i - x_i^*) \times \left(\frac{\partial g}{\partial X_i}\right)_* = 0 \quad (9\text{-}35b)$$

引入约化变量：

$$Y_i = \frac{X_i - \mu_{X_i}}{\sigma_{X_i}}, (i = 1 \sim n) \qquad (9\text{-}37a)$$

上式可变换为：

$$\sigma_{X_i} Y_i = X_i - \mu_{X_i}, (i = 1 \sim n) \qquad (9\text{-}37b)$$

式（9-37b）对 X_i 赋值 x_i^*（$i = 1 \sim n$），则有

$$\sigma_{X_i} y_i^* = x_i^* - \mu_{X_i}, (i = 1 \sim n) \qquad (9\text{-}37c)$$

以上两式相减得到：

$$X_i - x_i^* = (\sigma_{X_i} Y_i + \mu_{X_i}) - (\sigma_{X_i} y_i^* + \mu_{X_i}) = \sigma_{X_i}(Y_i - y_i^*) \qquad (9\text{-}37d)$$

对式（9-37a）两边微分，有

$$dY_i = \frac{dX_i}{\sigma_{X_i}} \qquad (9\text{-}37e)$$

故

$$\frac{\partial g}{\partial X_i} = \frac{\partial g}{\partial Y_i}\left(\frac{dY_i}{dX_i}\right) = \frac{1}{\sigma_{X_i}}\left(\frac{\partial g}{\partial Y_i}\right) \qquad (9\text{-}38)$$

将式（9-37d）和式（9-38）两式代入式（9-35b），有

$$Z \equiv g(X_1, X_2, \cdots, X_n) \approx \sum_{i=1}^{n}(Y_i - y_i^*)\left(\frac{\partial g}{\partial Y_i}\right)_* \qquad (9\text{-}39)$$

于是，功能函数 $Z \equiv g(X_1, X_2, \cdots, X_n)$ 取线性项的近似平均值为：

$$\mu_Z \approx - \sum_{i=1}^{n} y_i^* \left(\frac{\partial g}{\partial Y_i}\right)_* \qquad (9\text{-}40)$$

功能函数 Z 的方差近似值为：

$$\sigma_Z^2 \approx \sum_{i=1}^{n} \sigma_{Y_i}^2 \left(\frac{\partial g}{\partial Y_i}\right)_*^2 = \sum_{i=1}^{n}\left(\frac{\partial g}{\partial Y_i}\right)_*^2 \qquad (9\text{-}41)$$

结构可靠指标为：

$$\beta = \frac{\mu_Z}{\sigma_Z} = \frac{- \sum_{i=1}^{n} y_i^* \left(\dfrac{\partial g}{\partial Y_i}\right)_*}{\sqrt{\sum_{i=1}^{n}\left(\dfrac{\partial g}{\partial Y_i}\right)_*^2}} \qquad (9\text{-}42)$$

设功能函数 $g(X_1, X_2, \cdots, X_n)$ 的梯度表示为：

$$G = \left(\frac{\partial g}{\partial Y_1}, \frac{\partial g}{\partial Y_2}, \cdots, \frac{\partial g}{\partial Y_n}\right)$$

梯度的单位向量为：

$$e_G = (\cos\theta_1, \cos\theta_2, \cdots, \cos\theta_n)$$

式中 $\cos\theta_i, (i = 1, 2, \cdots, n)$ 是梯度的方向余弦，其值为：

$$\cos\theta_i = \frac{\dfrac{\partial g}{\partial Y_i}}{\sqrt{\sum_{i=1}^{n}\left(\dfrac{\partial g}{\partial Y_i}\right)^2}}, (i = 1 \sim n)$$

由空间解析几何理论可知，功能函数的梯度单位向量 e_G 的方向即是极限状态曲面的切平面的法线方向。于是可建立通过设计验算点 y_i^*（$i = 1 \sim n$）的法线方程：

$$\frac{y_1 - y_1^*}{\alpha_1^*} = \frac{y_2 - y_2^*}{\alpha_2^*} = \cdots = \frac{y_n - y_n^*}{\alpha_n^*}$$

式中

$$\alpha_i^* = (\cos\theta_i)^* = \frac{\left(\dfrac{\partial g}{\partial Y_i}\right)_*}{\sqrt{\sum_{i=1}^n \left(\dfrac{\partial g}{\partial Y_i}\right)_*^2}}, (i = 1 \sim n)$$

设

$$\frac{y_i - y_i^*}{\alpha_i^*} = t, (i = 1 \sim n)$$

即

$$y_i = y_i^* + t\alpha_i^*, (i = 1 \sim n)$$

上式表示的法线通过坐标原点，故对于 $y_i = 0$，（$i = 1 \sim n$），成立，即

$$y_i^* = -t\alpha_i^*, (i = 1 \sim n) \tag{9-43}$$

将式（9-43）代入式（9-42），得到：

$$t = \beta$$

于是

$$y_i^* = -\beta\alpha_i^*, (i = 1 \sim n) \tag{9-44}$$

将上式代入式（9-37c），有：

$$x_i^* = \mu_{X_i} - \beta\alpha_i^* \sigma_{X_i}, (i = 1 \sim n) \tag{9-45}$$

利用方程式（9-36）、式（9-43）及式（9-45）并通过数值方法解出 β 的值，其流程如下（Rackwitz，1976）：

(1) 假定 x_i^*（$i = 1 \sim n$）的初始值并得出：

$$y_i^* = \frac{x_i^* - \mu_{X_i}}{\sigma_{X_i}}, (i = 1 \sim n)$$

(2) 在 x_i^*（$i = 1 \sim n$）点求 $\left(\dfrac{\partial g}{\partial Y_i}\right)_*$ 和 α_i^* 的值；

(3) 构造方程式 $x_i^* = \mu_{X_i} - \beta\alpha_i^* \sigma_{X_i}$；

(4) 将 x_i^*（$i = 1 \sim n$）代入极限状态方程 $g(x_1^*, x_2^*, \cdots, x_n^*) = 0$ 并解出 β 值；

(5) 利用前一步获得的 β 值计算出 $y_i^* = -\beta\alpha_i^*$；

(6) 重复（2）～（5）步骤，直至 β 值的计算精度合乎要求为止。

【例 9-3】

结构功能的极限状态方程为：

$$g(X) = RW - M$$

设基本变量是相互独立的正态变量，其统计特征值如下：

平均值 $\overline{R} = 40$，变异系数 $\Omega_R = 0.125$

$$\overline{W} = 50, \qquad \Omega_W = 0.05$$
$$\overline{M} = 1000, \qquad \Omega_M = 0.20$$

以上平均值乘以下列系数即可表示为国际计量单位：

$$\overline{R} \times 6.894(\text{MPa}); \overline{W} \times 1.639 \times 10^{-5}(\text{m}^3); \overline{M} \times 113(\text{N} \cdot \text{m})$$

以下计算结构功能的可靠指标及可靠度：

设 R、W、M 的约化变量为 $Y_R = \dfrac{R - \overline{R}}{\sigma_R}; Y_W = \dfrac{W - \overline{W}}{\sigma_W}; Y_M = \dfrac{M - \overline{M}}{\sigma_M}$

计算基本变量相应的标准差：

$$\sigma_R = 0.125 \times 40 = 5.0$$

$$\sigma_W = 0.05 \times 50 = 2.5$$

$$\sigma_M = 0.2 \times 1000 = 200$$

计算约化变量的偏导数：

$$\left(\frac{\partial g}{\partial Y_R}\right) = \frac{\partial g}{\partial R} \cdot \frac{\mathrm{d}R}{\mathrm{d}Y_R} = W\sigma_R$$

$$\left(\frac{\partial g}{\partial Y_W}\right) = \frac{\partial g}{\partial W} \cdot \frac{\mathrm{d}W}{\mathrm{d}Y_W} = R\sigma_W$$

$$\left(\frac{\partial g}{\partial Y_M}\right) = \frac{\partial g}{\partial M} \cdot \frac{\mathrm{d}M}{\mathrm{d}Y_M} = -\sigma_M$$

第一次迭代，设 $r^* = \overline{R} = 40; w^* = \overline{W} = 50; m^* = \overline{M} = 1000$。

可以得出：

$$\left(\frac{\partial g}{\partial Y_R}\right)_* = 50 \times 5.0 = 250$$

$$\left(\frac{\partial g}{\partial Y_W}\right)_* = 40 \times 2.5 = 100$$

$$\left(\frac{\partial g}{\partial Y_M}\right)_* = -200$$

计算方向余弦：

$$\alpha_{Y_R}^* = \frac{250}{\sqrt{(250)^2 + (100)^2 + (-200)^2}} = \frac{250}{335.41} = 0.745$$

$$\alpha_{Y_W}^* = \frac{100}{335.41} = 0.298$$

$$\alpha_{Y_M}^* = \frac{-200}{335.41} = -0.596$$

从而可得到失效点相应的各分量坐标：

$$r^* = 40 - 0.745 \times 5.0\beta = 40 - 3.725\beta$$

$$w^* = 50 - 0.298 \times 2.5\beta = 50 - 0.745\beta$$

$$m^* = 1000 + 0.596 \times 200\beta = 1000 + 119.20\beta$$

随之代入极限状态方程，$r^* w^* - m^* = 0$，并导出下列方程：

$$2.775\beta^2 - 335.25\beta + 1000 = 0$$

由此可得到：

$$\beta = 3.06$$

再回到失效点坐标迭代：

$$r^* = 40 - 3.725 \times 3.06 = 28.60$$

$$w^* = 50 - 0.745 \times 3.06 = 47.72$$

$$m^* = 1000 + 119.20 \times 3.06 = 1364.75$$

迭代的计算结果见表 9-3。

计算结果　　　　　　　　　　　表 9-3

序号	变量	设定验算点	$\left(\dfrac{\partial g}{\partial Y_i}\right)_*$	$\alpha_{X_i}^*$	新 x_i^*
1	R	40	250	0.745	$40 - 3.725\beta$
	W	50	100	0.298	$50 - 0.745\beta$
	M	1000	-200　$\beta=3.06$	-0.596	$1000 + 119.20\beta$
2	R	28.60	238.60	0.747	$40 - 3.735\beta$
	W	47.72	71.50	0.224	$50 - 0.560\beta$
	M	1364.75	-200.00　$\beta=3.05$	-0.626	$1000 + 125.20\beta$
3	R	28.61	238.60	0.747	$40 - 3.735\beta$
	W	48.29	71.50	0.224	$50 - 0.560\beta$
	M	1381.86	-200.00　$\beta=3.05$	-0.626	$1000 + 125.20\beta$

$$P_f = 1 - \Phi(3.05) = 0.00114$$

设计值：$r^* = (40 - 3.735 \times 3.05) \times 6.894 = 197.23 \text{MPa}$

$$w^* = (50 - 0.560 \times 3.05) \times 1.639 \times 10^{-5} = 7.915 \text{m}^3$$

$$m^* = (1000 + 125.2 \times 3.05) \times 113 = 156150.2 \text{N} \cdot \text{m}$$

9.3.4 JC 方 法

JC 方法的要点是，在基本变量属于非正态变量的情况下，首先将其在"验算点"进行当量正态化，进而按照正态变量的条件来处理可靠度的问题。这种计算可靠指标的方法，在工程界一般称为 JC 方法。设计变量的分布类型对于轨道结构的可靠指标计算结果影响较小，一般情况下可不进行当量正态化。有需要的读者可参见本书所附有关参考文献。

顺便指出，可靠指标的计算方法还有随机模拟方法，分位值法等，由于篇幅所限，在此从略。

9.4 结构可靠性设计方法

9.4.1 概 述

一般而论，结构极限状态可靠度设计，只需对于所设计的结构进行结构可靠度校核便可。换言之，设计人员可以预先选定结构形式、材料性能以及几何尺寸，并确定设计荷载；在此基础上，按专业设计要求建立极限状态方程，确定基本变量取值（平均值和标准差），采用一次二阶矩方法计算结构可靠指标，并将其与可靠指标的目标值进行比较，据以判别结构设计是否满足要求。但是，这样一种方法并不适应工程技术人员的设计习惯。为此，必须寻求一种便于操作的方法，这就是至今普遍采用的分项系数设计法或安全设计系数法。分析研究表明，可靠指标表达式可以转化为分项系数表达式，也可转变为单一安全系数表达式，究竟何者为宜，应视具体情况而定。值得注意的是，这里的单一安全系数是基于概率的可靠指标转化而来，隐含了结构可靠度的信息。

以下分别介绍结构可靠指标的单一安全系数及分项系数表达式。

9.4.2 结构可靠性设计单一安全系数表达式

（1）平均值安全系数

设极限状态方程为：

$$Z \equiv R - S = 0$$

式中 R——抗力；

S——荷载效应。

其可靠指标计算公式为：

$$\beta = \frac{\mu_R - \mu_S}{\sqrt{\sigma_R^2 + \sigma_S^2}} \tag{9-46}$$

如定义结构设计中单一安全系数：

$$K = \frac{\mu_R}{\mu_S} \tag{9-47}$$

则将式 (9-47) 代入式 (9-46) 中，即

$$\beta = \frac{\mu_R - \mu_S}{\sqrt{\sigma_R^2 + \sigma_S^2}} = \frac{\dfrac{\mu_R}{\mu_S} - 1}{\sqrt{\left(\dfrac{\mu_R}{\mu_S}\right)^2 \delta_R^2 + \delta_S^2}} = \frac{K - 1}{\sqrt{K^2 \delta_R^2 + \delta_S^2}}$$

因而得到安全系数的计算式为：

$$K = \frac{1 + \beta \sqrt{\delta_R^2 + \delta_S^2 - \beta^2 \delta_S^2 \delta_R^2}}{1 - \beta^2 \delta_R^2} \tag{9-48}$$

基于 K 值，设计表达式为：

$$K \mu_S \leqslant \mu_R \tag{9-49}$$

由式 (9-49) 可知，在可靠度设计表达式中，安全系数 K 包含了结构可靠度的信息，也即反映了结构抗力与荷载的一阶和二阶矩信息。

(2) 分位值安全系数

设抗力的分位值为 $r^* = C_R \mu_R$，荷载的分位值为 $s^* = C_S \mu_S$，引入分位值安全系数：

$$\theta^* = \frac{r^*}{s^*} = \frac{C_R \mu_R}{C_S \mu_S} = \frac{C_R}{C_S} \cdot K \tag{9-50}$$

对于抗力与作用的标准值，若分别采用 5% 与 90% 的概率分位值，则

$$r^* = \mu_R (1 - 1.65 \delta_R)$$
$$s^* = \mu_S (1 + 1.28 \delta_S)$$
$$C_R = 1 - 1.65 \delta_R$$
$$C_S = 1 + 1.28 \delta_S$$

9.4.3　结构可靠度设计分项系数表达式

功能函数的极限状态方程一般可表示为：

$$R - G - Q = 0 \tag{9-51}$$

上式所表现的形式具有一般性。其中，G 代表永久荷载，Q 代表可变荷载，R 代表抗力。

设 R、G、Q 通过结构可靠度分析即一次二阶矩方法所得到的验算点值为 r^*、g^*、q^*；相应的可靠指标为 β^*。

将验算点值代入极限状态方程得到：

$$r^* - g^* - q^* = 0 \tag{9-52}$$

式中，r^*、g^*、q^* 也是设计的取值，可分别表示为 R_d、G_d、Q_d；则式 (9-52) 可表示为：

$$R_d - G_d - Q_d = 0 \qquad (9\text{-}53)$$

在设计规范中，设计表达式设定为：

$$\gamma_G S_{G_K} + \gamma_Q S_{Q_K} \leqslant \frac{f_K}{\gamma_R} \qquad (9\text{-}54)$$

$$\gamma_G S_{G_K} = G_d$$

$$\gamma_Q S_{Q_K} = Q_d$$

$$f_K / \gamma_R = R_d$$

式中 f_K、S_{G_K}、S_{Q_K} 分别称为 R_d、G_d、Q_d 的代表值，即抗力代表值、永久荷载代表值以及可变荷载代表值。γ_R、γ_G、γ_Q 是与之对应的分项系数，分别称为抗力分项系数、永久荷载分项系数以及可变荷载分项系数。抗力代表值，如混凝土强度一般取用其概率分布 5% 分位值，在这里称为抗力标准值；可变荷载的代表值可取用其概率分布的某一分位值，在这里称为可变荷载标准值；永久荷载可取用其概率分布 50% 分位值，在这里，称为永久荷载标准值。

例如，在钢轨强度检算中，可建立极限状态方程：

$$\sigma_s - \frac{M}{W} = 0$$

其中，σ_s 是钢轨的强度；M/W 是荷载弯矩 M 引起的钢轨应力；W 是钢轨断面系数。在可靠指标的计算中，可得到其验算点值 σ_s^*、m^*、w^*，并得到可靠指标 β 的取值。在这里，σ_s^* 代表结构抗力的验算点值；m^*/w^* 代表结构荷载效应的验算点值。也即是式（9-52）的抗力验算点值 γ^*，可变荷载验算点值 q^*。

9.4.4 结构设计的目标可靠指标

目标可靠指标是结构可靠度设计预期达到的可靠指标，是结构可靠度设计最基本的依据。目标可靠指标不仅是衡量结构安全性和适用性的基准，而且目标可靠指标的选定又与工程造价、维护费用、投资风险以及社会效益有关。关于目标可靠指标的确定方法，工程界有过许多的主张和设想：如风险类比法，其基本思想是通过航空、陆上及海上运输等事故的发生概率来类比人们可接收的风险概率，据以确定结构的目标可靠指标；又如希望建立失效概率与费用、风险关系的数学模型，通过分析和量化来确定目标可靠指标。如此诸多的主张和设想，终究由于知识不足和实施困难而难以成为现实。于是，工程界从实用的观点出发广泛采用"校准法"，其主要思想是认为现行规范所设计的结构总体合理，所隐含的安全裕度可以接受。其实施方法是采用一次二阶矩方法，对现行规范所设计的若干典型结构进行可靠指标计算，从而获得一组可靠指标计算值，从中可选择一个居中的可靠指标值作为目标可靠指标。值得注意的是，为保证所设计的结构具有足够的可靠度，在这一组可靠指标中所选定的目标可靠指标与其组中其他可靠指标之差不宜超过 0.25。

9.5　结构可靠性设计的荷载

9.5.1　荷载与作用

在可靠度工程设计规范中，作用是指施加在结构上的集中力或分布力（直接作用，也称为荷载），以及引起结构外加变形或约束变形的原因（间接作用）。铁路桥梁的列车荷载，公路桥梁的汽车荷载，工业与民用建筑的楼面荷载，桥梁与房屋建筑的风荷载等，均属于直接作用；建筑物的不均匀沉陷，铁路无缝线路轨道受温度作用引起的约束变形等，属于间接作用。

在土木工程领域里，习惯于使用荷载这一名词来称呼以上所定义的"直接作用"，在不发生混淆的情况下，我们也适当地使用荷载这一术语。按照《可靠性设计总原则》ISO 2394 的定义，间接作用不应称为"荷载"，以免混淆。

9.5.2　荷载与荷载效应

由于作用引起的结构或构件的内力、力矩和变形等，称为作用效应，习惯称为荷载效应。工程结构荷载与荷载效应的关系采用结构计算模型来确定，有动态的和静态的，弹性的与非弹性（塑性）的，几何线性的与非线性的，时间独立的与时间依存的（例如徐变）。一般应视工程设计的具体情况，选择荷载或荷载效应作为设计基本变量。

9.5.3　作用的分类

作用按时间上的变异可分为永久作用、可变作用和偶然作用。

（1）永久作用是指在规定的整个设计状况中，其量值不随时间变化或其变化与平均值相比可忽略不计的作用，包括：

1）结构自重；

2）非承重结构部件的全部材料自重；

3）由于自重产生的最终土压力；

4）由于结构施工方式引起最终变形的间接作用；

5）由于混凝土收缩或钢材焊接变形等产生的间接作用；

6）水位不变的水压力；

7）由于支座沉陷和地基沉降形成的间接作用；

8）预加应力；

9）其他。

（2）可变作用是指在规定的整个设计状况中，其量值随时间变化且其变化与平均值相比不可忽略不计的作用，包括：

1）机车车辆荷载及其他可移动荷载；

2）某些施工阶段，结构某些部分的自重；

3）安装荷载；

4）风荷载；

5）温度变化及温差产生的约束作用；

6）小于地区基本烈度的多遇地震；

7）水位变化的水压力；

8）冰压力或冻压力；

9）波浪力；

10）其他。

（3）偶然作用是指在预定的时段内不一定出现，而一旦出现其量值很大且持续时间很短的作用，包括：

1）船舶的撞击；

2）机车车辆脱轨；

3）等于或大于地区基本烈度的罕见地震；

4）滑坡、泥石流等；

5）其他。

9.5.4 荷载的代表值

在可靠性设计规范中，为了统一荷载的取值，对于荷载设定其代表值。

（1）永久荷载的代表值

永久荷载应采用标准值（即取其概率分布的某一分位值）作为代表值。对变异性较大的结构自重，应视其对结构产生的不利状态，取其概率分布95％的高分位值或5％的低分位值作为代表值。

土压力的标准值可取主动土压力的最大值或被动土压力的最小值。当土体可迁移时，土压力的消失应作为一种特殊的设计情况进行验算。

预应力的标准值应规定其上限值和下限值，两值均应考虑时效影响。

由于结构施工的影响或材料收缩所引起的强制变形，其标准值可视为单一值。当取消该值为不利时，可取为零值。

由支座沉降引起的作用，其标准值可规定上限值和下限值。

（2）可变荷载的代表值

国际标准《结构可靠性设计总原则》ISO 2394:1998将可变荷载的代表值规定为标准值、频遇值、准永久值和组合值。其量值大小的递减排列顺序一般是标准值、组合值、频遇值及准永久值。我国《建筑结构可靠度设计统一标准》GB 50068—2001采用这样的规定，其余的结构可靠度设计统一标准一般采用其前三个代表值。

在结构承载能力极限状态设计中，可变荷载应取标准值作为代表值；频遇值是在结构正常使用极限状态设计中频遇组合所采用的可变作用代表值；而准永久值则是正常使用极限状态设计中准永久组合和频遇组合所采用的可变作用代表值。

1）可变荷载的标准值取其概率分布的某一分位值。

2）可变荷载的频遇值与准永久值可通过专业设计要求估计，一般可取其标准值的折减值。

9.5.5　荷　载　组　合

工程结构一般承受多个可变荷载的共同作用。例如，桥梁结构要承受列车荷载、风荷载等可变荷载的共同作用。高速铁路的无砟轨道同时承受列车荷载与温度效应的共同作用。这些作用，在设计中通常计算其作用的效应，故而荷载组合也可称为荷载效应组合。在工程结构设计中，可视结构设计的需要采用荷载组合或荷载效应组合。

在工程设计中，处理荷载组合问题，一种保守的估计方法是取用各个荷载在结构使用期限内的最大值，但却难以实现安全与经济的合理平衡。一般而言，在结构使用期限内，各个可变荷载同时出现最大值的可能性是极小的。于是，在工程结构可靠度设计中，希望寻求一种合理的随机组合方法，以求达到安全与经济协调一致的目标。但限于如今所掌握的随机过程的知识不足，加之可变荷载性质的复杂性，这种良好愿望至今难以实现。为了满足工程应用的需求，各个主管设计标准的部门，相继提出了一些实用性的组合方法或组合规则。其中，有 JCSS 建议的组合规则，美国国家标准局荷载设计规范（A58-82）推荐的 Turkstra 组合规则，以及 ISO 2394（结构可靠性设计总原则）建议的 Ferry Borges-Castanheta 组合规则。我国《建筑结构可靠度设计统一标准》采用 JCSS 组合规则，《铁路工程结构可靠度设计统一标准》、《公路工程结构可靠度设计统一标准》、《水利水电工程结构可靠度设计统一标准》以及《港口工程结构可靠度设计统一标准》等采用 Turkstra 组合规则。

Turkstra 组合规则是：参加组合的 n 个可变荷载，其中一个取其设计基准期 T 最大值时，其余荷载取任意时点值（一般取用荷载原始统计变量作为任意时点值）。以三个荷载的组合为例，其三个组合方案为：

$$S_{M_1}(t) = \max_{t \in T} S_1(t) + S_2(t) + S_3(t)$$

$$S_{M_2}(t) = S_1(t) + \max_{t \in T} S_2(t) + S_3(t)$$

$$S_{M_3}(t) = S_1(t) + S_2(t) + \max_{t \in T} S_3(t)$$

与三个组合方案相应的概率分布为：

$$F_{M_1}(x) = [F_{S_1}(x)]^{r_1} * F_{S_2}(x) * F_{S_3}(x)$$

$$F_{M_2}(x) = F_{S_1}(x) * [F_{S_2}(x)]^{r_2} * F_{S_3}(x)$$

$$F_{M_3}(x) = F_{S_1}(x) * F_{S_2}(x) * [F_{S_3}(x)]^{r_3}$$

式中，符号 * 表示卷积运算。

对以上三种组合取用相应的计算参数，代入极限状态方程计算结构可靠度，取用可靠度最低的方案作为控制设计的方案。

9.6　无缝线路稳定性可靠性设计

9.6.1　极限状态方程

在路基地段，稳定性计算极限状态方程为

$$P - 2E\alpha F \cdot \Delta T_u = 0 \tag{9-55}$$

式中　　　P——用下述式（a）计算的计算温度压力值；

$2E\alpha F \cdot \Delta T_u$——温升导致的钢轨作用效应；

$$P = \frac{EJ\pi^2 \dfrac{f+f_{oe}}{l^2} + \dfrac{4}{\pi^2}Ql^2}{f+f_{oe} + \dfrac{4}{\pi^3 R'}l^2} \tag{a}$$

$$l^2 = \frac{\omega + \sqrt{\omega^2 + \left(\dfrac{4Q}{\pi^3} - \dfrac{\omega t}{f}\right)fEJ\pi^2}}{\dfrac{4Q}{\pi^3} - \dfrac{\omega t}{f}} \tag{b}$$

$$t = \frac{f_{oe}}{l^2} \tag{c}$$

$$\omega = EJ\pi^2\left(t + \frac{4}{\pi^3 R'}\right) \tag{d}$$

9.6.2　设计变量的取值方法

（1）等效道床阻力 Q 的取值方法

$$Q = q_0 - \frac{\pi}{2}(C_z C_1 f^z - C_n C_2 f^n) \tag{9-56}$$

式中　　$C_n = \dfrac{2^n}{\pi} \cdot \dfrac{\Gamma\left(\dfrac{n}{2}+1\right)\Gamma\left(\dfrac{\pi}{2}+1\right)}{\Gamma(n+2)}$,（适用于 $n = n, z$）；

其中 $\Gamma(\cdot)$ 是 Γ 函数；

$Q(f)$ 是随机函数。

道床横向阻力有下列公式：

$$q = q_0 - C_1 f^z + C_2 f^n \tag{9-57}$$

式中 C_1、C_2、q_0 是回归分析的计算值，与统计样本有关；由于 $q(f)$ 是一个随机函数。对于固定的 f 取值 f_d，$q(f_d)$ 是随机变量。

根据铁路无缝线路设计规范的规定，计算无缝线路稳定性的 f 值为 2mm，该值是 f 的设计值 f_d，即 $f_d = 2$mm。其对应的道床阻力 q 可视为相应的平均值 $\bar{q}$，即

$$\bar{q} = q(f_d) \tag{9-58}$$

Q 的不定性可通过下述方法估计：

为了对 Q 的不定性作出估计，分别对式（9-56）、式（9-57）两式在 $f = f_d$ 展开为 Taylor 级数并近似取其线性项，得到：

$$q \approx q(f_d) + \left(\frac{\partial q}{\partial f}\right)_{f_d} \cdot (f - f_d) \tag{9-59}$$

式中　$\left(\dfrac{\partial q}{\partial f}\right)_{f_d} = -C_1 z f_d^{z-1} + C_2 n f_d^{n-1}$

$$Q \approx Q(f_d) + \left(\frac{\partial Q}{\partial f}\right)_{f_d} \cdot (f - f_d) \tag{9-60}$$

$$\left(\frac{\partial Q}{\partial f}\right)_{f_d} = \frac{\pi}{2}\left(-C_z C_1 z f_d^{z-1} + C_n C_2 n f_d^{n-1}\right)$$

由式（9-59）、式（9-60）两式可得到 Q 与 q 的如下关系式：

$$Q = \frac{q}{\left(\dfrac{\partial q}{\partial f}\right)_{f_d}} \cdot \left(\frac{\partial Q}{\partial f}\right)_{f_d} - \frac{q(f_d)}{\left(\dfrac{\partial q}{\partial f}\right)_{f_d}} \cdot \left(\frac{\partial Q}{\partial f}\right)_{f_d} + Q(f_d) \tag{9-61}$$

从而得到 Q 的均值为：

$$\bar{Q} = \frac{\bar{q}}{\left(\dfrac{\partial q}{\partial f}\right)_{f_d}} \cdot \left(\frac{\partial Q}{\partial f}\right)_{f_d} - \frac{q(f_d)}{\left(\dfrac{\partial q}{\partial f}\right)_{f_d}} \cdot \left(\frac{\partial Q}{\partial f}\right)_{f_d} + Q(f_d)$$

即

$$\bar{Q} = Q(f_d) \tag{9-62}$$

Q 的标准差为：

$$\sigma_Q = \frac{\sigma_q}{\left(\dfrac{\partial q}{\partial f}\right)_{f_d}} \cdot \left(\frac{\partial Q}{\partial f}\right)_{f_d} \tag{9-63}$$

由式（9-63）可知，σ_Q 与 σ_q 有关。q 的不定性由下述方法估计。

q 的均值 $\bar{q}$ 对应于 $q(f_d)$，即将 f_d 代入式（9-57）可得到 $\bar{q} = q(f_d)$。

q 的方差（标准差 σ_q 的平方估计值），可由式（9-57）通过线性回归方程的条件方差的估计方法得出。

设

$$\Delta^2 = \sum_{i=1}^{n}\left[q_i - (q_0 - c_1 f_i^z + c_2 f_i^n)\right]^2$$

式中　n——数据的点数，即统计样本容量；

q_i 及 f_i 可通过试验原始记录得到。

q 的方差 $\mathrm{Var}(q\,|\,x)$ 的无偏估计可按下式计算：

$$s_{\mathrm{q/x}}^2 = \frac{\Delta^2}{n-3} \tag{9-64}$$

（2）原始弯曲的取值方法

我国统一无缝线路稳定性计算公式中，原始弯曲由弹性弯曲和塑性弯曲组成，并假定原始弯曲矢度 f_0 与其弦长 l 的平方比等于常量 k_0，即

$$\frac{f_0}{l^2} = k_0$$

假定原始弹性弯曲矢度为 f_{oe}，原始塑性弯曲矢度为 f_{op}；其矢度与弦长平方之比也是常量，即

$$\frac{f_{\mathrm{oe}}}{l^2} = k_{\mathrm{oe}}; \quad \frac{f_{\mathrm{op}}}{l^2} = k_{\mathrm{op}}$$

中南大学于 1999 年对全国铁路干线 5 个地区的 60kg/m 无缝线路原始弯曲进行了观测调查，分别取得夏季和冬季的 3445 个统计样本，通过概率分布的假设检验，无缝线路原始弯曲遵从极值 I 型概率分布；应用极值统计理论进行统计分析，得到 12 年设计基准期的统计分析结果：其 k_0 的平均值为 2.103×10^{-6}，变异系数为 0.241；k_{op} 的平均值为 1.750×10^{-6}，变异系数为 0.225；其中原始塑性弯曲占原始弯曲的 83%。

（3）设计基准期

根据铁路运行图资料的计算分析，按 60kg/m 钢轨线路大修周期规定的通过总重 700Mt 计算，得到我国 10 条铁路干线的线路大修周期平均为 11.6 年，可取为 12 年，如表 9-4 所示。线路大修周期可作为无缝线路的设计基准期。

铁路干线大修年限统计　　　　　　　　　　　　　表 9-4

序号	干线名称	大修年限（年）
1	京广线	8.4
2	京九线	17.1
3	京哈线	7.4
4	京沪线	10.2
5	胶济线	12.4
6	沪昆线	9.3
7	陇海线	10.1
8	焦柳线	13.2
9	襄渝线	11.1
10	兰新线	17.1
	平均	11.6

（4）最大温升幅度的取值方法

1）最大温升幅度 ΔT_{umax} 的计算方法

无缝线路的锁定轨温用下式计算：

$$T_e = \frac{T_{max} + T_{min}}{2} + \frac{[T_d] - [T_u]}{2} \pm \Delta T_k$$

$$= \frac{T_{max} + T_{min}}{2} + \Delta T_s$$

式中　ΔT_s 可通过设计文件的数据统计得出其均值与标准差。

根据施工规范所规定的锁定轨温变化范围，最大温升幅度 ΔT_{umax} 可用下式计算：

$$\Delta T_{umax} = T_{max} - T_e \pm (3 \sim 5)℃$$

由上得出：

$$\Delta T_{umax} = \frac{T_{max} - T_{min}}{2} - \Delta T_s \pm (3 \sim 5)℃$$

上式中最后一项取为 0 值，则

$$\Delta T_{umax} = \frac{T_{max} - T_{min}}{2} - \Delta T_s \tag{9-65}$$

2）ΔT_{umax} 不定性分析

① $\dfrac{T_{max} - T_{min}}{2}$ 的不定性

其值可通过各地区最高、最低轨温统计值计算；譬如，据铁四院对石家庄地区的统计分析，最高轨温的均值为 59.341℃，最低轨温均值 −13.524，标准差分别为 1.594 和 −3.265。

② ΔT_s 的不定性

设 $\Delta T_s = \dfrac{[T_d] - [T_u]}{2} \pm \Delta T_k$；根据铁四院对 26 条线路 62 个地区设计锁定轨温的统计分析，ΔT_s 的均值为 5.810℃，标准差为 1.693，变异系数为 0.2913。

③ 运营中锁定轨温下降值 ΔT_y

工程经验表明，无缝线路轨道经过运营之后，其锁定轨温有所下降。据广钟岩等《无缝线路》（1989）一书对于 17 段无缝线路锁定轨温下降值的统计数据，计算得到 ΔT_y 的均值为 −8.297℃，标准差为 −4.463，变异系数为 0.538。

综合以上分析可得到 ΔT_{umax} 不定性信息，结合工程经验，其计算式为：

$$\Delta T_{umax} = \frac{T_{max} - T_{min}}{2} - \Delta T_s - \Delta T_y \tag{9-66}$$

ΔT_{umax} 的均值为：

$$\mu_{\Delta T_{umax}} = \frac{59.341 + 13.524}{2} - 5.81 + 8.297 = 38.92$$

标准差为：

$$\sigma_{\Delta T_{umax}} = \sqrt{\frac{1}{4}(\sigma_{T_{max}}^2 + \sigma_{T_{min}}^2) + \sigma_{\Delta T_S}^2 + \sigma_{\Delta T_y}^2}$$

$$= \sqrt{0.25(1.594^2 + 3.265^2) + 1.693^2 + 4.423^2} = 5.107$$

（5）桥上无缝线路附加力 p_q 的不定性分析

根据《铁四院常用跨度连续梁资料手册》，可归纳桥梁跨度与曲线半径所存在的一般对应关系，而不同跨度桥梁的附加力是可计算的，其值可视为平均值；运用随机模拟方法可得到常用跨度桥梁附加力的变异系数约为 $0.125 \sim 0.150$；在这里可取用 0.15；其平均值可采用如下数值：

直线及 $R \geqslant 3500\text{m}$：$P_q = 500\text{kN/每轨}$

$2000\text{m} \leqslant R < 3500\text{m}$：$P_q = 450\text{kN/每轨}$

$1000\text{m} \leqslant R < 2000\text{m}$：$P_q = 400\text{kN/每轨}$

$800\text{m} \leqslant R < 1000\text{m}$：$P_q = 350\text{kN/每轨}$

$R < 800\text{m}$：$P_q = 200\text{kN/每轨}$

与上相对应的极限状态方程为：

$$\frac{p}{2} - (E\alpha F \Delta T_u + P_q) = 0$$

9.6.3　无缝线路稳定性设计表达式

通过一次二阶矩法可靠度计算，并通过可靠度校准，可得出如下无缝线路稳定性设计表达式：

$$\gamma_0(\gamma_u \times 2E\alpha F \Delta T_u + \gamma_q \times p_q) \leqslant \frac{p_w}{\gamma_w} \tag{9-67}$$

式中　γ_0——结构重要性系数；

γ_u——温度压力分项系数，$\gamma_u = 1.05$；

E——钢轨弹性模量；

α——钢轨线膨胀系数；

F——钢轨断面面积；

ΔT_u——温升限值；

p_q——桥上无缝线路附加力（取伸缩附加力或挠曲附加力之中的最大值）；

γ_q——桥上无缝线路附加力分项系数，$\gamma_q = 1.05$；

p_w——临界温度压力，分项系数 $\gamma_w = 1.25$。

复 习 思 考 题

1. 试述结构设计的不确定性。工程设计中如何处理不确定性问题？

2. 试述结构可靠性与结构可靠度的定义。

3. 结构安全性与结构可靠性有何不同?

4. 试述结构极限状态的含义。承载能力极限状态、正常使用极限状态的含义分别是什么?

5. 试列出极限状态方程 $G(X_1, X_2, \cdots, X_n) = 0$ 的功能函数表达式，并说明 $X_1, X_2, \cdots, X_n$ 的含义。

6. 设结构功能函数 $Z = R - S$，Z 遵从正态分布 $N(\mu_Z, \sigma_Z)$，试列出功能函数 Z 的失效概率 P_f 的积分表达式及其可靠指标 β 的表达式。说明 P_f 与 β 的关系。

7. 设钢轨的屈服强度平均值 $\mu_R = 610\mathrm{MPa}$，标准差 $\sigma_R = 74.4\mathrm{MPa}$；钢轨所承受的弯矩应力、温度应力、桥上无缝线路的伸缩附加应力以及制动应力的总和为 S，其平均值 $\mu_S = 355\mathrm{MPa}$，标准差 $\sigma_S = 27.7\mathrm{MPa}$；求钢轨在总应力作用下的可靠指标 β。

8. 设结构设计的极限状态方程为 $Z = R - S = 0$，其可靠指标为:

$$\beta = \frac{\mu_R - \mu_S}{\sigma_Z}$$

设 $K = \dfrac{\mu_R}{\mu_S}$，试列出基于可靠性设计方法的结构设计单一安全系数表达式，并列出 K 与可靠指标 β 的关系式。

9. 试列举与轨道设计有关的直接作用和间接作用。

10. 作用按时间上的变异分类有几种? 列举几种与轨道设计有关的永久作用、可变作用及偶然作用。

11. 试述永久作用与可变作用的代表值。

12. 试述 Turkstra 荷载组合规则的组合方法。

附录 A 无缝线路主要设计参数

A.1 无缝线路设计荷载取值应符合下列规定：

1. 无缝线路强度检算应根据牵引种类及机车车辆类型，选择实际运营的列车荷载。

2. 桥上无缝线路挠曲力和制动力计算应选择相应的桥梁设计标准活载，根据桥梁跨度截取活载长度并换算成均布荷载。

A.2 线路纵向阻力取值应符合下列规定：

1. 有砟轨道道床单位长度纵向阻力应符合下列规定：

除小阻力扣件外，有砟轨道扣件纵向阻力应大于道床纵向阻力。

有砟轨道采用Ⅲ型混凝土轨枕或新Ⅱ型混凝土轨枕时，单位长度道床纵向阻力可按附表 A-1 取值。

有砟轨道道床纵向阻力（kN/m/轨） 附表 A-1

轨枕类型	有载		无载	图示
	机车下	车辆下		
Ⅲ型混凝土轨枕 （1667 根/km）	$r=11.6\,x$，$x\leqslant2.0$mm $r=23.2$，$x>2.0$mm	$r=7.5\,x$，$x\leqslant2.0$mm $r=15.0$，$x>2.0$mm	$r=7.5\,x$，$x\leqslant2.0$mm $r=15.0$，$x>2.0$mm	附图 A-1
新Ⅱ型混凝土轨枕 （1760 根/km）	$r=6.8\,x$，$x\leqslant2.0$mm $r=13.6$，$x>2.0$mm	$r=4.4\,x$，$x\leqslant2.0$mm $r=8.8$，$x>2.0$mm	$r=4.4\,x$，$x\leqslant2.0$mm $r=8.8$，$x>2.0$mm	附图 A-2

注：x 为轨枕纵向位移。

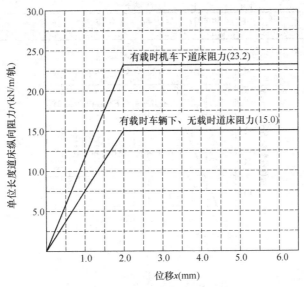

附图 A-1 铺设Ⅲ型混凝土轨枕时有砟轨道道床纵向阻力

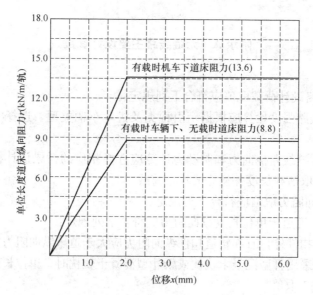

附图 A-2　铺设新Ⅱ型混凝土轨枕时有砟轨道道床纵向阻力

2. 无砟轨道单位长度扣件纵向阻力应符合下列规定：

无砟轨道采用 WJ-7 型或 WJ-8 型扣件，扣件节点间距为 625mm 时，单位长度扣件纵向阻力可按附表 A-2 取值。

WJ-7 型、WJ-8 型扣件纵向阻力（kN/m/轨）　附表 A-2

扣件类型	有载		无载	图示
	机车下	车辆下		
WJ-7 型、 WJ-8 型扣件	$r = 18.6 x$, $x \leqslant 2.0$mm $r = 37.2$, $x > 2.0$mm	$r = 12.0 x$, $x \leqslant 2.0$mm $r = 24.0$, $x > 2.0$mm	$r = 12.0 x$, $x \leqslant 2.0$mm $r = 24.0$, $x > 2.0$mm	附图 A-3

注：x 为钢轨相对扣件的纵向位移。

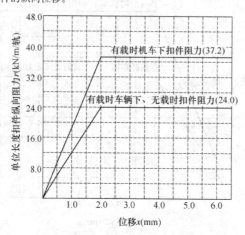

附图 A-3　WJ-7 型、WJ-8 型扣件纵向阻力

3. 采用小阻力扣件时单位长度扣件纵向阻力应符合下列规定：

（1）有砟轨道采用弹条 V 型小阻力扣件、扣件节点间距为 600mm 时，单位长度纵向阻力可按附表 A-3 取值。

有砟轨道采用弹条 V 形小阻力扣件时扣件纵向阻力（kN/m/轨）　附表 A-3

扣件类型	有　　载		无载	图示
	机车下	车辆下		
弹条 V 形 小阻力扣件	$r=24.8x$，$x \leqslant 0.5$mm $r=12.4$，$x>0.5$mm	$r=16.0x$，$x \leqslant 0.5$mm $r=8.0$，$x>0.5$mm	$r=16.0x$，$x \leqslant 0.5$mm $r=8.0$，$x>0.5$mm	附图 A-4

注：x 为钢轨相对扣件的纵向位移。

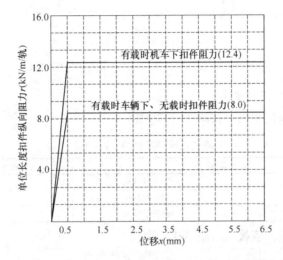

附图 A-4　有砟轨道采用弹条 V 形小阻力扣件时扣件纵向阻力

（2）无砟轨道采用 WJ-7 型或 WJ-8 型小阻力扣件，扣件节点间距为 625mm 时，扣件单位长度纵向阻力可按附表 A-4 取值。

WJ-7 型、WJ-8 型小阻力扣件纵向阻力（kN/m/轨）　附表 A-4

扣件类型	有载		无载	图示
	机车下	车辆下		
WJ-7 型、WJ-8 型 小阻力扣件	$r=20.2x$，$x \leqslant 0.5$mm $r=10.1$，$x>0.5$mm	$r=13.0x$，$x \leqslant 0.5$mm $r=6.5$，$x>0.5$mm	$r=13.0x$，$x \leqslant 0.5$mm $r=6.5$，$x>0.5$mm	附图 A-5

注：x 为钢轨相对扣件的纵向位移。

4. 轨枕间距或扣件节点间距改变时，线路纵向阻力可根据实际轨枕间距或扣件节点间距进行换算。

5. 扣件配置发生变化或采用其他类型轨枕、扣件时，线路纵向阻力值应根

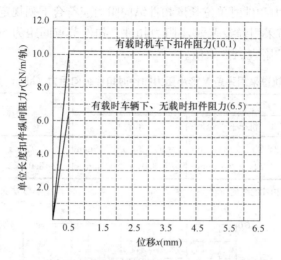

附图 A-5　WJ-7 型、WJ-8 型小阻力扣件纵向阻力

据实测值经统计分析后确定。

A. 3　等效道床横向阻力可按附表 A-5 取值。

等效道床横向阻力（kN/m）　　　　　　附表 A-5

轨枕类型		等效道床横向阻力
新Ⅱ型混凝土轨枕	1760 根/km	8.5
	1840 根/km	8.9
Ⅲ型混凝土轨枕	1667 根/km	11.5

A. 4　钢轨容许应力应按式（附 A-1）计算：

$$[\sigma] = \frac{\sigma_s}{K} \qquad\qquad （附 A-1）$$

式中　$[\sigma]$——钢轨容许应力（MPa）；

K——安全系数，取 1.3；

σ_s——钢轨钢屈服强度（MPa），我国主要钢种钢轨的屈服强度见附表 A-6。

我国主要钢种钢轨钢屈服强度（MPa）　　　附表 A-6

钢　种	U71Mn、U71MnG	U75V、U75VG、U76CrRE、U77MnCr、U78CrV
σ_s	457	472

A. 5　梁温度差可按附表 A-7 取值。

梁温度差　　　　　　　　附表 A-7

梁类型	有砟轨道梁温度差	无砟轨道梁温度差
混凝土梁	15℃	30℃
钢　梁	25℃	50℃

A. 6　我国各主要地区最高、最低气温及最高、最低轨温可按附表 A-8 取值。

各主要地区气温轨温   附表 A-8

省/直辖市	地名	最高气温	最低气温	最高轨温	最低轨温
北京	北京	41.9	−27.4	61.9	−27.4
天津	天津	40.5	−22.9	60.5	−22.9
上海	上海	39.6	−10.1	59.6	−10.1
重庆	重庆	43.0	−1.8	63.0	−1.8
黑龙江	哈尔滨	39.2	−38.1	59.2	−38.1
	漠河	39.3	−52.3	59.3	−52.3
吉林	长春	38.0	−36.5	58.0	−36.5
	吉林	36.6	−40.3	56.6	−40.3
辽宁	沈阳	38.3	−32.9	58.3	−32.9
	大连	35.6	−21.1	55.6	−21.1
内蒙古	呼和浩特	38.9	−32.8	58.9	−32.8
	图里河	37.9	−50.2	57.9	−50.2
河北	石家庄	42.9	−19.8	62.9	−19.8
	唐山	40.1	−25.2	60.1	−25.2
山西	太原	39.4	−25.5	59.4	−25.5
	五台山	29.6	−44.8	49.6	−44.8
新疆	乌鲁木齐	42.1	−41.5	62.1	−41.5
	吐鲁番	47.8	−28.0	67.8	−28.0
青海	西宁	36.5	−26.6	56.5	−26.6
	格尔木	35.5	−33.6	55.5	−33.6
甘肃	兰州	39.8	−21.7	59.8	−21.7
	敦煌	43.6	−30.5	63.6	−30.5
宁夏	银川	39.3	−30.6	59.3	−30.6
陕西	西安	41.8	−20.6	61.8	−20.6
	榆林	39.0	−32.7	59.0	−32.7
河南	郑州	43.0	−17.9	63.0	−17.9
	信阳	40.9	−20.0	60.9	−20.0
山东	济南	42.5	−19.7	62.5	−19.7
	德州	43.4	−27.0	63.4	−27.0
江苏	南京	40.7	−14.0	60.7	−14.0
	徐州	40.6	−22.6	60.6	−22.6
浙江	杭州	40.3	−9.6	60.3	−9.6
	温州	39.6	−4.5	59.6	−4.5

省/直辖市	地名	最高气温	最低气温	最高轨温	最低轨温
安徽	合肥	41.0	−20.6	61.0	−20.6
	黄山	28.0	−22.7	48.0	−22.7
江西	南昌	40.6	−9.7	60.6	−9.7
	景德镇	41.8	−10.9	61.8	−10.9
湖北	武汉	39.6	−18.1	59.6	−18.1
	宜昌	41.4	−9.8	61.4	−9.8
湖南	长沙	40.6	−10.3	60.6	−10.3
	常德	40.4	−13.2	60.4	−13.2
福建	福州	41.7	−1.7	61.7	−1.7
	厦门	39.2	1.5	59.2	1.5
广东	广州	39.1	0.0	59.1	0.0
	深圳	38.7	0.2	58.7	0.2
广西	南宁	40.4	−2.1	60.4	−2.1
	桂林	39.5	−4.9	59.5	−4.9
四川	成都	37.3	−5.9	57.3	−5.9
	阿坝	28.0	−33.9	48.0	−33.9
云南	昆明	31.5	−7.8	51.5	−7.8
	香格里拉	26.0	−27.4	46.0	−27.4
贵州	贵阳	37.5	−7.8	57.5	−7.8
	毕节	36.2	−10.9	56.2	−10.9
西藏	拉萨	30.4	−16.5	50.4	−16.5
	那曲	24.2	−41.2	44.2	−41.2
海南	海口	39.6	2.8	59.6	2.8
台湾	台北	38.6	−2.0	58.6	−2.0
香港	香港	36.1	0.0	56.1	0.0

注：1. 本表温度单位为℃；

2. 最高气温和最低气温摘自国家气象信息中心各地有历史记录以来的气温资料。最高轨温为最高气温加20℃，最低轨温与最低气温相同。

附录 B   不等波长无缝线路稳定性计算

B. 1   无缝线路轨道的稳定性应满足钢轨最大升温幅度 $\triangle T$ 小于或等于允许温升

$[\Delta T_u]$ 的要求；桥上无缝线路允许温升 $[\Delta T_u]$ 应计入伸缩力或挠曲力的影响，无缝道岔地段允许温升 $[\Delta T_u]$ 应计入基本轨附加纵向力的影响。

B. 2 有砟轨道的允许温升受无缝线路稳定性控制，可采用"统一无缝线路稳定性计算公式"或"不等波长稳定性计算公式"进行计算。

B. 3 采用不等波长稳定性计算公式时，应符合下列规定：

1. 基本假设

（1）轨道为受到横向均匀约束的无限长梁；

（2）轨道原始弯曲可用下列函数表示：

$$y_0 = f_0 \sin^2 \frac{\pi x}{l_0} \qquad\qquad （附 B-1）$$

式中 y_0——轨道原始弯曲；

f_0——轨道原始弯曲矢度（cm），f_0 由原始弹性弯曲矢度 f_{oe} 和原始塑性弯曲矢度 f_{op} 两部分组成，即 $f_0 = f_{oe} + f_{op}$；

l_0——轨道原始弯曲波长（cm）。

（3）在温度压力作用下，轨道弯曲变形函数可用下式表示：

$$y = f \sin^2 \frac{\pi x}{l} \qquad\qquad （附 B-2）$$

式中 y——轨道弯曲变形函数；

f——轨道弯曲变形矢度，取 0.02cm；

l——轨道弯曲波长（cm）。

（4）道床单位横向阻力采用下式表示：

$$q = q_0 - By^Z + Cy^{\frac{1}{N}} \qquad\qquad （附 B-3）$$

式中 q_0——初始道床横向阻力（N/cm）；

B、C、Z、N——道床横向阻力系数，可按附表 B-1 取值。

混凝土轨枕道床横向阻力参数　　　　　　　　　　附表 **B-1**

轨枕类型	轨枕配置	q_0	B	Z	C	N
Ⅱ型	1840（根/km）	23.0	63	1.2	106	2.5
Ⅲ型	1760（根/km）	27.4	92	1.2	179	2.5

（5）扣件阻矩 M 表示为角位移 β 的幂函数：

$$M = H\beta^{1/\mu} \qquad\qquad （附 B-4）$$

式中 H、μ——扣件阻矩系数，可按附表 B-2 取值。

扣件阻矩参数　　　　　　　　　　附表 **B-2**

扣件类型	H（N·cm/cm）	μ	ψ
弹条Ⅱ型	2.2×10^4	2	3.0983

2. 计算温度压力

根据势能驻值原理两股钢轨的计算温度压力 P 可按下列不等波长稳定性计算公式计算：

$$P = \frac{\tau_i + \tau_q + \tau_m}{\tau_0} \tag{附 B-5}$$

式中 $\tau_i = 8EI_y\pi^2\left(\dfrac{f}{l^2} + \dfrac{di_0}{l_0}\varphi\right)$ ；

$$\tau_q = \frac{l^2}{\pi^2}\left(q_0 - 2BGf^Z + 2CKf^{\frac{1}{N}}\right) ;$$

$$\tau_m = \frac{2 \cdot \psi \cdot H}{\pi^2}f^{\frac{1}{u}} \cdot l^{\frac{u-1}{u}} ;$$

$$\tau_0 = f + l \cdot i_0 \cdot \eta + \frac{l^2}{R\pi^2} ;$$

d ——轨道原始弹性弯曲矢度 f_{oe} 占总原始弯曲矢度百分比，$d = f_{oe}/f_o$，根据现场调查资料统计分析，可取 58.33%；

i_0 ——轨道原始弯曲矢度 f_0 与原始弯曲波长 l_0 之比，$i_0 = f_0/l_0$，可按附表 B-3 取值；

轨道原始弯曲参数附表 B-3

钢轨类型	不利原始弯曲波长 l_0（cm）	原始弯曲矢长比 i_0（‰）
75kg/m	740	0.76
60kg/m	720	1.00
50kg/m	700	1.13

φ ——轨道弹性原始弯曲积分函数，可按下式计算：

$$\varphi = \begin{cases} \dfrac{2l_0 l}{\pi(l_0^2 - l^2)}\sin\dfrac{\pi l}{l_0} & (l < l_0) \\[2mm] 1.0 & (l = l_0) \\[2mm] \dfrac{2l_0^2}{\pi(l^2 - l_0^2)}\sin\dfrac{\pi l_0}{l} & (l > l_0) \end{cases} \tag{附 B-6}$$

η ——轨道弹性原始弯曲积分函数，可按下式计算：

$$\eta = \begin{cases} \varphi\dfrac{l_0}{l} & (l < l_0) \\[2mm] 1.0 & (l = l_0) \\[2mm] \varphi\dfrac{l}{l_0} & (l > l_0) \end{cases} \tag{附 B-7}$$

G ——道床阻力减值积分函数，可按下式计算：

$$G = \frac{1}{l}\int_0^l \left(\sin\frac{\pi x}{l}\right)^{2(1+Z)} \cdot \mathrm{d}x \tag{附 B-8}$$

根据本规范附录 B 表 B-1，Z 取 1.2 时，计算得 $G = 0.359533$；

K——道床阻力增值积分函数，可按下式计算：

$$K = \frac{1}{l} \int_0^l \left(\sin \frac{\pi x}{l} \right)^{\frac{2(1+N)}{N}} dx$$

（附 B-9）

根据本规范附录 B 表 B-1，N 取 2.5 时，计算得 $K=0.4368311$；

ψ——扣件阻矩积分函数，可按下式计算：

$$\psi = \frac{1}{l} \int_0^l \left(\pi \sin \frac{2\pi x}{l} \right)^{\frac{1+v}{u}} dx$$

（附 B-10）

R——曲线半径（cm）。

采用式（附 B-5）计算无缝线路稳定性时，可按下列流程图，根据 f 取值，试算临界弯曲波长 l，计算确定临界温度力 P_k 和临界温升 Δt_k。

3. 计算允许温升

计算允许温升 ΔT 可按下式计算：

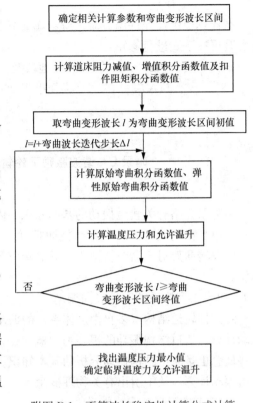

附图 B-1　不等波长稳定性计算公式计算无缝线路允许温升流程图

$$\Delta T = \frac{1}{E \cdot \alpha \cdot F} \left(\frac{P}{2} - \Delta P \right)$$

（附 B-11）

式中　ΔP——非均匀分布的纵向温度压力，区间路基地段可按附表 B-4 取值，桥梁和无缝道岔地段可按下式计算：

$$\Delta P = 0.8 P_f$$

（附 B-12）

P_f——桥上无缝线路为伸缩力（压力）和挠曲力（压力）的最大值，无缝道岔为基本轨附加纵向力（压力）的最大值；

α——钢轨钢线膨胀系数，取 $1.18 \times 10^{-5} / ℃$。

区间路基地段非均匀分布的纵向温度压力　　　　　　附表 B-4

钢轨类型	非均匀分布的纵向温度压力 ΔP（kN）
50kg/m	130
60kg/m	154
75kg/m	188

4. 允许温升

在计算稳定性允许温升时，应考虑无缝线路长期运营后锁定轨温的变化，允许温升可按下式进行修正：

$$[\Delta T_u] = \begin{cases} \Delta T - 8℃, & \text{直线地段及半径不小于 2000m 的曲线地段} \\ \Delta T, & \text{半径小于 2000m 的曲线地段} \end{cases}$$

（附 B-13）

附录 C　谐波激励下轮轨系统的动力响应

本附录介绍有关轨道振动的基本知识，内容包括：单自由度体系的车轮竖向振动，单自由度振动体系的钢轨挠曲振动，车轮对于轨道谐波不平顺的动力响应，以及转向架对于谐波轨道不平顺的响应等，为分析轨道不平顺问题提供基础知识。

C.1　单自由度体系的车轮竖向振动

线弹性轨道结构（多自由度体系）的振动计算，最终归结为单自由度体系的振动计算。轨道结构振动的很多物理概念是由单自由度体系的振动分析得出的，这些概念也是轨道结构振动分析的基本知识。本节主要介绍单自由度体系的车轮自由振动计算，从中引出有关物理概念。

1. 不考虑阻尼的自由振动

如附图 C-1 所示的单质点体系，可模拟车轮在轨道上的振动。车轮质量为 m，轨道的弹簧刚度为 k，则

$$k = \frac{2u}{\beta}$$

式中　　　　$\beta = \sqrt[4]{\dfrac{u}{4EJ}}$ ；

u——钢轨基础弹性模量；

EJ——钢轨抗弯刚度；

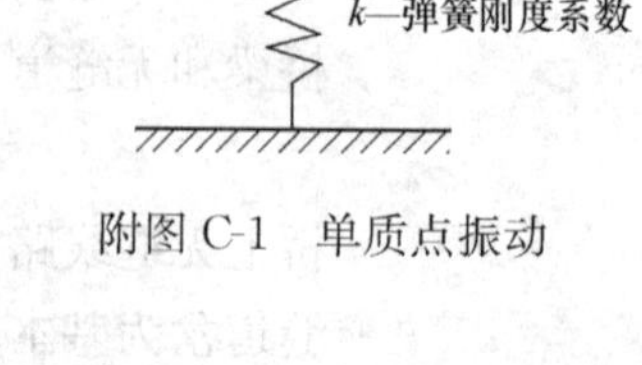

附图 C-1　单质点振动

不计弹簧质量，体系的自由振动方程为：

$$m\ddot{y} + ky = 0 \quad 或 \quad \ddot{y} + \frac{k}{m}y = 0 \tag{附 C-1}$$

设其解为 $y = Ge^{st}$ ；G 及 s 均为待定复常数，代入上式，得：

$$s^2 + \frac{k}{m} = 0$$

上式的解为：

$$s_{1,2} = \pm i\omega$$

式中　$\omega = \sqrt{\dfrac{k}{m}}$，$i = \sqrt{-1}$。

可以得到微分方程（附 C-1）的解为：

$$y = G_1 e^{i\omega t} + G_2 e^{-i\omega t}$$

$$= G_1(\cos\omega t + i\sin\omega t) + G_2(\cos\omega t - i\sin\omega t) = (G_1 + G_2)\cos\omega t + i(G_1 - G_2)\sin\omega t$$

$$= C_1\cos\omega t + C_2\sin\omega t$$

式中　G_1、G_2——共轭复常数；

　　　C_1、C_2——实常数；可依据 $t = 0$ 时刻体系运动的初始条件，位移 $y(0)$

　　　　　　及速度 $\dot{y}(0)$ 确定。

可得到：

$$y(0) = C_1，\dot{y}(0) = C_2\omega$$

则

$$y = y(0)\cos\omega\, t + \frac{\dot{y}(0)}{\omega}\sin\omega\, t \qquad\qquad (\text{附 C-2})$$

令 $y(0) = \rho\cos\theta$，$\dfrac{\dot{y}(0)}{\omega} = \rho\sin\theta$，其关系如附图 C-2 所示。

借助三角函数关系，（附 C-2）式可表示为：

$$y = \rho\cos(\omega t - \theta) \qquad\qquad (\text{附 C-3})$$

$$\rho = \sqrt{y(0)^2 + \left[\frac{\dot{y}(0)}{\omega}\right]^2} \qquad (\text{附 C-4})$$

$$\theta = \tan^{-1}\frac{\dot{y}(0)}{\omega y(0)} \qquad\qquad (\text{附 C-5})$$

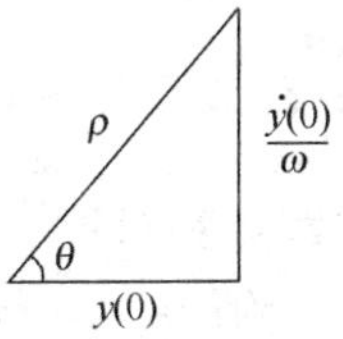

附图 C-2

式（附 C-3）所描述的振动如附图 C-3 所示。

因为两个矢量相加可表示为复平面上两个复数相加，故式（附 C-2）所表示的振动为复平面上 $y(0)$ 和 $\dot{y}(0)/\omega$ 两个矢量的相加，如附图 C-4 所示。图中 ρ 为合成运动的最大幅值，称为振幅，按式（附 C-4）计算。θ 表示合成运动 ρ 落后于 $y(0)$ 的角度，称为初相位角。附图 C-4 平面称为相平面。

因为

$$\sin\omega\, t = \cos\left(\omega\, t - \frac{\pi}{2}\right)$$

在相平面上，式（附 C-2）所表示的运动 $\dfrac{\dot{y}(0)}{\omega}$ 落后于运动 $y(0)$ 90°；

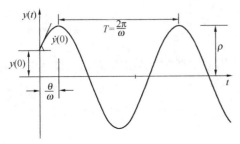

附图 C-3　无阻尼自由振动反应

所以附图 C-4 中矢量 $\dfrac{\dot{y}(0)}{\omega}$ 与矢量 $y(0)$ 的夹角为 $\dfrac{\pi}{2}$；它们在实轴上的投影之和即为式（附 C-2）。

附图 C-4 中的 θ 即附图 C-2 中的 θ。对于确定的初始条件，由式（附 C-5）可知，相位角 θ 为常数。

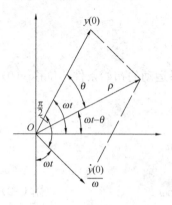

附图 C-4　复平面上的
两个振动矢量

附录 C-5 表示合成运动在虚轴上的投影。

ω 为运动矢量绕定点 O 转动的等角速度，称为体系振动的角频率或圆频率。

对于 k、m 是确定的体系，$\omega = \sqrt{\dfrac{k}{m}}$ 为常数，与初始条件无关，是振动系统的固有特性。

附图 C-4 中各矢量绕定点 O 转动一周，附图 C-1 质点 m 上下振动循环一次，振动一周所需的时间 T 称为体系的振动周期，利用周期函数的性质，$y(t) = y(t + T)$ 可以得到 $T = \dfrac{2\pi}{\omega}$；其振动圆频率 $\omega = \dfrac{2\pi}{T}$ 为 2π 秒内的振动次数，单位为弧度/秒（rad/s），简写为 1/s。每秒内的振动次数 $f = \dfrac{1}{T}$ 称为振动频率，其单位为次/s，称为赫兹（Hz）。

附图 C-1 所示体系的静力变位为：

$$y_{st} = \frac{mg}{k} = \frac{g}{\dfrac{k}{m}} = \frac{g}{\omega^2}$$

所以

$$f = \frac{1}{T} = \frac{\omega}{2\pi} = \frac{1}{2\pi}\sqrt{\frac{g}{y_{st}}}$$

即

$$\omega = \frac{1}{T}2\pi = 2\pi f = \sqrt{\frac{g}{y_{st}}} = \sqrt{\frac{k}{m}}$$

$$T = \frac{2\pi}{\omega} = 2\pi\sqrt{\frac{y_{st}}{g}}$$

2. 考虑阻尼的自由振动

附图 C-6 表示具有黏滞阻尼的系统，其黏滞阻尼系数以 c 表示，体系的运动方程为：

$$m\ddot{y} + c\dot{y} + ky = 0$$

设　$\omega^2 = \dfrac{k}{m}$，得

$$\ddot{y} + 2n\dot{y} + \omega^2 y = 0 \qquad\qquad (\text{附 C-6})$$

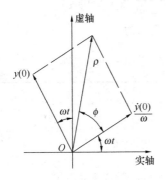

附图 C-5　虚轴上投影和
表示的合成运动

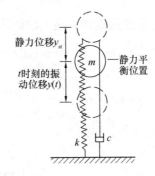

附图 C-6　单质点阻尼自由振动

式中　$2n = \dfrac{c}{m}$。

设微分方程（附 C-6）的解为 $y = Ge^{st}$，其特征方程为：

$$s^2 + 2ns + \omega^2 = 0$$

上式的解为 $s_{1,2} = \dfrac{-2n \pm \sqrt{(2n)^2 - 4\omega^2}}{2} = -n \pm \sqrt{n^2 - \omega^2}$

方程式（附 C-6）的解将因 n 和 ω 之间的关系不同而变化。当 $n < \omega$ 时属于小阻尼；$n > \omega$ 为大阻尼；$n = \omega$ 为临界阻尼。因为 $n = \dfrac{c}{2m}$，$\omega = \sqrt{\dfrac{k}{m}}$；由临界阻尼条件 $n = \omega$，可得到临界阻尼系数 $C_c = 2m\sqrt{\dfrac{k}{m}}$；在此引入任意阻尼系数 C 与临界阻尼系数 C_c 之比 $\dfrac{C}{C_c} = \dfrac{2mn}{2m\sqrt{\dfrac{k}{m}}} = \dfrac{n}{\omega}$，称为阻尼比，以 ξ 表示，即 $n = \xi\omega$。

结构阻尼系数 C 较难确定，但大多数结构实际的阻尼比不超过 20%；工程应用经验表明，用阻尼比 ξ 来规定结构阻尼量比之确定 C 更为有效，结构振动分析中也多采用阻尼比。下面分述式（附 C-6）对三种阻尼的解。

（1）$n < \omega$（小阻尼）时的解：

由计算条件可知 $\xi < 1$，$s_{1,2} = -n \pm \omega_D i$，$i = \sqrt{-1}$；$\omega_D = \sqrt{\omega^2 - n^2} = \omega\sqrt{1 - \xi^2}$ 称为阻尼振动圆频率。于是式（附 C-6）的通解为：

$$y = e^{-nt}(D_1 \cos\omega_D t + D_2 \sin\omega_D t) \qquad\qquad (\text{附 C-7})$$

式中　D_1、D_2 ——实常数。

将体系振动的初始条件 $y_{t=0} = y(0)$，$\dot{y}_{t=0} = \dot{y}(0)$ 代入上式得：

$$y = e^{-nt}(y(0)\cos\omega_D t + \frac{\dot{y}(0) + ny(0)}{\omega_D}\sin\omega_D t) \qquad (附 C\text{-}8)$$

同样，合成运动相平面上的旋转矢量可表示为：

$$y = \rho e^{-nt}\cos(\omega_D t - \theta_D) = \rho e^{-\xi\omega t}\cos(\omega_D t - \theta_D) \qquad (附 C\text{-}9)$$

式中　$\rho = \sqrt{y(0)^2 + \left[\dfrac{\dot{y}(0) + ny(0)}{\omega_D}\right]^2} = \sqrt{y(0)^2 + \left[\dfrac{\dot{y}(0) + \xi\omega y(0)}{\omega_D}\right]^2}$

$$(附 C\text{-}10)$$

$$\theta = \tan^{-1}\frac{\dot{y}(0) + ny(0)}{\omega_D y(0)} = \tan^{-1}\frac{\dot{y}(0) + \xi\omega y(0)}{\omega_D y(0)} \qquad (附 C\text{-}11)$$

y 亦可表为：

$$y = \rho e^{-nt}\sin(\omega_D t + \phi_D) = \rho e^{-\xi\omega t}\sin(\omega_D t + \phi_D)$$

式（附 C-9）描述的振动示如附图 C-7。由式（附 C-9）及附图 C-7 可知，质点前后两次以相同方向通过零点所经历的时间为 T_D，而振幅随时间衰减。因为 $y(t+T_D) \neq y(t)$，$\dot{y}(t+T_D) \neq \dot{y}(t)$，故阻尼自由振动可称为等时振动，不能称为周期振动。不过，一般仍旧称 $T_D = \dfrac{2\pi}{\omega_D} = \dfrac{2\pi}{\omega\sqrt{1-\xi^2}} \approx \dfrac{2\pi}{\omega}$ 为阻尼自由振动的周期。

由式（附 C-9）及附图 C-7 知，相邻振幅比为：

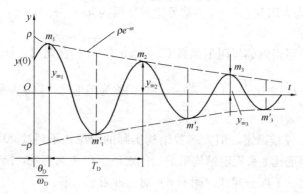

附图 C-7　阻尼自由振动历程

$$\frac{y_m}{y_{m+1}} = \frac{\rho e^{-\xi\omega t}\cos(\omega_D t - \theta_D)}{\rho e^{-\xi\omega(t+T_D)}\cos(\omega_D t - \theta_D + 2\pi)} = e^{\xi\omega T_D} = e^{\xi\omega\frac{2\pi}{\omega_D}} \qquad (a)$$

对式（a）两边取自然对数，得黏滞阻尼自由振动的对数衰减率（亦称为对数减幅率）δ 为 $\delta = \ln\dfrac{y_m}{y_{m+1}} = 2\pi\xi\dfrac{\omega}{\omega_D} = \dfrac{2\pi\xi}{\sqrt{1-\xi^2}} \approx 2\pi\xi$，因为 $\xi^2 \ll 1$，则 $\dfrac{y_m}{y_{m+1}} \approx$

$e^{2\pi\xi} = 1 + 2\pi\xi + \dfrac{1}{2!}(2\pi\xi)^2 + \cdots$，取上式级数的前两项，得阻尼比 ξ 的计算式为：

$$\xi \approx \frac{y_{\mathrm{m}} - y_{\mathrm{m+1}}}{2\pi y_{\mathrm{m+1}}} \tag{b}$$

对于小阻尼体系，取相隔 S 周的反应波峰幅值来计算阻尼比 ξ，可得到更高精度。此时

$$\delta = \ln \frac{y_{\mathrm{m}}}{y_{\mathrm{m+s}}} = 2\pi S \xi \frac{\omega}{\omega_{\mathrm{D}}} \approx 2\pi S \xi \tag{c}$$

同样，取级数的前两项，得：

$$\xi \approx \frac{y_{\mathrm{m}} - y_{\mathrm{m+s}}}{2\pi S y_{\mathrm{m+s}}} \tag{d}$$

在工程应用中，结构自由振动衰减波形图可通过试验方法得到，依据图上量测的 y_{m} 及 $y_{\mathrm{m+S}}$，即可由式（c）计算得到结构的阻尼比 ξ。

在衰减自由振动的试验测试中，计算振动减小至 50% 时所需的振动周数，是阻尼比 ξ 估计的简便方法，如附图 C-8 所示。很明显，$\xi = 0.10$，0.05 时，振幅分别在 $1\sim2$ 周内减小至 50%。

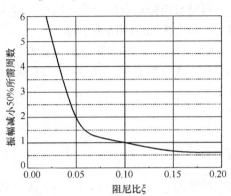

附图 C-8　阻尼比 ξ 与振幅减少 50% 所需周数的关系

根据自由振动的衰减波形图，由式（b）、式（c）不但可估计阻尼比 ξ，亦可假设阻尼比 ξ 来观察振幅的衰减速度。将式（c）还原为：

$$\frac{y_{\mathrm{m}}}{y_{\mathrm{m+S}}} = e^{2\pi S\xi}$$

按 $\xi = 0.10$ 及 0.20 作下列计算：

	S	$2\pi\xi S$	$e^{2\pi S\xi}$	$y_{\mathrm{m+S}}$
	1	0.62832	1.87446	$0.53349\,y_{\mathrm{m}}$
	2	1.25664	3.5136	$0.28461\,y_{\mathrm{m}}$
	3	1.88496	6.58609	$0.15184\,y_{\mathrm{m}}$
$\xi = 0.10$	4	2.51328	12.34536	$0.08100\,y_{\mathrm{m}}$
	5	3.1416	23.14086	$0.04321\,y_{\mathrm{m}}$
	6	3.76992	43.3766	$0.02305\,y_{\mathrm{m}}$
	7	4.39824	81.30764	$0.0123\,y_{\mathrm{m}}$
	8	5.02656	152.40783	$0.00656\,y_{\mathrm{m}}$ 振动衰竭

续表

	S	$2\pi\xi S$	$e^{2\pi S\xi}$	y_{m+S}
$\xi = 0.20$	1	1.25664	3.51360	$0.28461\,y_m$
	2	2.51328	12.34536	$0.08100\,y_m$
	3	3.76992	43.3766	$0.02305\,y_m$
	4	5.02656	152.40783	$0.00656\,y_m$
	5	6.2832	535.49952	$0.00187\,y_m$ 振动衰竭

可见自由振动衰减很快，阻尼比越大，衰减越快。因此，振动计算中，常将对应于自由振动的项略去不计。

（2）$n > \omega$（超临界阻尼）时的解：

此时式（附C-6）的特征方程有两个为负的实根 $s_1 = -n + k_2$，$s_2 = -n - k_2$，其中 $k_2 = \sqrt{n^2 - \omega^2}$。式（附C-6）的通解为：

$$y = e^{-nt}(C_1 e^{k_2 t} + C_2 e^{-k_2 t}) \qquad （附C-12）$$

或写为：

$$y = e^{-nt}(A_1 chk_2 t + A_2 shk_2 t)$$

将初始条件 $y_{t=0} = y(0)$，$\dot{y}_{t=0} = \dot{y}(0)$ 代入上式，得：

$$A_1 = y(0)，A_2 = \frac{\dot{y}(0) + ny(0)}{k_2}$$

所以

$$y = e^{-nt}\left[y(0)chk_2 t + \frac{\dot{y}(0) + ny(0)}{k_2}shk_2 t \right] \qquad （附C-13）$$

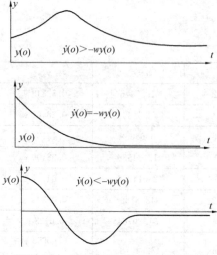

很显然，式（附C-12）描述的运动不是振动。由于特征方程的根为负，获得甚小初扰动的体系将渐近于平衡位置。对于不同的初始条件，振动变化规律可用附图C-9中三种类型曲线表示。方程式（附C-13）所表示的运动称为非周期性运动，不属于振动。

（3）$n = \omega$（临界阻尼）时的解

此时方程式（附C-6）的特征方程具有两个相等而为负的实根，$s_{1,2} = -n$，方程式（附C-6）的通解为：

$$y = e^{-nt}(C_1 t + C_2)$$

附图C-9　超临界阻尼体系的运动体系

代入初始条件 $y_{t=0} = y(0)$，$\dot{y}_{t=0}$

$= \dot{y}(0)$ 之后，得：

$$y = e^{-nt}[y(0)(1+nt) + \dot{y}(0)t]$$

此方程表示的运动亦是非周期性的。

C.2 单自由度振动体系的钢轨挠曲振动

单自由度振动体系的钢轨挠曲振动力学分析模型，可以模拟机车车辆车轮质量中心与几何中心不重合所激发的振动，如附图 C-10 所示。

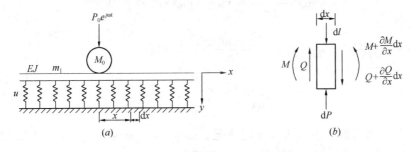

附图 C-10

图中 M_0 ——分配到一股钢轨上的车轮簧下部分质量（kg）；

m_1 ——一根钢轨每单位长度的质量（kg/cm）；

EJ ——一根钢轨的竖向抗弯刚度（N/cm²）；

u ——扣件、轨枕、道床及路基弹性的集总分布弹簧刚度（N/cm²），可采用钢轨基础弹性模量计算；

x、y ——振动坐标系；

$P_0 e^{j\omega t}$ ——周期性干扰力，ω 为干扰力的圆频率，t 为时间，$j = \sqrt{-1}$。

钢轨在周期性干扰力的作用下发生挠曲振动时，沿 x 轴线上的任何一点的位移 y、转角 θ、弯矩 M、剪力 Q 不仅与它的位置距离 x 有关，而且还与时间 t 有关，因此都是 x 及 t 的函数。其中与 x 有关的函数，则记为 $y(x)$、$\theta(x)$、$M(x)$、$Q(x)$。

研究距坐标原点 x 的一个钢轨微元 dx 上的受力情况，在 $P_0 e^{j\omega t}$ 力的作用下，钢轨受到一个的惯性力 $dI = m_1 \dfrac{\partial^2 y}{\partial t^2} dx$；另外，还有钢轨微元两侧的剪力差 $EJ \dfrac{\partial^4 y}{\partial x^4} dx$ 和基础弹性作用于钢轨上的反力 $uy dx$。根据达伦贝尔原理，钢轨挠曲振动的偏微分方程为：

$$EJ \frac{\partial^4 y}{\partial x^4} + m_1 \frac{\partial^2 y}{\partial t^2} + uy = 0 \qquad\text{（附 C-14）}$$

令式（附 C-14）的解为：

$$y = y(x)e^{j\omega t}$$

由此得：

$$\frac{\partial^4 y}{\partial x^4} = \frac{\partial^4 y(x)}{\partial x^4} e^{j\omega t}$$

$$\frac{\partial^2 y}{\partial t^2} = -y(x)\omega^2 e^{j\omega t}$$

代入式（附 C-14），消去 $e^{j\omega t}$，得：

$$EJ \frac{d^4 y(x)}{dx^4} + (u - m_1\omega^2)y(x) = 0$$

令 $\dfrac{u - m_1\omega^2}{EJ} = 4\beta_1^4$；$\beta_1 = \left(\dfrac{u - m_1\omega^2}{4EJ}\right)^{\frac{1}{4}}$，可得：

$$\frac{d^4 y(x)}{dx^4} + 4\beta_1^4 y(x) = 0 \qquad\qquad \text{（附 C-15）}$$

β_1 可以有实数和虚数两种不同情况。如果 $(u - m_1\omega^2) > 0$，β_1 为实数，式（附 C-15）的通解与前面钢轨竖向受力静力计算中的相同。只是用 $y(x)$ 代替了 y，β_1 代替了 β。

$$y(x) = C_1 e^{\beta_1 x}\cos\beta_1 x + C_2 e^{\beta_1 x}\sin\beta_1 x + C_3 e^{-\beta_1 x}\cos\beta_1 x + C_4 e^{-\beta_1 x}\sin\beta_1 x$$

设钢轨为弹性基础上无限长梁，边界条件为：

$$x \to \infty,\ y(x) \to 0,\ C_1 = C_2 = 0$$

$$x = 0,\ \frac{dy(x)}{dx} = 0,\ C_3 = C_4 = C$$

于是

$$y(x) = Ce^{-\beta_1 x}(\cos\beta_1 x + \sin\beta_1 x) = C\varphi_1(\beta_1 x) \qquad\qquad \text{（附 C-16）}$$

当 $x = 0$，由力的平衡条件

$$2EJ \frac{\partial^3 y}{\partial x^3} + M_0 \frac{\partial^2 y}{\partial t^2} = P_0 e^{j\omega t} \qquad\qquad \text{（附 C-17）}$$

又因为：

$$\frac{\partial^3 y}{\partial x^3} = \frac{d^3 y(x)}{dx^3} e^{j\omega t} = 4C\beta_1^3 \varphi_4(\beta_1 x) e^{j\omega t}$$

$$\frac{\partial^2 y}{\partial t^2} = -y(x)\omega e^{j\omega t} = -C\omega^2 e^{j\omega t}\varphi_1(\beta_1 x)$$

代入式（附 C-17），因为 $x = 0$ 时，$\varphi_1(\beta_1 x) = \varphi_4(\beta_1 x) = 1$，得

$$C(8EJ\beta_1^3 - M_0\omega^2) = P_0$$

$$C = \frac{P_0}{8EJ\beta_1^3 - M_0\omega^2}$$

代入式（附 C-16），并依次取连续导数，最后得：

$$\left.\begin{aligned}
y(x) &= \frac{P_0}{8EJ\beta_1^3 - M_0\omega^2}\varphi_1(\beta_1 x) \\
\theta(x) &= \frac{\mathrm{d}y(x)}{\mathrm{d}x} = \frac{-2P_0\beta_1}{8EJ\beta_1^3 - M_0\omega^2}\varphi_2(\beta_1 x) \\
M(x) &= -EJ\frac{\mathrm{d}^2 y(x)}{\mathrm{d}x^2} = \frac{2EJP_0\beta_1^2}{8EJ\beta_1^3 - M_0\omega^2}\varphi_3(\beta_1 x) \\
Q(x) &= -EJ\frac{\mathrm{d}^3 y(x)}{\mathrm{d}x^3} = \frac{4EJP_0\beta_1^3}{8EJ\beta_1^3 - M_0\omega^2}\varphi_4(\beta_1 x)
\end{aligned}\right\} \quad \text{(附 C-18)}$$

在坐标原点处，$x = 0$，得：

$$\left.\begin{aligned}
y(0) &= \frac{P_0}{8EJ\beta_1^3 - M_0\omega^2} \\
\theta(0) &= 0 \\
M_0 &= \frac{2EJP_0\beta_1^2}{8EJ\beta_1^3 - M_0\omega^2} \\
Q(0) &= \frac{4EJP_0\beta_1^3}{8EJ\beta_1^3 - M_0\omega^2}
\end{aligned}\right\} \quad \text{(附 C-19)}$$

由式（附 C-18）可见，当 $\omega = 0$ 时，$y(x)$、$\theta(x)$、$M(x)$、$Q(x)$ 的计算公式与前面静力计算有相同的结果。而当 $\omega > 0$ 时，式（附 C-18）中的分母将小于 $8EJ\beta_1^3$，动态计算值大于静态计算值，且随 ω 的增大而更加明显。当 $M_0\omega^2 = 8EJ\beta_1^3$ 时，分母等于零，$y(x)$、$\theta(x)$、$M(x)$、$Q(x)$ 均将成为无穷大，振动体系出现共振现象。令 ω_0 为引起振动体系共振现象的干扰力频率，则得：

$$\omega_0 = \sqrt{\frac{8EJ\beta_1^3}{M_0}} \quad \text{(附 C-20)}$$

轨道设计中，设计参数的选择应尽可能使干扰力的频率远离这一共振区。

如果 $(u - m_1\omega^2) < 0$，即 $\omega > \sqrt{\dfrac{u}{m_1}}$，$\beta_1$ 为虚数，上面的解不成立。则改写式（附 C-15）为：

$$\frac{\mathrm{d}^4 y(x)}{\mathrm{d}x^4} - \gamma_1^4 y(x) = 0 \quad \text{(附 C-21)}$$

式中

$$\gamma_1 = \left(\frac{m_1\omega^2 - u}{EJ}\right)^{\frac{1}{4}}$$

上式的特征方程为 $\lambda^4 - \gamma_1^4 = 0$，共根为：

$$\lambda_{1,2} = \pm\gamma_1 ; \quad \lambda_{3,4} = \pm j\gamma_1$$

从而得微分方程式（附 C-21）的通解为：

$$y(x) = Ae^{-\gamma_1 x} + Be^{-j\gamma_1 x} + Ce^{\gamma_1 x} + De^{j\gamma_1 x} \quad \text{(附 C-22)}$$

由边界条件得：

$$x \to \infty, \ y(x) = 0, \ C = D = 0,$$

$$x = 0, \frac{dy(x)}{dx} = 0, B = jA$$

$$y(x) = A(e^{-\gamma_1 x} + je^{-j\gamma x_1})$$

$$x = 0, 2EJ\frac{\partial^3 y}{\partial x^3} + M_0\frac{\partial^2 y}{\partial t^2} = P_0 e^{j\omega t}$$

因

$$\frac{\partial^3 y}{\partial x^3} = \frac{d^3 y}{dx^3}e^{j\omega t} = -A\gamma_1^3(e^{-\gamma_1 x} + e^{-j\gamma_1 x})e^{j\omega t}$$

$$\frac{\partial^2 y}{\partial t^2} = -y(x)\omega^2 e^{j\omega t} = -A\omega^2(e^{-\gamma_1 x} + je^{-\gamma_1 x})e^{j\omega t}$$

代入上式，并取 $x = 0$ 时的值，得：

$$-4EJA\gamma_1^3 - M_0 A\omega^2(1+j) = P_0$$

由此得：

$$A = -\frac{P_0}{(4EJ\gamma_1^3 + M_0\omega^2) + jM_0\omega^2}$$

最后得：

$$y(x) = \frac{-P_0}{(4EJ\gamma_1^3 + M_0\omega^2) + jM_0\omega^2}(e^{-\gamma_1 x} + je^{-j\gamma_1 x})$$

上式中，$y(x)$ 是一个复数，把分母及分子乘以 $[(4EJ\gamma_1^3 + M_0\omega^2) - jM_0\omega^2]$，则得：

$$y(x) = -\frac{4EJ\gamma_1^3 + M_0\omega^2 - jM_0\omega^2}{(4EJ\gamma_1^3 + M_0\omega^2)^2 \times (M_0\omega^2)^2}P_0(e^{-\gamma_1 x} + je^{-j\gamma_1 x}) \quad \text{（附 C-23）}$$

在坐标原点，$x = 0$，则

$$y(0) = -\frac{4EJ\gamma_1^3 + M_0\omega^2 - jM_0\omega^2}{(4EJ\gamma_1^3 + M_0\omega^2)^2 + (M_0\omega^2)^2}P_0(1+j)$$

令

$$\alpha = \frac{4EJ\gamma_1^3 + M_0\omega^2}{(4EJ\gamma_1^3 + M_0\omega^2)^2 + (M_0\omega^2)^2}$$

$$\beta = \frac{M_0\omega^2}{(4EJ\gamma_1^3 + M_0\omega^2)^2 + (M_0\omega^2)^2}$$

于是得：

$$y(0) = -P_0(\alpha - j\beta)(1+j)$$

$$= -P_0[(\alpha + \beta) + j(\alpha - \beta)] \quad \text{（附 C-24）}$$

复数 $(\alpha+\beta) + i(\alpha-\beta)$ 的模等于 $\sqrt{(\alpha+\beta)^2 + (\alpha-\beta)^2}$。因此，原点处钢轨挠度的绝对值为：

$$y(0) = -P_0\sqrt{(\alpha+\beta)^2 + (\alpha-\beta)^2} \quad \text{（附 C-25）}$$

$y(0)$ 的相位角为：

$$\phi = \tan^{-1}\frac{\alpha - \beta}{\alpha + \beta} \quad \text{（附 C-26）}$$

应用同样方法，可以计算出坐标原点处的倾角 $\theta(0)$、弯矩 $M(0)$ 及剪力

$Q(0)$ 的绝对值及其相位角。

钢轨的最大振动加速度 $\dfrac{\partial^2 y}{\partial t^2}$ 出现在坐标原点处。因

$$y = y(x)e^{j\omega t}$$

$$\frac{\partial^2 y}{\partial t^2} = -\omega^2 y(x)e^{j\omega t}$$

在坐标原点 $x=0$，$t=0$，由此得：

$$\frac{\partial^2 y}{\partial t^2} = -\omega^2 y(0) \quad (\mathrm{cm/s^2})$$

C.3 车轮对谐波轨道不平顺的动力响应计算

轨道的动态不平顺，钢轨的波浪磨耗，以及车轮的质心与几何中心的偏离等对于车轮振动的周期性激励，可采用单波正弦（或余弦）函数来描述并可表示为：

$$\eta = \frac{a}{2}\left(1 - \cos 2\pi \frac{x}{l}\right) = \frac{a}{2}\left(1 - \cos\frac{2\pi}{l}vt\right)$$

式中　　v——行车速度；

　　　　a——不平顺矢度。

建立如附图 C-11 所示的坐标系，以轮对运行起点为坐标原点，钢轨所在方向为 x 轴，竖直方向为 y 轴；车轮静止时，$y=0$；弹簧阻尼振子代表轮下的轨道弹性；弹簧振子之下固定有轨道不平顺坐标 η。基于能量法，有：

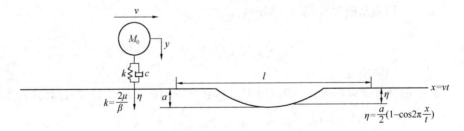

附图 C-11　单轮对通过轨道不平顺时的动力计算模型

系统惯性力势能 V_{m}

$$V_{\mathrm{m}} = M_0 \ddot{y} \cdot y \tag{附 C-27}$$

系统弹性变形能 U

$$U = \frac{1}{2}k(y-\eta)^2 \tag{附 C-28}$$

系统阻尼力势能 V_{c}

$$V_{\mathrm{c}} = c(\dot{y} - \dot{\eta}) \cdot (y-\eta) \tag{附 C-29}$$

所以单轮对振动系统总势能 Π

$$\Pi = V_m + U + V_c \tag{附 C-30}$$

根据弹性系统总势能不变值原理 $\delta\Pi = 0$，并利用形成系统矩阵的对号入座法则，即可得出系统振动方程如下：

$$M_0\ddot{y} + c\dot{y} + ky = c\dot{\eta} + k\eta \tag{附 C-31}$$

有关式（C-31）的求解方程及过程，参见结构动力学。

如略去阻尼项，则得到一个工程中有用的方程：

$$M_0\ddot{y} + ky = k\eta \tag{附 C-32}$$

设

$$y = y_d + \eta$$

代入式（附 C-32）有：

$$M_0\frac{d^2}{dt^2}(y_d + \eta) = -k\,y_d \tag{附 C-33}$$

式中

$$k = \frac{2u}{\beta}$$

由式（附 C-33）可解出：

$$y_d = -\frac{a}{2} \times \frac{1}{\left(\dfrac{\varphi l}{2\pi v}\right)^2 - 1}\left(\cos\frac{2\pi}{l}vt - \cos\varphi t\right) \tag{附 C-34}$$

式中

$$\varphi = \sqrt{\frac{2u}{\beta M_0}}\,(s^{-1});$$

M_0——参振质量，可取为车轮的簧下质量（kg）；

u——钢轨基础弹性模量（MPa）；

$$\beta = \sqrt[4]{\frac{u}{4EJ}}\,;$$

EJ——钢轨刚度。

将 y_d 的计算结果代入式（附 C-33），得到车轮的附加动力 Q_d 的计算式：

$$Q_d = M_0\frac{d^2}{dt^2}(y_d + \eta) = M_0\frac{d^2}{dt^2}y = -k\,y_d$$

即

$$Q_d = -k\,y_d \tag{附 C-35}$$

运用式（附 C-34）、式（附 C-35）两式，可对轨道结构的轮轨附加动力进行估计。

现就一般客车参数，利用式（附 C-31），计算单个车轮（分别以 $V = 80\mathrm{km/h}$ 及 $160\mathrm{km/h}$）通过轨道不平顺时的动力响应；不平顺设为波长 $l = 12.5\mathrm{m}$，幅值 $a = 3\mathrm{mm}$ 的单个正弦波，计算结果如附图 C-12 及附图 C-13 所示。

由附图 C-12 及附图 C-13 可见，轨道不平顺直接影响车轮竖向振动位移及加速度，而且随着行车速度的提高，车轮竖向振动加速度增长迅速。

C.4 转向架对于轨道谐波不平顺的动力响应

转向架简化为两个单轮对，间距为固定轴距 L_t，如附图 C-14 所示。以转向

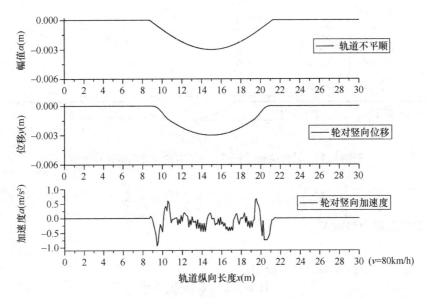

附图 C-12 单轮对通过谐波激扰时的竖向动力响应（$v=80\text{km/h}$）

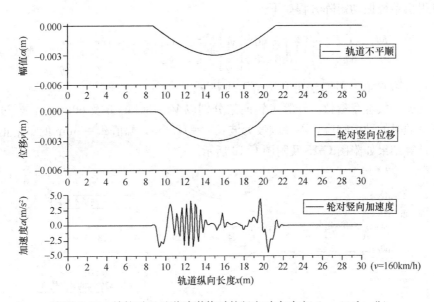

附图 C-13 单轮对通过谐波激扰时的竖向动力响应（$v=160\text{km/h}$）

架的后车轮运行起点为坐标轴原点，钢轨所在方向为 x 轴，竖直方向为 y 轴，建立坐标系。基本情况如前所述。基于能量法，有

系统惯性力势能 V_m

$$V_m = M_0 \ddot{y}_1 \cdot y_1 + M_0 \ddot{y}_2 \cdot y_2 \qquad (\text{附 C-36})$$

系统弹簧变形能 U：

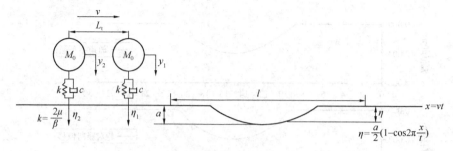

附图 C-14 转向架通过轨道不平顺时的动力响应计算模型

$$U = \frac{1}{2} k (y_1 - \eta_1)^2 + \frac{1}{2} k (y_2 - \eta_2)^2 \tag{附 C-37}$$

系统阻尼力势能 V_c:

$$V_c = c(\dot{y}_1 - \dot{\eta}_1) \cdot (y_1 - \eta_1) + c(\dot{y}_2 - \dot{\eta}_2) \cdot (y_2 - \eta_2) \tag{附 C-38}$$

所以转向架振动系统总势能 Π:

$$\Pi = V_m + U + V_c \tag{附 C-39}$$

根据弹性系统总势能不变值原理 $\delta\Pi = 0$ 及形成系统矩阵的对号入座法则，即可得出系统振动矩阵方程如下：

$$\begin{bmatrix} M_0 & 0 \\ 0 & M_0 \end{bmatrix} \begin{Bmatrix} \ddot{y}_1 \\ \ddot{y}_2 \end{Bmatrix} + \begin{bmatrix} c & 0 \\ 0 & c \end{bmatrix} \begin{Bmatrix} \dot{y}_1 \\ \dot{y}_2 \end{Bmatrix} + \begin{bmatrix} k & 0 \\ 0 & k \end{bmatrix} \begin{Bmatrix} y_1 \\ y_2 \end{Bmatrix} = \begin{Bmatrix} c\dot{\eta}_1 + k\eta_1 \\ c\dot{\eta}_2 + k\eta_2 \end{Bmatrix} \tag{附 C-40}$$

式（附 C-40）的解法可参见结构动力学。

现就一般客车参数，计算了转向架分别以 $V = 80\text{km/h}$ 及 60km/h，通过轨道不平顺时的动力响应，不平顺波为波长 $l = 12.5\text{m}$，幅值 $a = 3\text{mm}$ 的单个正弦波，计算结果如附图 C-15 及附图 C-16 所示。

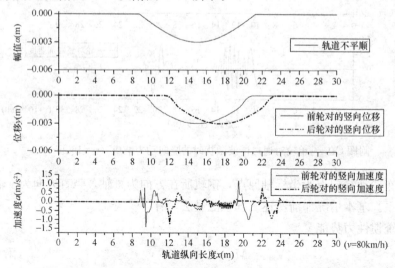

附图 C-15 转向架通过谐波激扰时的竖向动力响应（$v = 80\text{km/h}$）

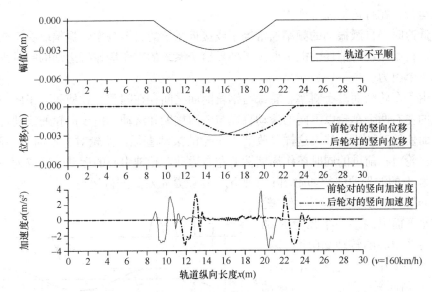

附图 C-16　转向架通过谐波激扰时的竖向动力响应（$v=160$km/h）

由附图 C-15、附图 C-16 可见，轨道不平顺对车轮竖向振动位移及加速度的影响类似于单轮对的情况。由图还可看见，转向架前后轮对竖向振动位移及加速度的波形出现了一个时间差，它取决于行车速度及固定轴距。

附录 D　单轮对蛇行运动

具有锥形踏面的铁道车辆轮对，沿着平直轨道滚动时，会产生一种特有运动——轮对一面横向移动、一面又绕通过其质心的铅垂轴转动，这两种运动的耦合称为轮对蛇行运动。轮对的蛇行运动在不同的速度条件下，将引起转向架和车体的横向振动，称为转向架蛇行运动（又称二次蛇行）和车体蛇行运动（又称一次蛇行）。

假设钢轨是理想平直的，轮对虽然并未受到来自钢轨的激振力，然而，具有锥形踏面的轮对仍然会产生蛇行运动。因此，蛇行运动是一种自激振动。任何自激振动均可定义为："系统内部的非振动能量转换为振动的激振力而产生的振动"。例如：机床在切削时的高频振动、飞机机翼的颤振、管系的喘振、汽车前轮的摆振等。就铁道车辆的轮对而言，运动着的轮对中的一部分能量转换为使其本身产生蛇行运动的激振力。现在把自激振动再作更完整而广义的定义："产生振动的直接原因是激振力，它由振动体自身的结构条件而产生，且取决于振动本身的振动。这种激振力是由外部供给的非振动的或振动的能量而产生的"。振动体停止振动，自激振动也就中止。车辆停止运行，蛇行运动随之中止，车辆一旦开始运行，蛇行运动随之产生。

低速时，自激振动的频率通常等于或接近系统的自振频率，振幅取决于初始条件，自激振动所消耗的能量取决于外界给予系统的，车辆蛇行运动的能量则来自机车牵引力。

由于车轮踏面具有斜率，轮缘与钢轨侧面之间存在间隙，致使压装于同一车轴上的左右两个车轮以不同的滚动直径与轨面接触和滚动。由于两轮的滚动行程不等而使轮对轴线偏移，这样又改变了车轮的滚动直径，使轮对又偏向另一侧。于是，轮对在前进的同时还作周期性的左右运动，轮轴中心的运动轨迹成为一条周期为 T 的波形曲线，如附图 D-1 所示，这就是轮对的蛇行运动。

分析轮对的蛇行运动时，轮对在水平面上绕某一半径为 R 的瞬时转动中心的转动如附图 D-1。在附图 D-2 中，车轮滚动圆半径为 r_0，踏面斜率为 λ，左右滚动圆的间距为 $2b$，若轮对离开中间位置的偏移量为 y，则两轮的滚动半径不等，设轮对在 Δt 时间内滚动微小角度 $\Delta\theta$，轮轴中心线 OO_1 在水平面上转动 $\Delta\psi$，在无滑动情况下，左轮滚动的距离 $d_1 = \Delta\theta(r_0 + \lambda y)$，右轮滚动的距离 $d_2 = \Delta\theta(r_0 - \lambda y)$，于是有：

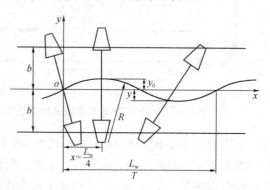

附图 D-1　轮对的蛇行运动轨迹

$$\frac{d_1}{d_2} = \frac{\Delta\theta(r_0 + \lambda y)}{\Delta\theta(r_0 - \lambda y)} \; ; \; \frac{d_1}{d_2} = \frac{\Delta\psi(R + b)}{\Delta\psi(R - b)}$$

代换后得：

$$R = \frac{br_0}{\lambda y}$$

另由曲率关系有：

$$\frac{1}{R} = \frac{-\ddot{y}}{(1 + \dot{y}^2)^{\frac{3}{2}}}$$

近似地取为：

$$\frac{1}{R} = -\ddot{y}$$

即轮对横向偏移量 y 的二次导数等于轮轴中心运行轨迹的曲率，上式中的负号表示曲线的弯曲方向和位移 y 方向相反。若令 $p_h^2 = \lambda/br_0$，则根据上述关系可得：

$$\ddot{y} + p_h^2 y = 0 \qquad\qquad\qquad\text{（附 D-1）}$$

式（附 D-1）即为描述轮轴中心作几何蛇行运动的微分方程式。在附图 D-1 中，令 L_w 为单轮对蛇行运动波长，y_0 为轮对横向最大偏移量，并取初始条件为：$x = 0$ 时，$y = 0$；$x = \frac{1}{4}L_w$ 时，$y = y_0$。则上述方程的解为：

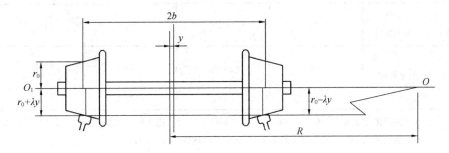

附图 D-2　轮对绕瞬时转动中心转动

$$y = y_0 \sin p_h x \tag{附 D-2}$$

因 $x = Vt$，并令 $\omega = p_h V$，则上述的解可写成：

$$y = y_0 \sin \omega t \tag{附 D-3}$$

此处 ω 为轮对蛇行运动的圆频率，则蛇行运动的频率为：

$$f = \frac{\omega}{2\pi} = \frac{1}{2\pi}\sqrt{\frac{\lambda}{br_0}}V \text{（Hz）} \tag{附 D-4}$$

蛇行运动的周期为 T，因 $p_h VT = 2\pi$，则轮对蛇行运动的波长为：

$$L_w = VT = \frac{2\pi}{p_h} = 2\pi\sqrt{\frac{br_0}{\lambda}} \tag{附 D-5}$$

以上就是单个自由轮对的蛇行运动规律。

附录 E　有砟轨道道床状态参数及检测方法

铁路碎石道床是铁路有砟轨道结构的重要组成部分，是轨道框架的基础。评定道床状态的参数主要有：①道床脏污率和颗粒指数特征；②道床密实度；③道床支承刚度；④道床阻力；⑤道床渗水性能；⑥道床几何尺寸及平整度。这些参数反映了道床的力学特点和使用性能。对于新建铁路，可以忽略既有线必须考虑的道床脏污率和颗粒指数特征以及道床渗水性能。新建铁路道床状态参数有以下 4 项评价指标：道床密实度、道床支承刚度、道床横向阻力和道床纵向阻力。道床主要状态参数指标应满足附表 E-1 的规定。

道床主要状态参数指标（平均值）   附表 E-1

旅客列车设计速度（km/h）	道床横向阻力（kN/枕）	道床纵向阻力（kN/枕）	道床支承刚度（kN/mm）	道床密实度（g/cm³）
$V \leqslant 80$	$\geqslant 6.5$	$\geqslant 9$	$\geqslant 60$	$\geqslant 1.7$
$80 < V \leqslant 120$（新Ⅱ型混凝土轨枕）	$\geqslant 9$	$\geqslant 10$	$\geqslant 70$	$\geqslant 1.7$
$120 \leqslant V \leqslant 200$（Ⅲ型混凝土轨枕）	$\geqslant 10$	$\geqslant 12$	$\geqslant 100$	$\geqslant 1.7$
$200 < V$	$\geqslant 12$	$\geqslant 14$	$\geqslant 120$	$\geqslant 1.75$

注：改建铁路采用新Ⅱ型轨枕且 120km/h<V<160km/h 时，道床稳定参数可采用：横向阻力 9kN/枕，纵向阻力 11kN/枕，支承刚度 70kN/mm，道床密度 1.7g/cm³。

E.1 道床密实度测定

道床密实度的现场测定目前常用灌水法，另外还有 γ 射线法。

1. 灌水法

灌水法在世界各国铁路早有应用，并广泛沿用至今，其具体测试步骤如下：

（1）选定测试点位，捡去表面道砟直至所需测定的道床表面，力求不扰动下部道砟，整平其顶面。

（2）将直径 30cm，高 8cm 的钢环安放在所测试的道床顶面，并用道砟挤紧固定。钢环有圆形和椭圆形两种，见附图 E-1。

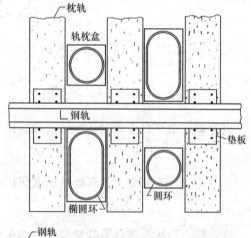

（3）用一个橡皮薄膜袋套在环内，使之足够放松（以使在圆环内薄膜袋灌水时，在水压力作用下，薄膜能紧贴在道砟表面）。薄膜袋口绕过钢环的顶部，其膜边卷于环外。在薄膜袋内灌水，以圆环的顶边溢水作为测量灌水的水位控制点，记录初始灌入的水量（记为体积 V_1）。

（4）排水，拆除橡皮薄膜袋，并注意不要晃动钢环。捡去环内的道砟，使之形成一个深约 30cm 左右的空洞。道砟中的粉尘要一起清理，不能留下。所有已松动的颗粒须全部清除。必须精心操作，不可

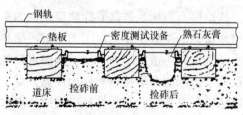

附图 E-1 灌水法测试密实度

扰动洞壁上的道砟。

（5）重复第 3 步，记录捡砟后的灌水量 V_2。

（6）测定所捡出的道砟的总质量记为 G。道砟如显湿润，应立即密封，送实验室烘干后测定含水量。

（7）按下式计算捡出道砟后所形成的空洞体积 V_h：

$$V_h = V_2 - V_1 \qquad\qquad （附 E-1）$$

式中　V_1——捡砟前的初始灌水体积；

　　　　V_2——捡砟后的灌水体积；

（8）用下式计算道床现场密度：

$$\rho_h = G / V_h \qquad\qquad （附 E-2）$$

（9）用附图 E-2 所示排水法求出道砟的表观体积 V_d。

用一个容器 1 装满水，连同容器 1 放置在更大的容器 2 内，将捡出的道砟缓缓放入容器 1 之中，这时容器 1 中的水将溢出，并保存在容器 2 中，直至全部捡出的道砟放入完毕。将容器 1（连同水和道砟）从容器 2 中提出，用量杯测量容器 2 中水的体积 V_d。V_d 即为捡出道砟的总表观体积。

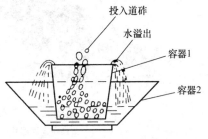

附图 E-2　排水法求道砟的
表观密度示意图

道砟的吸水率对试验结果可能有一定的影响，须避免在夏季道砟暴晒的情况下进行这项试验。国内外试验表明，在常温环境下进行试验，其道砟吸水率的影响可以忽略。

（10）按下式计算道砟颗粒密度 ρ_d：

$$\rho_d = G / V_d \qquad\qquad （附 E-3）$$

（11）道床的空隙比 $\bar{n}$ 为：

$$\bar{n} = \frac{V_h - V_d}{V_h} = 1 - \frac{V_d}{V_h} = 1 - \frac{\rho_h}{\rho_d} \qquad\qquad （附 E-4）$$

（12）道床的密实度 d 为：

$$d = 1 - \bar{n} = \frac{V_d}{V_h} = \frac{\rho_h}{\rho_d} \qquad\qquad （附 E-5）$$

灌水法测定道床密实度，原理简单，操作简便，至今为许多国家广泛采用。现场原位测试道床密实度见附图 E-3。

2. γ 射线法

γ 射线法是利用元素的放射性来测定结构或材料的密度。

γ 射线法基本原理为：测定密度时，通过仪器内部放射 γ 射线测试其通过物质后的衰减程度来测定物质密度。γ 射线穿透物质时将发生散射，散射后的剩余

附图 E-3　灌水法现场测试道床密实度

(*a*) 固定铁圈并捡出道砟；(*b*) 称量道砟重量

(*c*) 测定道砟坑体积；(*d*) 测定道砟表观密度

γ 射线被仪器接收，通过预先标定的物质密度和返回射线的关系就可以获得被测物质的密度。

E.2　道床纵向阻力测定

道床纵向阻力是道床抵抗轨道框架纵向位移、防止线路爬行的阻力，是衡量道床状态的重要参数，一般以每根轨枕的阻力或每延米的分布阻力表示。道床纵向阻力与轨枕盒内道砟的饱满程度、枕底的道床密度、轨枕的材料和尺寸有关，也与道砟肩部堆高有一定关系。

道床纵向阻力是在现场原位测定的，松开所测轨枕的扣件，取出胶垫，利用相邻轨枕作为支承体，千斤顶加力，纵向推移轨枕，通过测力传感器和数显仪测量推力，同时用百分表记录轨枕位移，得出单根轨枕纵向位移与阻力的关系曲线。道床纵向阻力检测装置见附图 E-4。

E.3　道床横向阻力测定

道床抵抗轨道框架横向位移的阻力称为道床横向阻力。它是防止无缝线路胀轨跑道、保证无缝线路稳定的主要因素。它与道砟肩部堆高及肩宽、枕底的道床密度、轨枕的材料和尺寸有关，也与枕盒内道砟的饱满程度有一定关系。铁路工程经验表明，在保持轨道框架稳定的因素中，道床的贡献约为 65%，钢轨的贡献约为 25%，扣件的贡献约为 10%。

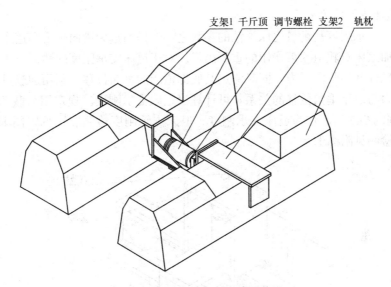

附图 E-4　道床纵向阻力检测装置

　　道床横向阻力采用现场原位测试。松开所测轨枕的扣件,取出胶垫,利用钢轨与加力架之间的相互作用,以钢轨作为支承体,千斤顶横向推移轨枕,测力传感器和数显仪测量横向推力,同时用百分表记录轨枕位移。在我国道床横向阻力验收评定中,取轨枕位移 2mm 时的阻力作为评定依据。道床横向阻力检测装置见附图 E-5。

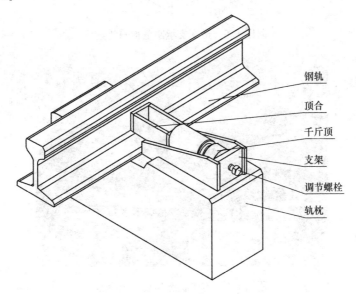

附图 E-5　道床横向阻力检测装置

E.4 道床支承刚度测定

道床支承刚度是衡量道床弹性的参数之一。提高道床横向阻力和道床支承刚度是增加道床对轨道约束作用的重要因素。对于道床支承刚度的测试，主要通过对单根轨枕施加竖向压力，同时测定其底部道床的垂向位移，利用加载过程中所测定的力与道床垂向位移的关系，可计算出道床支承刚度。规定用荷载 7.5～35 kN 范围的割线斜率作为道床支承刚度。道床支承刚度检测装置见附图 E-6。现场原位检测见附图 E-7。

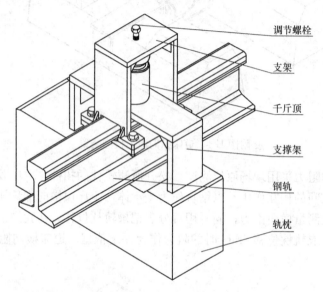

附图 E-6　道床支承刚度检测装置

附图 E-7　道床状态参数现场检测

附录 F　无砟轨道可靠性设计参数估计

F.1　概述

无砟轨道工程技术随着我国高速铁路建设的推进取得显著的技术进步，结合铁路轨道极限状态法设计暂行规范的编制，提出了无砟轨道结构设计方法及其参数取值；有关学术论文多见有发表，学术气氛较为活跃。伴随这样一个过程，也可见到其前期技术储备的不足，其中设计参数的试验研究尤其不够充分，明显地制约了无砟轨道设计技术的进步。在这里，提供一些设计参数的取值方法和计算结果，可供有关应用研究参考。

F.2　轮载的统计分析

据铁科院（京津城际高速铁路动态检测报告等）对无砟轨道轮轨力最大值测定值进行统计，得到动轮载平均值 152.4kN，变异系数 0.089。

据铁科院试验测定资料，在轨道不平顺地段比之一般地段的轨道轮轨力平均值增长 1.102 倍，其变异性也相应增长。考虑到轨道在长期运营后的可能变化，车轮的平顺度变化所导致的轮轨相互作用加剧，其轮轨力平均值增加值也取为 1.1 倍，即轮载的设计平均值取为 $152.4 \times 1.1 \times 1.1 = 184.4$kN。

另外，根据武广客运专线町泗河桥系杆拱桥（梁端）CRH2C 动车组作用下轮载动力系数最大值的不定性测定资料（铁四院，铁路轨道结构极限状态设计方法研究），动力系数最大值（见附表 F-1）的变异系数为 0.1129，故而轮载变异系数取为 0.120。

轮载动力系数最大值　　　　　　　　　　　　附表 F-1

速度（km/h）	最大值	附注
220	1.23	
240	1.42	
260	1.45	
280	1.50	
300	1.57	
310	1.65	
320	1.82	
330	1.69	
340	1.72	
350	1.72	

统计结果：

平均值：1.577；

标准差：0.178；

变异系数：0.1129。

综合以上分析，取轮载最大值平均值 $152.4 \times 1.1 \times 1.1 = 184.4$kN；变异系数 0.120，则轮载最大值的平均值 μ_P 和标准差 σ_P 为：

$$\mu_P = 184.4\text{kN}$$

$$\sigma_P = \mu_P \times 0.12 = 22.13\text{kN}$$

设轮载的概率分布为极值Ⅰ型分布

$$F(x) = \exp[-e^{-\alpha(x-u)}]$$

式中

$$u = \mu_P - \frac{0.5772}{\alpha} = 184.4 - \frac{0.5772}{0.0580} = 174.5\text{kN}$$

$$\alpha = \frac{\pi}{\sqrt{6}\,\sigma_p} = \frac{\pi}{\sqrt{6} \times 22.13} = 0.0580$$

设无砟轨道结构的设计基准期为 50 年；则轮载在设计基准期内的最大值分布为：

$$F_n(y) = [F(x)]^N = \exp[-e^{-\alpha_n(y-u_n)}]$$

式中

$$u_n = u + \ln N / \alpha_n$$

$$\alpha_n = \alpha$$

其中 N 是设计基准期内荷载状态变化的次数，与机车车辆的状态有关；由工程经验判断，一种新型机车车辆经设计研制到批量生产和应用大约需经历 10 年时间，轮载的状态在 50 年内约变动 5 次，故取 $N=5$。

于是

$$u_n = u + \frac{\ln N}{\alpha_n} = 174.5 + \frac{\ln 5}{0.0580} = 202.2\text{kN}$$

$$\alpha_n = \alpha = 0.0580$$

设计基准期内轮载最大值的平均值为：

$$\mu_{P_n} = \mu_P + \frac{\ln N}{\alpha_n} = 184.4 + \frac{\ln 5}{0.0580} = 212.1\text{kN}$$

标准差为：

$$\sigma_{P_n} = \sigma_p = 22.13\text{kN}$$

变异系数 $\delta_n = 0.104$。

设取用设计基准期 60 年，可得出以下结果：

$$u_n = u + \frac{\ln N}{\alpha_n} = 174.5 + \frac{\ln 6}{0.0580} = 205.4\text{kN}$$

$$\alpha_n = \alpha = 0.0580$$

设计基准期内轮载最大值的平均值为：

$$\mu_{P_n} = \mu_P + \frac{\ln N}{\alpha_n} = 184.4 + \frac{\ln 6}{0.0580} = 215.3 \text{kN}$$

标准差为：

$$\sigma_{P_n} = \sigma_P = 22.13 \text{kN}$$

变异系数 $\delta_n = 0.103$。

F.3 温度梯度作用

1. 正温度梯度

轨道板温度梯度变化斜率（℃/cm），据铁四院《客运专线无砟轨道参数化计算分析研究》一文，在夏季的观测数据有：0.404、0.498、0.370、0.408；其均值为 0.420，标准差为 0.054，变异系数为 0.130。

又根据铁道科学研究院王继军《温度与列车荷载作用下高速铁路 CRTS Ⅲ 型板式轨道结构受力特性的研究》的观测数据，取用较大值（0.30～0.60℃/cm 区间）进行统计，其平均值为 0.4317；标准差为 0.08097；变异系数为 0.188。

对以上两组数据进行平均，得到：

温度梯度平均值为：0.426；

标准差为：0.0675；

变异系数为：0.158。

设其为极值 Ⅰ 型分布，从而可计算其设计基准期的最大值分布。

在这里 N 取 50；基于所分析的统计样本较小，完整性不足；考虑到本统计数据中较高气温数据出现的概率 p 不会超过 0.5；这里取 p=0.5。

则荷载设计基准期的最大值分布为：

$$F_T(x) = [F(x)]^{pN}$$

原始分布参数：

$$u = \mu_P - \frac{0.5772}{\alpha} = 0.426 - \frac{0.5772}{19.00} = 0.396$$

$$\alpha = \frac{\pi}{\sqrt{6}\,\sigma_p} = \frac{\pi}{\sqrt{6} \times 0.0675} = 19.00$$

设计基准期的最大值分布参数为：

$$u_n = u + \ln pN/\alpha = 0.396 + \ln 25/19.0 = 0.565$$

$$\alpha_n = \alpha$$

$$\mu_{t_n} = \mu_P + \ln pN/\alpha_n = 0.426 + \ln 25/19.0 = 0.595$$

$$\sigma_{t_n} = \sigma = 0.0675$$

$$\delta_{t_n} = 0.113$$

设取用设计基准期 60 年，可得到以下结果：

荷载设计基准期的最大值分布为：

$$F_T(x) = \left[F(x) \right]^{pN}$$

原始分布参数：

$$u = \mu_P - \frac{0.5772}{\alpha} = 0.426 - \frac{0.5772}{19.00} = 0.396$$

$$\alpha = \frac{\pi}{\sqrt{6}\,\sigma_P} = \frac{\pi}{\sqrt{6} \times 0.0675} = 19.00$$

设计基准期的最大值分布参数为：

$$u_n = u + \ln pN/\alpha = 0.396 + \ln 30/19.0 = 0.575$$

$$\alpha_n = \alpha$$

$$\mu_{t_n} = \mu_P + \ln pN/\alpha_n = 0.426 + \ln 30/19.0 = 0.605$$

$$\sigma_{t_n} = \sigma = 0.0675$$

$$\delta_{t_n} = 0.116$$

根据铁道科学研究院王继军《温度与列车荷载作用下高速铁路 CRTSⅢ 型板式轨道结构受力特性的研究》的观测数据，对于温度梯度较小值区间（＜0.30℃/cm）进行统计，得到温度梯度（℃/cm）平均值为 0.1725；标准差为 0.06857；变异系数为 0.398。

2. 负温度梯度

据王继军《温度与列车荷载作用下高速铁路 CRTSⅢ 型板式轨道结构受力特性的研究》的观测数据，可得出原始分布的统计参数：

其平均值为 15.74；标准差为 4.331；变异系数为 0.275。

F.4　温度伸缩作用

这里简单的取年温差计算，基准期取为 60，$pN=30$。

F.5　荷载组合

荷载组合可采用 Turkstra 规则。在德国 Rheda 无砟轨道设计说明中指出，"最大温升/降不能与最大温度梯度同时作用"。这一规定显然考虑到实际发生的工况，也与 Turkstra 规则符合，应当引起注意。

F.6　设计基准期

Rheda 型无砟轨道设计说明规定，Rheda 型无砟轨道的预计最低寿命为 30 年，设计寿命为 30 年，但若采用欧洲标准的荷载分项系数设计，可满足相应的设计寿命为 50 年的要求；日本《铁道构造物等设计标准·同解说：轨道构造》规定以 50 年作为无砟轨道的设计使用年限；考虑到日本高速铁路自 1964 年开始运营至今已达 50 年之久，使用期限将超过 50 年；结合我国高速铁路运营里程较长的实际情况，无砟轨道即使达到设计使用年限后也不可能短期内全部废弃或修复，必然存在无砟轨道延续使用的工况，为此必须考虑比之结构设计使用寿命更长的设计基准期，在此取 60 年。设计基准期与荷载取值有密切关系，涉及结构可靠性与工程费用的综合权衡，应当在集中同行专家知识的基础上加以确定。

附录 G　国外铁路机构名简称

AAR：Association of American Railroads
　　美国铁路协会
AASHO：American Association of State Highway Officials
　　美国各州公路管理人员协会
AREA：American Railroad Engineer's Association
　　美国铁路工程学会
BN：Burlington Northern Incorporated（Railroad）
　　（美国）伯灵顿北方（铁路）公司
BR：British Railways
　　英国国铁
BR：British Research
　　英国铁道研究中心
DB：Deutsche Bahn AG. Deutsche Bundesbahn
　　德国国铁，原德国联邦铁道（西德）
DOT：Department Of Transportation，USA
　　美国运输部
DR：Deutsche Reichsbahn
　　原德国国铁（东德）
ERRI：European Rail Research Institute
　　欧洲铁道研究所
FAST：Facility for Accelerated Service Testing，Colorado，USA
　　加速运营试验设施，美国
FRA：Federal Railroad Administration，USA
　　美国联邦铁路局
IRCA：International Railway Congress Association
　　国际铁路会议协会
JNR：Japanese National Railways
　　日本国有铁道，国铁
JR：Japanese Railways
　　日本铁路
ORE：Office des Recherches et des Essais，UIC
　　国际铁路联盟铁路技术研究所

RATP：Regie Autonome des Transports Parisiens
　　巴黎运输公司
SNCF：Société Nationale des Chemins de Fer
　　法国国铁
TTC：Transportion Test Center
　　运输试验中心，美国
UIC：Union Internationale des Chemins de Fer
　　国际铁路联盟，在法国巴黎

附录 H　常用轨道工程汉英科技名词

1. 通类
铁道，铁路：railway, railroad
铁路线：railway line, railroad line
铁路网：railway network, railroad network
铁道科学：railway science
铁路技术：railway technology
铁路等级：railway classification
国有铁路：national railway, state railway
地方铁路：local railway, regional railway
私有铁路：private railway
合资铁路：joint investment railway, joint-ly owned railway
准轨铁路：standard-gage railway
窄轨铁路：narrow-gage railway
宽轨铁路：broad-gage railway
单线铁路：single track railway
双线铁路：double track railway
重载铁路：heavy haul railway
高速铁路：high speed railway
电气化铁路：electrified railway, electric railway
干线铁路：main line railway, trunk railway
地下铁路：subway, metro, underground railway
轻轨铁路：light railway, light rail
磁浮铁路：magnetic levitation railway
既有铁路：existing railway

新建铁路：newly-built railway

改建铁路：reconstructed railway

运营铁路：railway in operation，operating railway

货运专线：railway line for freight traffic，freight special line，freight traffic only line

客运专线：railway line for passenger，passenger traffic only line

客货共线铁路：railway line for mixed passenger and freight traffic

铁路用地：right-of-way

铁路勘测：railway reconnaissance

列车运行图：train diagram

区间：section

区段：district

轨距：rail gage，rail gauge

轮重：wheel load

轴重：axle load

限界：clearance，gauge

列车与线路相互作用：track-train interaction

轮轨关系：wheel-rail relation，wheel-rail interaction

重载列车：heavy haul train

高速列车：high speed train

超长超重列车：exceptionally long and heavy train

铁路法：Railway Law

铁路技术管理规程：regulations of railway technical operation

2. 铁道工程建设

预可行性研究：pre-feasibility study

可行性研究：feasibility study

设计阶段：design phase，design stage

三阶段设计：three-step design，three-phase design

初步设计：preliminary design

技术设计：technical design

施工图设计：construction detail design，working-drawing design

设计概算：approximate estimate of design，budgetary estimate of design

预算定额：rating of budget，rating form for budget

概算定额：rating of approximate estimate，rating form for estimate

投资估算：investment estimate

设计鉴定：certification of design，appraisal of design

设计高程：design elevation

全球定位系统：global positioning system，GPS

铁路选线：railway location，approximate railway location，location of railway route selection

线路平面图：track plan，line plan

线路纵断面图：track profile，line profile

圆曲线：circular curve

单曲线：simple curve

缓和曲线：transition curve，easement curve，spiral transition curve

最小曲线半径：minimum radius of curve

复曲线：compound curve

同向曲线：curve of same sense，adjacent curves in one direction

反向曲线：reverse curve，curve of opposite sense

夹直线：intermediate straight line，tangent between curves

坡度：grade，gradient，slope

坡段：grade section

竖曲线：vertical curve

坡度折减：compensation of gradient，gradient compensation，grade compensation

容许应力设计法：allowable stress design method

极限状态设计法：limit state design method

概率极限状态设计法：probabilistic limit state design method

路基：subgrade，road bed，formation subgrade

路基横断面：subgrade cross-section

路基面：subgrade surface，formation

路拱：road crown

路肩：shoulder，subgrade shoulder

路肩高程：formation level，shoulder level

路堤：embankment，fill

路堑：cut，road cutting

基床：subgrade bed，formation

基底：foundation base，base

路堑边坡：cutting slope，side slope of cut

中-活载：CR-live loading，China railway standard live loading

桥梁标准活载：standard live load for bridge

换算均布活载：equivalent uniform live load

设计荷载：design load

主力：principal load

恒载：dead load

列车离心力：centrifugal force of train

冲击系数：coefficient of impact

附加力：subsidiary load，secondary load

列车制动力：braking force of train

列车牵引力：tractive force of train

特殊荷载：particular load

荷载组合：loading combination

铁路桥：railway bridge

跨线桥：overpass bridge，grade separation，flyover

高架桥：viaduct

钢桥：steel bridge

钢筋混凝土桥：reinforced concrete bridge

预应力混凝土桥：prestressed concrete bridge

简支梁桥：simply supported beam bridge

连续梁桥：continuous beam bridge

悬臂梁桥：cantilever beam bridge

刚架桥：rigid frame bridge

特大桥：super major bridge

大桥：major bridge

中桥：medium bridge

小桥：minor bridge

单线桥：single track bridge

双线桥：double track bridge

正桥：main bridge

引桥：approach bridge

跨度：span

桥梁全长：overall length of bridge

梁高：depth of girder

拱度：camber

挠度：deflection

钢丝：steel wire

钢筋：reinforcement，steel bar

钢丝束：bundled steel wires

钢绞线：steel strand

箍筋：stirrup

桥梁道砟槽：ballast trough

道砟桥面：ballast deck, ballast floor

桥梁护轨：guard rail of bridge

桥枕：bridge tie, bridge sleeper

伸缩缝：expansion joint

固定支座：fixed bearing

活动支座：expansion bearing, movable bearing

桥台：abutment

台身：abutment body

桥墩：pier

柔性墩：flexible pier

墩身：pier body, pier shaft

墩帽：pier coping

桥梁基础：bridge foundation

沉井基础：open caisson foundation

涵洞孔径：aperture of culvert

铁路隧道：railway tunnel

地铁隧道：subway tunnel, underground railway tunnel, metro tunnel

线路封锁：track blockade, closure of track, traffic interruption

工程招标：calling for tender of project, calling for tending of project

工程投标：bidding for project

工程报价：project quoted price

工程发包：contracting out of project

工程承包：contracting of project

工程监理：supervision of construction, supervision of project

3. 铁道工务

工务段：track division, track district, track maintenance division

养路领工区：track subdivision, track maintenance subdivision

养路工区：track maintenance section, permanent way gang

轨道：track

轨道类型：classification of track, track standard

轨道结构：track structure

有砟轨道：ballasted track

无砟轨道：ballastless track

线路：track，permanent way

有缝线路：jointed track

无缝线路：continuously welded rail track，jointless track

跨区间无缝线路：super long continuous welded rail track

轨排：track panel，track skeleton

轨节：rail link

长轨条：long rail string

轨道几何形位：track geometry

轨距加宽：gauge widening

曲线超高：superelevation，cant，elevation of curve

欠超高：deficient superelevation

过超高：surplus superelevation，excess elevation

未被平衡离心加速度：unbalanced centrifugal acceleration

曲线正矢：curve versine

轨道力学：track mechanics

轨道动力学：track dynamics

轨道强度计算：track strength analysis

轨道框架刚度：rigidity of track panel

道床系数：ballast coefficient，ballast modulus

钢轨基础模量：rail supporting modulus，track modulus

钢轨支点弹性模量：modulus of elasticity of rail support

轨道应力：track stress

轨道稳定性：stability of track

接头阻力：joint resistance

道床阻力：ballast resistance

轮/轨接触应力：rail/wheel contact stress

钢轨：rail

轨头：rail head

轨腰：rail web

轨底：rail base，rail bottom

淬火轨：head hardened rail，quenched rail

合金轨：alloy steel rail

耐磨轨：wear resistant rail

长钢轨：long rail

缩短轨：standard shortened rail，fabricated short rail used on curve，standard curtailed rail

护轨：guard rail，check rail

轨底坡：rail cant

钢轨工作边：gage line

轨缝：rail gap，joint gap

构造轨缝：structural joint gap，maximum joint gap structurally obtainable

钢轨接头：rail joint

胶结绝缘接头：glued insulated joint

焊接接头：welded joint

冻结接头：frozen joint

钢轨伸缩调节器：expansion rail joint，rail expansion device

接头夹板：joint bar，splice bar，fish plate

接头螺栓：track bolt，fish bolt

扣件：rail fastening

弹性扣件：elastic rail fastening

道钉：track spike，rail spike，dog spike

垫板：tie plate

橡胶垫板：rubber tie plate

衬垫：pad

弹簧垫圈：spring washer

穿销防爬器：wedged rail anchor

轨撑：rail brace

轨下基础：sub-rail foundation，sub-rail track bed

轨枕：tie，cross tie，sleeper

板式轨道：slab-track

木枕：wooden tie

混凝土枕：concrete tie

岔枕：switch tie，turnout tie

枕木盒：crib

道床：ballast bed

整体道床：solid bed，integrated ballast bed，monolithic concrete bed

道砟：ballast

碎石道砟：stone ballast

底砟：subballast

道床厚度：thickness of ballast bed，depth of ballast

道床宽度：width of ballast bed

道床砟肩：shoulder of ballast bed

轮轨游间：clearance between wheel flange and gage line

曲线内接：inscribed to curves

自由内接：free inscribing

强制内接：compulsory inscribing

楔形内接：wedging inscribing

轨道不平顺：track irregularity

轨道水平：track cross level

轨道方向：track alignment

轨道前后高低：longitudinal level of rail，track profile

翻浆冒泥：mud-pumping

低接头：depressed joint，battered joint of rail

接头瞎缝：closed joint，tight joint

线路爬行：track creeping

轨道跑道：track buckling

轨头肥边：flaw of rail head，lipping of rail head

钢轨伤损：rail defects and failures

核伤：nucleus flaw，oval flaw

线路大修：major repair of track，overhaul of track，track renewal

线路中修：intermediate repair of track

线路维修：maintenance of track

整正曲线：curve adjusting，curve lining

打磨钢轨：rail grinding

捣固道床：ballast tamping

清筛道床：ballast cleaning

施工锁定轨温：fastening-down temperature of rail

零应力轨温：stress free rail temperature

中和轨温：neutral temperature

放散温度力：destressing，stress liberation

温度力：temperature stress

最高轨温：highest rail temperature

最低轨温：lowest rail temperatuer

设计锁定轨温：designstress-free rail temperature

允许温升：allowable temperature rise range

允许温降：allowable temperature drop range

道床纵向阻力：longitudinal ballast resistance

道床横向阻力：lateral ballast resistance

伸缩区：breathing zone

缓冲区：buffer zone，transition zone

固定区：nonbreathing zone，fixed zone，deformation-free zone

气压焊：oxyacetylene pressure welding

电阻焊：flash butt welding

铝热焊：alumino-thermit welding

顺坡：run-off elevation

线路标志：road way signs，permanent way signs

曲线标：curve post

坡度标：grade post

钢轨位移观测桩：rail creep indication posts

开天窗作业时间：works occupation time，working time of closed section

线路维修规则：rules of maintenance of way

轨道养护标准：standards of track maintenance

道岔：turnout，switches and crossings

单开道岔：simple turnout，lateral turnout

单式对称道岔：symmetrical double curve turnout，equilateral turnout

菱形交叉：diamond crossing

交分道岔：slip switch

渡线：crossover

交叉渡线：scissors crossing，double crossover

梯线：ladder track

道岔主线：main line of turnout，main track of turnout，turnout main

道岔侧线：branch line of turnout，branch track of turnout，turnout branch

导曲线：lead curve

导曲线半径：radius of lead curve

道岔中心：center of turnout

辙叉：frog，crossing

辙叉角：frog angle

辙叉号数：frog number

道岔号数：turnout number

辙叉趾端：toe end of frog，frog toe

辙叉跟端：heel end of frog，frog heel

道岔全长：total length of turnout

尖轨长度：length of switch rail

尖轨动程：throw of switch

查照间隔：check gage

辙叉有害空间：gap in the frog，open throat，unguarded flange-way

转辙角：switch angle

辙叉咽喉：throat of frog

可动心轨辙叉：movable-point frog

钝角辙叉：obtuse frog

锐角辙叉：end frog，acute frog

基本轨：stock rail

尖轨：switch rail

翼轨：wing rail

心轨：point rail

道岔护轨：turnout guard rail

道岔拉杆：switch rod，stretcher bar

间隔铁：filler，spacer block

线路机具：permanent way tool

大型线路机械：heavy permanent way machine，large permanent way machine

轨道检测设备：track geometry measuring device

磨轨机：rail grinding machine

焊轨机：rail welding machine

液压捣固机：hydraulic tamping machine

自动液压大型捣固车：auto-leveling-lifting-lining-tamping machine

枕底清筛机：ballast undercutting cleaner

铺轨机：track laying machine

轨道检查车：track recording car，track inspection car

钢轨探伤仪：rail flaw detector

轨距尺（道尺）：track gage

万能道尺：universal rail gage

道砟槽：ballast tub

道砟箱：ballast box

转向架中心距离：distance between bogie pivot centers，bogie pivot pitch

机车全轴距：locomotive total wheel base

机车固定轴距：locomotive rigid wheel base

主要参考文献

［1］ 赵国藩等. 结构可靠度理论. 北京：中国建筑工业出版社，2000.

［2］ Ang，A. H-S and Tang，W. H. Probability Concepts in Engineering Planning and Design. Vol. Ⅱ. New York，1984.

［3］ R. 克拉夫，J. 彭津. 结构动力学. 第二版. 北京：高等教育出版社，2015.

［4］ 翟婉明. 车辆-轨道耦合动力学. 北京：中国铁道出版社，2002.

［5］ S. P. 铁摩辛柯，J. M. 盖莱. 弹性稳定理论. 北京：科学出版社，1965.

［6］ 卢祖文. 客运专线铁路轨道. 北京：中国铁道出版社，2005.

［7］ 卢春房. 轨道工程. 北京：中国铁道出版社，2015.

［8］ 何华武. 无砟轨道技术. 北京：中国铁道出版社，2005.

［9］ 何华武. 中国铁路高速道岔技术研究. 中国工程科学，2009. Vol. 11. No：5.

［10］ 赵国堂. 高速铁路无砟轨道结构. 北京：中国铁道出版社，2006.

［11］ 郭福安. 我国高速道岔技术体系. 中国铁路，2011. （4）.

［12］ 雷晓燕，圣小珍. 现代轨道理论研究. 北京：中国铁道出版社，2006.

［13］ 康熊，刘秀波等. 高速铁路无砟轨道不平顺谱. 中国科学：技术科学，2014，44(7)：687～696.

［14］ 陈秀方，金守华，曾华亮. 客运专线轨道不平顺功率谱密度分析. 中国工程科学，2008，10(4).

［15］ 陈秀方，娄平，周小林等. 无缝线路原始弯曲的极值概率分析. 中国铁道科学，1999，20(1).

［16］ 陈秀方，李秋义，娄平等. 高速铁路无缝道岔结构体系分析广义变分原理. 中国铁道科学，2002，23(1)：208～212.

［17］ 陈秀方. 无缝线路稳定性问题的最小温度力. 铁道工务，1989(4).

［18］ 金守华，陈秀方，杨军. 板式无砟轨道用 CA 砂浆的关键技术. 中国铁道科学，2006，Vol. 6(2).

［19］ 范俊杰. 现代铁路轨道. 北京：中国铁道出版社，2004.

［20］ 卢耀荣. 无缝线路研究与应用. 北京：中国铁道出版社，2010.

［21］ 佐藤吉彦. 新轨道力学. 北京：中国铁道出版社，2001.

［22］ 佐藤裕. 轨道力学. 北京：中国铁道出版社，1981.

［23］ 王澜. 轨道结构随机振动理论及其在轨道结构减振中的应用. 博士论文. 北京：铁道科学研究院，1998.

［24］ 江成，王继军，胡所亭，姜子清. 客运专线无砟轨道结构及关键技术. 铁道工程学报，2008，8.

［25］ 孙立. 武广客运专线双块式无砟轨道设计. 铁道标准设计，2006，No：12.

［26］ 孙立. 市域铁路轨道结构形式及主要结构设计参数探讨. 铁道工程学报 2013 No：1.

［27］ 李秋义，陈秀方. 广义变分原理在高速铁路无缝道岔结构分析中的应用. 工程力学，2003，20(5).

[28] 刘学毅，赵坪锐等. 客运专线无砟轨道设计理论与方法. 成都：西南交通大学出版社，2010.

[29] 王平，刘学毅. 无砟道岔设计理论与设计方法. 成都：西南交通大学出版社，2007.

[30] 王平. 我国高速铁路道岔技术的进展. 高速铁路技术，2010，No：2，Vol. 1.

[31] 王继军，尤瑞林. 单元板式无砟轨道结构轨道板温度翘曲变形研究. 中国铁道科学，2010，Vol. 31(3)，9～14.

[32] 练松良. 轨道动力学. 上海：同济大学出版社，2003.

[33] 金守华，曾志平. 京津城际铁路博格板式无砟轨道不平顺分析. 铁道科学与工程学报，2009，Vol. 6(4).

[34] 李秋义，陈秀方. 高速铁路无缝线路动力稳定性概率分析理论研究. 中国铁道科学，2004，25(4)：135～137.

[35] 李秋义，陈秀方. 无缝道岔组合作用效应的研究. 铁道学报，2002，24(5)：213～217.

[36] 李成辉. 高速铁路无砟轨道结构. 北京：中国铁道出版社，2006.

[37] 阎红亮. 客运专线轨道结构选型研究. 铁道建筑，2005，No：2.

[38] 颜华，姚力. 浮置板轨道设计. 铁道工程学报，2002，No：12.

[39] 颜华，姚力，杨荣山. 遂渝线纵连板式轨道系统研究与设计. 铁道标准设计，2008，No：1.

[40] 高亮. 高速铁路无缝线路关键技术研究与应用. 北京：中国铁道出版社，2012.

[41] 蒋金洲，卢耀荣. 客运专线钢轨断缝允许值研究. 中国铁道科学，2007，28(6).

[42] 许玉德. 高速铁路基础设施综合维修管理. 北京：中国铁道出版社，2015.

[43] 李秋义，孙立，杨艳丽. 客运专线桥上无缝道岔设计方法研究. 铁道工程学报，2008 No：2.

[44] 李秋义，孙立. 桥墩温差荷载引起的桥上无缝线路钢轨附加力. 中国铁道科学，2007 28(4)：50～54.

[45] 李秋义. 武广客运专线桥上无缝道岔设计研究. 铁道标准设计，2010.

[46] 杨艳丽，陈秀方. 我国客运专线无砟轨道设计荷载取值探讨. 铁道建筑技术 2008 No：5.

[47] 姚力，翟婉明，罗震. 遂渝线路基上板式无砟轨道结构设计研究. 铁道工程学报，2006，No：5.

[48] 潘自立，姚力. 遂渝线无砟轨道设计. 铁道工程学报，2007 Dec.

[49] 徐庆元，陈秀方. 小阻力扣件桥上无缝线路附加力. 交通运输学报，2003，3(1)：223～227.

[50] 曾志平，陈秀方. 铁路无缝道岔计算方法的研究. 中国铁道科学，2003，24(6)：251～254.

[51] 王树国等. 高速道岔关键技术试验研究. 铁道学报，2015.37(1).

[52] 马战国等. 秦沈客运专线 38 号无缝道岔纵向力分析及试验研究. 中国铁道科学，2002，Vol. 23. No：2.

[53] 赵志军，陈秀方. 无缝线路稳定性计算模型的研究. 长沙铁道学院学报，2001，19

(3).

[54]　王森荣，孙立，李秋义. 无砟轨道轨道板温度测量与温度应力分析. 铁道工程学报，2009　No：2　52～55.

[55]　郜永杰，翟婉明. 轨道结构强度有限元分析. 交通运输学报，2004. Vol. 4(2).

[56]　刘玉祥，阎红亮等. 石太客运专线板式无砟轨道两种计算模型的对比分析. 铁道标准设计，2007，No：1.

[57]　曾华亮，金首华，陈秀方. 客运专线新建线路轨道不平顺功率谱密度分析. 铁道科学与工程学部，2005，Vol. 2(4).

[58]　傅志方. 振动模态分析与参数识别. 北京：机械工业出版社，1990.

[59]　张方，秦远田. 工程结构动载荷识别方法. 北京：国防工业出版社，2011.

[60]　铁路无缝线路设计规范 TB10015-2012. 北京：中国铁道出版社，2013.

[61]　铁路轨道设计规范 TB10082-2005. 北京：中国铁道出版社，2005.

[62]　铁路线路修理规则及条文说明. 北京：中国铁道出版社，2006.

[63]　铁路线路设计规范. GB/T 50090—2006. 北京：中国计划出版社，2006.

[64]　既有线提速200km/h 技术条件. 北京：中国铁道出版社，2006.

[65]　客运专线铁路工程竣工验收动态检测指导意见. 北京：中国铁道出版社，2008.

[66]　高速铁路设计规范 TB 10621—2014. 北京：中国铁道出版社，2014.

[67]　国家铁路局. 高速铁路无砟轨道不平顺谱 TB/T 3352-2014. 北京：中国铁道出版社，2015.

[68]　 铁路轨道极限状态法设计暂行规范 Q/CR 9130—2015 ，北京：中国铁道出版社，2015.

[69]　统一无缝线路稳定性计算公式的建议(讨论稿). 起草小组，长沙铁道学院科技情报室印，1977.

[70]　长沙铁道学院随机振动研究室. 关于机车车辆/轨道系统随机激励函数的研究. 长沙铁道学院学报，No. 2，1985.

[71]　中国铁道科学研究院. 武广客运专线轨道不平顺管理标准试验报告. 北京：2009.

[72]　中铁第四勘察设计院集团有限公司. 武广高速铁路无砟轨道综合技术研究与应用(总研究报告). 武汉：2010.

[73]　张定贤. 机车车辆轨道动力学. 北京：中国铁道出版社，1996.

[74]　严隽耄. 车辆工程. 北京：中国铁道出版社，1999.

[75]　王勖成，邵敏. 有限单元法基本原理和数值方法. 北京：清华大学出版社，1977.

[76]　钱仲侯. 高速铁路概论. 北京：中国铁道出版社，2010.

[77]　 Coenraad Esveld. 现代铁路轨道. 北京：中国铁道出版社：2014.

[78]　杨绍清. 铁路车辆技术. 北京：中国铁道出版社 2011

[79]　广钟岩等. 铁路无缝线路. 北京：中国铁道出版社，1989.

[80]　国际重载协会. 国际重载铁路最佳应用指南. 北京：中国铁道出版社，2009.

[81]　朱位秋. 随机过程. 北京：科学出版社，1998.

[82]　林忠民. 工程结构可靠性设计与估计. 北京：人民交通出版社，1990.

[83]　Madsen, H. O. Kenk, S. and Lind, N. C., Methods of Structural Safety, Prentice-

Hall. Lnc Englewood Cliffs，NEW jerser，1980.

[84]　R. E. Melchers，Structural Reliability，Analysis and Predication，John Wiley & Sons. New York . 1987 .

[85]　陈秀方，唐进锋. 港口铁路车辆荷载的概率模型—— 港口工程结构可靠度. 北京：人民交通出版社，1992.

[86]　戴世斌等. GJ-6 型轨道检测系统的设计与研制. 铁道建筑，2012，No：2.

[87]　陈东生，田新宇. 中国高速铁路轨道检测技术发展. 铁道建筑，2008，Dec.

[88]　赵立冬. 铁路线路养护与维修. 北京：中国铁道出版社，2016.

[89]　刘建华，冯毅. 单开道岔结构与维修养护. 北京：中国铁道出版社，2014.

[90]　陈秀方，周小林. 拟九次方铁路缓和曲线. 中国铁路，1997（9）.

[91]　中铁第四勘察设计院集团有限公司. 客运专线 CRTS Ⅱ 型板式无砟轨道设计技术研究. 武汉：研究报告 ，2011-9

[92]　中铁第四勘察设计院集团有限公司. 桥上 CRTS Ⅱ 型板式无砟轨道无缝线路设计技术研究 . 武汉：研究报告，2012-9 .

[93]　中铁第四勘察设计院集团有限公司. 客运专线无砟轨道维修技术研究. 武汉：研究报告，2013-9 .

[94]　中铁第四勘察设计院集团有限公司. 高速铁路高架站桥上道岔区无砟轨道系统设计技术研究. 武汉：研究报告，2011-9 .

[95]　中铁第四勘察设计院集团有限公司. 地铁运营线路的轨道养护维修技术研究. 武汉：研究报告，2015-10 .

[96]　秦沈客运专线综合试验科技攻关项目试验研究总报告. 铁道科学研究院铁建所，2004.

高校土木工程专业指导委员会规划推荐教材（经典精品系列教材）

征订号	书　名	定价	作　者	备　注
V28007	土木工程施工（第三版）	78.00	重庆大学、同济大学、哈尔滨工业大学	"十二五"国家规划教材 教育部普通高等教育精品教材
V28456	岩土工程测试与监测技术（第二版）	36.00	宰金珉　王旭东等	"十二五"国家规划教材
V25576	建筑结构抗震设计（第四版）（赠送课件）	34.00	李国强　等	"十二五"国家规划教材
V22301	土木工程制图（第四版）（含教学资源光盘）	58.00	卢传贤　等	"十二五"国家规划教材
V22302	土木工程制图习题集（第四版）	20.00	卢传贤　等	"十二五"国家规划教材
V27251	岩石力学（第三版）	32.00	张永兴　许明	"十二五"国家规划教材、
V20960	钢结构基本原理（第二版）	39.00	沈祖炎　等	"十二五"国家规划教材
V16338	房屋钢结构设计	55.00	沈祖炎、陈以一、陈扬骥	"十二五"国家规划教材 教育部普通高等教育精品教材
V24535	路基工程（第二版）	38.00	刘建坤、曾巧玲等	"十二五"国家规划教材
V20313	建筑工程事故分析与处理（第三版）	44.00	江见鲸　等	"十二五"国家规划教材 教育部普通高等教育精品教材
V13522	特种基础工程	19.00	谢新宇、俞建霖	"十二五"国家规划教材
V28723	工程结构荷载与可靠度设计原理（第四版）	37.00	李国强　等	"十二五"国家规划教材
V28556	地下建筑结构（第三版）（赠送课件）	55.00	朱合华　等	"十二五"国家规划教材 教育部普通高等教育精品教材
V28269	房屋建筑学（第五版）（含光盘）	59.00	同济大学、西安建筑科技大学、东南大学、重庆大学	"十二五"国家规划教材 教育部普通高等教育精品教材
V28115	流体力学（第三版）	39.00	刘鹤年	"十二五"国家规划教材
V12972	桥梁施工（含光盘）	37.00	许克宾	"十二五"国家规划教材
V19477	工程结构抗震设计（第二版）	28.00	李爱群　等	"十二五"国家规划教材
V27912	建筑结构试验（第四版）（赠送课件）	35.00	易伟建、张望喜	"十二五"国家规划教材
V21003	地基处理（第二版）	22.00	龚晓南	"十二五"国家规划教材
V29713	轨道工程（第二版）	46.00	陈秀方　娄平	"十二五"国家规划教材
V28200	爆破工程（第二版）	36.00	东兆星　等	"十二五"国家规划教材
V28197	岩土工程勘察（第二版）	38.00	王奎华	"十二五"国家规划教材
V20764	钢-混凝土组合结构	33.00	聂建国　等	"十二五"国家规划教材
V19566	土力学（第三版）	36.00	东南大学、浙江大学、湖南大学　苏州科技学院	"十二五"国家规划教材
V24832	基础工程（第三版）（赠送课件）	48.00	华南理工大学	"十二五"国家规划教材

征订号	书 名	定价	作 者	备 注
V28155	混凝土结构（上册）——混凝土结构设计原理（第六版）（赠送课件）	42.00	东南大学 天津大学 同济大学	"十二五"国家规划教材 教育部普通高等教育精品教材
V28156	混凝土结构（中册）——混凝土结构与砌体结构设计（第六版）（赠送课件）	58.00	东南大学 同济大学 天津大学	"十二五"国家规划教材 教育部普通高等教育精品教材
V28157	混凝土结构（下册）——混凝土桥梁设计（第六版）	52.00	东南大学 同济大学 天津大学	"十二五"国家规划教材 教育部普通高等教育精品教材
V11404	混凝土结构及砌体结构（上）	42.00	滕智明 等	"十二五"国家规划教材
V11439	混凝土结构及砌体结构（下）	39.00	罗福午 等	"十二五"国家规划教材
V25362	钢结构（上册）——钢结构基础（第三版）（含光盘）	52.00	陈绍蕃	"十二五"国家规划教材
V25363	钢结构（下册）——房屋建筑钢结构设计（第三版）	32.00	陈绍蕃	"十二五"国家规划教材
V22020	混凝土结构基本原理（第二版）	48.00	张誉 等	"十二五"国家规划教材
V25093	混凝土及砌体结构（上册）（第二版）	45.00	哈尔滨工业大学、大连理工大学等	"十二五"国家规划教材
V26027	混凝土及砌体结构（下册）（第二版）	29.00	哈尔滨工业大学、大连理工大学等	"十二五"国家规划教材
V20495	土木工程材料（第二版）	38.00	湖南大学、天津大学、同济大学、东南大学	"十二五"国家规划教材
V29372	土木工程概论（第二版）	28.00	沈祖炎	"十二五"国家规划教材
V19590	土木工程概论（第二版）	42.00	丁大钧 等	"十二五"国家规划教材 教育部普通高等教育精品教材
V20095	工程地质学（第二版）	33.00	石振明 等	"十二五"国家规划教材
V20916	水文学	25.00	雒文生	"十二五"国家规划教材
V22601	高层建筑结构设计（第二版）	45.00	钱稼茹	"十二五"国家规划教材
V19359	桥梁工程（第二版）	39.00	房贞政	"十二五"国家规划教材
V19338	砌体结构（第三版）	32.00	东南大学 同济大学 郑州大学 合编	"十二五"国家规划教材 教育部普通高等教育精品教材